Terapias efectivas contra la depresión

Grupo ROBIN BOOK

Barcelona - México
Buenos Aires

Ruediger Dahlke

Terapias efectivas contra la depresión

Traducción de José Tola

alternativas

ROBIN BOOK

Si usted desea que le mantengamos informado de nuestras publicaciones, sólo tiene que remitirnos su nombre y dirección, indicando qué temas le interesan, y gustosamente complaceremos su petición.

Ediciones Robinbook
información bibliográfica
Industria, 11 (Pol. Ind. Buvisa)
08329 Teià (Barcelona)
e-mail: info@robinbook.com
www.robinbook.com

Título original: *DEPRESSION. Wege aus der dunklen Nacht der Seele.*

© Wilhelm Goldmann Verlag
   A division of Verlagsgruppe Random House GmbH, München, Germany
   www.randomhouse.de
   Por cortesía de Ute Körner Literary Agent, S.L., Barcelona
© Ediciones Robinbook, s. l., Barcelona

Diseño cubierta: Regina Richling
Fotografía de cubierta: iStock © Agnes Csondor
Diseño interior: Carola Moreno
ISBN: 978-84-9917-024-4
Depósito legal: B-36.050-2009
Impreso por Limpergraf, Mogoda 29-31 (Can Salvatella), 08210 Barberà del Vallès

Impreso en España - *Printed in Spain*

Prólogo

Al principio casi me desalenté,
y creí que nunca lo engañaría;
y no obstante lo asumí,
pero sólo me pregunto cómo.

HEINRICH HEINE

Una respuesta complementaria nos la proporciona Khalil Gibran en su obra *El vagabundo*:

Una ostra le dijo a su vecina: «Llevo un gran dolor en mí. Es pesado y redondo, y tengo una gran pena».

La otra ostra respondió con arrogante autosatisfacción: «Alabado sea el cielo y el mar, pues no tengo dolores. Me siento bien, por dentro y por fuera».

En ese momento pasa un cangrejo y escucha a las dos ostras. Acto seguido dijo a la que se encontraba sana y salvo por dentro y por fuera: «Si, desde luego que te encuentras bien; sin embargo, el dolor que lleva tu vecina es una perla de fascinante belleza».

«Escribir sobre la depresión duele, entristece, aísla y oprime», afirma Andrew Solomon que, siendo él mismo depresivo, ha escrito un extenso e impresionante libro sobre la depresión.[1] Quizás sea por eso por lo que durante tanto tiempo he evitado comenzar con este libro. Por otro lado, existen numerosos indicios de que el tema aparece en nuestros días en un primer plano cada vez con mayor fuerza. Además, en la depresión existen muchísimas oportunidades si se la vive íntegramente y se admite la posibilidad de crecer en este viaje de pesadilla del alma. Conozco de la psicoterapia muchas experiencias alentadoras, transmitidas por pacientes que después de la vivencia de este viaje oscuro no sólo emergieron y regresaron a su vida anterior, sino que lo hicieron de una manera claramente más madura y feliz. Sería necesario lograr con mayor frecuencia un avance de ese tipo, puesto que el tema se nos echa hoy encima como una ola poderosa.

Pero este libro lo he escrito con un enorme placer puesto que sucedió en una época que también estuvo marcada para mí por un viaje, por las tierras especiales de un tiempo de ayuno especial, que me condujo hasta unos ámbitos de la experiencia que no conocía y

---

1. Andrew Solomon, *Saturns Schatten. Die dunken Welten der Depression*, S. Fischer, Frankfurt am Main, 5ª edición, 2002.

que arrastraban consigo una gran proximidad a los temas de la depresión. De regreso puedo afirmar –sin estar yo mismo depresivo al investigar, estar animado por los mismos sentimientos y escribir– que me siento alegre de haber sido agasajado con la riqueza que hay oculta en las profundidades de la depresión y que tantos grandes artistas han sacado a la luz en su depresión y su melancolía. Por ese motivo, este libro, junto con el CD de igual título, es también un intento homeopático de dar satisfacción al arte inspirado en la depresión y la melancolía y que, ojalá, lo consiga. A lo que nos referimos con eso es a considerar la depresión como una etapa necesaria en el camino de la vida, cuyo sentido radica en aprender a fluir de nuevo con la vida, y además a un nivel totalmente nuevo.

En lo que a mí respecta, puedo decir que profundizar en el arte de las personas depresivas y de los grandes depresivos, así como en la escritura ligada a ello, fue para mí una época plena de maravilla/milagro en el verdadero sentido de la palabra. Desearía que mis lectoras y lectores de algún modo lo experimentaran. ¿Y por qué no habría de ayudarnos el arte también a través de sus depresiones? Al fin y al cabo, a innumerables artistas su lucha contra las propias depresiones los ha mantenido con vida, en el verdadero sentido de la palabra, haciéndoles valorar la vida y a nosotros –por así decirlo, los productos residuales– nos ha regalado obras de arte atemporales.

Seminyak en Bali, enero de 2006
RUEDIGER DAHLKE

Una introducción
al difícil trato con la depresión

El número de personas enfermas de depresión ha experimentado un notable crecimiento en las últimas décadas y este desarrollo se está convirtiendo en una amenaza cada vez mayor. Aunque la depresión es, seguramente, el más angustioso de todos los cuadros clínicos y una pandemia en potencia mortal, continúa siendo en buena medida un tabú. Por una parte, sucede así porque la enfermedad queda dentro del ámbito de la psiquiatría, a la que la mayoría de las personas prefieren tener más lejos todavía que al resto de la medicina. Por otro lado puede ser debido a que la depresión está fuertemente ligada a nosotros, a nuestra cultura y a los problemas que ésta lleva consigo. Así en Alemania, por ejemplo, los médicos de familia envían al psiquiátrico sólo a un uno por ciento de los pacientes con problemas psíquicos. Una de cada dos depresiones permanece oculta (desde el punto de vista de los médicos).

Pero la desventura continúa si el paciente acude a la consulta del psiquiatra –o con frecuencia también a los neurólogos–, que en realidad no tienen nada que ver con esta materia. Con una excesiva frecuencia, ambos vacilan en enviar a sus pacientes a una clínica. Sin embargo, en contra de todos los prejuicios y temores frente a los psiquiátricos, hay personas afectadas que se esfuerzan por ser ingresadas en una clínica y que no lo consiguen simplemente porque el médico que les trata no los remite allí, y hacerlo por uno mismo, al menos en muchos países como Alemania, no es posible.

Acerca de la extensión de la depresión existen hoy datos muy diversos, que únicamente presentan en común el hecho de que las cifras son muy altas. Según la Organización Mundial de la Salud (OMS), una de cada cinco mujeres y uno de cada diez hombres experimentan en su vida al menos un episodio depresivo. A tenor de esto, la depresión constituye hoy en las naciones industrializadas el segundo mayor porcentaje de las enfermedades. En los países del Tercer Mundo ocupa el cuarto lugar. De todos los cuadros clínicos, las depresiones son las que, con mucho, generan los mayores costes.

Según una encuesta del Instituto Forsa realizada en Alemania, a la pregunta de «¿usted o algún miembro de su familia han sufrido depresiones en alguna ocasión?» uno de cada dos encuestados respondió afirmativamente. Un veinte por ciento de ellos lo había padecido personalmente y un treinta por ciento lo había vivido en la familia. En el quince por ciento de las personas afectadas el episodio depresivo pasó a convertirse en una dolencia crónica, y naturalmente las cifras no conocidas deben de ser enormes. Tampoco es seguro del todo que exista esa acumulación específica del sexo, que afecta más a las mujeres, tal como se indica. Lo que sucede simplemente es que los hombres tienden a disimular su depresión, refugiándose en el trabajo, en el deporte o en el consumo y no dejan siquiera diagnosticarlo.

«Nos encontramos ante una expansión epidémica de las enfermedades depresivas» afirma el catedrático de psicología e investigador en este campo Hans-Ulrich Wittchen (Universidad de Dresde e Instituto Max Planck de Psiquiatría, Munich). A favor de esta afirmación habla el hecho de que entre los diecinueve millones de estadounidenses con depresión crónica se cuentan ya dos millones de niños. Allí, la edad promedio de aparición de la enfermedad ha disminuido en una única generación en diez años, quedando fijada en los veintiséis.

En Alemania, el número de los veinteañeros con este problema ha aumentado un tercio en el curso de los diez últimos años. También en este país crece el número de los niños afectados y lo que resulta aterrador es que entre ellos los hay, incluso, de sólo tres años. Se ha demostrado recientemente que también detrás de la hiperactividad, la falta de atención, las alteraciones en la concentración y los trastornos alimentarios, así como en otras conductas llamativas, pueden esconderse depresiones.

La mayoría de los expertos coinciden en que ese incremento se da, sobre todo, en las depresiones que tienen una explicación y no entre aquellas que antaño se denominaban «endógenas». Según el investigador Wittchen son en particular las llamadas depresiones secundarias, o «co-mórbidas», las que se presentan en una medida creciente, es decir, aquellas que aparecen ligadas a otros cuadros clínicos tales como la angustia, los trastornos del sueño, el alcoholismo, la opresión o los dolores crónicos. Su participación sobre el total lo estima en un setenta por ciento.

La práctica de administrar antidepresivos puede, igualmente, ilustrarlo. Sólo entre 1993 y 2002 el número de prescripciones se ha duplicado en Alemania, según la revista *Stern*. De todas maneras conviene meditar sobre el hecho de que el Prozac, como píldora de la felicidad, se haya convertido en el fármaco de moda. Pertenece al grupo de los antidepresivos y se trata de un inhibidor selectivo de reabsorción de la serotonina, encargándose de que el cuerpo tenga disponible durante más tiempo esa sustancia mensajera propia que es la serotinina. Ésta se encarga de producir, en la dosis habitual, una especie de pantalla que se sitúa suavemente sobre el cerebro, amortiguando de una manera bastante segura todas las emociones negativas. Puesto que hasta la fecha apenas se conocen efectos secundarios perceptibles, salvo la sospecha de causar un mayor número de suicidios, se ha convertido en una droga que forma parte del estilo de vida actual, el remedio de elección para elevar el estado de ánimo de un mundo burgués harto y cada vez más frustrado. Por ese motivo se convierte en acompañante del MDMA, o éxtasis, una anfetamina que incrementa igualmente el nivel de serotonina en el cerebro y que sirve a los jóvenes para pasar un fin similar, aunque prohibido.

Precisamente por esta tendencia a aprovechar la mínima ocasión para hacer algo en contra del mal humor y de un estado de ánimo bajo, puede ser que la opinión pública siga considerando las depresiones como algo de menor importancia. Quien coquetea a la ligera con sus depresiones diciendo que está «depre» o que «está muy bajo», simplemente no está hablando del mismo mal que afecta a esa persona hundida en una tristeza, una desesperación y una impasibilidad innombrables y sin parangón. Un científico que la padecía, formuló su propia depresión de la siguiente manera: «La tristeza es a la depresión lo que un crecimiento normal de las células es al cáncer».

Analizando la vida previa de suicidas se ha podido constatar que a la mayor parte de ellos fue la depresión la que les condujo a dar ese paso. Cerca de cuatro mil quinientas personas se quitan la vida cada año en España y la mayoría pudieron estar depresivas. Estudios realizados han demostrado que detrás del noventa por ciento de los suicidios hay enfermedades psiquiátricas. En cualquier caso, la depresión es un cuadro clínico amenazante para la vida. Según las estadísticas, entre las personas de menos de cuarenta años es la causa de muerte más frecuente o la segunda más frecuente, en competencia sólo con los accidentes de tráfico. La revista *Der Spiegel* afirma que entre los menores de veinticinco años el suicidio es, de manera indiscutible, la causa de muerte más frecuente. Sin embargo, hay diez veces más personas que intentan suicidarse y que a menudo fracasan después de haberse causado daños permanentes.

En la vejez las depresiones son, a gran distancia, el trastorno psíquico más frecuente y no es raro que incluso se oculten detrás de diagnósticos como la demencia senil. El ya mencionado autor, Solomon, cree que a nivel de todo el mundo las depresiones son con mucho el cuadro clínico más peligroso, más caro y más mortífero.

Arte y mito:
una analogía en el mundo de la depresión

El poético mundo imaginario de la melancolía

Es un hecho que numerosos artistas del pasado, y también de la actualidad, fueron y son, en mayor o menor grado, depresivos. Pero no les debemos sólo maravillosas obras de arte, sino también impresionantes descripciones de la propia enfermedad. La permanente actualidad de este tema queda bien patente en el hecho de que la exposición *Melancolía, genio y locura en el arte*, celebrada en París en el año 2005, atrajo a más de trescientos mil visitantes antes de que fuera trasladada a Berlín. Ya desde un principio fue alabada como un acontecimiento cultural sobresaliente y recibió críticas muy elogiosas. Muestra la belleza que hay oculta bajo la melancolía, escribe la crítica de arte Eva Karcher en la revista *Vogue Kultur*, y continúa diciendo: «Esta conciencia atormentada y contradictoria de la condición finita del ser humano y, en última instancia, el intento inútil de soslayarla, empujan la melancolía hacia el centro de cualquier creatividad».

Si fuera posible incluir ilustraciones en este libro, podría mostrar muchísimas cosas. Sobre el tema de la depresión en las artes figurativas habría que mencionar en primer lugar la obra *Melancolía*, un grabado de Durero del año 1514 que la crítica de arte considera también como una representación clave de la cultura europea hasta nuestros días. Eva Karcher presenta esta imagen del siguiente modo: «Sobre un escalón de piedra aparece sentada una gruesa figura femenina con alas, que tiene la cabeza apoyada en la mano. Captada en pensativa soledad nocturna, se desgarra en la pena sobre lo efímero del ser, pero al mismo tiempo arde en la añoranza de la salvación». Es posible que con las alas que puso a la figura, Durero quisiera dar a entender que podía elevarse –como un ángel– para superar las miserias del valle de lágrimas terrenal. Esto equivaldría al viaje heroico de los seres humanos, como nos lo han descrito desde el mito de la antigüedad hasta C. G. Jung y que, tal como veremos, dio excelentes resultados en la vida de Hermann Hesse y de muchos de sus hijos espirituales.

Huir muy lejos y alzarse por encima del padecimiento terrenal en el vaivén de los propios sueños era algo con lo que soñaba el joven Hesse, pero también muchos pacientes depresivos. También soñó con ello Ludwig Hirsch, autor austriaco de *lieder*, en su canción *Ven, pájaro negro,* que es una invitación a la depresión, a ir finalmente en su búsqueda desde esta vida. El suicidio poético lo conocen bien innumerables personas depresivas, pero muchas menos el entusiasmo, igualmente expresado, que nos muestra al autor más como melancólico que como depresivo:

> ¡Ven gran pájaro negro, ven ahora!
> Mira, la ventana está abierta de par en par,
> mira, que te he dejado azúcar en el alféizar.
> ¡Ven gran pájaro negro, ven a mí!
> Extiende tus amplias y suaves alas
> y colócalas sobre mis ojos febriles.
> ¡Llévame lejos de aquí!
> Y entonces volaremos hacia lo alto,
> hasta el cielo puro
> en un tiempo nuevo, a un mundo nuevo.
> Y cantaré y reiré,
> y gritaré «es bonito»,
> y entenderé de pronto
> qué es todo esto.
>
> ¡Ven gran pájaro negro, ayúdame!
> Aprieta tu pico frío y húmedo
> sobre mi frente, herida y ardiente.
> ¡Ven gran pájaro negro,
> es ahora el momento preciso!
> Los demás duermen profundamente en la habitación,
> y si somos silenciosos,
> la hermana no nos escuchará.
> ¡Llévame lejos de aquí!
> …
> ¡O sí, gran pájaro negro, finalmente!
> No te he oído entrar,
> qué silencioso vuelas,
> ¡Dios mío, qué hermoso eres!
> ¡Sal gran pájaro negro, sal!
> ¡Baba, vosotras, queridas mías en casa!
> ¡Tú, mi niña, y tú, mamá, baba!
> ¡No me olvidéis!
> ¡Sal, en mitad del cielo,
> no estés triste, no, no, no,
> no hay motivos para la tristeza!
> ¡Cantaré, reiré,
> gritaré «es bonito»,

porque entenderé por fin,
seré feliz!
¡Cantaré, reiré,
gritaré «es bonito»,
porque entenderé por fin,
seré feliz!
¡Cantaré, reiré,
finalmente seré feliz!

En otro pasaje Hirsch hace una variación de este tema cargada de humor:

A Jonás nunca le sonríe el Sol.
Y cuando lo hace, se ríe de él.
Su ángel de la guarda le saca la lengua,
y la estrella de la fortuna que traza
sus círculos de luz sobre Jonás,
es sólo un asteroide que brilla fugazmente,
se precipita al mar y se extingue.

Muchos grandes pintores como Van Gogh, Francisco de Goya o Caspar David Friedrich han creado obras de arte a partir del gradación fascinante que existe entre la melancolía y la locura. Tampoco los representantes de las líneas artísticas del simbolismo y del surrealismo pudieron sustraerse a los estímulos de la decadencia y de lo mórbido. Un recorrido por las galerías de arte más importantes de este mundo se convierte así fácilmente en una confrontación inconsciente con la depresión.

En el mundo de la literatura hay igualmente material muy abundante para ocuparnos de la depresión. La escritora Mascha Kaléko visita el mundo depresivo en estas imágenes:

LOS DÍAS PÁLIDOS

Todos nuestros días pálidos
se alzan en la tranquilidad de la noche
hasta convertirse en un muro gris.
La piedra se junta siempre con la piedra.
A todas las horas vacías de la pena
se les une el alma.

Los sueños llegan y se deshacen
como una estrella fantasma, y se hace el día.
En nosotros queda el atrapar
eternamente los fragmentos de colores,
y vivimos a la sombra de los días
pálidos, porque no morimos.

Unos versos de Thomas Brasch, que escribió acerca de su colega el escritor Uwe Johnson y sus profundas depresiones, pueden expresar muy bien el estado de ánimo imperante en la depresión. Es el que había en la habitación en la que se encontró muerto a Johnson cuando contaba tan sólo cuarenta y nueve años de edad.

MEDIO DESPIERTO

Y como en oscuros pasadizos,
aferrado a mí mismo,
colgado en sogas propias
de mi propia mano.

Así corrí a través de las tinieblas
dentro de la casa de mi cráneo:
allí está llorando y riendo irónicamente
y ya no puede salir.

Son los últimos escalones,
es el último paso,
el vigilante oye mi llamada
y llama también a mi llamada

desde la ventana de mis ojos
en una noche tranquila;
dos fantasmas gritando,
uno tiembla y otro ríe.

Él cierra entonces mis ojos
con oscuras mantas:
ahora duermen y se ocultan
y, finalmente, la paz.

André Heller, el poeta austriaco que conoce y también vive el tema de las depresiones, en su canción *El sistema,* anima a tomar esa postura interior que previene la depresión, otorgando espacio a la melancolía.

Vuelve a llorar cuando quieras llorar,
no renuncies a la desesperación,
concédete el desánimo,
sabotea a los héroes que haya en ti.
Sumérgete de vez en cuando en los humos del miedo,
nunca te faltará un abismo.
Para vomitar es suficiente
con las muchas falsas simpatías.

Es un sistema, un sistema beneficioso,
que te quiere incapacitado y cómodo,
y con la leche del pensamiento piadoso,
no te evita nada a ti, nada a mí, nada en ningún lugar.

Por eso lloro mucho cuando quiero llorar.
Es lo que más le irrita,
y todo este tiempo de esfuerzo
quiero permitirme mi meditación.
Mi ropa es el humo del miedo.
Los abismos son mis razones.
Si a alguien dejamos de mentirle,
se dice ahora que es un pecado.

Es un sistema, un sistema beneficioso,
que te quiere incapacitado y cómodo,
y con la leche del pensamiento piadoso,
no te evita nada a ti, nada a mí, nada en ningún lugar.

Entre las personalidades más célebres que padecieron depresiones se encuentra la emperatriz Elisabeth de Austria. No fue, desde luego, la dulce Sissí de las películas de opereta donde todo se pintaba hermoso, sino una mujer intensamente depresiva que en sus poemas dejó impresionantes testimonios de sus padecimientos. Su vida fue en realidad todo lo contrario a la de sus famosas películas, y resulta significativo que una persona depresiva y anoréxica con graves migrañas se haya convertido en el ídolo de tantas jóvenes de generaciones posteriores, y que haya llegado así hasta las chicas de hoy. Los trastornos de la alimentación y las depresiones, las dolencias de la emperatriz Sissí, son grandes peligros actuales para las adolescentes.

Es indicativo que haya dos versiones de su nombre. La emperatriz lo escribía simplemente Sisi. La actriz Romy Schneider se convirtió después en Austria, y en todo el mundo, en la dulce Sissí. Es posible que este último nombre proceda del verdadero de Sisi, sobre todo si pensamos en el prematuro y trágico final de Romy Schenider. Sus intentos, casi compulsivos, por apartar su carrera de la primera imagen de la dulce Sissí fueron siempre evidentes y provocaron que su vida privada fuera al final muy parecida a la de la emperatriz.

La emperatriz Elisabeth, que después de una infancia sin problemas en Baviera se desesperaba en el rígido ceremonial de la corte imperial vienesa, describe en el siguiente poema, titulado *Ramsgate*, la lucha defensiva de su alma depresiva frente al sentimiento del amor, ante un eventual enamoramiento. Estas líneas revelan la distancia que mantenía hacia este tema. Prefiere unirse en sus pensamientos a las almas amigas muertas, a su «amante» y «héroe» Aquiles, de la mitología griega, o a su maestro Heinrich Heine, que no pueden causarle daño alguno porque no se encuentran en este mundo.

Demasiado tarde, demasiado tarde nos hemos encontrado
en el camino de espinas de la vida;
demasiado lejos nos ha llevado
la rueda incansable de los tiempos.

Demasiado tarde se ha dirigido hacia mí
la mirada magnética de tus ojos profundos,
y ni siquiera con esos cálidos rayos
ha podido deshelar el corazón aterido.

Me invade una profunda melancolía,
es como la música de otros tiempos,
como una temerosa nostalgia sin nombre,
llena de amargura sin esperanza.

También fui yo rica en un tiempo,
diría que mi fortuna era inagotable;
hace mucho que se dilapidó despreocupadamente
y quedó el corazón como una tumba vacía.

¡Aleja los ojos circunspectos!
¡No dejes que continúe el camino sosegado!
Ya que no puedo llamar mía a la felicidad,
¡Al menos no quiero verla!

De una manera más simple y directa expresa en la *Canción contra la bebida* su rechazo a los placeres de la vida, algo tan típico de las personas depresivas:

Para mí no hay amor,
Para mí no hay vino;
el uno me hace daño,
el otro me hace vomitar.

El amor se vuelve enfado,
el amor se vuelve amargo;
el vino se adultera
para dar una ganancia indigna.

Pero más falso que el vino
muchas veces lo es el amor;
Se dan besos mentirosos
y se siente uno un ladrón.

Para mí no hay amor,
Para mí no hay vino;

>   el uno me hace daño,
>   el otro me hace vomitar.

En sus apenas treinta años de vida, el poeta austriaco Georg Trakl creó un gran número de monumentos literarios a la melancolía. En una carta dirigida a Karl Borromaeus Heinrich manifiesta el estado de ánimo melancólico de su alma:

Querido amigo:

[…] Me alegraría mucho que viniera en marzo a Salzburgo; no disfruto de días descansados en casa y vivo entre la fiebre y el desmayo en habitaciones soleadas, donde hace un frío indescriptible. Un extraño escalofrío de cambio, percibido físicamente hasta la intolerancia, rostros de oscuridades, estar muerto hasta la certidumbre, arrebatos hasta una rigidez de piedra y continuar soñando sueños de tristeza. Que oscura es esta ciudad podrida, llena de iglesias y de imágenes de la muerte […]

suyo afectísimo, GEORG TRAKL

Las siguientes líneas de su poema *En un viejo álbum* suenan a una definición poética de la melancolía:

>   Constantemente regresa la melancolía,
>   oh, la suave fortaleza de las almas solitarias.
>   Que al final calienta un día dorado.
>
>   Con humildad se inclina el dolor de los pacientes
>   sonando a consonancia y a una suave locura.
>   ¡Mira!, ya cae la tarde.
>
>   De nuevo regresa la noche y gime un moribundo,
>   la cabeza se hunde cada año más profundamente.

En su poema *Hora de la desolación,* la melancolía de Trakl se manifiesta quizá con la máxima claridad:

>   Oscuro sigue el paso en el jardín otoñal
>   la luna brilla
>   la noche profunda se hunde en un muro congelado.
>   ¡Oh, la espinosa hora de la desolación!
>
>   Flamea plateado en la habitación en penumbra el candelabro
>   de la soledad,
>   mortecino, pues aquel piensa en lo oscuro
>   y la cabeza petrificada se inclina sobre el pasado,
>   ebrio de vino y de nocturna armonía.
>   Siempre sigue el oído
>   la suave queja del mirlo en la espesura.

Oscura hora del rosario. Quién eres tú,
flauta solitaria,
frente helada, inclinada en tiempos sombríos.

Ingeborg Bachmann se cuenta entre los artistas que a lo largo de toda su vida se ha enfrentado en su obra literaria, entre otras cosas, también a sus depresiones. En distintos poemas deja entrever desde sentimientos melancólicos hasta estados de ánimo depresivos. En *Lo oscuro a decir* trata sobre el viaje en las sombras tras las huellas de Orfeo, el gran cantante mítico. En esas líneas se expresa también la belleza de lo oscuro.

Como Orfeo toco
en las cuerdas de la vida la muerte
y en la belleza de la Tierra
y de tus ojos, que gobiernan el cielo,
no se decir más que oscuridad.

No olvides que tú también, de pronto,
aquella mañana, cuando tu lecho
estaba aún húmedo del rocío y el clavel
dormía en tu corazón,
vistes el río oscuro
que pasó por delante de ti.

La cuerda del silencio
tensada en la ola de sangre,
así tu corazón resonante.
Se transmutaron tus rizos
en los cabellos en sombra de la noche,
los copos negros de la oscuridad
nevaron tu semblante.

Y yo no te pertenezco.
Los dos nos lamentamos.

Pero como Orfeo soy consciente
junto a la muerte, la vida,
y se me muestran azules
tus ojos para siempre cerrados.

La falta de sentido y el deterioro de la sensualidad, aspectos ambos centrales de la vivencia depresiva, junto a la imposibilidad de hallar una solución, típica de las depresiones, se manifiestan en el poema *Alienación* de Ingeborg Bachmann.

En los árboles ya no puedo ver árboles.
Las ramas no tienen las hojas que se sustentan en el viento.

Los frutos son dulces, pero sin amor.
No sacian.
¿Qué va a pasar?
Ante mis ojos huye el bosque,
a mis oídos los pájaros cierren su pico,
ningún prado es un lecho para mí.
Estoy harta del tiempo
y tengo hambre de él.
¿Qué va a pasar?

En las montañas arden los fuegos por la noche.
¿Tengo que abrirme, alimentarme nuevamente de todo?

En ningún camino puedo ver ya un camino.

En su poema *Tras la pared,* la nostalgia depresiva de la muerte se pone de manifiesto de un modo inquietante.

Cuelgo, como la nieve en las ramas
en la primavera del valle,
como un frío manantial soy llevada por el viento,
húmeda, caigo en las flores
como una gota,
se pudren a mi alrededor
como alrededor de una ciénaga.
Soy el pensar sin parar en la muerte.

Vuelo, pues no puedo andar despacio,
por entre edificios seguros a toda prueba
y derribo columnas y muros huecos.
Aviso, pues no puedo dormir la noche,
a los otros con el susurro lejano del mar.
Asciendo por la boca de las cascadas
y desprendo de las montañas guijarros atronadores.

Soy hijo del gran temor del mundo,
que cuelga de la paz y la alegría
como tañidos de campana en los pasos del día
y como la guadaña en los campos maduros.

Soy el pensar sin parar en la muerte.

Una de las descripciones «poéticas» más impresionantes del grado de sufrimiento que provoca la depresión y del suicidio la encontramos en el relato *Klein y Wagner*, de

Hermann Hesse.[2] El premio Nobel y creador de libros como *Siddartha, El lobo estepario* o *El juego de los abalorios*, es uno de los autores modernos más leídos y se le considera una de las figuras dominantes en la juventud de varias generaciones, incluso del último siglo. Hesse padeció intensamente durante toda su vida de depresiones, que procesó en su obra. En *Klein y Wagner* describe un suicidio en toda su importancia y simbolismo (*Cuentos, 4*. Alianza Editorial, 2002. Traducción de Manuel Olasagasti):

> Recorrió tranquilamente las calles, empapado en lluvia. No encontró a nadie, ni un perro le salió al paso, estaba desierto. En la ribera del lago fue de un bote a otro; todos estaban varados en tierra y fuertemente amarrados con cadenas. Sólo en la zona de los arrabales halló uno atado más flojo con una maroma, que pudo desatar. Lo dejó suelto y colocó los remos. Rápidamente se esfumó la orilla, quedando diluida como nunca en el gris que lo envolvía todo; sólo el gris, el negro y la lluvia en el mundo: lago gris, lago húmedo, lago gris, cielo húmedo y todo sin límite.
>
> Ya lejos, lago adentro, encogió los remos. Se encontraba muy alejado de tierra, y estaba contento. En otros tiempos, durante los momentos en que le parecía inevitable morir, había optado siempre por diferir el asunto hasta mañana e intentar una nueva prueba para seguir viviendo. Nada de ello sintió ahora. Su pequeño bote era él mismo, era su minúscula vida, limitada por todas partes, asegurada artificialmente [...] pero el dilatado gris a su alrededor era el mundo, era el Todo y Dios; dejarse caer no era difícil, era leve, era gozoso. Se sentó al borde del bote mirando hacia fuera, los pies colgando en el agua. Se inclinó gradualmente hacia delante, siguió inclinándose, hasta que detrás de él el bote se desprendió ágilmente. Ya estaba en el Todo.
>
> En los breves instantes que le duró la vida se le agolparon muchas más experiencias que durante los cuarenta años que había estado en camino hacia esa meta.
>
> Comenzó así: En el momento en que cayó, en que flotó por un instante entre el borde del batel y el agua, se representó la idea de que estaba cometiendo un suicidio, una chiquillada, algo no propiamente malo, sino ridículo y bastante estúpido. El *pathos* de la voluntad de morir y el mismo *pathos* de la muerte se desinflaron en él: de *pathos*, nada. Su muerte no era necesaria, ya no lo era. La deseaba, era algo bello y bien acogido, pero ya no era algo necesario. Desde el momento, desde la fracción de segundo en que se había dejado caer del borde con pleno querer, con plena renuncia al querer, con plena entrega al seno de la Madre, en los brazos de Dios [...] desde aquel momento la muerta carecía ya de sentido. Todo era simple, maravillosamente fácil; ya no había abismos, ni dificultades. Todo el arte consistía en dejarse caer. El dejarse caer era el acto que iluminaba su ser como resultado de toda su vida. Si se hacía esto, si uno se abandonaba al fin, si se dejaba, si se entregaba, si renunciaba de una vez a todos los apoyos y a todo suelo firme bajo los pies, si escuchaba únicamente al guía que mora en el propio corazón, entonces todo lo había ganado, todo estaba bien, no más angustia, no más peligro.

2. Hermann Hesse, *Klein y Wagner*, publicado por diversas editoriales (Alianza Editorial, RBA, Planeta, Porrúa, etc.) junto con otros relatos.

Lo había logrado, había alcanzado lo grande, lo único: dejarse caer. No había tenido necesidad alguna de dejarse caer en el agua y en la muerte; lo mismo podía haberse dejado caer en la vida. Pero carecía de importancia. Él viviría, él retornaría. Pero entonces ya no necesitaría suicidios ni todos aquellos extraños rodeos, aquellas penosas y dolorosas tonterías pues la angustia estaría ya superada.

Maravillosa idea: una vida sin angustia. Superar la angustia: he ahí la felicidad, he ahí la salvación. ¡Cómo había padecido de angustia a lo largo de su vida! Y ahora, cuando la muerte le estaba ya apretando el cuello, no sentía nada de eso, ni angustia, ni horror; sólo sonrisa, sólo liberación, sólo armonía. Ahora supo de pronto lo que era la angustia, y que sólo puede ser superada por aquel que la conoce. Se tiene angustia o miedo de mil cosas: del dolor, de los jueces, del propio corazón; se le tiene miedo al sueño, miedo al despertar, a la soledad, al frío, a la locura, a la muerte, especialmente a ésta, a la muerte. Pero estas cosas son máscaras y velos. En realidad sólo se le tiene miedo: dejarse caer, dar el paso hacia lo incierto, el pequeño paso por encima de todas las seguridades. Y el que se ha dejado una vez, una sola vez, el que una vez confía en grande y se confía al destino, ése está liberado. Ése ya no obedece a las leyes terrenas; ha caído en el espacio universal y participa en la danza de los astros. Eso es todo. Tan simple que cualquier niño puede entenderlo, puede saberlo.

Ése ya no piensa sobre cómo se piensan los pensamientos: vive, siente, toca, huele y gusta. Gusta, huele, ve y entiende lo que es vida. Ve la creación del mundo, ve el ocaso del mundo, ambas cosas constantemente enfrentadas como dos alas de un ejército en movimiento; dos cosas nunca acabadas, perpetuamente en marcha. El mundo está naciendo y está marchando eternamente. Cada vida es un hálito espirado por Dios. Cada muerte es un hálito inspirado por Dios. El que ha aprendido a no oponer resistencia, a dejarse caer, muere con facilidad y nace con facilidad. El que se resiste padece angustia, muere con dificultad y nace de mala gana.

El náufrago vio espejado y representado en la gris y lluviosa oscuridad, sobre el lago nocturno, el juego del mundo, soles y estrellas se precipitaban unos sobre otros, muchedumbres de hombres y animales, de espíritus y ángeles se enfrentaban entre sí, cantaban, callaban, gritaban; escuadrones de seres contendían, cada cual desconociéndose a sí mismo, odiándose a sí mismo, y aborreciéndose y persiguiéndose en todos los demás seres. El anhelo común era la muerte, era el reposo; la meta era Dios, era renacer en Dios y permanecer en Dios. Esta aspiración creaba angustia, pues era un error. No se da un permanecer en Dios. Sólo se da la perpetua, la eterna, maravillosa, sagrada espiración e inspiración, la formación y la disolución, nacimiento y muerte, partida y retorno, sin pausa, sin fin. Y por ello sólo se da un arte, sólo una doctrina, sólo un secreto; dejarse caer, no resistir a la voluntad de Dios, no aferrarse a nada, ni al bien ni al mal. Entonces viene la salvación, entonces se libera uno del dolor y de la angustia, sólo entonces.

Su vida se le representa como un paisaje con bosques, valles y aldeas, que se divisa desde la cima de una alta cordillera. Todo había sido bueno, todo había sido sencillo y bueno, y por culpa de su resistencia al sufrimiento y por sus complicaciones todo se había convertido en problemas y espasmos de aflicción y miseria. No había ninguna mujer sin la cual no se pudiera vivir [...] y tampoco había ninguna mujer con la que no se pudiera vivir. No había cosa en el mundo que no fuese tan bella, tan apetecible, tan gratificante como su contraria. Vivir es una dicha y morir es una dicha, tan pronto uno se abandona al Universo. No existe un descanso externo, no hay descanso en el cementerio, ni en Dios; no hay una magia capaz de interrumpir la perpetua cadena de nacimientos, la infinita serie de respiraciones divinas. Pero existe otro estilo de reposo, que ha de buscarse en la propia intimidad. Ese reposo se llama dejarse caer. No te resistas. Muere con ganas. Vive con ganas.

Todas las figuras de su vida le acompañaban, todas las peripecias de su parecer. Su mujer era tan pura y tan inocente como él. Teresina le sonreía infantilmente. El asesino Wagner, cuya sombra tan pesadamente cayera sobre su vida, le sonreía gravemente, y su sonrisa pregonaba que también el crimen de Wagner había sido un camino de redención, también su crimen fue una respiración, un símbolo, y que el asesinato, la sangre y la crueldad son cosas que no existen realmente, que son sólo valoraciones de nuestra propia alma que se atormenta a sí misma. Con el asesinato de Wagner había malgastado él, Klein, años de su vida; entre el rechazo y la aprobación, la condena y la admiración, el horror y la imitación se había procurado una cadena infinita de suplicios, de angustia y desgracia. Había asistido centenares de veces, espantado, a su propia muerte, se había visto morir en el cadalso, había sentido el corte de la navaja de afeitar en torno a su cuello, y las balas en sus sienes [...] y ahora, cuando pasaba realmente por la tan temida muerte, todo era fácil, todo era gozo y triunfo. Nada hay que temer en el mundo, nada hay de espantoso [...] sólo en nuestra imaginación creemos este miedo, todo este padecimiento; sólo en nuestra propia alma angustiada nace el bien y el mal, el valor y el desvalor, el deseo y el temor.

La figura de Wagner se esfumó en la lejanía. Ya no existía Wagner, todo había sido una ilusión. Ahora Wagner debía morir. Y él, Klein, iba a vivir.

El agua fluyó a su boca, y él la sorbió. De todas partes, por todos los sentidos le penetró el agua, todo se diluía. Klein quedó succionado, fue aspirado. A su lado, apretadas junto a él, flotaban otras personas: flotaba Teresina, flotaba el viejo cantante, flotaba la que fuera su mujer, su padre, su madre y hermana, y millares de personas más, como también imágenes y casas, la Venus de Tiziano y la catedral de Estrasburgo; todo flotaba, en estrecha unión, en una enorme corriente arrastrada por la necesidad, cada vez más rápida, vertiginosa [...] y a esta enorme y vertiginosa corriente de figuras le salía al encuentro otra gigantesca corriente de rostros, de piernas, vientres, de animales, flores, pensamientos, asesinatos, suicidios, libros escritos, lágrimas derramadas, torrente denso y pleno, ojos de niños, negras cabelleras y cabezas de pez, una mujer con un largo y afilado cuchillo clavado en el vientre, un joven que se parecía a él, con el rostro marcado por sacra pasión y que era él mismo, el veinteañero, el olvidado Klein de antaño. Qué bueno que pudiera reconocerle, que no existiera ya el tiempo. La única diferencia que hay entre la vejez y la juventud, entre Babilonia y Berlín, entre el bien y el mal, entre el dar y el tomar, lo único que llena el mundo de distinciones, valoraciones, sufrimiento, disputas y guerra, es el espíritu humano, el desenfrenado y cruel espíritu en estado de alborotada juventud, lejos aún del saber, lejos aún de Dios. Ese estado juvenil es el que inventa oposiciones, inventa nombres. A unas cosas llama hermosas, a otras feas; ésta buena, aquélla mala. Un fragmento de vida es denominado amor, otro es denominado asesinato. Así era este espíritu juvenil, insensato, ridículo. Una de sus invenciones es el tiempo. Una sutil invención, instrumento refinado para torturar aún más a fondo y hacer el mundo complicado y difícil. Lo que al hombre le aleja de aquello que apetece es siempre el tiempo, este tiempo, este absurdo invento. El tiempo es uno de los apoyos, una de las muletas que es preciso dejar si se quiere llegar a ser libre.

Seguía fluyendo el torrente universal de la creación: el que era sorbido por Dios y el otro, el que le salía al paso: el espirado por Dios. Klein vio seres que se oponían a la corriente, que entre horribles espasmos se rebelaban y eran causa de tremendas penalidades: héroes, criminales, locos, pensadores, amantes, religiosos. A otros los vio semejantes a sí, flotando raudos y ligeros, con íntima delicia, en la entrega y la sintonía, felices como él. Del canto de los felices y del infinito griterío de los infelices se construía, por encima de ambas corrientes, una esfera translúcida o cúpulas de sonidos, una catedral de música, en medio de la cual se sentaba Dios, astro resplandeciente, invisible por su luminosidad. Esencia de luz circundada del fragor de los coros del universo, en perpetuo oleaje.

Héroes y pensadores emanaban del torrente universal, profetas y mensajeros. «Aquí está el Señor, Dios, y su camino conduce a la paz» gritó uno, y muchos le siguieron. Otro anunció que el camino de Dios llevaba a la lucha y la guerra. Uno lo denominó Luz, otro lo denominó Noche; quién, Padre; quién, Madre. Uno le ensalzó como Reposo, otro como Movimiento, como Fuego, como Frío, como Juez, como Consolador, como Creador, como Aniquilador, como Perdonador, como Vengador. Dios mismo no se daba nombre alguno. Quería ser nombrado, quería ser amado, quería ser ensalzado, maldecido, odiado, adorado, pues la música de los coros universales era su templo y su vida […] Pero le era indiferente que se le designara con uno u otro nombre, que se le amara u odiara, que se le buscara como descanso y sueño, o como danza y frenesí. Todos podían buscar. Todos podían encontrar.

Ahora Klein oyó su propia voz. Con voz nueva, poderosa, clara y resonante cantó fuerte, cantó fuerte y sonoro la alabanza de Dios, el encomio de Dios. Cantó en el vertiginoso torbellino, como profeta y heraldo, en medio de millones de criaturas. Su canción resonó intensamente, se elevó la bóveda de sonidos. Dios, en el centro, irradiaba esplendor. Los torrentes bramaban estruendosamente.

Vivir con la depresión: el ejemplo de Hermann Hesse

En el himno al suicidio, verdaderamente exaltado, en su relato *Klein y Wagner*, Hermann Hesse no hace más que procesar de nuevo sus propios anhelos hacia la muerte, que le acompañaron desde edad muy temprana y que ya en su infancia le llevaron al psiquiátrico. Pero mientras que su héroe comete el suicidio, Hesse deja entrever el error, incluso la tontería de este hecho, como él mismo en su juventud había reconocido que esta opción no era más que un callejón sin salida y poco a poco, por la vía de la creatividad, había logrado salir de la ciénaga de la depresión. Lo que no pudo nunca, sin embargo, fue desmontar por completo esa estructura básica depresiva.

Al lado de su héroe asumió y elaboró la monstruosa angustia que se acumulaba en su vida. Durante su juventud estuvo amenazado muchas veces de romperse bajo la depresión hasta que por medio de la escritura y, finalmente, gracias sobre todo a su espiritualidad logró encontrar una vía de salida. Es por esta relación con la espiritualidad que con toda certeza resultaba sospechoso ante otros literatos, y sobre todo frente a los críticos literarios, que incluso se mostraron reacios a que se le concediera el premio Nobel aduciendo que estaba poco interesado por lo literario y mucho en preguntarse sobre el sentido de las cosas y su conciliación. Pero fue precisamente este aspecto el que debió de ayudar a Hesse a encontrar a largo plazo la vía para salir de su desesperación. La historia de su vida es una pieza maestra en lo que respecta al cuadro patológico de la depresión, pero al mismo tiempo es también una introducción inspiradora para tratarla de una manera valiente y creativa. Puesto que no podía borrar el modelo de su propia estructura, Hesse únicamente pudo utilizar la posibilidad de dejarse ir hacia su destino y vivir con la depresión. Y ésta es precisamente la oportunidad y la tarea de cualquier persona depresiva y, probablemente, de cualquier ser humano, puesto que todos nosotros llevamos con nosotros el viaje por las pesadillas del alma, el paso por los mismísimos infiernos.

Las etapas de una vida a la sombra de la depresión

Siendo todavía un niño de tres años, Hesse sufrió pesadillas de intensa angustia, de las que a menudo se despertaba llorando. Desde un comienzo es ya un solitario. Muy pronto comienza a huir hacia la naturaleza para librarse de los seres humanos, y conserva esta costumbre a lo largo de toda su vida.

Desde el principio sus padres fueron para él un grave problema. Su madre, María, se había doblegado a su padre que le prohibió el amor de su vida, cedió a los deseos paternos y se casado con un misionero que pronto murió, abrumado por el mundo de los trópicos. Se casó después con un segundo misionero, el padre de Hesse, Johannes, que se había impuesto una vida piadosa que satisfacía plenamente su propia idea del servicio a Dios.

Al padre de Hesse, Johannes, siendo joven su propio padre le había enviado con unos amigos a Reval, en el Báltico, debido a su «indomable rebeldía» que no pudo doblegar. Johannes se sintió no amado, rechazado y perdió casi por completo su autoestima. Basado en su decisión de comprender, de luchar voluntariamente contra el «diablo» que había en sí mismo y de dedicar su vida a la lucha contra cualquier sensibilidad, y sobre todo contra el demonio, se volcó en el pietismo.

Estas dos personas desengañadas tempranamente y que habían huido hacia el pietismo, tuvieron poco después de su matrimonio a su hijo Hermann que, tal como escribe la madre, «tiene hambre y dirige su cabeza hacia la luz». En estos inicios encontramos ya muchas cosas y en ellos puede reconocerse ya el hambre de vida de Hesse y su *orientación* hacia la luz, que en sentido figurado perduró durante toda su vida.

Los padres son melancólicos. La madre lucha constantemente contra su melancolía y no pocas veces el padre se derrumba en un desconsolador llanto convulsivo y, por consiguiente, debe ingresar en algunas ocasiones en una clínica. Las historias de los padres son ejemplos típicos de la depresión, ninguno de los dos se ha atrevido a vivir su vida y en lugar de eso, se han impuesto la carga de unas virtudes ajenas a ellos mismos. A Marie su estricto padre le quitó (el hombre) de sus sueños y en su lugar la obligó a llevar una vida cristiana, que hoy diríamos más bien que era una vida de beata. Johannes, el padre, debido a la antigua expulsión de casa, que percibió como el peor de los castigos, elige por sí mismo este camino. La energía vital reprimida irrumpe constantemente en ambos en forma de accesos de depresión y de este modo sintomático se manifiesta el reino de las sombras.

El pequeño Hermann, en la casa paterna marcada por lo religioso y ajena a la sensualidad, vive y sufre permanentemente el temor de pecar y de que se lo lleven por ello a una clínica, sobre todo porque su vital temperamento le da motivos más que suficientes para desarrollar mala conciencia. De esta manera, con historias falsas y pequeños hurtos va dándose motivos para experimentar de nuevo esos temores. Se vuelve pirómano, no sólo en sentido figurado sino también muy concreto, y a menudo sueña con incendiar la casa de sus padres por venganza. En su rebelión interior no se detiene ante nada, tampoco ante ese Dios al que no sólo teme sino al que, sobre todo, también ha aprendido a odiar puesto que parece ser el responsable de todos sus padecimientos. Se pregunta: «¿No es Dios sino un monstruo, un loco, un bufón estúpido y repugnante?».

En una atmósfera de excesivo celo religioso –los padres leen la Biblia desde el amanecer y están rezando casi constantemente– y debido al ambiente moralista que emana de los padres y que percibe como un reproche, Hermann no tardó en pensar en la huida. Repetidas veces es la naturaleza la que de manera provisional estabiliza su estado anímico, cuando en prolongados y fatigosos paseos intenta liberarse de su «culpa». La madre Naturaleza, a la que visita en cuanto tiene oportunidad, parece a menudo llenar el rol de la madre más que la suya propia, atormentada en su melancolía por obsesivas ideas religiosas.

Sin embargo, tampoco en la naturaleza puede librarse de la sombra de los padres, y en particular del padre que constantemente hace reproches, por lo que no tardan en aparecer los primeros pensamientos suicidas. Sueña, por ejemplo, que sufre un accidente y lo llevan a casa muerto en una camilla. Aquí no sólo se ponen de manifiesto los deseos de huir del padecimiento, sino también agresiones e ideas de venganza, puesto que quiere un desquite de unos padres que niegan la vida. Debido a ese temperamento lleno de vida que constantemente brota, sus padres lo consideran anormal. Lo mismo que ellos habían hecho, intentan controlar ahora la situación aumentando la represión. Internan a Hermann en una escuela evangélica de Göppingen, donde debe recibir formación para ser misionero. El padre, en particular, repite en Hermann de una manera característica el mismo sufrimiento que experimentó en su propia carne y en su alma. El hijo se siente expulsado, lo mismo que antaño el padre, al ser enviado a Reval, en el «frío norte», y comienza a padecer cefaleas. A la edad de catorce años, por orden de su padre debe ingresar en la escuela de un convento con el objeto de prepararse para estudiar teología. Hermann experimenta esta época como un martirio, que más tarde procesa literariamente en su novela *Bajo las ruedas*. Pero en esa época no disponía todavía de esta posibilidad, lo que supone un gran riesgo. Atormentado por los dolores de cabeza, las depresiones nerviosas y los sueños de suicidio, al final huyó de la escuela, pero al día siguiente fue capturado y «como castigo» encerrado durante un día en un sótano oscuro. Ahí fue donde al parecer escribió su poema *Arresto*, que ilustra su vida en aquel tiempo:

> ¿Conoces el país donde no prosperan las flores,
> el oscuro calabozo al que no acude ningún dios?
> ¡Ay de quien deba irse allí,
> rincón miserable, seas mil veces maldito!

En los primeros pasos, aún tiernos, se fue desarrollando en Hermann la posibilidad de procesar su insoportable situación escribiendo, algo que a largo plazo habría de salvarle la vida. Pero a corto plazo, todo es incluso peor. Por indicación de los padres, su mejor amigo deja de tratarle, a él, el raro enloquecido. Esto conduce a una despedida desgarradora y alimenta todavía más la profunda melancolía de Hermann. Aislado de esta manera, abandonado, solo y proscrito, pierde sus últimos ánimos y deja de participar y de estudiar en la escuela. Los síntomas que padece de modo permanente –los pies helados y una cabeza ardiente– aclaran el dilema. Por un lado deja de tener cualquier tipo de contacto con la base viva y está totalmente desarraigado. Por otro lado su cabeza, su globo terráqueo, está tan caliente que amenaza con estallar.

Sus cartas aparecen tan llenas de tristeza que los padres creen que está seriamente enfermo, sobre todo cuando comienza a negar la existencia del demonio y a poner en duda el cielo y el infierno, los dos pilares de su mundo. Cuando los profesores acaban por declarar a Hermann enfermo mental porque habla abiertamente del suicidio, los padres lo envían a un clérigo, hijo de un exorcista famoso en aquel tiempo. Éste se ha especializado en tratar los problemas psíquicos con rígidas oraciones y una disciplina igualmente rígida.

En esta época Hermann se enamora locamente de una chica de edad bastante superior a la suya y a la que escribe poesías, pero que le rechaza de manera estricta ya que según ella «el primer amor no es nunca el verdadero». La desesperación de Hermann va en aumento. Finalmente, ya no puede soportar más el «lloriqueo divino» del clérigo que lo atiende y se compra una pistola para pegarse un tiro. También el cura ha de ir ahora a una clínica psiquiátrica y a Hermann lo envían entonces a una residencia para retrasados mentales y epilépticos.

Hesse tiene suerte dentro del infortunio pues el neurólogo no lo califica de retrasado mental sino de «huevo sin cáscara». Hermann escribe a sus padres cartas llenas de desesperación, describiéndose como un prisionero en una penitenciaría y también como un huérfano de padres vivos. En una de las cartas pide a su padre, con quien forcejea de manera especialmente desesperada, un revólver porque quiere poner definitivamente fin a su padecimiento. Algo más tarde, en un terrible grito de ayuda, comunica a la madre que ante él, sobre la mesa, se encuentra la pistola cargada y preparada. Pero es mejor que sepamos de sus propias palabras el estado de ánimo que lo embarga: «Si pudierais ver en mi interior, en esta negra cueva en la que el único punto de luz arde y quema de manera infernal, me desearíais y concederíais la muerte».

Evadido finalmente de la clínica y además de la escritura, el joven Hesse encuentra una nueva válvula de escape para su interior en ebullición, lleno de sombrías perspectivas. Se vuelca en la vida nocturna. Aunque con ello no finalizan los arrebatos oscuros ni los deseos de suicidio, aparecen al menos aislados atisbos de luz que caen en la oscuridad. En este tiempo madura la decisión de convertirse en escritor, algo que lo llena de nuevas esperanzas. Al menos durante un breve lapso de tiempo puede elevarse por encima de sus intenciones de suicidio y dejar atrás sus oscuros sueños, en los que quiere aniquilar toda su existencia y anhela con desvanecerse en la nada, convertirse en la nada.

El padre, no menos enfermo, no puede apartar a Hermann de su deseo de ser escritor y obliga a su hijo a que acuda a clases de mecánica en un fabricante de relojes. Pero todo esto no puede impedir que Hermann publique sus primeros poemas. Encuentra una admiradora literaria, que más tarde se preocupa de que su marido, el editor Eugen Diederichs, saque a la luz el primer pequeño tomo de Hesse con piezas en prosa.

Hesse continúa luchando contra su mundo de las sombras. Oscilando entre los deseos de muerte y el mal de amores, dispone de dos válvulas para sus terribles ataques de desesperanza y avidez por el no ser: la escritura, que le brinda la oportunidad de elaborar los tormentos de su alma, y la bebida, con la que los puede diluir.

A esto hay que añadir una tercera posibilidad: viajar. Le brindará a lo largo de toda su vida una oportunidad de huir y una fuente de vitalidad. Por primera vez hay ahora también momentos alegres, casi relajados, en su vida. Se ha liberado de una buena parte de las sombras de su pasado y escribe *Peter Camenzind*, su primer libro, que de inmediato lo lanza a la fama. Es acogido con entusiasmo por el movimiento juvenil Wandervögel, en auge por aquel entonces. Peter Camenzind, el héroe de la historia, sigue su propio camino a su manera. La novela es una pieza de incalculable valor que describe la trayectoria y grado de asimilación vitales del autor, que cuenta en estos momentos veintisiete años. Hesse podría haber ido desde ese momento hacia arriba, pero opone resistencia y la propia historia no deja de atraparle. No quiere ser famoso y tampoco que se entienda a su *Peter Camenzind* como mascarón de los ruidosos Wandervögel y de los pactos de compañerismo. En esa época muere su madre a causa de la melancolía. Por temor a ser arrastrado hacia una nueva depresión por sentimientos de culpabilidad, vergüenza, mala conciencia y pena, no asiste al entierro. Su héroe, Camenzind, es al menos una despedida de la madre moribunda. Aparece aquí por primera vez una tendencia que más tarde no dejará de estar presente: lo que todavía no logra pero que ya percibe, hace que lo vivan sus héroes.

En un viaje a Florencia, Hesse se enamora de Maria Bernoulli, que se convertirá en su primera esposa y que no sólo tiene el mismo nombre de pila que su propia madre, ya fallecida entonces, sino que como ella es depresiva y que acaba teniendo un final muy similar. Lo que no pudo «resolver» con su madre resurge de inmediato en su vida, y por segunda vez fracasa en el empeño. No obstante, vive primero una época saludable, de la que afirma que «el dulce amor salvaje» lo ha acercado «a las raíces de la vida». Con estas nuevas raíces, sus pies, permanentemente fríos, se calientan y su cabeza, siempre caliente, se relaja gracias al «salvaje amor». Hesse comienza a elaborar su traumática juventud y escribe *Bajo las ruedas*. Aunque de este modo revive de nuevo la época de sus depresiones juveniles, con sus temores y sus ataques de desesperación sin fin, también en buena parte la asimila.

Pese a que intuye que carece «de talento para el matrimonio» y que siente un «temor indeterminado» frente a él, tras largas tácticas de dilación acaba por casarse con «su» Maria. Se establecen en el lago Constanza, en una casa amueblada de modo espartano, pero pronto Maria cae enferma y se ausenta durante un largo período para seguir una cura. Hesse trabaja mucho y aprovecha la vida relativamente dura del campo para seguir su antiguo anhelo de regresar a la naturaleza. *Peter Camenzind* lo da más fama cada día; por primera vez gana realmente dinero. Sin embargo, a medida que crecen su reconocimiento y su fama, vuelve a caer presa de la tristeza, pero esta vez por la soledad perdida.

Tras la estancia de Maria en la clínica, la pareja tiene tres hijos en el lapso de seis años. Ya con el primero de ellos, Hesse comienza a padecer. Se siente constantemente perturbado en sus pensamientos e importunado por el ruido de los niños. Por añadidura, los asuntos domésticos cotidianos le irritan los nervios y, sobre todo, hablar de ellos. Así, se refugia cada vez más en el alcohol y viaja mucho, ahora principalmente para hacer lecturas de sus libros. Durante esa época conoce en Monte Verità, en Ascona, a un precursor del actual mundillo esotérico y de vida sana, y sigue allí una cura de desintoxicación.

Cuando después de las ensalzadas alabanzas del *Peter Camenzind* su nueva novela, *Gertrud*, recibe una crítica despiadada, Hesse queda profundamente deprimido. Aunque ya había dicho con anterioridad que «me pondré de moda, y es algo que nunca quise», el rudo rechazo de la crítica literaria lo afecta tanto que percibe la amenaza de la siguiente depresión. Para defenderse emprende viaje a la India, cuando todavía su tercer hijo cuenta tan sólo unos pocos meses.

Pese a que considera repulsivas muchas cosas en la India, también encuentra allí una parte esencial de su identidad y, probablemente, la clave para superar su vida plagada de crisis. En su trato con el budismo reconoce que «lo eterno no está en la Tierra» y lo formula diciendo que «la divinidad está en ti, no en los conceptos o en los libros». Este viaje a la India se convierte para él en una especie de iniciación. Le proporciona, además, el material para su novela más conocida, *Siddartha*. En sánscrito, Siddartha es el nombre de un ser humano que entiende el sentido de la vida y que ha encontrado su meta. Algo similar es lo que sucede ahora con Hesse, que mediante una experiencia en la unidad o en la cumbre (*peak experience*) de una visión maravillosa, en la India se siente por primera vez amado por sus padres, redimido por Jesucristo y aceptado por Buda.

Aun viviendo todavía con su depresión y luchando por fases contra ella, pues mientras está escribiendo *Siddharta* intenta matarse con una sobredosis de pastillas, la experiencia de que la solución debe de estar en el interior se mantiene y resulta salvadora para el agitado navío de su vida. También el héroe Siddartha intenta al principio suicidarse en un río que al final, con la comprensión de que todo siempre fluye, le concede la liberación. Este regalo se le concedió anteriormente al sencillo barquero Vasudeva. Lo mismo que el propio autor, el héroe llega a la orilla que lo salva. De este modo, también aquí, como en casi todas sus obras, asimila sus propios problemas psíquicos en forma literaria. El texto original refleja perfectamente lo que Hesse logró en la India (*Siddhartha,* Debolsillo, 2004, traducción de Juan José del Solar):

EL BARQUERO

«A orillas de este río deseo quedarme –pensó Siddhartha–; es el mismo que crucé una vez en mi ruta hacia los hombres niño. Un amable barquero me condujo entonces: quisiera verlo. De su cabaña partió ese día el camino que me llevó a mi nueva vida, ahora envejecida y muerta... ¡Que mi camino actual, que mi nueva vida se inicie también en ella!»

Contempló con ternura la corriente, su transparencia verde, las líneas cristalinas de su misterioso dibujo. Vio surgir perlas brillantes desde el fondo y flotar quietas burbujas en la superficie, que reflejaba el azul del cielo. Con miles de ojos lo miraba a su vez el río: verdes, blancos, cristalinos, celestes. ¡Con qué fascinación y gratitud amó aquellas aguas! En su corazón oyó la voz, que había vuelto a despertar y le decía: «¡Ama estas aguas! ¡Quédate a su lado! ¡Aprende de ellas!». Sí: quería aprender de ellas, quería escucharlas. Quien lograra comprender aquellas aguas y sus misterios –así le pareció–, entendería también muchas otras cosas, muchos misterios, todos los misterios.

Pero de los misterios del río no vio más que uno ese día, un misterio que lo impresionó vivamente. Vio lo siguiente: aquella agua fluía y fluía sin cesar, y a la vez estaba siempre ahí, ¡era siempre la misma aunque se renovara a cada instante! ¿Quién podía entender ese misterio? Siddhartha no lo entendía; sólo sintió que una vaga intuición se agitaba en su interior; le llegaron recuerdos lejanos, voces divinas.

De pronto se levantó. Un hambre insoportable atenazaba sus entrañas. Resignado, siguió caminando por la orilla río arriba, contra la corriente, escuchando el murmullo del agua y los gruñidos del hambre en su estómago.

Cuando llegó al embarcadero, halló el bote listo y vio en él, de pie, al mismo barquero que una vez pasara al joven samana hasta la otra orilla. Siddhartha lo reconoció; el hombre también había envejecido mucho.

–¿Quieres pasarme al otro lado? –le preguntó.

El barquero, sorprendido al ver que un señor tan distinguido viajara solo y a pie, lo hizo subir a su barca y se alejó de la orilla.

–Has elegido una hermosa vida –dijo el viajero–. Ha de ser muy hermoso vivir junto a este río y recorrerlo.

–El barquero se balanceó, sonriendo:

–Es muy bello, señor, exactamente como dices. Pero ¿acaso no es hermosa toda vida? ¿No tiene cada trabajo su propio encanto?

–Puede ser. Pero yo envidio el tuyo.

–Ah, temo que te cansaría muy pronto. No es un oficio para gente bien vestida.

Siddhartha se echó a reír.

–Es la segunda vez que escucho comentarios sobre mi indumentaria en este día, y comentarios que reflejan desconfianza. Barquero, ¿no querrías aceptar estos vestidos que me resultan incómodos? Pues has de saber que no tengo dinero para pagarte.

–El señor bromea –repuso el barquero riendo.

–No estoy bromeando, amigo. Mira, ya una vez atravesé este río en tu barca, gracias a tu generosidad. Te ruego que vuelvas a demostrarla hoy y aceptes mis vestidos en pago.

–¿Y el señor piensa seguir viajando sin ropa?

–Pues la verdad es que preferiría no seguir viaje. Lo que más me gustaría, barquero, es que me dieras un delantal viejo y me aceptaras como tu ayudante o, mejor dicho, como tu aprendiz, pues primero tendría que aprender a conducir la barca.

El barquero contempló largo rato al forastero con aire indagador.

–Ahora te reconozco –dijo finalmente–. Una vez dormiste en mi cabaña, hace muchísimo tiempo, tal vez más de veinte años, y yo te llevé a la orilla y allí nos despedimos como buenos amigos, ¿No eras un samana? De tu nombre no logro acordarme.

–Me llamo Siddhartha, y era un samana la última vez que me viste.

–Bienvenido seas, Siddhartha. Mi nombre de Vasudeva. Espero que también seas mi huésped hoy día, y duermas en mi cabaña y me cuentes de dónde vienes y por qué tus hermosos vestidos te resultan tan incómodos.

Habían llegado al centro del río y Vasudeva empezó a remar con más fuerza para avanzar contra la corriente. Sus robustos brazos trabajaban pausadamente, mientras sus ojos permanecían fijos en la proa de la embarcación. Siddhartha, sentado, lo observaba, recordando que en aquel su último día de samana sintió en su corazón un afecto muy vivo por ese hombre. Aceptó agradecido la invitación de Vasudeva. Cuando llegaron a la orilla, lo ayudó a amarrar la embarcación a los postes. Seguidamente el barquero lo invitó a entrar en su cabaña y le ofreció pan y agua, que Siddhartha tomó con apetito; también comió con ganas unos cuantos mangos que le trajo Vasudeva. Luego –ya estaba anocheciendo– se sentaron ambos sobre un tronco caído junto a la orilla, y Siddhartha le contó al barquero su origen y su vida, tal como se le había presentado ese día a la hora de su desesperación. Su relato se prolongó hasta altas horas de la noche.

Vasudeva lo escuchaba con suma atención. Y al escuchar fue asimilando todo: origen e infancia de Siddhartha, todo su aprendizaje y su búsqueda, todas sus alegrías y pesares. Una de las principales virtudes del barquero era la de saber escuchar como pocos. Sin que le dijera una sola palabra, Siddhartha captó cómo su interlocutor iba acogiendo cuanto le contaba, sosegado, abierto, expectante; cómo no se le escapaba ninguna de sus palabras ni daba muestras de impaciencia al esperarlas; cómo se limitaba a escuchar, sin elogiar o censurar lo que oía. Percatóse Siddhartha de la felicidad que suponía confesar con semejante oyente, verter en su corazón la propia vida, la propia búsqueda, las propias tribulaciones.

Pero ya hacia el final del relato de Siddhartha, cuando empezó a hablar del árbol a orillas del río y de su profundo desvanecimiento, del Om sagrado y del amor que por el río sintiera al despertar de su letargo, el barquero lo escuchó con redoblada atención, totalmente entregado y cerrando los ojos.

Mas cuando Siddhartha se calló, se produjo un dilatado silencio que Vasudeva interrumpió con estas palabras:

–Es lo que me imaginaba: el río te ha hablado. También es amigo tuyo y te habla. Lo cual está bien, muy bien. Quédate a mi lado, Siddhartha, amigo mío. En otros tiempos tuve una mujer, su lecho estaba junto al mío; pero hace tiempo que murió, hace ya tiempo que vivo solo. Quédate ahora conmigo; hay lugar y comida para ambos.

–Te lo agradezco –replicó Siddhartha–, te lo agradezco y acepto tu ofrecimiento. Y también te lo agradezco, Vasudeva, por haberme escuchado con tanta atención. Son raras las personas que saben escuchar de verdad, y hasta ahora no había encontrado a nadie que lo hiciera como tú. Esto también lo he de aprender de ti.

–Lo aprenderás –repuso Vasudeva–, pero no de mí. El río me enseñó a escuchar; de él lo aprenderás tú también. Lo sabe todo este río; de él puede aprenderse todo. Mira, el agua también te ha enseñado que es bueno tender hacia abajo, hundirse, buscar las profundidades. El rico y distinguido Siddhartha se convierte en un remero, el sabio brahmán Siddhartha se convierte en barquero: esto también te lo dijo el río. Y además te enseñará otras cosas.

Al cabo de un buen rato preguntó Siddhartha:

–¿Qué otras cosas, Vasudeva?

Vasudeva se levantó.

–Se ha hecho tarde –dijo–, vamos a dormir. No puedo decirte cuáles son las «otras cosas», amigo. Las aprenderás; o a lo mejor ya las sabes. Mira, yo no soy ningún sabio, no sé hablar ni tampoco pensar. Sólo sé escuchar y ser piadoso: es todo lo que he aprendido. Si pudiera decir y enseñar esas «otras cosas», tal vez sería un sabio; pero no soy más que un barquero, y mi tarea es cruzar gente de una orilla a otra en este río. He transportado a muchos, a miles, y para todos ellos mi río nunca ha sido un obstáculo en sus viajes. Unos viajaban por dinero o por negocios, otros para asistir a una boda o en peregrinación; el río se interponía en su camino, pero ahí estaba el barquero que los ayudaba a superar rápidamente ese obstáculo. Sin embargo, el río ha dejado a veces de ser un obstáculo para unos pocos –cuatro o cinco– entre todos esos miles: oían su voz, lo escuchaban, y estas aguas pasaban a convertirse en algo sagrado para ellos, como lo son para mí. Y ahora vámonos a descansar, Siddhartha.

Siddhartha se quedó con el barquero y aprendió a guiar la embarcación. Cuando no había trabajo en ella, ayudaba a Vasudeva en el arrozal, recogía leña o cosechaba los frutos del bananero. Aprendió a fabricar remos, a reparar la embarcación, a tejer cestos, y todo cuanto aprendía le gustaba; y los días y los meses transcurrían velozmente. Sin embargo, más que Vasudeva era el río el que le iba enseñando cosas. De él aprendía incesantemente. Lo primero que aprendió fue a escuchar, a prestar oído con el corazón en calma, con el ánimo abierto y expectante, sin apasionamiento, sin deseos, juicios ni opiniones.

Muy contento vivía junto de Vasudeva, y a veces intercambiaban unas cuantas palabras, muy pocas y bien ponderadas. Vasudeva no era amigo de palabras, raras veces lograba hacerlo hablar.

Un día le preguntó:

–¿También a ti te enseñó el río aquel secreto: que el tiempo no existe?

Una clara sonrisa iluminó el rostro de Vasudeva.

–Sí, Siddhartha –repuso–. Te estarás refiriendo sin duda a lo siguiente: que el río está a la vez en todas partes, en su origen y en su desembocadura, en la cascada, alrededor de la barca, en los rápidos, en el mar, en la montaña, en todas partes simultáneamente, y que para él no existe más que el presente, sin la menor sombra de pasado o de futuro.

–Así es –dijo Siddhartha–. Y cuando me lo enseñó, me puse a contemplar mi vida y advertí que ella también era un río y que nada real, sino tan sólo sombras, separan al Siddhartha niño del Siddhartha hombre y del Siddhartha anciano. Las encarnaciones anteriores de Siddhartha tampoco eran un pasado, como su muerte y su retorno a Brahma no serán ningún futuro. Nada ha sido ni será; todo es, todo tiene una esencia y un presente.

Siddhartha hablaba con gran entusiasmo; esta revelación le había hecho muy feliz. Oh, ¿no era acaso el tiempo la sustancia de todo sufrimiento? ¿No era el tiempo la causa misma de todo temor y de toda tortura? ¿No se suprimiría acaso todo el mal, toda la hostilidad del mundo en cuanto el tiempo fuera superado, en cuanto se aboliera la idea del tiempo? Había hablado con gran entusiasmo, pero Vasudeva le sonrió, radiante, y asintió con la cabeza silenciosamente. Luego deslizó su mano por el hombro de Siddhartha y volvió a su trabajo.

Y en otra ocasión, cuando el río había aumentado su caudal a causa de las lluvias y rugía poderosamente, Siddhartha dijo al barquero:

–¿Verdad, amigo, que el río tiene muchas, muchísimas voces? ¿No tiene la voz de un rey y de un guerrero, la voz de un toro y la de un pájaro nocturno, la de una parturienta y la de alguien que gime, y mil voces más?

–Así es –admitió Vasudeva–. Todas las voces de la creación se hallan contenidas en la suya.

–¿Y sabes –prosiguió Siddhartha– qué palabra te dice cuando logras oír sus diez mil voces simultáneamente?

Con el rostro iluminado de felicidad se inclinó Vasudeva hacia Siddhartha y pronunció en su oído el sagrado Om. Y esto era precisamente lo que Siddhartha había escuchado.

Y su sonrisa empezó a parecerse cada vez más a la del barquero, volviéndose casi tan radiante, casi tan inundada de alegría, igualmente brillante en sus mil arrugas diminutas, igualmente infantil y vieja. Muchos viajeros al ver juntos a los dos barqueros, los tomaban por hermanos. A menudo se sentaban en el tronco a orillas del río, por la noche, y escuchaban en silencio al agua, que para ellos no era agua, sino la voz de la vida, la voz de lo que es, de lo que eternamente deviene. Y muchas veces sucedía que, al escuchar al río, ambos pensaban en las mismas cosas: en un diálogo mantenido dos días antes, en algún viajero cuyo rostro y destino los había intrigado, en la muerte, en su infancia. Y en el preciso instante en que el río les decía algo bueno, ambos solían mirarse uno al otro, pensando exactamente lo mismo, felices de coincidir en la respuesta a la misma pregunta.

De los dos barqueros y su barca emanaba una fascinación que muchos de los viajeros percibían. A veces, alguno de ellos, después de haberle mirado la cara a uno de los barqueros, empezaba a contarle toda su vida y sus pesares, a confesarle sus culpas y a pedirle consejos y consuelo. Otras veces, alguien les pedía permiso para pasar la noche con ellos y poder escuchar al río. También solían ir muchos curiosos, a quienes les habían contado que en aquel barco vivían dos sabios, o brujos, o santones. Esos curiosos les hacían toda clase de preguntas, pero no recibían respuesta ni veían mago ni sabio alguno; sólo encontraban dos amables viejecillos que parecían mudos y algo extraños y estupidizados. Y los curiosos se echaban a reír y comentaban entre sí la estupidez y la credulidad de la gente del pueblo, que propagaba esos rumores carentes de fundamento.

El hecho de que la novela de Hesse alcanzara de inmediato un gran éxito permite suponer que el tema de la búsqueda del sentido, pero también el de la depresión, se encontraba muy extendido en aquella época y que muchos, sobre todo entre los jóvenes, pudieron identificarse con él. De este modo, la lectura de los libros de Hermann Hesse podría considerarse, vistos en el orden de aparición, como una psicoterapia literaria de las depresiones. Seguramente al propio autor le abrió las máximas posibilidades de desarrollo, pero también dio a millones de personas el ánimo necesario para asumir y abordar los propios problemas, similares en cuanto a la búsqueda de un sentido en el camino de sus vidas.

En su viaje, Hesse comprendió además que la India y Oriente no eran su patria y que no podrían serlo. Percibe que debe regresar a su patria. Aun cuando aquí parece como si el Paraíso se hubiera perdido hace ya mucho tiempo, se encuentra a sí mismo y nos invita a todos a conquistarlo de nuevo en nuestro interior. De regreso con la certeza de que el conocimiento sólo se halla en el interior, es decir, en el espíritu o en el corazón, en casa lo espera de nuevo en su familia la depresión, pero esta vez en forma de la enfermedad de su esposa Maria. Su melancolía es ahora un estado permanente; a ello se añaden graves episodios de depresión. Del mismo modo que ya le ha dado resultado en otras ocasiones, Hesse huye en viajes de lectura y comienza a elaborar el padecimiento de su mujer en la novela *Rosshalde*, la historia de un matrimonio que fracasa por falta de diálogo. Abandona a su mujer, sin llegar a divorciarse, y con ello se libera una vez más de las garras de la depresión. No puede ayudar básicamente a su esposa, lo mismo que tampoco pudo a la primera Maria de su vida, su madre. No obstante, se comporta con ella generosamente en lo material y sobre todo se salva a sí mismo y a su trabajo literario.

Lo que no consiguió hacer con su madre a nivel humano, vuelve a resultarle una pesada carga. Su camino parece ser el de una elaboración artística. Con ello se pone de manifiesto la gran intensidad de su resonancia con el tema de la melancolía y la desesperación. En cuanto personalmente le va algo mejor, se aproxima a ese tema a través de las personas de su entorno.

La siguiente crisis de su vida es de tipo colectivo: la Primera Guerra Mundial. Desgarrado entre la repugnancia contra la guerra y un claro, aunque apolítico, amor hacia su patria, se alista en Alemania como voluntario. Sin embargo, debido a su edad (pues cuenta treinta y siete años) y a su mala vista es rechazado. Cuando más tarde, desde Suiza, totalmente desilusionado del burdo patriotismo y la persecución contra todo lo extranjero, escribe un artículo incendiario contra este estado de opinión imperante en Alemania, provoca un amplio boicot a sus libros en la antigua patria y de este modo se genera de nuevo problemas materiales.

Las cosas le van ahora realmente mal, también de salud. Tiene dolores de estómago y problemas de digestión. La situación política en Europa y también la suya personal, situado entre todos los frentes, lo golpea con fuerza en el estómago y es incapaz de digerir esta vida. Le afecta también profundamente la muerte de su padre, tan odiado en la infancia pero más tarde amado. Sin embargo, en esta ocasión el resultado no es una depresión sino un colapso nervioso, lo que indica que psíquicamente se encuentra ya más estabilizado. Ha elaborado tan intensamente sus temas más ardientes –desde el trato con la muerte hasta la búsqueda del sentido– que la melancolía ya no puede atacarlo en cualquier ocasión.

Hesse comienza en esta época su primera psicoterapia con un analista de la escuela de Jung. A comienzos del último siglo esto demuestra un gran valor puesto que el psicoanálisis no está en modo alguno establecido y es más bien un campo de experimentación más de los pioneros del alma. Pero entre ellos hay que incluir también a Hesse y por ello obtiene un gran beneficio de esta primera elaboración profesional de su agitada historia. Durante este tiempo y bajo la influencia del análisis, escribe *Demian*, la historia de un adolescente. En ninguna de sus novelas se muestra con tanta claridad el mundo que hay más allá del bien y del mal, que va asociado a la unidad, como en la figura de Demian. El lector intuye que un dios bueno y malo, responsable de toda la creación y de lo que hay en ella, resulta más adecuado para una integridad sana que un «dios amoroso» que sólo permite el buen comportamiento. Birgit Lahann, la biógrafa de Hesse, considera este libro como la biografía del alma del autor.

En cuanto Hesse se levanta y a prosigue su camino, el destino vuelve a golpearlo. Escribe a un amigo: «Durante mucho tiempo creí que había bebido todo el fermento de la infelicidad. Pero lo peor ha llegado después y todavía no ha acabado». Durante un viaje en tren acompañada de uno de sus hijos, su mujer sufrió un ataque psicótico, golpeó brutalmente al niño y arrojó el equipaje por la ventanilla. A Hesse no le quedó más remedio que volver y recluirla en una clínica psiquiátrica, que entonces todavía se llamaba manicomio.

Durante los meses en los que su mujer permaneció recluida en la clínica, Hesse ordenó su vida a fondo. Dejó a sus hijos al cuidado de amigos íntimos, donde pudieran crecer sin problemas. Redujo su biblioteca a la mitad y ajustó cuentas con su patria. Con su país de origen y los alemanes pasó a los tribunales. Durante tres días, como embriagado, escribió *El regreso de Zaratrusta*. Y con ello eliminó el resentimiento acumulado durante el período bélico. Zaratrusta pregunta sin cumplidos a sus oyentes si son conscientes de por qué en casi todos los lugares los alemanes gozan de tan pocas simpatías y al mismo tiempo son tan temidos, por qué incluso se los evita. Y de inmediato tiene preparada las respuestas: porque de manera arrogante nunca se les ocurre pensar que deben buscar la responsabilidad en sí mismos, porque su alma mercenaria, desvariando sobre lealtad y la fidelidad de los nibelungos, sólo piensa en lo material. Además, dice por boca de sus héroes: «Sois el pueblo más devoto del mundo. ¿Pero qué dioses ha creado esa devoción? ¡Emperadores y suboficiales!».

Liberado, se traslada a Tesino (Suiza) y decide que jamás dejará que nadie lo coarte ni lo reprima, ya sean intereses familiares o financieros. A su mujer, que debe continuar ingresada en la clínica psiquiátrica, le deja todo salvo sus libros y su escritorio. Él vive de manera sencilla en un piso alquilado y dice de sí mismo: «Ya no hay primavera en mi corazón. Es verano». Y así es cómo la desgracia le hace avanzar de nuevo en su desarrollo personal.

Aunque traducido a veinticinco idiomas y con grandes tiradas, Hesse vive como un desconocido artista exiliado en la pequeña localidad suiza de Montagnola. Es la hora de su novela *Klingsor* y del enfrentamiento con sus sentimientos de culpabilidad en relación a la sensibilidad y a las mujeres, mientras el alcohol continúa siendo un compañero fiel para las horas difíciles y de soledad. Hesse encuentra a una joven amante y también siente emerger su viejo amor de odio, la depresión. Para prevenir un arrebato depresivo, se somete de nuevo a psicoterapia, pero esta vez directamente con el maestro, C. G. Jung. Éste sería el terapeuta ideal para él, ya que procedía de una familia de clérigos y conocía por propia experiencia las hondonadas de una delirante educación religiosa. El investigador de la vida de Hesse, Günter Baumann[3] escribe al respecto que ambos «escaparon de esta cámara de

---

3. Günter Baumann, *Hermann Hesse. Dichter und Weiser,* Schäuble, Rheinfelden, 1997.

tortura» y que transformaron «impulsos destructivos en una forja genial». Hesse escribe a un amigo diciéndole que el objetivo del análisis es «crear un espacio donde poder escuchar la voz de Dios».

Las presiones sociales para que se case con su joven amante lo empujan a nuevas torturas del alma. Se considera totalmente inepto para el matrimonio, por mucho que las mujeres parezcan enamorarse de él. Pero en lugar de volver al abismo de la depresión, es su cuerpo quien enferma. El sufrimiento se manifiesta en una ciática, que materializa con toda claridad sus problemas existenciales, y en dificultades digestivas, que indican lo difícil que le resulta efectivamente hacer realidad su vitalidad y, sobre todo, defenderse frente a las reglas de su época. De una manera brutal plantea a su amante la verdad en cuanto a la situación de su alma e incluso escribe a la madre de ella, con la que se entiende muy bien, explicándole que ha llegado al final de sus fuerzas y de su paciencia y que preferiría colgarse en el desván. Pero de poco sirve. Poco antes de que se produzca el enlace civil, su organismo hace un último intento. Con cuarenta grados de fiebre, el conflicto bulle ahora a nivel corporal, pero carece de toda eficacia frente al poder de las convenciones. Se celebra la boda. Sin embargo, al cabo de dos meses todo finaliza en la práctica y los «cónyuges» se separan en la práctica.

Hesse comienza con el trabajo de su nuevo libro, *El lobo estepario*. Su héroe, Harry Haller, padece depresiones y sentimientos de inadecuación, un abismal aislamiento y terribles sensaciones de vacío, y sufre por su edad; es decir, en el fondo, todo aquello de lo que también Hesse padece. A lo anterior se añade además el espíritu de los tiempos, que para ambos resulata más bien maligno. Se siente a disgusto con la música moderna y con el ruido del tráfico pero, sobre todo, con el hombre moderno y el ajetreo que propaga. En vísperas de elegir entre colgarse o clavarse un cuchillo, cierra un acuerdo consigo mismo. Esperará hasta cumplir los cincuenta, pero entonces tendrá vía libre para utilizar «la salida de emergencia». También esto es autobiográfico, según sabemos por una carta dirigida a su amigo Hugo Ball. A los cuarenta y ocho, dos años antes de «finalizar el contrato», Hesse pone fin al acuerdo.

Durante esa época de profunda desesperación, el alcohol sigue siendo su compañero, aunque también intenta recuperarse para la vida con diversas relaciones sentimentales. Incluso aprende a bailar y por primera vez intenta tomar parte en el «baile de máscaras social». Harry Haller, su héroe, comprenderá en el curso de su desarrollo que debe pasar una y otra vez por su propio infierno interior y seguir avanzando, y su creador lo entenderá con él. De esta suerte, *El lobo estepario* salva a Hesse de una de sus peores crisis y trabajando en la novela vuelve a entrar algo de luz en la oscuridad de la desesperación mientras se deshace un matrimonio que, en realidad, nunca existió.

Hesse se casa en terceras nupcias con la mucho más joven Ninon Dolbin, que lee en sus ojos cualquier deseo y que ve en él, sobre todo, al maestro. Aunque no esté en realidad verdaderamente enamorado de ella y no llegue a alcanzar una felicidad plena, ella lo estimula en su obra y permanece a su lado hasta el final de sus días.

Escribe *Narciso y Goldmundo*, la historia de una amistad entre dos hombres que no podrían ser más distintos. El tema es, a decir verdad, el encuentro entre el ascetismo y la sensualidad, una discusión entre Logos y Eros. En lo que respecta a las ventas, se convierte, con mucho, en el libro de mayor éxito en vida del autor.

Pero el éxito tiene poca importancia para él y no puede aliviar su depresión, por no hablar de curarla. Encuentra cada vez más insoportable el mundo burgués. Le duele el moderno espíritu de los tiempos y muchas veces simplemente se mete en la cama y no desea escuchar ni ver nada. A Ninon no le resulta fácil tratar con el apático idealista aterrado ante el futuro. Ve con aborrecimiento la llegada a su antigua patria de las proyecciones más primitivas, el insolente falseamiento de cualquier culpa en la guerra y la negación de toda responsabilidad, el reforzamiento del antisemitismo; en resumen, la desgracia en ciernes del nacionalsocialismo.

Su última obra, *El juego de los abalorios*, que acaba cuando cuenta sesenta y cinco años, no puede publicarse en la Alemania nazi y en Suiza se edita pero en una corta tirada. Aunque más adelante le proporcionará el premio Nobel de literatura por mediación de su amigo Thomas Mann. De todas maneras, tampoco esta distinción contribuye lo más mínimo a elevar su estado de ánimo. El viejo Hesse se muestra a menudo abatido y de mal talante. Debido a la bancarrota de Alemania, que financieramente también es la suya, en la vejez vuelve a la pobreza. Con frecuencia, por la noche se acuesta con pensamientos de suicidio y a la mañana siguiente, como él mismo dice, no es un ser humano sino que se muestra con el característico bajón matutino de la depresión. No obstante, parece no temer a la muerte; más bien espera de ella la liberación de «su pequeño infierno privado», según afirma. Por último, fallece a los ochenta y cinco años víctima de una hemorragia cerebral causada por una leucemia, de la cual nunca estuvo fue consciente ya que la medicina de aquel tiempo no solía informar a los pacientes sobre su situación. De esta manera, una dilatada vida llena de depresiones y pensamientos de suicidio finaliza de un modo natural; una vida, no obstante, que deja a muchísimos otros una obra enriquecedora y atemporal. Transmite ánimo para vivir y la fuerza para recorrer el propio camino.

En *El juego de los abalorios*, con el distanciamiento espiritual del mundo mayático, el reino de las ilusiones del espacio y el tiempo, Hesse deja entrever dónde se encuentra simplemente *la* solución, que es la suya propia. Este objetivo de la vida, tal como se formula en cualquier caso en Oriente, lo alcanza de modo impresionante con su obra póstuma. En la vuelta renovada a la vida crea, al menos literariamente, el retorno al bien. Desconocemos si él personalmente lo logró, pero dado el fuerte paralelismo entre su vida literaria y la privada, podemos suponer lo mejor.

Compendio de las enseñanzas de Hermann Hesse

La vida de Hesse está marcada de manera singular por el enfrentamiento a la depresión. Si hay una predisposición genética a la depresión, sus padres se la transmitieron. En cualquier caso, crece dentro de un marco de melancolía, que por sí puede provocar la depresión. Desde la perspectiva de la historia de su vida, aparece amenazado y sus padres, pietistas, repiten casi calcadas las mismas medidas que destruyeron sus propias vidas y que son en todo momento las más indicadas para desencadenar depresiones. Sus padres intentan por todos los medios impedirle seguir su llamada, encontrar su visión y configurar su propia vida. El joven Hermann se ve prácticamente desgarrado entre los deseos paternos, que lo obligan a ingresar en una escuela para misioneros, y sus anhelos personales. Los intentos de satisfacer a los padres, realizados con grandes sufrimientos psíquicos, se convierten al mismo tiempo en la negación de una llamada interna que se vuelve cada día más apremiante.

Su evolución desde el viaje por sus pesadillas, que en la juventud casi lo llevan a la muerte con sus terribles fantasmas, hasta el viaje por el mar de la noche, que lo arrastra y acaba por convertirlo en un autor célebre, se refleja con inusitada fidelidad en su obra. El término de viaje por el mar de la noche se manifiesta como viaje a través del mundo oscuro. En aquellos tiempos primigenios en que aparecieron los mitos, los hombres creían que el Sol se montaba por la puerta del Oeste en una barca, que era como veían a la media luna, para regresar sobre el cielo nocturno de color negro azulado. Éste les parecía un mar, el mar de la noche. Y lo mismo que el Sol, más tarde los héroes solares tuvieron que hacer este mismo viaje. Frente a eso, el viaje por las pesadillas quiere decir el horror de pesadilla de la oscuridad de la noche, tal como Heinrich Füssli lo retrata en *Der Nachtmahr* [El fantasma de la noche]. Pero hay, además, otras muchas imágenes míticas para esta porción central del viaje de la vida. Una carta del tarot representa esta fase en forma del ermitaño, un peregrino que, embutido en el hábito del monje y ensimismado, debe recorrer y padecer un largo trayecto de sed por la senda de su vida.

Con sus novelas, Hesse escribe en el verdadero sentido de la palabra el padecimiento de su alma y en muchos aspectos tiene éxito. La época en que vive está preparada también en su conjunto para las soluciones constructivas. Mientras que a su joven Werther, del que habremos de hablar más tarde, Goethe debe hacerle morir a causa de su viaje de individuación apenas iniciado y del viaje por sus pesadillas, la barca de la vida de Hesse se pone poco a poco en movimiento para su viaje por el mar de la noche. Con ello, los héroes de Hesse dan el paso hacia la verdadera individuación, tal como se pone de manifiesto en el libro *Siddartha*, que en el curso de las décadas siguientes convierte en portadores de esperanza a innumerables héroes y heroínas en su viaje. De manera similar a como el propio Hesse dirige el buque de su vida a través de este mar del alma y del mundo de sus imágenes, también lo consiguen las figuras centrales de sus novelas de evolución.

Quien se ocupe de la agitada historia de la vida de Hesse, al final no puede resistirse a la impresión de que Hesse habría aprendido a amar también el padecimiento, lo mismo que éste parecía amarlo a él. A juzgar por las apariencias parece como si lo estuviera buscando por doquier y como si, al mismo tiempo, el padecimiento lo hubiera encontrado en distintas etapas del camino de su vida. Como por ejemplo, con la melancolía que cuando apenas ha logrado escapar de ella en la figura de los padres, vuelve a aparecer a su lado con su primera mujer. Es evidente que todavía no había acabado de reciclar ese tema.

Pero también en aspectos casi accesorios de la historia de su vida, como el suicidio de su amigo Stefan Zweig en 1943, que hizo realidad lo que Hesse tantas veces había considerado, se reencuentra el mismo tema. Cada vez que intenta deshacerse de él antes de tiempo, el dolor de la melancolía vuelve a llamarlo y lo obliga a la confrontación, a la discusión.

Pero a pesar de la increíble dureza y de las dificultades, utilizando sus dones, sobre todo escribiendo pero también pintando, y aprovechando las mejores posibilidades de terapia de su época, consiguió vencer esta difícil tarea de la vida y al final, incluso dominarla. Por medio de su creatividad y de su franqueza frente a su propio destino, siempre pudo salir a la vida desde los callejones de salida y encontrar su camino. Vivió de un modo ejemplar la individuación exigida y descrita por su psicoanalista, C. G. Jung, si bien a menudo con sufrimientos y al principio con aparentes fracasos. Su vida y su obra dan así esperanza en cuanto al camino a través del valle de la depresión. En su búsqueda sin fin del sentido de la vida consiguió además transmitir a millones de personas, en su mayoría jóvenes, un vislumbre de estos esfuerzos por lograr el sentido de la vida. Por último, Hermann Hesse le debe muchísimo a su padecimiento y nosotros debemos a la extraordinaria obra de Hesse principalmente su discusión con la propia depresión.

Los artistas depresivos o el arte como terapia

La depresión y la melancolía son fuentes importantes de creación artística y con toda seguridad los cuadros clínicos de los que más provecho ha sacado nuestra cultura. Al pensamiento de Khalil Gibran, citado al comienzo del libro, de que sólo el dolor de la ostra puede poner en evidencia la belleza de la perla, se adelantó Charles Baudelaire diciendo: «Lo misterioso y la tristeza del pesar constituyen igualmente parte de las características esenciales de lo bello [...] Soy de la opinión de que la alegría es un adorno muy común de la belleza; a la par que la melancolía es, por así decirlo, su augusta compañera».

Al igual que la vida de todos nosotros, la del artista –sólo que de manera más extrema y con ello también más clara– juega entre la rebelión y la adaptación o entre la individualidad y el conformismo. La depresión satisface en demasía las exigencias de la sociedad y se caracteriza por una actitud que va desde la adaptación hasta el deber impuesto a uno mismo. En el polo opuesto, los artistas quieren elevarse por encima de la masa y ser únicos. La rebelión del artista es con frecuencia la reacción a la presión adaptativa, pero a menudo también una defensa frente a su tendencia a la depresión. Por supuesto que no todos los artistas pueden enfrentarse de manera tan abierta y valiente a este tema como Hermann Hesse, o aunque sea sólo elaborarlo de manera al menos tan consecuente.

De todos modos salta a la vista que el arte en el sentido que nosotros le damos casi nunca aparece en culturas como las de los Mares del Sur, en las que las depresiones son poco menos que desconocidas. Parece como si el gran arte necesitara tener como base el padecimiento y la depresión. En el polo opuesto a la vida idílica y alegre de aquellos lugares, la gravedad de la existencia en los países norteños, con su tristeza climática y en parte también política y económica, ha creado un arte atemporal que surge de las profundidades del alma doliente. Tchaikovski, pongamos por caso, mientras componía su genial música se hundía en el indescriptible padecimiento de uno de los manicomios de aquella época.

También la melancolía del rey Luis II de Baviera dio lugar a construcciones oníricas tan impresionantes como los palacios reales bávaros, con el Neuschwannstein a la cabeza. Neuschwannstein es hoy la única obra arquitectónica de Alemania incluida en las nuevas maravillas del mundo. Hay que agradecerlo a la fantasía de la persona hundida en el mar de la depresión, que antes de hundirse definitivamente en el lago Starnberg, tuvo fases en que emergió para dejarnos en herencia testimonios del mundo depresivo, de su genial locura. Aunque debió de ser para sus súbditos una exigencia excesiva, el mundo sería mucho más pobre sin él. Así pues, y no sin motivo, es admirado hasta nuestros días por la población como no lo ha sido ningún otro rey o regente de Baviera.

La poesía y la lírica de artistas como Rilke, Eichendorff y Dostoyevski surgieron repetidas veces desde un profundo estado de ánimo melancólico. Éste es el compañero natural de la alegría. Quien no puede sentir tristeza, tampoco puede alegrarse. De todas maneras habría que separar aquí la sensación sana de un humor depresivo frente a las verdaderas depresiones. Lo mismo que la melancolía es un estado de ánimo propio de la vida y no una enfermedad, otro tanto podría decirse de la *saudade*, que ha tomado carta de naturaleza en Portugal y que es un estado de ánimo ligeramente triste y marcado por la nostalgia y el dolor por la lejanía, que dio alas a grandes navegantes, como Vasco de Gama, para aventurarse en el grande y misterioso mar sin conocer su destino y hacia dónde los lleva su ruta. Tanto en el dolor por la lejanía como en la melancolía e incluso en la depresión, se percibe con frecuencia una gran profundidad y casi siempre muy colmado el anhelo del camino que conduce a la verdadera meta. Los navegantes lo han buscado de manera muy concreta en el mundo, los poetas y los literatos en el mundo de los sentimientos y los buscadores espirituales a todos los niveles.

Mientras que Hesse, en su búsqueda del sentido de la vida, lo encontró en la India y al final en sí mismo y al escribir descubrió su camino espiritual, que además se le amplió, este acceso se mantuvo cerrado a lo largo de toda la vida para otros, como por ejemplo Ernest Hemingway. Su tentativa de contrarrestar el padecimiento depresivo con orgías sensoriales de alcohol y de otro tipo, estaba abocada al fracaso porque aquí no se ofrecía ninguna auténtica salida. El reconocimiento mundial, que culminó con la concesión del premio Nobel, no pudo salvar a Hemingway y dado que no tenía ninguna otra cosa que le pudiera satisfacer y alimentar, se hundió en una depresión y puso fin a su vida con un fatal disparo.

El viaje de los héroes y sus paradas

La medicina está en ti. No lo tienes en cuenta.
La enfermedad procede de ti. No lo percibes.

HADRAT ALI

El modelo arquetípico del camino heroico no hace referencia naturalmente sólo a niños y hombres, sino en igual medida a niñas y mujeres y al camino del desarrollo femenino. De todas maneras, los mitos y los cuentos de una cultura patriarcal hasta la médula como la nuestra son sobre todo un modelo completo del camino masculino. Pero en cualquier caso, este modelo puede aplicarse igualmente a las vivencias femeninas. El héroe o la heroína es, según Joseph Campbell,[4] alguien que consagra su vida a algo que es superior a él mismo o a ella misma. En su libro *El mito del nacimiento del héroe*, Otto Rank[5] cree que a todos nosotros se nos puede considerar héroes por cuanto que ya al nacer experimentamos un desarrollo heroico, al pasar de un pequeño ser acuático del mundo nutritivo del líquido amniótico al ser terrestre que ya muy pronto se apoya concretamente en sus extremidades posteriores y que debe enfrentarse al mundo. De este modo, el paso a la vida se convierte en un acto heroico.

Regalar la vida en un nacimiento es asimismo un gran acto. Ya por esta simple razón no son sólo los hombres los que pertenecen a la esencia heroica. Quien trae un hijo al mundo debe transformarse de niña en madre y mujer y superar el viaje del embarazo, que por sí mismo es un viaje heroico. Entre los aztecas existían varias esferas celestes y, en consecuencia, las mujeres muertas durante el puerperio iban al mismo cielo al que llegaban los héroes caídos en combate. Dedicar la propia vida a otro, como se requiere necesariamente en el embarazo, es para Campbell un claro acto heroico. Cuando al final la mujer regresa a su mundo, lleva con ella el mayor regalo que hay, el hijo.

En su libro *El poder del mito*, Campbell hace hincapié en lo siguiente: «Se abandona el mundo en el que se está y se va a un lugar profundo, o un lugar lejano o un infierno. Se llega entonces a lo que a uno le faltaba en la conciencia en el mundo en que se habitaba

---

4. Joseph Campbell, *El poder del mito*, Publicaciones y Ediciones Salamandra, 1991.
5. Otto Rank, *El mito del nacimiento del héroe*, Ediciones Paidós Ibérica, 1992.

con anterioridad. Surge entonces el problema de si aferrarse a ello y abandonar el mundo, o regresar con este premio e intentar conservarlo mientras se vuelve al mundo de la sociedad. Esto no es sencillo».

La llamada y la vocación

Por lo general pronto se manifiesta la llamada, la vocación, algo que puede producirse de maneras muy diversas. Muchas veces, la primera aparición tiene lugar en forma de aparentes insignificancias o incluso como algo accesorio o carente de importancia, casi como casualidades pueriles. A través de ellas se hace patente un mundo extraño e impensado, para el cual todavía no ha crecido el entendimiento del héroe o de la heroína. Las personas arcaicas buscan cuidadosamente los signos de este tipo o en cualquier caso están muy abiertos a ellos. Con frecuencia los aprovechan para elegir un nombre que exprese la vocación. Los nombres amerindios son característicos a este respecto, como por ejemplo «Toro sentado» o «El que baila con lobos». Estos signos pronto tienen un significado para aquellos que también viven en los mitos y en los mundos de los símbolos. Pero de vez en cuando se desvanecen y quedan mucho tiempo en la oscuridad.

En la película *Ben Hur* se muestra cómo una teja bajo la mano de una muchacha se desliza por casualidad y pone con ello en marcha toda una cadena de acontecimientos. El desencadenante puede haber sido un absurdo suceso imprevisto que nada dice y que incluso no muestra ninguna intención, pero no obstante ya no puede detenerse la cadena de acontecimientos, y Charlton Heston lo recorre en sintonía con su modelo de Ben Hur a través de los altos y bajos de un camino de evolución.

En la película *Leyendas de pasión* la llamada se manifiesta tempranamente en la figura de un oso. El joven, representado por Brad Pitt, libra una lucha heroica que al oso le cuesta una zarpa con sus dedos. Maese Martín se retira herido, pero el joven ha sido tocado por el destino y ha encontrado su animal totémico, aunque en realidad es éste quien le ha encontrado. El viejo indio que está presente se da cuenta de ello de inmediato, mientras que el padre del joven lo regaña por su temeridad. El encuentro con el oso determinará toda la vida posterior del joven, que ya no puede sustraerse a esta llamada, por muy grandes que sean las seducciones del amor y de la vida en familia. El joven debe seguir la llamada, andar su camino y mantenerse fiel a su destino, más aún que a la mujer a la que ama y que lo ama.

Análogamente a como la llamada puede producirse desde el exterior en forma de un oso o de una teja que se desliza, también puede despertar en el interior, por ejemplo en la fogosidad juvenil, para desarrollar la propia identidad, encontrar la expresión de uno mismo y desplegar la autoconciencia. En la pubertad, esa época del Sturm und Drang de la vida, muchas llamadas lo hacen en alta voz y algunas de ellas son reprimidas de inmediato para siempre. No es raro que ahí radique precisamente la semilla de posteriores depresiones. Después de un período de dependencia, que puede durar desde catorce años hasta treinta en el peor de los casos, los que están creciendo deben ganarse a pulso la propia responsabilidad y la independencia, para lo cual se requiere un acto de muerte (la del niño) y otro de resurrección (la del adulto).

En la realidad de nuestra vida, la llamada no se produce por regla general de un modo tan espectacular como en una película de Hollywood. Rara vez emergerá un auténtico oso, quizá con más frecuencia se deslizará una teja y con toda probabilidad será una menudencia «casual» la que virará en alguna medida el timón de la barca de la vida. A partir de cambios pequeños de este tipo pueden dar sus primeros pasos desarrollos enormes, como nos demuestran los estudios sobre el caos. En la vida lo experimentará cualquiera que esté preparado para prestar atención a esos signos y a tomar en serio su carácter de exigencia. El propio Freud nos ha sensibilizado ya sobre el hecho de que la «psicopatología de la vida cotidiana» va mucho más allá de lo casual y banal y que puede sacar a la superficie de la conciencia el simbolismo móvil que hay en las profundidades de los mundos de imágenes psíquicas.

La negación

Si se escuchan y aceptan las llamadas, tal como se representa en las dos películas mencionadas, el destino se pone en marcha en la figura del camino de la individuación, a menudo enredado. Pero si se produce una negación, como sucede tantas veces en los tiempos modernos con sus opciones en apariencia mejores y su profusión de comodidades, aparecen problemas que pueden llegar a ser graves depresiones. Dado que por lo general no son exigencias espectaculares, pueden dejarse fácilmente de lado e ignorarse. Aunque se presentan a menudo en diversas formas, parece que en algún momento el destino se resigna.

Hasta que no se echa una mirada retrospectiva no se da uno cuenta de que la resignación era aparente y que en cualquier caso había que completar el camino. Pero después de una negación también se puede padecer de una manera pasiva e inconsciente, y la depresión parece ser una forma muy frecuente de esta variante.

Naturalmente, nadie elige a propósito y de manera consciente enfermar de una depresión. Antes bien, no resulta raro que la depresión se muestre como la consecuencia de una huida hacia lo conocido, lo banal, lo de confianza, en dispersiones y en el mundo abarcable de las obligaciones familiares o sociales, que proporcionan siempre un buen pretexto para negar el propio camino.

En *El héroe de las mil caras*, Joseph Campbell escribe al respecto: «Acontece con frecuencia en la realidad y no raras veces en mitos y cuentos, que la llamada choca contra oídos sordos y no se produce la respuesta. Pues siempre, por poderoso que sea, existen todavía posibilidades de evasión y de huida en las dispersiones. Pero precisamente por ello la sordera frecuenta la aventura, en lugar de apartarse, sólo que en su aspecto negativo. Quien lo recibe y no quiere escuchar, se entierra en el aburrimiento, la actividad y la llamada cultura, y se reduce su capacidad de conseguir resultados importantes y fructíferos. Incluso si como el rey Minos, consiguiera mediante esfuerzos titánicos alcanzar un reino glorioso, se convertirá en una víctima que necesitaría la liberación, su existencia carecerá de sentido y su mundo próspero se transformará en un árido desierto de piedras. La casa que se construye será siempre una casa de muerte, un laberinto, cuyos muros ciclópeos le ocultan de su Minotauro. Sólo le queda imaginarse cada vez nuevos problemas y soportar su paulatina decadencia».[6]

Ese mismo contenido se expresa en el Antiguo Testamento en las sentencias de Salomón: «Porque yo os llamo y vosotros rehusáis […] también reiré de vuestra desgracia y me burlaré cuando llegue lo que teméis, cuando llegue sobre vosotros como una tormenta lo que teméis, y vuestra desgracia como la tempestad, cuando llegue sobre vosotros la congoja y la calamidad». En las mismas circunstancias, en el Nuevo Testamento se dice: «Tenedlo presente y temed, que Jesucristo pasa y no vuelve».

Otro ejemplo es la leyenda del Santo Grial. El fracaso de Parsifal en el castillo del Grial, donde debido a la educación excesivamente protectora de su madre no está en condiciones de plantear la pregunta salvadora a las sombras («¿Qué te pasa, hombre?»), muestra cómo una oportunidad no aprovechada se convierte en una especie de negación y puede arrojar una larga sombra al resto de la vida.

Quien ignora la llamada de Dios y pone en un plano superior su propia voluntad o su cobardía, no pocas veces debe comprobar que Dios se convierte en un monstruo que va tras él. De este modo, el rey Minos, que se niega a hacer un sacrificio pedido por el dios Poseidón, es castigado con el monstruo Minotauro, devorador de hombres. Así, según Campbell, somos perseguidos día y noche por el dios que no es otra cosa que «la imagen del propio Yo viviente en el laberinto cerrado de la propia ausencia de metas».

Para aquellos que, por el contrario, siguen la llamada y no rehúsan el reto, Goethe dedica las siguientes palabras: «Mientras no se entregue uno, impera el titubeo, la posibilidad de retroceder, una constante ineficacia. En lo que respecta a la iniciativa y a la actividad creativa, existe solamente una verdad elemental, cuyo desconocimiento desbarata infinidad de ideas y grandes planes: en concreto, que en el momento en que se entrega uno por completo, también se desarrolla la providencia. Para ayudarnos, se producen entonces todas las cosas posibles que de lo contrario nunca hubieran aparecido. A partir de esa decisión surgen toda una serie de acontecimientos y a nuestro favor actúan una gran variedad de sucesos y encuentros y de apoyos materiales en los que nadie habría ni soñado con tener

---

6. Joseph Campbell, *El héroe de las mil caras: psicoanálisis del mito*, Fondo de Cultura Económica, 2005.

[...] Sea lo que sea lo que puedas plantearte o soñar, podrás comenzarlo. En la temeridad residen la fuerza creativa, el poder y la magia. ¡Comienza!».

Muchos hechos confirman que a partir de una negación puede desencadenarse una depresión, aun cuando ésta no comience a extenderse y actuar de manera perceptible hasta mucho tiempo después. Quien reniega de su vocación, le quita el sentido a su vida. No es casual que el tema de la falta de sentido posea una importancia decisiva en la depresión y quien investiga en sus profundidades y va hasta las raíces, muchas veces se topa con la negación del propio camino y con la sordera a la llamada del destino.

Tal como ya se ha señalado, esta llamada no tiene por qué ser espectacular, sino aparecer en pequeñas situaciones vitales. Puede tratarse de seguir una vocación por un determinado trabajo, o puede ser el alimentar a la familia que se ha fundado, criar a un hijo o seguir un proyecto que uno mismo ha iniciado. No sólo llaman los seres humanos, sino también los planes, las ideas o las visiones. A la inversa, la negación está relacionada con desprenderse de algo viejo y ya vivido, como puede ser un período de la vida, y atreverse entonces a dar el paso hacia una nueva tierra. También el poder y el conocimiento, la posesión y la influencia pueden conducir a negarse a seguir por el camino de la propia vida.

La depresión de Hesse tenía sus raíces, por ejemplo y entre otros muchos, en el problema de liberarse de la estrechez de la casa paterna, «celosamente evangélica», y con ello de la infancia, y de este modo su caso se convierte en paradigma de muchas de las modernas depresiones. Hasta que no consiguió descubrir su propia y amplia espiritualidad y comenzar también a vivirla, no pudo hacer que su predisposición depresiva, rica en sentimientos, se convirtiera en una fuente de creatividad.

En el libro *Las etapas críticas del alma* (véase la bibliografía) he dedicado un amplio espacio al fenómeno del número decreciente de jóvenes que consiguen independizarse de casa. Aquí podría residir una fuente esencial del aumento de las depresiones entre nosotros. Otra podría ser la falta de comprensión hacia la importancia de ejercer la profesión para la que se esté realmente llamado. En la actualidad hay una gran escasez de este tipo de profesiones. Todo se centra en los puestos de trabajo y se confía en encontrar –deseo alimentado por los políticos modernos– el trabajo maravilloso.

En Alemania, la traducción de palabras al inglés americano lleva por desgracia también a un sentido distinto, a un sentido americano, del juego de la vida. Quien de su camino hace un *trip*, no sólo pierde en profundidad, sino también en aspectos esenciales y muchas veces incluso en la meta. Lo mismo es válido cuando decimos *job*, un trabajo. El *job* es algo superficial; únicamente alimenta el cuerpo, pero no el alma. Puede que esto les baste a los estadounidenses, pero seguramente que no es suficiente para las viejas almas, como las que se encuentran en la vieja Europa. Incluso para los americanos parece ser poca cosa, puesto que cuarenta y siete millones (de los algo más de doscientos millones de ciudadanos estadounidenses) buscan amparo en el antidepresivo Prozac.

El alma hambrienta de sentido y realización, si queda desilusionada durante demasiado tiempo, puede expresar su sentimiento de ausencia de un sentido en depresiones, y de este modo la persona afectada pone de manifiesto de forma drástica qué es lo que le pasa, o lo que le falta.

De todos los posibles períodos y paradas en el viaje heroico, la negación es decisiva para nuestro tema. Con frecuencia, detrás de las depresiones graves se encuentra una negativa radical a vivir la propia vida; hay sordera frente a la llamada del reto aplazado. En las depresiones de grado medio o leves, por el contrario, lo que se encuentra es la negativa a dar el siguiente paso en un camino por la vida que uno mismo ya ha aceptado.

Las depresiones se producen como consecuencia de una negativa. Cuanto más tiempo haya una negación a completar un nuevo paso en el desarrollo, tanto más grave será la depresión resultante. Este punto deja así bien claro el escaso sentido que tiene dividir categóricamente las depresiones en endógenas (procedentes del interior) y reactivas (desencadenadas por el exterior). Todas las depresiones son siempre reactivas, aunque sus raíces pueden llegar a distintas profundidades en el modelo de la vida.

En el ejemplo de la parábola cristiana del hijo pródigo, puede verse todo esto con algo más de claridad. El hijo enfadado, y más tarde perdido, puede ir volviéndose depresivo a lo largo de las distintas crisis, por ejemplo cuando pierde en el juego su herencia y no ve ninguna salida, o cuando se aferra a la mitad de su vida y en la porqueriza echa en falta un sentido a su vida. Pero mientras sigue su camino y al final vuelve a casa, el camino de su vida es similar al de personas como Hermann Hesse. Aunque tiene que luchar contra tribulaciones y desesperaciones, acaba encontrando la meta. El otro hijo, por el contrario, el que permanece en casa, es candidato a una grave depresión, puesto que no ha abordado su vida. Tampoco en la interpretación cristiana se alaba una postura de este tipo puesto que el padre, representado aquí por Dios, le niega cualquier reconocimiento. A pesar de las protestas del hijo que permaneció en casa, la gran fiesta se prepara para el hijo que muchas veces falló pero que al final (en la unidad) regresó. No resulta difícil deducir de todo ello que el Dios cristiano valora a las personas como Hesse, que se han atrevido a vivir. No se enfada con ellos si fracasan, sólo tienen que intentar vivir la vida, y además hasta el final.

Otras paradas en el viaje de los héroes

A pesar de no tener un grado de importancia tan relevante en el origen de la depresión, habrá que describir brevemente las otras paradas en el viaje de los héroes puesto que en caso de producirse posteriormente nuevas negaciones pueden favorecer también la aparición de procesos depresivos. Sin embargo, a diferencia de la negación radical del principio, la de aceptar la llamada de la vida, las realizadas más tarde son más bien desencadenantes de depresiones medianas y leves en el sentido de los cuadros clínicos que antes se clasificaban como reactivos.

Quien ha aceptado la llamada experimenta primero, por regla general, un misterioso flujo de fuerza. Además, recibe ayuda de un modo inesperado y también por caminos sorprendentes. Esto puede tener lugar a través de un nuevo acceso a la propia vía interna, por medio del descubrimiento de un ángel protector o de un animal totémico o mediante nuevos contactos que se establecen, ya sea por vías totalmente normales o bien desde ese otro mundo que hasta ese momento estaba vedado a los héroes o heroínas. Puede suceder entonces que, igual que en los cuentos se expresa simbólicamente con las voces de la naturaleza, haya animales que de pronto establezcan contacto con el que está buscando y se manifiesten como el protector, o que en el mundo exterior o en la propia alma aparezca un lugar especialmente mágico que crea nuevos accesos. Los sueños pueden convertirse en mediadores, lo mismo que puede serlo el traslado a otra región, donde se imponen otras influencias, dotadas de alas peculiares. Se adopta una nueva dieta. O un nuevo amigo, que de pronto aparece en la vida, introduce, por ejemplo mediante excursiones por las montañas, un acceso a la naturaleza que se convierte de este modo en un lugar de inspiración. O bien un antiguo conocido anima a acudir al gimnasio, con lo que a largo plazo mejora la base energética de la vida. Las vías pueden ser de lo más tortuosas pero a través de ellas se introduce la energía necesaria para los pasos todavía pendientes.

El abandono de la vieja patria

La mayoría de las veces, la llamada pronto da paso a la exigencia de abandonar la patria familiar y ponerse en camino, tal como se pone de manifiesto con la máxima claridad en los cuentos, independientemente de la cultura de la que procedan. Esta fase va ligada a una primera muerte. Con frecuencia coincide con una especie de pubertad y el niño ha de morir para dar vida a la mujer o el hombre. En el mito puede traducirse en ser engullido por una ballena. En los cuentos hay una huida constante de unos padres envidiosos, como en el caso de Hansel y Gretel, o de la perversa madrastra. Estas fugas, o salidas, marcan el inicio de la independencia. El héroe debe atreverse a dar un paso hacia la responsabilidad.

Junto a razones externas, la motivación para la ruptura es, fundamentalmente, el ansia de encontrar la propia determinación y experimentar todo acerca del propio origen verdadero. Tal como se revela más tarde, y muchas veces después de haber recorrido un largo camino, esta regla no procede de este mundo sino que señala desde el principio una relación con el auténtico reino. Sigfrido, aunque trabaja como simple herrero y se lo considera el hijo del viejo forjador, es en realidad un hijo abandonado del rey.

En este punto cabría señalar una de las muchas fantasías infantiles. Los niños sueñan muchas veces que no son retoños de sus padres, sino que fueron cambiados, abandonados o adoptados, o bien que se les oculta cualquier otro tipo de verdadero destino. De este modo, muchas pequeñas princesas y muchos pequeños príncipes sueñan fantasías de este tipo en relación a su destino, por mucho que sus padres quieran disuadirlos de la irracionalidad de tales ideas. El segundo anhelo que surge del interior es el de la verdadera persona amada, la mitad que falta, que hará que la vida sea completa y que en los cuentos se nos presenta en la figura de la princesa o del príncipe. Para C. G. Jung esto desempeña un papel decisivo como ánima o ánimo. En la filosofía espiritual se habla del encuentro con la diosa o con el dios. De hecho, muchas veces los grandes amores, decisivos en la vida, son «divinizados» por la persona que los experimenta.

Estos dos anhelos –la búsqueda de la propia determinación y la de la mitad que falta– conducen al héroe o la heroína hasta el umbral en donde deben abandonarse los viejos valores y la vida que va asociada a ellos.

El camino lleno de pruebas

Por último, aparece un camino lleno de pruebas, un amplio viaje o recorrido por el mundo. El héroe se ve impelido a aprender los temores y se topa con innumerables pruebas que le llaman y le brindan la oportunidad de demostrar que es el héroe, que ha crecido lo suficiente para afrontar los retos. En una dura lucha, ha de arrojar luz sobre las partes oscuras de su propia alma, enfrentarse en la vida a dragones internos y distintos monstruos. No pocas veces el camino conduce hasta los campos más oscuros de la propia alma y a menudo también hasta el propio infierno.

Si se interrumpe el viaje o se niega uno a continuarlo, el viaje de claridad del héroe hacia la luz puede convertirse en el oscuro viaje de pesadilla de la depresión. En esta fase de la vida ya no tenemos la elección de seguir viajando, únicamente podemos elegir a qué nivel lo hacemos: en el mundo claro con ocasionales descensos al (propio) mundo subterráneo, como nos lo enseñan los héroes del mito, o en el mundo oscuro con sólo algunos alivios ocasionales. Al primero lo podemos llamar el viaje de los héroes o de la vida, al último el viaje de pesadilla o depresión.

Es característico de las personas depresivas el hecho de que en realidad no quieren dejarse ayudar. En eso se parecen a los hermanos del cuento. La oportunidad de los héroes radica en asegurarse todo tipo de ayudas, independientemente del reino del que les lleguen. Admiten cualquier apoyo. Se muestran siempre abiertos y dispuestos a dialogar, aunque sin dejarse apresar por las cosas mundanas ni desviarse de su camino. Ninguna mujer es tan hermosa ni ningún tesoro tan grande como para que pierda de vista su misión. Pero hay muchas tentaciones que lo acechan para que durante un cierto tiempo se niegue a seguir viajando y haga una pausa, para no dar el paso siguiente, renunciar al camino, quedarse quieto y con el tiempo negociar con las depresiones.

Al verdadero héroe, el que se mantiene fiel a su camino, no pueden hacerle nada a largo plazo las mayores tentaciones. No lo detienen las experiencias positivas ni las negativas. Incluso en el lado oscuro de la realidad, por ejemplo, no hay adversario o enemigo que lo pueda impulsar a una venganza. Para él rige siempre el dicho bíblico de que *la venganza es del Señor*. De este modo, el héroe corre de una victoria a otra y cada una de ellas se convierte para él en una iniciación, que poco a poco lo van madurando para dar el gran paso en dirección a la autorrealización.

Las pruebas garantizan que el naciente héroe ha crecido para asumir su tarea –consagrar su vida a una meta superior– o en cualquier caso a una meta que trascienda su propia vida. Las pruebas establecen si puede completar el necesario cambio de conciencia heroico. ¿Ha acabado finalmente por pensar primero sólo en sí mismo y en su bienestar? ¿Ha planteado realmente su vida al servicio de una meta superior o de otro ser humano? Todas estas son preguntas decisivas. Además, las pruebas pueden transmitir revelaciones que amplían la conciencia. A este camino heroico mostrado de manera tan amplia en mitos y cuentos y que casi cualquier alma puede comprender, también se remite en las religiones, como por ejemplo cuando Jesucristo dice en el Evangelio según San Mateo: «La puerta que conduce a la vida es estrecha y el camino hasta allí es angosto, y sólo unos pocos lo encuentran». En el Corán se dice con la misma claridad: «¿O creéis vosotros que vais a entrar en el Paraíso sin recibir el padecimiento experimentado por los que viven de vosotros?».

Existen entonces fundamentalmente, según Campbell, dos tipos de hechos heroicos, en primer lugar el hecho concreto que requiere valentía y que, por ejemplo, puede salvar una vida; en segundo lugar está el hecho espiritual, a través del cual el héroe conoce el ámbito trascendente de la vida espiritual, del que después volverá con un mensaje. En el caso de Parsifal, este mensaje salvador del país y de los caballeros del Grial es: «El rey y el país son uno mismo».

En los hermanos del cuento podría verse a dónde conducen la tentación y la venganza y todo tipo de codicia, y cómo al desviarse del camino del desarrollo pueden sacrificarse multitud de realizaciones en lugar de vivir el desarrollo. El camino del héroe mítico hacia la salvación describe la «psicología superior» de los cuentos; se dedica al camino del hombre cotidiano con todas sus penalidades y fracasos.

El encuentro con la diosa: el dios

En cuanto que ha superado la última prueba en el camino del desarrollo, el héroe humano madura para encontrarse con la diosa. Como representante de la gran diosa se encuentra con la otra mitad de su alma, la femenina. El héroe varón la encuentra en la figura de la princesa, su ánima, por la que tuvo que luchar durante largo tiempo, perseverando y a menudo con dureza y no pocas veces con astucia.

La heroína, por ejemplo en la figura de la Cenicienta, encuentra en el príncipe o en el hijo del rey el acceso a su alma. A su modo femenino, ha madurado para este encuentro. Para ello necesita una gran valentía y humildad, además de las capacidades de sensibilidad y perseverancia. Debe preparase interiormente y muchas veces ha de esperar largo tiempo hasta estar preparada para que la encuentren.

Con este paso de la consagración, el héroe o la heroína se convierten en lo que siempre fueron. Su determinación despierta en ellos; dicho con otras palabras, despierta su verdadero Yo.

El final del cuento de Grimm expresa de manera muy hermosa y acertada cómo continúa: *Y si no han muerto, todavía viven hoy.* Con ello quiere decirse que no se trata aquí de un hecho histórico, sino de un suceso atemporal y paradigmático. Llevando con ellos la porción de su alma que antes les faltaba, los héroes regresan a casa de su padre o del rey y celebran lo que la filosofía espiritual denomina bodas químicas. Cuando, por último, quedan en este mundo como el buen rey y la buena reina, equivalen más o menos a los Bodhisattva de Oriente o los ángeles de Occidente. Están desde luego en este mundo, pero ya no son de este mundo y están dispuestos en todo momento a ayudar a quienes quieran seguirlos por el camino de la autorrealización. Dentro de este contexto, en la antigüedad se hablaba de la apoteosis, del ensalzamiento o divinización de esas personas. Se suponía que quienes habían consumado lo Grande, ascendían a la categoría de dioses a los que había que adorar.

Joseph Campbell, el gran estudioso del mito del último siglo, es quien dirá las palabras finales sobre el viaje del héroe: «Además, no tendremos que emprender la aventura nosotros solos, puesto que los héroes de todos los tiempos ya nos han precedido. El laberinto ya es bien conocido. Tan sólo tenemos que seguir el hilo del recorrido transitado por el héroe y donde creíamos encontrar un monstruo, nos encontramos un dios. Y donde creíamos que teníamos que abatir a alguien, nosotros seremos abatidos. Donde creíamos ir hacia fuera, seremos llevados al centro de nuestra existencia. Y donde creíamos estar solos, estaremos con la totalidad del mundo».[7]

Modernos caminos heroicos, sus posibilidades y sus problemas

Todos los distintos mitos y cuentos muestran el mismo modelo arquetípico del camino. No hay duda de que puede aparecer *El héroe de las mil caras* tal como lo expresa Joseph Campbell en el título de su libro. Presupone que el héroe en las historias del mito se enfrenta precisamente a la aventura para la que está preparado y que le hace ir más allá. La aventura sería simbólicamente una posibilidad de manifestar su carácter. Incluso el paisaje que

7. Campbell, *El poder del mito*, pág. 149.

rodea el camino que se le revela y todas las condiciones exteriores se adecuarían a su pre-disposición. Campbell añade: «Nuestra vida saca a la luz nuestro carácter. Cuanto más se avanza, tanto más se averigua sobre uno mismo. Por esa razón es bueno si se puede llegar a situaciones en las que salga a la luz la naturaleza superior de uno, en lugar de la más baja». Y en otro párrafo afirma: «Los mitos animan a reconocer las posibilidades de la propia perfección, la plenitud de la propia fortaleza y la luz del sol que puede llevarse al mundo». Campbell aconseja a sus estudiantes simplemente seguir la alegría en su vida para hallar el propio camino. Quien averigua dónde está su alegría y hacia dónde lo atrae esa alegría y lo sigue sin temor, tiene buenas cartas para el camino. Un maestro espiritual importante en mi vida, Oskar Schlag, lo expresó de manera similar cuando me dijo: «Donde no hay alegría, tampoco hay camino».

Las circunstancias han cambiado ahora mucho y la búsqueda del propio camino ha dejado de ser un tema de interés para gran parte de la población, y otro tanto puede decirse del viaje de la vida. Apenas surgen ya aprendices de artesano y muy pocos jóvenes sueñan con el gran viaje. Los tiempos para entender a los héroes y sus viajes son cada vez peores.

Don Quijote, como último héroe del final de la Edad Media, emprendió viaje para combatir a peligrosos gigantes, pero en su lugar sólo encontró molinos de viento. Campbell señala al respecto que este mito coincide con el momento en que se inició la interpretación mecanicista del mundo. Esta desmitificación de la creación no da facilidades a los héroes. Y desde esa época no raras veces cabalgan con las aspas de los molinos de viento de un mundo duro, tecnificado y, sobre todo, materialista, que deja a los seres humanos en una desconocida alienación e inseguridad espiritual, que no es desde luego estimulante para el camino del desarrollo.[8]

Pero aún es peor que el mundo desprovisto de magia anime cada vez menos a realizar el viaje heroico, con lo que muchos héroes potenciales simple y llanamente se quedan sentados en su casa y se convierten en lo que se llama un *saco de patatas,* una forma de negar a la vida permaneciendo ante el televisor. Esta situación, muchas veces descrita como la huida de la sociedad moderna, conduce no pocas veces a un aburrimiento mortal, a un embotamiento y, al final, a una regresión. Por otro lado, esto y otros problemas similares provocan un profundo anhelo de volver a encantar el mundo, un anhelo cuyas huellas las encontramos tanto en la escena espiritual como en los modernos mitos, como sucede en la trilogía de *La guerra de las galaxias*, de George Lucas. A este respecto, Joseph Campbell remite al escritor T. S. Elliot y a su obra lírica *La tierra baldía* y habla del «estancamiento social de una vida falsa, que se ha extendido sobre nosotros y que no despierta nada de nuestra vida intelectual, de nuestras posibilidades o incluso de nuestro ánimo físico». Por otra parte, el propio Campbell opina que cada mundo tiene su propio derecho a ser, siem-

8. Véase al respecto, Campbell, *El poder del mito*, en especial el capítulo «La aventura de los héroes».

pre que esté vivo. Todavía más, que aporte vida. Esto únicamente se consigue si uno encuentra en su propio caso la vida y está vivo por sí mismo.

La situación del mundo moderno, que está todavía a leguas de distancia de un renovado encantamiento, actúa por un lado como una carga depresiva porque ya no estimula a buscar un sentido y una visión, sino que conduce hacia un callejón sin salida materialista y transmite pasividad y renuncia a uno mismo. Pero por otro lado, se convierte también en un reto para buscar la propia vitalidad a pesar de todos los inconvenientes, tanto en las profundidades del propio ser como también en los últimos oasis de la vida dentro de la sociedad moderna. Los nuevos mitos, como *El señor de los anillos* de Tolkien, han sobrevivido dentro de nichos en la conciencia de los soñadores. Gracias a sus fieles seguidores, en cuanto el tiempo fue propicio pudieron superar sin daños las épocas más racionalistas y materialistas, para resucitar de nuevo en una impresionante envoltura de alta tecnología. Junto con los mitos «modernos», como la ya mencionada triología de *La guerra de las galaxias*, pero también con las historias mágicas de *Harry Potter*, producen un mantillo espiritual que animará de nuevo a los jóvenes a eclosionar en su vida personal en lugar de negarla y crecer al cobijo de los padres.

Sin duda también existe el polo opuesto, que a quienes buscan les pone en peligro de exagerar su compromiso. Los autores David Feinstein y Stanley Krippner afirman al respecto que los seres humanos tienen el impulso de hacer realidad sus mayores potenciales y de vivir por completo su capacidad de amar, expresarse de manera creativa y tener experiencias espirituales. Y continúan diciendo: «Pero aquí, querer demasiado puede conducir a pretender una imagen mítica de uno mismo que es demasiado grande, que se vuelve tiránica y que desarrolla sentimientos de culpabilidad, depresiones, miedo y falta de autoestima. Para los griegos, este riesgo que constantemente acecha es el pecado del *hybris*, el orgullo desmedido. *Hybris* significa «olvidar dónde reside la fuente real de la fuerza y caer en la idea de que está en uno mismo».[9] Así pues, una depresión puede desarrollarse tanto a partir de una negación como de una exagerada ambición por recorrer el camino de los héroes.

9. David Feinstein y Stanley Krippner, *Persönliche Mythologie*, Sphinx, Basilea, 1987 (pág. 387).

Historia y definición de la depresión

Pese al difícil trato con la depresión, se trata en realidad de un antiquísimo cuadro clínico. Hipócrates, el padre de la medicina, le dio el nombre de melancolía, que significa «de bilis negra». Teniendo en cuenta la cambiante valoración que se ha hecho del potencial creativo que ha experimentado la melancolía en la Edad Moderna y en la actualidad, se podría llamarla también «la fascinante hermana de la depresión». A pesar de las modas pasadas de presumir de los bajones de humor, creemos hoy que la depresión es fundamentalmente la hermana menos atractiva de la melancolía. Susan Sontag nos lo muestra en su libro *La enfermedad y sus metáforas*[10] cuando escribe que la depresión sería la melancolía menos sus estímulos, la vitalidad y los arrebatos de humor.

Juicios y modas de cada tiempo

Los cuadros clínicos de las llamadas enfermedades mentales y sus tratamientos tienen, con mucha mayor claridad que otros grupos de síntomas, rasgos muy específicos de su tiempo, con fases de ascenso, puntos álgidos y descensos. Así por ejemplo, quien en el siglo XVIII tuviera tendencia a los gritos convulsivos y los desmayos, podría haber reaccionado en el siglo XIX con violentos accesos de espasmos y ceguera histérica, y desde el siglo XX sería proclive a los trastornos alimentarios, el síndrome de «estar quemado» y las depresiones. En este sentido la depresión podría ser realmente una enfermedad de nuestra época.

A lo largo de la historia, la depresión ha sido objeto de estimaciones en constante cambio.[11] En la antigüedad, Empédocles creía que era el resultado de un exceso de la bilis negra. Ya Homero escribía sobre las «nubes negras del padecimiento». Hipócrates consideró el abatimiento en el siglo V antes de Cristo como una dolencia orgánica del cerebro que quería tratar físicamente, aunque carecía de los medios para ello. Relacionó la melancolía con el otoño, viendo el paralelismo entre el año que llega a su fin y las fases de la vida humana.

Lo poco que han cambiado las circunstancias desde entonces puede medirse por el hecho de que Hipócrates, como modernizador de la medicina, combatió vehementemente

10. Susan Sontag, *La enfermedad y sus metáforas,* El Aleph Editores, 1980.
11. Tratado ampliamente en Solomon, *El demonio de la depresión*, capítulo «Historia».

a los representantes de la medicina sagrada, que invocaban a los dioses y elevaban oraciones. Incluso los insultaba como farsantes y charlatanes. Por otra parte, Sócrates y Platón rechazaban radicalmente la entonces moderna teoría hipocrática de los órganos y afirmaban que las dolencias graves pertenecían claramente al campo de influencia de la filosofía y que no debían estar en manos de los médicos. Podría considerarse entonces a Hipócrates como el fundador de la psiquiatría basada en los medicamentos y a Platón como el padre de la psicoterapia de base filosófica: dos escuelas que hasta la fecha continúan disputándose la primacía.

Sesenta años después de la muerte de Hipócrates, Aristóteles entró en la palestra e introdujo una reconciliación. No se dejó endosar el menosprecio hacia el alma que manifestaba Hipócrates pero tampoco asumió el desdén hacia los médicos que manifestó su maestro Platón, que los consideraba simplemente operarios, sino que eligió un camino intermedio y promulgó una interacción entre el cuerpo y el espíritu, de un modo que constituye el enfoque en el que se basa la psicosomática integral de este libro. Aristóteles estaba además de acuerdo en cantar las alabanza a la depresión ya que la mayoría de los grandes pensadores de su tiempo, como Empédocles y Platón, y también la mayoría de los poetas, eran melancólicos. Incluso Hércules, el héroe más musculoso de la antigüedad y antecesor mítico de Superman, parece ser que tuvo tendencia a la melancolía.

En épocas posteriores se trató animosamente con las teorías y las terapias. El médico Filagrios, por ejemplo, sostenía que distintos tipos de depresión tenían su causa en una pérdida excesiva de semen. Sus opositores, por el contrario, veían precisamente en la abstinencia el problema que lo causaba y recomendaban el programa contrario. Séneca acuñó entonces el concepto de melancolía inspirada, que más adelante tuvo mucho predicamento y que experimentó durante el Renacimiento un período de especial prosperidad. Escribía que nunca había habido ningún gran talento que no tuviera un toque de locura. Antes apenas se hacía distinción entre la locura y la melancolía grave, puesto que esta última incluye muchas vivencias ilusorias.

En el siglo I después de Cristo, Menodoto de Nicomedia fue un valiente pensador casi moderno, que reunió los planteamientos más corrientes de su época y recomendó una terapia que nos resulta sorprendentemente conocida: además de eléboro negro, que desde Hipócrates casi todos los médicos recomendaban, aconsejaba la introspección, algo obligado desde Aristóteles. Preconizaba para ello los viajes y la gimnasia, las curas de aguas minerales y los masajes. Rufo de Éfeso, contemporáneo suyo, citaba como razones principales de la melancolía la falta de ejercicio, el excesivo consumo de carne y beber vino tinto, así como el esfuerzo intelectual.

Galeno, el médico del emperador Marco Aurelio y la mayor luminaria proyectada sobre la medicina desde Hipócrates, era de la opinión de que la abstinencia sexual podía tener efectos devastadores, y acabar incluso en depresión. Trataba además esta última con hierbas medicinales a las que mezclaba opio, es decir, un adelanto de los modernos psico-fármacos. Los representantes de la escuela filosófica de Stoa, que fue la imperante duran-te la época de la caída del Imperio Romano, creían que la melancolía, lo mismo que todos los problemas psíquicos, tenía su raíz y su desencadenante en factores exteriores. Esta corriente de pensamiento fue dominante hasta comienzos de la Edad Media y Galeno fue considerado la norma a seguir. Las creencias y mandamientos de la nueva religión cristia-na supuso toda una catástrofe para los melancólicos.

Desde entonces y hasta bien entrada la Edad Media, bajo la influencia de la iglesia católica, se creía que la melancolía era un castigo y una reprobación de Dios. A los afec-tados por accesos depresivos se los consideraba infieles y por añadidura desgraciados, puesto que era evidente que habían sido apartados de los planes de salvación divinos. La teología cristiana se servía de una lógica tenebrosa, de manera similar a como más tarde hiciera la Inquisición. Puesto que Judas se había suicidado, se deducía que debió de ser depresivo y se relacionó con él a todos los depresivos. Se los acosó y torturó en nombre de Dios y, por ejemplo, se los obligaba a hacer trabajos pesados. Se invitaba a sus semejan-tes a que los evitaran. También aquí aparece Hildegard von Bingen cuando cita la impie-dad y el pecado como orígenes de la melancolía. Hasta hoy se ha mantenido en nuestro pensamiento esta separación estricta entre alma y cuerpo introducida por el cristianismo, a diferencia de lo que ocurría en la antigüedad, en que ambos eran considerados una unidad.

Por el contrario, con el Renacimiento la luz apareció para la depresión. Se creía enton-ces que la melancolía, bajo el principio de Saturno (véanse más detalles sobre los princi-pios a partir de la página 167), daba origen al genio, que pagaba con su depresión y su frá-gil salud los conocimientos artísticos y científicos que aportaba a la generalidad de los seres humanos. Marsilio Ficino, uno de los grandes pensadores del Renacimiento, veía expresado en la melancolía el anhelo de los seres humanos por la plenitud y la inmortali-dad. Reconoció su proximidad a lo divino, pero también a la muerte, y consideró la depre-sión como el requisito básico para cualquier forma de inspiración. Vio ya en el principio de Saturno el modelo de la depresión, de una manera muy parecida a como hoy se descri-biría. El cabalista y alquimista Agrippa de Nettesheim escribió a este respecto sobre Saturno: «[…] y entre los planetas, el mayor llama constantemente a las almas para ir de los cumplimientos exteriores a lo más interno, las deja saltar desde lo más bajo a lo más alto y las obsequia con el conocimiento y la visión del futuro».

De forma paulatina, el Renacimiento, orientado hacia la razón, venció sobre la supers-tición cristiana de la Edad Media. En Italia la melancolía se convirtió en una moda, de tal suerte que cualquiera que se preciara debía ser melancólico o como mínimo parecerlo. Los nobles ingleses recogieron esta moda y con un gran entusiasmo. Shakespeare creó al depresivo Hamlet y en *Como gustéis* la figura del melancólico Jacques, haciendo así de manera definitiva al melancólico apto para los salones. Pronto dos tercios de la nobleza cayeron en la melancolía, que se consideraba ya más un privilegio que un mal. Esta moda recuerda de modo sorprendente a nuestros días, en que millones de estadounidenses ingieren voluntariamente antidepresivos como el Prozac. Sin embargo persistió el problema del suicidio, pues estaba legalmente prohibido y era rechazado por la Iglesia. Los bienes y propiedades de quien se quitaba voluntariamente la vida pasaban a manos de la Corona o de la Iglesia y sus descendientes quedaban desheredados.

Los siglos XVII al XIX estuvieron bajo el signo de la nueva investigación científica, que con todos los medios imaginables intentaba llegar a los secretos que se ocultan en el cerebro. El ser humano se fue concibiendo cada vez más como una máquina, como un engranaje puramente mecánico y una acumulación de elementos químicos. En la medida en que este pensamiento fue afianzándose, fue disminuyendo el concepto e incluso la valoración de los depresivos. Se los trataba ahora con medidas educativas cada vez más rigurosas y se les ponía la camisa de fuerza, conocida hasta nuestros días, para aportarles disciplina y orden. Por supuesto que este proceder fracasó radicalmente y, excepción hecha de la fase de la Inquisición, fue la peor época para los depresivos, a los que se encerraba en asilos para «pobres locos» y que carecían de todo prestigio social. Se impusieron fuertes condenas para todo aquel que chocara con las convenciones. A los melancólicos, que debido a su docilidad les fue algo mejor, se les inflingieron también fuertes dolores físicos para desviarlos de sus achaques psíquicos. De manera alterna, se les provocaba el desmayo mediante terribles instrumentos de tortura, les provocaban el vómito hasta casi ahogarlos y los golpeaban de una manera brutal. El conocido sadismo de la Inquisición, de alargada sombra, volvió a cosechar triunfos. Sólo a finales del siglo XVIII apareció un cierto desengaño y con la aparición del Romanticismo volvió a lucir algo de luz en el horizonte de los depresivos. La enfermedad fue ganando en prestigio hasta que se convirtió por antonomasia en la fuente de la introspección. Se comenzó otra vez a experimentar en toda regla la fascinación por la fuerza de la creación y a lamentar su transitoriedad.

Goethe percibió ya lo esencial del carácter efímero y lo superpuso al placer del momento. De este modo se opuso al nuevo espíritu de los tiempos. Cuando puso en labios de Fausto la famosa frase sobre el instante: «¡Detente, eres tan hermoso!», lo entregó con ello a Mefistófeles. El eterno fluir inquieto es de Dios, y el cómodo estancamiento del instante y el intento de aferrar su belleza son del demonio. Goethe, como un ser humano en búsqueda espiritual, sabía que la satisfacción última volvía a estar en el instante, si bien en el atemporal del aquí y el ahora.

Pero el espíritu de los tiempos exigía más, y la melancolía y el pesimismo volvieron a ponerse de moda. El propio Goethe actuó como desencadenante con su novela *Las tribulaciones del joven Werther*. El libro es comparable al *Siddhartha* de Hesse, pues describe igualmente la fase juvenil de la ruptura y búsqueda y sigue siendo hoy una obra de culto, lo mismo que más modernamente *El guardián entre el centeno*, de J. D. Salinger.

Si bien el pensamiento cambió, esto aportó escasas mejoras concretas en su deplorable situación a los «pobres locos» tratados como ganado. Únicamente con el inicio del siglo XIX se logró un alivio verdadero y, mediante multitud de reformas, se liberó también a los melancólicos como mínimo de su infierno exterior. Los manicomios, con un carácter más de residencia, se multiplicaron por doquier y pronto se llenaron. El número de los llamados locos aumentó de manera enorme, primero, porque todos aquellos que hasta entonces por miedo a los acosos no habían dado a conocer su dolencia, ahora lo hacían; segundo, porque los ciudadanos se daban cada vez más prisa en enviar a estas instituciones a sus allegados más enfermos; y tercero, porque el comienzo de la industrialización cobró un alto tributo a la salud mental. En su libro *Locura y sociedad. Una historia de la locura en la era de la razón*, Michel Foucault deplora que la expulsión de los heterodoxos y de los rebeldes potenciales contra las inhumanas condiciones de producción de la época se convirtiéra en una rutina para el afianzamiento del poder.

La pérdida de la religión y de un concepto fiable de Dios fue, además, una fuente esencial del creciente número de depresiones, una situación que seguimos conociendo y que puede seguirse hasta la discusión actual sobre la ausencia de contenido y de sentido. El concepto de depresión, que apareció en Inglaterra y que a partir de 1660 se utilizó para el cuadro clínico del abatimiento, tomó carta de naturaleza general y a partir de mediados del siglo XIX fue de uso universal.

La percepción moderna de la depresión como un proceso que debe incluirse dentro de las enfermedades mentales comenzó con la división de éstas realizada por Emil Kraepelin y con el trabajo presentado por Freud en 1895 acerca de la melancolía. Este trabajo apareció bajo el título de *Duelo y melancolía* y ejerció una influencia de tal magnitud como ninguna otra obra escrita sobre nuestra percepción de la depresión. A partir de estas dos fuentes surgió una escisión que la medicina mantiene vigente hasta nuestros días: por un lado la visión psicobiológica de Kraepelin y por otro lado la visión puramente psicológica que se remonta a Freud.

Para el tratamiento de las personas afectadas ya no hubo un cambio esencial hasta de nuevo en el siglo XX, con el descubrimiento de los psicofármacos. En los años cincuenta, la búsqueda de antihistamínicos, remedios contra el prurito, por ejemplo en caso de alergias, condujo accidentalmente al primer psicofármaco.

Con la introducción de la imipramina (Tofranil), un fármaco que se sigue recetando en la actualidad, volvió a darse un paso esencial en el tratamiento de las depresiones. El alemán Roland Kuhn había descubierto determinada sustancia tricíclica, es decir, formada químicamente por tres anillos. Esta sustancia, conocida como un inhibidor de la monoaminooxidasa (inhibidor MAO), fue, hasta el descubrimiento del inhibidor de la reabsorción de la serotonina (Prozac/Fluctin), el fármaco de elección contra las depresiones recomendado por la OMS. No obstante, ambos grupos de sustancias están en principio muy próximos, puesto que los principales neurotransmisores que conocemos hasta la fecha –adrenalina, noradrenalina, dopamina y serotonina– son sin excepciones de las denominadas monoaminas. Cuando se inhibe la oxidasa, el enzima que la degrada aumenta su nivel en sangre. Esto ya lo hacía la imipramina (Tofranil), auque de manera no específica para todos los neurotransmisores indicados; el Prozac (Fluctin) lo hace de manera selectiva para la serotonina. Con esta breve referencia al tratamiento medicamentoso moderno, puede verse que el concepto que tiene hoy la medicina académica de la depresión seguirá siendo sólo un episodio en un largo camino con multitud de altibajos.

Las formas del cuadro de una enfermedad

Probablemente no existe *la* depresión, sino que tenemos que vérnoslas con toda una serie de formas distintas de la depresión que, quizás, en algún momento del futuro se diferenciarán también de un modo más preciso. Desde el punto de vista de la medicina académica es posible incluso que detrás de este diagnóstico se oculten cuadros clínicos muy distintos. Las esperanzas de que pudieran dilucidarse pronto las bases bioquímicas de la gran melancolía han quedado defraudadas hasta la fecha a la vista de la gran complejidad de los procesos metabólicos del cerebro. La investigación sobre las raíces bioquímicas de la depresión están punto menos que en sus comienzos.

El gran número de expresiones distintas que emplea la medicina académica, como por ejemplo «episodio depresivo» o «trastorno ciclotímico», ponen de manifiesto lo difícil que resulta encontrar definiciones para el concepto de «depresión». Únicamente la denominación «trastorno bipolar» para la alternancia entre las fases depresivas y maniacas, ha conseguido salir airosa e imponerse de modo general. Sin embargo, esta forma, lastrada con un riesgo de suicidio especialmente alto, no la llegan a padecer ni un dos por ciento de los depresivos. La medicina académica entiende por «depresión primaria» aquella en la que no se encuentra en un primer plano ninguna otra enfermedad psíquica o física. De manera análoga, la forma en la que ya existe un historial previo recibe el nombre de «depresión secundaria», una definición que, sin embargo, en realidad no ha logrado imponerse.

Depresiones leves y graves

En todos los casos, cabe distinguir entre las formas leves y graves de la depresión, aunque las primeras no por eso dejan de percibirse como malas. La denominación «depresión leve» no debe tomarse en modo alguno en el sentido de quitarle importancia. Lo mismo es aplicable a la expresión alternativa «estado de ánimo depresivo». El dramatismo por el que puede discurrir el cuadro clínico lo pone de relieve el hecho de que del diez al quince por ciento de los depresivos graves se suicidan. A tenor de la experiencia del tantas veces cita-do Andrew Solomon, no se produce casi nunca en la fase profunda de un acceso depresivo sino en la de recuperación, que por lo general se ha estimulado mediante psicofármacos.

Puesto que no disponemos de hechos concluyentes para la definición de la depresión en el sentido académico, tenemos que atenernos a las definiciones filosóficas, a las descrip-ciones subjetivas y a las imágenes relatadas por los afectados, como, por ejemplo, Arthur Miller: «Depresión es un dolor por la pérdida del propio Yo que no puede ya reprimirse».

Aunque durante bastante tiempo dio la impresión de que podría establecerse la causa en la escasez de los neurotransmisores serotonina y norepinefrina, puesto que la adminis-tración de ambas sustancias mejoraba de manera duradera distintas depresiones, al final tampoco esta teoría pudo sustentarse. Pese a que los inhibidores de la reabsorción de la serotonina como Prozac pueden servir de ayuda, en los depresivos no se encuentra ningu-na carencia medible y realmente específica en ellos, ya que los celosos y los esquizofréni-cos, los que padecen fobias y los compulsivos presentan los mismos déficits. Además, la terapia, si es que la hay, no actúa hasta después de varias semanas. Es mucho más proba-ble que este efecto se deba a una elevación del estado de ánimo, como el que experimen-tan por ejemplo muchos consumidores de éxtasis.

Los factores genéticos recientemente descubiertos parecen tener mayor importancia, posiblemente para la «forma grave de la depresión». Si un gemelo monovitelino desarro-lla una depresión, la probabilidad de que el otro gemelo sea también depresivo es del cin-cuenta por ciento. Los científicos han descubierto, además, un gen responsable de la con-centración de serotonina en nuestra sangre y que se presenta en dos formas, una corta y otra larga. La primera produce lentitud en los procesos de lectura y copia. Si se hereda por parte materna y paterna, la probabilidad de reaccionar con una depresión frente a los trau-mas o el estrés es doble al caso de las personas que disponen de la versión larga del gen. No obstante, los investigadores creen que éste es sólo uno de los varios factores genéticos que podrían intervenir en la aparición de las depresiones. Esta forma de depresión es posi-blemente la que reacciona mejor al tratamiento con inhibidores de la reabsorción de la serotonina. Esto explicaría por qué del treinta al cuarenta por ciento de los depresivos no responden a ese fármaco.

Entre los intentos de dar con una definición destaca la de Andrew Solomon, que con-sidera la depresión una imagen distorsionada del amor: «Ser capaz de amar significa poder desesperarse en caso de la pérdida, y la desesperación se manifiesta en depresiones. Cuando sobrevienen, nos sentimos abatidos y en última instancia perdemos la capacidad de amar o ser amados. Como el aislamiento es más radical, destruyen tanto los lazos con los demás como la capacidad de vivir en paz con uno mismo».[12]

12. Solomon, Andrew, *El demonio de la depresión*, pág. 15.

Romano Guardini formula de la manera siguiente su punto de vista acerca de la depresión: «Aquí es donde radica sobre todo lo misterioso de la depresión: cómo la vida se vuelve contra uno mismo; cómo los impulsos de conservación, autoestima y autoestimulación se cruzan de manera especial con la anulación del Yo, vuelven inseguros y pueden desarraigar. Podría decirse que en la imagen de la esencia de la depresión está el ocaso como un valor positivo; como algo anhelado, deseado».[13]

Otro criterio importante de la depresión es la falta de sentido y de significado, que se extiende por doquier. Mientras que nuestra vida «normal» está marcada por el intento de encontrar un significado para todo y, por ejemplo, mi enfoque interpretativo en la medicina va ligado de manera decisiva a este tema, el depresivo no encuentra un significado en ninguna parte y por lo tanto tampoco encuentra un sentido.

En lugar de entrar en la dinámica de la vida y enfrentarse a ella, la persona depresiva se niega al flujo vital. Comienza a vivir con los muertos, lo mismo que la emperatriz austriaca Elisabeth, que prefería escribir poemas a amigos muertos. Con mucha más frecuencia empieza a llevar entre los vivos una existencia de muerto, «a vegetar como un cadáver ambulante», como lo formuló un afectado.

También a partir de las descripciones que hacen los depresivos emana que entre las formas leves y graves de la depresión no sólo hay una diferencia gradual sino también una que es esencial. Así pues, no existe únicamente un aspecto cuantitativo –cuánta energía depresiva hay en circulación o, mejor dicho, cuánto vale la falta de energía vital– sino también un carácter cualitativo. En este punto, la psiquiatría ya distinguió tempranamente entre la depresión reactiva (la desencadenada desde el exterior) y la endógena (la que surge de uno mismo y que por lo tanto no puede explicarse). No obstante, la ciencia supone hoy más bien que hay una transición continua. Por ese motivo, la psiquiatría ha renunciado a hablar de las depresiones reactivas y endógenas.

La denominada depresión leve se le presenta por regla general a la persona afectada de una manera paulatina, desencadenada a menudo por razones insignificantes y con el tiempo llega a sofocar grandes partes de su personalidad. Primero desaparece generalmente cualquier percepción de felicidad, después viene el sentido y al final sólo queda la desesperación. Lo que atormenta no es tanto la aguda insoportabilidad de la depresión como la perspectiva cierta de su regreso. En esta forma de la enfermedad, el primer término lo ocupan la conciencia de la limitación, de la realidad, y el carácter efímero de la vida, y de esta manera, con la muerte, engloba un tema que en uno u otro momento afecta a todos los seres humanos. En la llamada depresión grave el mal comienza la mayoría de las veces de forma muy rápida y no pocas veces culmina con el derrumbe de toda la vida. El problema con

13. Romano Guardini, *Del sentido de la depresión*, en Igor A. Caruso, *Die Trennung der Liebenden. Eine Phänomenologie des Todes*, S. Fischer, Frankfurt am Main 1983, pág. 25.

estas definiciones y descripciones es que la persona que experimenta una depresión no puede imaginarse, ni de modo aproximado, este proceso. A tenor de esta apreciación, muchas depresiones son únicas.

No son pocos los afectados que describen un punto a partir del cual todo es distinto y extraño a su propio ser. Ellos no tienen nada que ver. De todas las maneras, la mayor parte de los seres humanos que de un modo inesperado se ven enfrentados a sus sombras, lo perciben como algo ajeno a su ser ya que es algo totalmente opuesto a aquello con lo que hasta entonces se habían identificado. En las psicosis parece que sucede algo similar. Queda sin respuesta en qué medida no se tiene nada que ver con esa profundísima oscuridad propia y que por consiguiente apunta hacia un lugar alejado de uno. Aquí radican las grandes ventajas de la psicoterapia y, en particular, la que trata sobre las sombras como prevención, ya que los pacientes se preparan y pueden reconciliarse con sus propios temas oscuros. En el hecho de que este encuentro es voluntario hay una gran oportunidad, difícil de minusvalorar.

Carencia de energía vital y del vínculo con la esencia del ser

La imagen de la depresión viene marcada en general por una mayor o menor carencia de energía (vital). El caso más extremo al respecto es la muerte, que guarda muchos paralelismos con el cuadro clínico de la depresión, y no sólo simbólicamente sino también desde la percepción de la persona afectada. Dado que los pensamientos y los sentimientos no son otra cosa que formas de la energía vital, su pérdida es típica del estado depresivo.

Los depresivos pueden leer un libro y al pasar cada una de sus páginas no conservar nada de lo que han leído. Los pensamientos no se detienen sino que desaparecen como en un oscuro agujero, que engulle todo lo que anteriormente era importante. Esto empuja a pensar en un fenómeno de la astrofísica, el de los agujeros negros, cuya fuerza de atracción es tan intensa que allí desaparece incluso el tiempo o, como dicen los físicos, el horizonte temporal. Y de hecho, para muchos depresivos también el tiempo y la historia de la vida desaparecen en su agujero oscuro, que amenaza con tragarlos también a ellos. Puesto que no puede recordar el pasado, al menos en lo que respecta al estado de ánimo, y que debido a la ausencia de esperanza el futuro se aleja, de un modo mal elaborado llegan al temido aquí y ahora, que tanto en los ambientes esotéricos como en la sociedad del ocio es equivalente a una vida que se esfuerza por el instante. Si la iluminación es la meta de cualquier camino espiritual, la profunda oscuridad de la depresión es su polo opuesto absoluto.

Otro criterio esencial de la depresión es la pérdida de conexión con el núcleo del propio ser. Esto es algo que podemos observar cada vez en mayor número de personas de la moderna sociedad del rendimiento y es posible que sea un motivo clave de por qué hay tantas personas que caen víctima del cuadro clínico de la depresión.

Todo lo que va acompañado de la pérdida de energía vital del vínculo con el núcleo del propio ser tiene, por consiguiente, como mínimo un cierto regusto depresivo, como por ejemplo el estado de *burn-out* (estar quemado) o el síndrome de fatiga crónica (CFS = Chronic Fatigue Sindrome). En ocasiones se tiene la impresión de que también el paso del síndrome de *burn-out* a la depresión es fluido. La diferencia entre las formas leves y graves de depresión desaparecería entonces y sería sólo una cuestión que afecta al nivel de energía. Se correspondería con la experiencia práctica de que existen casi todas las transiciones: desde las depresiones leves a las graves.

Los afectados se ven enfrentados durante la depresión a síndromes que, a fin de cuentas, dependen estrechamente del retroceso de la energía vital, como es la falta de impulso, y que pueden llegar hasta un letargo completo. En el caso de la falta de impulsos, la persona puede llegar a estar tan apática que ni siquiera piensa en el suicidio. Primero desaparece toda felicidad en las percepciones, después también en los pensamientos y al final en la vida, de tal modo que simplemente no hay nada que cause alegría. Igualmente desaparecen el humor y el amor hasta que prácticamente ya no hay nada que le llegue emocionalmente a la persona afectada. Lo que llega es la falta de interés, la disminución de las fuerzas para hacer cosas y la tristeza, todo ello acompañado de miedos, trastornos del sueño, autoreproches, sentimientos de culpabilidad e intranquilidad, así como un estado de ánimo por las mañanas que es muy característico: el llamado bajón matutino.

La depresión es, por consiguiente, una especie de terapia de las sombras dirigida por el propio afectado en la realidad cotidiana. En cualquier caso comienza con la realidad y busca después su propio espacio interior, para ir aumentando entonces hasta que todo se encuentra bajo el signo de la terapia de la depresión. Al principio es posible compatibilizarla con la vida. Sin embargo, a medida que pasa el tiempo va resultado más difícil ya que la depresión va recubriendo hasta el último rincón de la vida que queda. Este espacio interior se convierte en una especie de *bardo* (tibetano: estado intermedio) terrenal, en el que los pacientes quedan colgados hasta que se resuelven las tareas pendientes de la concienciación.

Según el *Libro de los Muertos* tibetano, que distingue entre distintos *bardos* o estados intermedios en la vida terrenal y del más allá, aparece de modo abrupto el «suicidio» en la forma más terrible de los *bardos*. Las almas llegan entonces a la esfera que los católicos llaman el infierno, y se ven enfrentadas a impresiones similares a las vivencias de los héroes de la antigüedad en sus viajes por los inframundos. Se extiende una desesperanza total puesto que las víctimas del suicidio ya no tienen ni un cuerpo para recopilar experiencias y aprender. De todas maneras, en la depresión todavía esto es posible, aunque se perciba el cuerpo como si estuviera muerto o carente de sensaciones. La depresión es la antesala terrenal del infierno, la terapia de las sombras involuntaria propia de nuestra época. Las experiencias a lo largo de treinta años de terapia de la reencarnación no dejan la menor duda de las vivencias aterradoras en las esferas de este mundo después de un «suicidio».

Una enternecedora impresión del estado de ánimo y del mundo de las imágenes nos lo transmite la siguiente carta de un joven depresivo a su novia:

Querida Rebecca:

Ya se han marchitado tus flores. Es como lo que le sucede a mi alma. Muertas, porque no fui capaz de regarlas con el agua que las alimentaría. De momento, a mí me pasa lo mismo que a tus flores. Apenas percibo fuerza en mi interior. No es una sensación nueva para mí. Es la repetición de mil muertes, que ya he sufrido en los últimos años. Constantemente viene a por mí este pozo oscuro. Este desgarro me parte en mil pedazos. Las ideas, los sentimientos y los anhelos se convierten en mi cabeza en un juguete de un miedo profundamente arraigado, que a menudo ni puedo nombrar.

Para oponerse a esta resaca se requieren fuerzas que yo hace tiempo que no tengo. El niño que hay en mí se ha perdido. Y en estas horas lo necesitaría más que nunca. Como antes. Rogando debajo de la colcha para que todo salga bien. Y siempre fue bien, porque lo creía. Hoy también estoy tendido a menudo en mi cama. Cansado y abatido de la carga de mi alma. Pero ni soñar con dormir. A los pocos minutos vuelvo a despertarme porque el miedo llama de nuevo a mi cabeza. Intento tranquilizarme. Pero el más mínimo ruido del exterior o en la casa me pone en tensión. Pienso: ¿A dónde puedo ir? ¿Dónde encontraré la tranquilidad? La paz y mi única esperanza sea quizá la más conocida. Encontrar la respuesta mediante Dios. Entonces me levanto. Cojo un libro de la estantería y espero del consuelo que me den las palabras de seres humanos iluminados. Pero sus palabras ya no me llegan. Deprimido, me retiro de nuevo a la cama, porque otra vez llega el cansancio. Así sucede desde hace días, meses y años. Y entonces tengo que llorar. La presión es sencillamente excesiva y sólo tengo la posibilidad de llorar. Lloro porque no encuentro ninguna salida al padecimiento de mi alma. Porque no percibo ninguna fuerza. Porque me siento solo y abandonado. Porque no he encontrado mis raíces. Porque en mi estado herido he herido yo a otros seres humanos. Porque no veo perspectivas profesionales. Y, por último, porque no siento ningún amor por mí.

Entonces me habla mi Ego diciendo que todo irá mejor, cuando ésta u otra circunstancia aparezca en mi vida. Si tuviera un trabajo regular. Si pudiera vivir aquí o allá.

Pero sé que sólo sería engañarme a mí mismo. Mi alma oscura me acompaña a dondequiera que vaya. Siempre la arrastro. ¡Podría ser de otra forma? Me pertenece. ¿Qué ha sido de mí? ¿Quién soy? ¿Adónde voy? Un profundo abismo se abre ante mí. ¿Cómo podré superarlo? Sé que necesito ayuda profesional. ¿Pero cómo ha de funcionar? Por una parte tengo que volver a trabajar, porque de lo contrario me quedaré en la calle. Por otra parte necesitaría un cuidado más intenso. Por eso confío tanto en Dios. Aunque apenas tengo fuerzas para confiar.

Vuelve ahora a aumentar el cansancio. Me duelen los hombros; percibo esta carga de la que no puedo desprenderme. ¡Me gustaría tanto ser libre! Libre de este dolor. Mirar libremente a mis lados bueno y malo sin quedar apresado por ellos. Es un camino lleno de piedras. Me duelen los pies. ¿Por qué no me deja Dios ir por un suave y verde prado? ¿Por qué se cierra desde hace tanto tiempo ante mí? ¿Por qué no me ayuda a encontrar la fuerza en mí para alejar el miedo? ¡Caridad! Es el único al que todavía tengo. Pero me siento tantas veces abandonado por Él. Debe de ser porque yo vivo muy alejado de mí.

De nuevo he vuelto a hablar de mí mismo. No de nosotros. Me resulta tan difícil estar con nosotros. Mi sombra nos recubre. Me siento tan desamparado, tan profundamente triste. Quisiera volar al cielo, ligero como un águila. Pero mi miedo me impide hacerlo.

No he podido escribir a mano, estoy tan débil. Lo siento.

¡Gracias por tu amor!

DIRK

La falta de empatía

El polo opuesto a la depresión que con mayor claridad se reconoce es el amor. El ataque agudo de depresión puede considerarse el contrapunto directo del enamoramiento agudo. Estando enamorado, a uno le es importante el otro, todo lo referido a él y se está, o se quiere estar, en total empatía con el ser amado. En la depresión falta esa relación, no se está con otro ni con uno mismo, sino que se experimenta una falta de sentimiento y de reciprocidad. Mientras que el enamorado literalmente vibra con todas las fibras de su ser, y posiblemente también con su cuerpo, en consonancia con el otro, los depresivos no vibran ya con nada ni con nadie.

En este sentido, una sociedad que provoca en tan gran medida las depresiones, debe de desconocer también el significado de la empatía. La peor depresión se alcanza cuando ésta desaparece. El que se consiga mediante el alcohol –por ejemplo bebiendo con extraños en una cervecería llena de gente– o mediante el deporte, vivencias en la naturaleza o un enamoramiento, tiene menor importancia que el hecho de que existe empatía, es decir, el vibrar conjuntamente con alguien o con algo. Cuando el mundo del joven Hermann Hesse amenazaba con desmoronarse, huía a la naturaleza o a un paisaje como la Toscana, donde su alma podía volver a entrar en comunicación con la naturaleza exterior e interior. De esta manera dominó las peores crisis depresivas. Esos movimientos de huida no eran tales, sino terapias vividas para su alma martirizada.

La empatía es una de las dos fuerzas básicas de este mundo y tan importante como el principio de la confrontación y la competencia. Cuando Darwin investigaba las leyes de la evolución, pasó por alto en gran medida la facultad de producir empatía. No sólo logran imponerse los más aptos, los que pueden adaptarse mejor, sino también los atractivos, con los que demás quieren comunicarse incondicionalmente. ¿Cómo si no, lo habría logrado el pavo real con su cola increíblemente larga y extremadamente incómoda, que hace que vuele mal y que sea un pésimo corredor? El secreto de su éxito está en su atractivo a los ojos de la señora pava, que se excita al máximo con un tipo que puede presentar una rueda tan fenomenal.

Es un fenómeno que en realidad todos conocemos, pues es posible regalar a un hombre, y en especial a una mujer, las cosas menos prácticas y más incómodas y a unos precios horribles siempre que les resulten suficientemente atractivos. ¿Cómo si no, podrían venderse la moda o los adornos? A casi todos los seres humanos les gusta la empatía. Ya seamos jóvenes o viejos buscamos resultar empáticos, deseamos oscilar entre nosotros, bien sea en las discotecas, en los bares, en fiestas o incluso en el quehacer cotidiano de la oficina.

El *mobbing*, el acoso, con el fin no manifestado abiertamente de excluir a alguien, es asimismo lo contrario a la empatía y está extremadamente mal visto. Las personas cobardes intentan excluir así a otros de su situación empática en una comunidad. Pero incluso los que acosan a otros llevan dentro de sí el anhelo de ser empáticos, sólo que tienen una conciencia deficitaria y creen que no hay suficiente para todos. Esperan conseguir ventajas si expulsan a los demás.

Todos los esfuerzos agotadores de muchos jóvenes por bailar toda la noche y de este modo impresionar a otros, vienen del intento de resultar empáticos con una o más parejas. Al fin y al cabo, el éxtasis no es otra cosa que la empatía del corazón y allí donde ya no puede generarse mediante los movimientos del baile, la percepción de la música y la empatía, la droga de diseño homónima debe animar a los extremos nerviosos a verter toda la serotonina disponible a las sinapsis, las conexiones entre los nervios y los órganos correspondientes. El resultado es el sentimiento de éxtasis que abre el corazón y que tanto gusta a los jóvenes porque los pone en empatía prácticamente con cualquiera a quien vean mientras bailan.

Los antidepresivos más potentes son hoy inhibidores de la reabsorción de la serotonia como el Prozac, que se encargan de que, una vez vertida, la serotonina pueda actuar durante más tiempo y que no se reabsorba rápidamente en el espacio intersináptico. Si recordamos que hay más de cuarenta y siete millones de estadounidenses que consumen esta droga de modo regular, no se tiene tanto la impresión de lo extendidas que están las depresiones como de lo intensa que es la necesidad de empatía, puesto que muchos de los consumidores no son depresivos y sólo buscan ese efecto. En cuanto el propio corazón está más abierto hacia el mundo, se oscila con mayor facilidad y es algo que se percibe maravillosamente en comparación con el retraimiento. No resulta tan raro que madres desesperadas tomen de vez en cuando el Ritalin recetado a sus hijos hiperactivos, para lograr pasar mejor un día difícil ayudándose de esa anfetamina. Dentro de este contexto se hablaba antes de los *mother's little helper* («pequeños ayudantes de la madre). De este modo los antiguos duendecillos adquieren en los tiempos modernos un carácter farmacológico.

La diferencia entre los amigos de la droga éxtasis del ambiente de los jóvenes y los consumidores, de más edad, de Prozac, Fluctin o Ritalin es sólo gradual, pero no hay ninguna diferencia cualitativa fundamental. Común a ambos es el deseo de oscilar conjuntamente, de tener empatía, y ya que estas personas no lo consiguen por sus propias fuerzas, lo intentan a través de medios químicos.

El psiquiatra e investigador francés David Servan-Schreiber sostiene en su libro *Curación emocional*[14] la tesis de que nuestros genes serían altruistas y con ello no se refiere más que al hecho, bien conocido, de que nos sentimos bien si tenemos relación con otros seres humanos y que nos sentimos mal cuando se produce el hecho contrario, es decir, el aislamiento. Que este programa esté ya inmerso en nuestros genes, parece más que probable. Ya los antiguos griegos reconocieron que el ser humano es un *Zoon politikon*, o sea, un ser vivo gregario. La prueba más actual la proporciona el descubrimiento de las neuronas espejo o especulares, ese grupo de células nerviosas de nuestro cerebro especializadas en la imitación. Eso explica por qué el comportamiento social es contagioso.

La depresión, por el contrario, es un estado en el que no existe empatía ni compasión, sino que se caracteriza por el estancamiento. Todo lo que hace al afectado volver a vibrar, a sentirse empático, es por lo tanto una ventaja. El oscilar en vaivén, como puede observarse en los niños abandonados, por ejemplo en los hospicios de Europa del Este, es un intento desesperado de volver a sentir en uno mismo de nuevo un poco de empatía. Entre estos pobres niños hay muchas veces incluso depresivos.

¿Ocupados con seres o energías ajenos?

En su libro *El demonio de la depresión*, Andrew Solomon utiliza para la depresión grave la imagen de un viejo árbol cubierto de una planta trepadora, que casi lo ahoga y antepone sus propios impulsos. La planta es la depresión, que sigue sus propios intereses y mantiene la relación con el árbol únicamente mientras le sirva de hospedador y soporte. Esta imagen puede ayudarle a uno a darse cuenta de que la depresión es también una criatura *propia* en el doble sentido de la expresión. Surge de las profundidades oscuras del ser, de tal modo que impide percibir el nexo con la propia alma. Conforme a eso, en la depresión se extienden las sombras más oscuras sobre el ser claro y lo recubren. A favor de esta interpretación está el hecho observado de que la mayoría de las culturas arcaicas, que mantienen un trato relajado con la muerte y el mundo de las sombras, no conocen prácticamente ninguna depresión en el sentido que nosotros le damos. En algunos dialectos africanos no existe ni siquiera una palabra para el abatimiento.

Para muchos pacientes, la definición de la depresión como un suceso totalmente ajeno a su ser y procedente del exterior tiene la ventaja de que así –y precisamente debido a la idea de que la depresión tiene como base una causa orgánica– pueden vincularla con una

---

14. David Servan-Schreiber, *Curación emocional: acabar con el estrés, la ansiedad y la depresión sin fármacos ni psicoanálisis*, Editorial Kairós, 2006.

descarga psíquica, como por ejemplo el pensamiento de que: «Entonces no puedo hacer nada», o incluso: «Entonces no tengo prácticamente nada que ver con ello, salvo por la mala suerte de haber sido golpeado por un destino injusto».

Como para la depresión se toma en consideración una causa bioquímica, la culpa percibida puede proyectarse al cuerpo en el sentido de un defecto metabólico o una «debilidad cerebral». Lo primero es una imagen científica, lo último una imagen pasada de moda, pero ambas tienen en común la proyección de la responsabilidad hacia fuera. Ésta podría ser también la razón de por qué hoy se aceptan de tan buena gana las causas materiales que ofrece la medicina académica. De manera análoga, en el pasado muchos preferían huir a viejas ideas posesivas en lugar de atreverse a buscar las huellas en su vida y la propia responsabilidad en el sentido de la *Enfermedad como símbolo*.

Aún hoy persiste la tendencia clara a proyectar sobre energías o seres ajenos. Dependiendo del estado de ánimo, se les da forma con gran plasticidad. El diablo con cuernos tuvo tiempos mejores, pero en situaciones desesperadas, al precipitarse por el abismo, aparecen imágenes a menudo muy brutales que conectan con los mundos simbólicos más antiguos. Como si un demonio estuviera sentado sobre el pecho y chupara la energía vital.

«Ya no eres tú mismo, sino algo extraño», afirma Andrew Solomon sobre sus propias experiencias en el reino de la depresión. «Me sentía como si un demonio se hubiera apoderado de mí», explica sobre su estado una paciente gravemente depresiva. En las descripciones de este tipo surge la impresión de la posesión, en el sentido de estar dominado por una energía del alma ajena, como por ejemplo acepta a menudo la medicina popular brasileña y que conduce allí a éxitos notables, no sólo de depresivos sino también de epilépticos. Incluso entre nosotros, la psiquiatría antigua consideraba el concepto de posesión sinónimo de un cuadro clínico como la esquizofrenia. En este punto y con esta sintomatología se muestra la cercanía de la depresión a los otros cuadros clínicos de la psiquiatría.

Es interesante constatar que la idea de la posesión se encuentra también en el terapeuta sistémico Reinhard Lier, que se aproxima al mundo psíquico desde la perspectiva de la familia, según Bert Hellinger. Opina que: «Un aspecto parcial causante en las personas depresivas es la transposición de almas en pena, es decir de muertos, que quedan colgadas en los planos del más allá y en su miseria se aferran a los vivos. Estos muertos chupan la fuerza de los pensamientos y de los sentimientos de los vivos y de este modo, más mal que bien, pueden ir sobreviviendo. Si se ayuda a los muertos mediante rituales y consejos, por lo general a los vivos les va mejor durante algún tiempo». Ésta sería al menos una explicación de la constante falta de energía que aparece siempre en los depresivos y concuerda por completo con lo que creen muchos sanadores brasileños –los consejos y la conversión de las almas–, por un lado para liberar al poseído y, por otro lado, para mostrar a las almas su propio camino a través del reino de las sombras de las experiencias después de la muerte. Recordemos que esta sección del camino en que el alma pasa por los distintos planos del reino de las sombras, los tibetanos la describen como la transformación en el círculo de las propias imágenes en el reino de los distintos estados *bardo*.

El psiquiatra americano Carl Wickland ha dejado en su libro *Treinta años bajo los muertos* un estremecedor testimonio de este mundo de las almas, de mala prensa y envuelto en gran medida por el tabú. Con ayuda de su mujer, una médium muy hábil, realizó durante décadas una especie de terapia de liberación de las almas. Paralelamente al tratamiento psiquiátrico de cada uno de los pacientes, su mujer se concentraba en las «almas en pena» que habían quedado colgadas de los enfermos para explicarles su estado. Aconsejándolas de manera adecuada a su situación y brindándoles otras ayudas, podía enviar así a esas almas a recorrer su camino y liberar a las personas que ocupaban.

Durante un curso de varias semanas para la formación de médiums del matrimonio brasileño Carmen y Jarbas Marinho, yo mismo pude ver cómo los dos realizaron con éxito aquí en Europa terapias de este tipo. En cuanto que se penetra con los pensamientos en este mundo y se está preparado, apoyándose en la ayuda de un médium para hacer esa clase de experiencias, se puede lograr. Los resultados son a menudo estremecedores y explican muchas de las *relaciones* que no se entendían hasta ese momento.

De todas las maneras, los fenómenos patológicos pueden explicarse igualmente por el debilitamiento del sistema inmunológico psíquico del «poseído». Aunque no puede negarse que a menudo parece que las experiencias «demoníacas» pueden explicarse de modo sorprendentemente bueno mediante seres exteriores o posesiones, también pueden deberse a obsesiones del propio afectado, que ha ofrecido el espacio para estas experiencias. Un debilitamiento de su sistema inmunológico psíquico puede producirse por abuso de drogas, falta general de energía o inconsciencia crónica, de tal manera que podemos prescindir de nuevo del discutido término de la posesión.

La filosofía espiritual no puede encubrir una proyección de este tipo o similar, sino que ataca el problema por otras vías. En la interpretación y terapia del cuadro clínico no se trata nunca de la culpa sino siempre de la responsabilidad, es decir, se pide a los afectados encontrar respuestas a los respectivos retos del destino. Esto los lleva a una posición más activa y, al mismo tiempo, más llena de esperanza.

En un libro como *La enfermedad como símbolo* (véase la bibliografía) se encuentran las misiones de la vida correspondientes tanto a las dolencias físicas como psíquicas que nos atormentan. Por lo tanto, de lo que se trata es de encontrar el sentido que hay detrás de la sintomatología, aceptar las tareas vitales que contiene y hacer que de este modo el síntoma sea superfluo. Esta manera de proceder es fruto de la experiencia de que las tareas psíquicas no vividas se manifiestan simbólicamente en el cuerpo, tal vez para darnos una nueva oportunidad para reconocerlas como algo que nos pertenece. Pueden incluso resultar de ayuda algunas impresiones muy gráficas descritas por los pacientes.

Un hombre, por ejemplo, que se encuentra en la mitad de su vida se da cuenta de que tiene que dar la vuelta, desprenderse de la primera mitad de la vida y encontrar su polo femenino, el ánima o la princesa, pero no necesita hacerlo físicamente (obligado por la próstata) ni desarrollar rasgos faciales «de mujer» y pechos. La mujer que en una situación similar se desprende a tiempo de las cargas, se ahorra este proceso corporal, que resulta bastante desagradable por la osteoporosis. Tampoco tiene que desarrollar barba ni rasgos masculinos, si de una manera voluntaria y simbólicamente entra en relación con su ánimo, su príncipe interior. De una forma similar puede encontrarse también significado psíquico a los restantes cuadros clínicos y reconocer la relación entre el dolor psíquico vivido y las experiencias físicas. Está claro que el príncipe y la princesa son aquí sólo imágenes alegóricas, de manera similar a como lo son el diablo y el demonio; pero eso no les resta nada de su importancia.

El sufrimiento anímico desde la perspectiva del budismo

Partiendo de las enseñanzas del budismo tibetano pueden obtenerse otras interpretaciones de los estados depresivos. En el caso de la depresión grave, el alma estaría colgada en un reino intermedio. Habría avanzado ya un trecho en la dirección de los estados *bardo* del más allá. Este punto de vista coincide perfectamente con la experiencia de los afectados, que se sienten muertos y que utilizan metáforas como las de *estar enterrados en vida* o *ser un cadáver ambulante.*

Para esta situación llena de horrores, la de no estar del todo vivo ni estar realmente muerto, nuestra cultura occidental tenía antes imágenes como la del infierno, que podemos encontrar en las pinturas de El Bosco. Hemos ahuyentado con éxito estas imágenes de nuestro repertorio religioso, pero en modo alguno las hemos expulsado de las profundidades de nuestra alma. La palabra infierno ya no se les puede imponer a los intelectuales de nuestros días. Es una suerte que sea precisamente *in* buscar un sustituto en el tibetano.

En el estado del *bardo*, en el reino intermedio, el alma debe contactar en el círculo de las propias imágenes con las sombras más profundas de la vida anterior hasta alcanzar la reconciliación. Esto, a su vez, podría explicar el curso de la depresión, largo y en cualquier caso tan variable y en modo alguno predecible. Algunas almas que abordan realmente el tema consiguen después resolverlo de una manera más activa y rápida, mientras que otras, debido a las negativas iniciales, necesitan mucho más tiempo y algunas incluso se quedan aquí estancadas si quieren ahorrarse el enfrentamiento. El reino intermedio muestra, también a un nivel concreto, un estadio intermedio, como reflejan las afirmaciones de los afectados, indecisos entre elegir entre dos sillas para sentarse y sin poder tomar una decisión. Parece dominar una situación de empate, que debe sufrirse.

Las experiencias de este tipo resuenan también en la práctica espiritual de las escuelas esotéricas occidentales, por ejemplo cuando se enseña que habría que soportar todo o que los actos propios serían nuestro destino. Aquí surge una imagen del budismo. El Buda dice que toda vida es sufrimiento y que todo sufrimiento aparece por aferrarse **a las cosas**. Que toda la vida es sufrimiento es algo que el depresivo comprende de inmediato. Esta constatación es, sobre todas las cosas, lo que hace que la vida sea tan insoportable para él. Puesto que con toda seguridad los depresivos tienen que arrastrar el sufrimiento más intenso que nos podemos imaginar (aunque por lo general no nos lo imaginemos), deberían ser los más propensos a aferrarse. Esto es, de hecho, una experiencia que se vive al estar en contacto con los depresivos, y sobre todo en la psicoterapia. Por diversos motivos no pueden desprenderse de lo viejo y permanecen constantemente pegados a viejas experiencias no elaboradas, a reproches y a malos recuerdos, lo mismo que otros se apegan a los tesoros terrenales, y a eso se refiere la expresión del Buda. Es evidente que puede obstaculizarse la vida apegándose tanto a las posesiones materiales, que se entienden como algo positivo, como también al sufrimiento, experimentado de modo negativo.

Las experiencias con nuestra forma de la terapia de reencarnación sugieren que no pocas veces, en la historia previa de los depresivos hay maldiciones, tanto por el lado de la víctima como del autor. En cualquier caso, tienen una gran tendencia a aferrarse a los afectados y no soltarles hasta que este tema no esté resuelto. Si bien a estas cosas no les concedemos hoy por regla general una relevancia especial, continúan teniendo una fuerza decisiva en el mundo de las imágenes del alma.

Si consideramos lo imperiosa que es la necesidad general de desconectar y abandonar en la moderna sociedad del rendimiento, queda claro lo alto que puede estar también el potencial depresivo, la amenaza por un cuadro clínico de extrema adhesión. El depresivo, como se mostrará más adelante, está orientado por su estructura psíquica a la dependencia. Cualquier médico debe aconsejar hoy constantemente a sus pacientes que se relajen, que se quiten todos los lastres y que se concedan algún tiempo de regeneración. Tenemos en conjunto un gran problema con el desprendimiento y por este mismo motivo una gran tendencia a la depresión.

Las propias depresiones podrían interpretarse también como una grande y general desconexión. En situaciones sin ninguna perspectiva, muchas personas desconectan con ayuda de su depresión y dejan de participar en una vida que se les ha vuelto insoportable. En su lugar viven en una especie de estado de *stand-by*, de espera, en un estado intermedio entre la vida y la muerte, que se caracteriza por el estancamiento y que tiene algo de irreal. Heinrich Heine, el gran poeta depresivo, se dio cuenta por sí mismo de que lo único perdurable es el cambio. Este *pantha rhei* o imagen del permanente fluir, si se reconoce en su sentido más profundo y se ancla en el mundo de las imágenes del alma, podría ser la salvación para mucho depresivos.

Para los pacientes, cuyas experiencias vitales y de sufrimiento los conducen a la cognición fundamental del budismo, de que toda vida es sufrimiento, lo que en un principio experimentan sólo como depresión y valoran por lo tanto de manera negativa podría transformarse para que la depresión fuera un elemento de enseñanza. Desde una perspectiva budista, haría que los afectados estuvieran maduros para la más importante de las experiencias y sería muy de aplaudir como un poderoso medio auxiliar en el camino para el autorreconocimiento y la autorrealización. Pero este paso hacia la individuación, hacia el propio camino, es el que tanto les falta a los depresivos, aunque en realidad también a toda nuestra sociedad. Esto brinda, pues, una magnífica salida a la depresión, que al mismo tiempo es una entrada hacia la visión budista del mundo.

Si el budismo ha reconocido y aceptado el problema de la depresión como una filosofía del desprendimiento, podría ser la gran oportunidad por excelencia para los afectados, como también para la propia depresión. En la práctica terapéutica del budismo zen se confirma con el éxito en el trato con las depresiones.

La depresión «larvada»

La medicina académica utilizaba antes el término depresión «larvada» porque, lo mismo que en una larva, puede quedar oculta por multitud de cuadros clínicos distintos, sobre todo dolores de espalda, cefaleas y mareos, pero también náuseas y otros muchos síntomas. Onomatopéyicamente podría pensarse también en una depresión «lavada» puesto que el cuadro clínico podría describirse como lavado, como una imagen poco clara que de un modo difuso se manifiesta como enfermedad psíquica mediante síntoma físicos.

Esta forma de la depresión recibe también el nombre de la ya mencionada emperatriz austriaca Sisi, que fue maestra en encubrir su enfermedad. Los depresivos de tipo Sisi ocultan su melancolía bajo una capa de atracción y humor y su falta de impulsos con una actuación exagerada. Se muestra en los bailes relajados, los viajes de aventura y el gran compromiso profesional –lo que también hemos visto en el viejo Hermann Hesse– así como en la práctica de deportes duros. Nadie descubre fácilmente las artimañas de estos pacientes, pero cuanto mejor consiguen representar este engaño ante sí y ante el mundo, tanto peor se encuentran al fin y al cabo.

A todo lo anterior hay que añadir que los síntomas de los cuadros clínicos imprecisos como el «falso reuma» o la fibromialgia pueden tener un curso similar que lleva a engaño. Cuando un cuadro clínico se llama «falso reuma» y no puede definirse realmente el verdadero, pone en evidencia lo poco claros que son realmente estos diagnósticos. Sin embargo, esto hace que los depresivos que quieren ocultar su dolencia puedan engañar tan fácilmente a los demás. A la inversa, también existen aquellos que por el contrario quieren simular que padecen esta dolencia, por ejemplo para solicitar una jubilación.

Aunque el término «depresión larvada» ha sido abandonado de manera casi general, tenía al menos la ventaja de ampliar el punto de vista de quienes realizaban los diagnósticos, puesto que existe el riesgo de pasar simplemente por alto este tipo de depresiones, como sucede todavía por desgracia con excesiva frecuencia. Una encuesta realizada entre depresivos por la revista *Stern* demostró que en el veinte por ciento de los enfermos la depresión ni siquiera se detectó y que en el dieciocho por ciento no se tomó en serio. Según la misma fuente, los médicos de familia no consideran como tales al cincuenta por ciento de las depresiones y hacen un diagnóstico erróneo. Por otro lado, según un estudio de la Universidad de Aquisgrán, un tercio de los pacientes tratados como depresivos en los consultorios de medicina general no estaban realmente deprimidos. Pero si al cincuenta por ciento de los depresivos no se los reconoce como tales y de los diagnosticados el treinta y tres por ciento no lo son, en las consultas resulta terriblemente bajo el porcentaje de terapias consecuentes. Otro estudio revela la situación grotesca de que los depresivos graves reciben en las consultas menos remedios que los afectados de grado medio o leve.

Hay también, no obstante, estudios esperanzadores, como el del profesor Wittchen, citado en la revista *Der Spiegel* (46/1999). Indicaba que aunque las depresiones están más extendidas de lo que se suponía hasta ahora, los médicos de familia diagnostican correctamente como tales el setenta y cinco por ciento de las depresiones graves. Incluso con esta cifra, es terrible pensar en la cuarta parte restante.

Dentro del campo de las depresiones «larvadas» se cuentan también las denominadas depresiones masculinas, de las que se ha hablado en los últimos tiempos, sobre todo en el ámbito anglosajón. Aunque hasta la fecha la «gran tristeza» se consideraba un tema típico de las mujeres, se puede constatar cada vez con mayor frecuencia que afecta en igual medida a los hombres. Sucede sólo que éstos tienen unas estrategias distintas en su trato con la afección y tienden más a disimular y a pasarla por alto. Simplemente el hecho de que más de dos tercios de los suicidas sean hombres puede ser ya un indicio suficiente, sobre todo si se constata que de ellos el noventa por ciento padecía problemas psíquicos y que la mayoría tenía depresiones.

«Sólo en los últimos años ha quedado claro que en los síntomas de las depresiones existen rasgos específicos de cada sexo», afirma Siegfried Kasper, psiquiatra de la Clínica Universitaria de Viena, en la revista *Der Spiegel* (41/2005). Los «machos tristes» tienen menos tendencia a retraerse hacia el interior en un mundo espiritual estancado. Convierten sus problemas en actividad exterior. El psiquiatra Wolfgang Rutz, delegado de la OMS en Copenhague, señala igualmente en *Der Spiegel* que «en esta situación (la depresión), las mujeres reaccionan con una especie de reflejo de hacerse el muerto; los hombres, por el contrario, en caso de peligro golpean a su alrededor, atacan para salvar su vida». Los hombres afectados se cargan todavía de más trabajo, beben en exceso para contrarrestar su vacío interior, se lanzan de manera casi obsesiva a aventuras sexuales, se convierten en deportistas fanáticos o en tiranos de la autopista que airean sus problemas haciendo ráfagas con las luces. De ésta y otras maneras dejan salir la presión acumulada, se vuelven extremadamente excitables, tienden cada vez más a los accesos de ira y rabia, pasan al ataque como animales acorralados, incluso a veces se convierten en locos homicidas. Rutz opina que: «Cuando se presentan estas pautas de comportamiento habría que preguntarse si detrás no se oculta una depresión».

Los motivos de estas diferencias específicas de género podrían ser, por una parte, muy antiguos. A lo largo de milenios, los hombres han aprendido a sobrevivir mediante la lucha, y las mujeres a conformarse. Por otra parte, también podrían tener condicionamientos sociales. Simplemente no se acomoda a la imagen actual de la masculinidad tener un «típico problema de mujeres», incluso sólo tener problemas, y por esa razón mejor es meter esas dificultades debajo de la alfombra. En consecuencia, a los médicos de familia les resulta fácil dar un diagnóstico equivocado, atribuyéndolo por ejemplo a una causa física sin llegar a pensar siquiera en problemas psíquicos.

El trastorno bipolar: manía que alterna con depresión

El cambio entre los extremos –entre el cielo y el infierno, entre el sentimiento de plenitud y el abatimiento– conocido como *trastorno bipolar*, es una especie de imagen didáctica de la polaridad.

«Gritando de júbilo al cielo o afligido hasta la muerte», ésta es la experiencia que tienen las personas que padecen de ciclotimia, como se llamaba antes también este cuadro clínico. Un término todavía más antiguo es el de locura maniaco-depresiva, muchos nombres para un trastorno realmente extremo donde a menudo en poco tiempo, los afectados son lanzados a través de toda la gama de estados de humor humanos.

Gráficamente, la manía representa la fase de la vida de la marea alta y la depresión la de la marea baja. Pero se trata de una marea alta que lo inunda todo y de una marea baja que lo deja todo en seco. La manía aporta exactamente lo contrario a lo que tanto hace sufrir en la depresión a los afectados. Aunque, lo mismo que la tristeza resulta insoportable, la euforia de la fase maniaca es un exceso de lo bueno en el verdadero sentido de la palabra.

Las personas con una manía exageran tanto que pueden realizar cosas que rozan lo milagroso. Recuerdo una paciente que jugaba al ajedrez contra varios contrincantes al mismo tiempo y que ganaba todas las partidas, aunque no dudaba ni un instante, sino que yendo de un tablero a otro parecía mover las figuras de manera espontánea. En la etapa de depresión que venía más tarde, por el contrario, era incapaz de concentrarse en un único juego. Otro desarrolló en su manía una memoria fotográfica, de modo que de un vistazo podía retener todos los tomos de la biblioteca de psiquiatría de una universidad y después reproducir realmente su contenido.

La manía es para los afectados como una inundación de energía y ocurrencias maravillosas; les aporta un exceso de ideas y una temporada de fascinación. Los maníacos tienen fuerzas para arrancar un árbol y tantos deseos y pensamientos como diez. Su energía desbordante parece llevar adherido algo maravilloso y fascinante si no se mira más allá y se ve lo que hay detrás de la fachada. No es raro que en esta fase los maníacos sean los reyes del mundo y se comporten de esa guisa ante los demás. La estrella Robbie Williams sufre, al parecer, este cuadro clínico, lo cual explicaría la euforia que desprende desde el escenario. Un amigo nuestro con el que compartimos piso y que padecía manía, consiguió vender en una sola mañana todo el mobiliario y complementos de valor. Con el dinero quería ir a la península rusa de Kamtschatka y llevar allí adelante un proyecto, que resultaría ejemplar para todo el mudo, de un estilo de vida totalmente nuevos. Por el contrario, cosas tan mezquinas como la posesión y la propiedad le parecían simplemente carentes de toda importancia.

Si se quiere desviar a un maníaco de su viaje porque en poco tiempo va a arruinar a quienes lo rodean, y a él mismo, hay que llevar a cabo una dura lucha pues no hay ningún afectado que quiera interrumpir voluntariamente su fase maníaca. Aunque un neuroléptico como el Neurocil atenúa la manía, también hace que la disposición de ánimo se venga abajo, y por eso los maníacos resabiados después de haber pasado varias fases anteriores, intentan evitar la toma con todos los medios y trucos posibles.

El arte de tratar a personas con un trastorno bipolar está en mantener a los pacientes en el centro entre los dos extremos, algo que evidentemente ellos no pueden conseguir con sus propias fuerzas. El psiquiatra y budista estadounidense Edgard Podvoll describe maravillosamente en su libro *Desde mundos ensimismados* la historia de la vida de un paciente maníaco que aprende a vivir con su manía. Richard Gere representa de manera magnífica en la película *Mr. John* a un paciente maníaco-depresivo en sus fascinantes momentos altos y los aterradores momentos bajos.

La vida de las personas con trastorno bipolar discurre como en una montaña rusa. Se dejan, por así decirlo, «rodar» en lugar de encontrar el punto medio, siempre que no se actúe psiquiátricamente. Una vida de este tipo parece estar dedicada a la tarea de vivir el tema de la décima carta del tarot, de la rueda de la vida, en las subidas y las bajas de la propia alma, para entender la existencia con sus altibajos. Se trata del mayor y más difícil tema de nuestra esencia humana: la polaridad. Lo que se juega es el reconocimiento de que todo en esta creación tiene dos caras, y también los seres humanos.

El descenso, que en la mayoría de los trastornos bipolares sigue de manera casi irremediable a la fase alta, es entonces, en el sentido de la depresión, un viaje realmente oscuro. Las experiencias de la manía se transforman poco a poco en lo contrario. El exceso de energía se vuelve una carencia, y la fascinación se convierte en el oscuro desaliento de la depresión. Si antes se estaba lleno de empuje vital, de pronto le falta a uno el estímulo. Si antes no temía al mundo ni sentía temor ante nadie, ahora no pocas veces se convierte en un manojo de nervios.

La persona afectada vive así lo que cualquiera puede experimentar en la terapia de la reencarnación: que en cuanto se consigue la suficiente perspectiva y se puede contemplar toda la cadena de la vida, se ve que siempre estamos moviéndonos por un recorrido de montañas y valles. Se es víctima lo mismo que antes se fue autor y antes víctima, y así sucesivamente. De lo que se trata, evidentemente, es de mirar bien en este juego de alternancias para que el péndulo de la vida, poco a poco, llegue al reposo en el centro. El paciente afectado de un trastorno bipolar vive constantemente estas experiencias, aunque algunos, incluso sin intervención psiquiátrica, consiguen ir reduciendo cada vez más los ataques. Esto es una bendición, no sólo para el propio afectado sino, sobre todo, para sus allegados, puesto que si ya un depresivo resulta difícil de soportar, un maníaco es insoportable y agota a cualquiera. Hay también pacientes, aunque pocos, que están satisfechos de padecer este trastorno porque la depresión se puede tratar muy bien hoy con medicamentos y con la manía disfrutan mucho. Esto, no obstante, se ve más en las formas de curso leve, cuyos máximos no son tan extremos.

La diferencia entre ambos estados de ánimo extremos se ve con la máxima claridad en los ojos. Con la manía irradian y expresan atractivo y un ánimo fascinante, de tal modo que recuerda uno las palabras de Goethe: «Si no fuera Sol el ojo, nunca podría mirarlo». En la depresión, por el contrario, han dejado ya de ser las ventanas del alma, puesto que la mayoría de los depresivos no dejan que nadie mire en ellos, sino que evitan el contacto visual, lo mismo que cualquier otro contacto. Están abatidos y también tienden a bajar la vista para retirarse de otros ojos, de la vida en general.

En última instancia, el trastorno bipolar es un reflejo de una situación que nos es común a todos, razón por la cual probablemente también nos saca tanto de quicio. Por supuesto que todo el mundo pasa por fases de mal humor y después otras con el ánimo bien alto, pero con nuestra pasión por proyectar todo hacia el exterior, fijamos nuestros estados de ánimo en el mundo exterior y al menos los negativos los desplazamos hacia otras personas. Quien es franco consigo, sin embargo, constatará que estos estados de ánimo se elevan desde el interior hacia uno mismo.

En la tradición budista hay un ejercicio muy sencillo y esclarecedor acerca de este tema, la denominada meditación *uppekha*. Esta palabra significa «sosiego» o «calma». La idea es estar sentados en paz durante media hora y escrutar hacia el interior con los ojos cerrados, con el fin de ser un testigo consciente de los estados de ánimo que ascienden desde el interior de modo espontáneo sin que nadie sea responsable de ellos, salvo nosotros mismos. Si se concede uno durante algunas semanas esta media hora diaria y se practica, percibirá después que tendrá menos tendencia a proyectar en otros los propios estados anímicos. Lo ideal sería ampliar esta actitud a todo el día. De este modo, la meditación *uppekha* es un bello ejercicio para volverse uno más consciente de uno mismo y para reconocer y ver el juego de las propias proyecciones.

¿Cómo reconozco si soy depresivo?

Reconocer uno mismo la propia depresión puede ser difícil. Realmente es un reto, toda vez que parece que hasta los médicos de familia fracasan en ello. Pero desde el punto de vista de las propias vivencias, siempre es posible. La medicina académica está muy orgullosa de sus métodos «objetivos», pero hasta la fecha no hay pruebas de laboratorio ni ningún otro procedimiento de detección seguro para establecer un diagnóstico, aunque la medicina sigue dando alas a la esperanza. Ésta es en última instancia la razón por la que la mitad de los depresivos son evaluados erróneamente durante mucho tiempo o, por el contrario, se enfrentan demasiado tarde al diagnóstico correcto. Pero ¿qué es lo que indica que hay una depresión? Síntomas de alarma podrían ser:

* falta de impulsos
* estado de ánimo bajo
* falta de alegría vital y de energía emocional
* pérdida de la capacidad de fascinación y de brío
* pensamientos suicidas
* falta de apetito
* pérdida de la libido
* trastornos en el sueño
* estados de miedo inexplicables, como el temor a no poder hacer las cosas más sencillas, pero que después en la realidad se consiguen
* gran pérdida de la autoestima
* tendencia a echarse siempre uno la culpa y a no percibir la distinción entre culpa y responsabilidad

Sin embargo, debido a las depresiones «larvadas», también son sospechosos síntomas tan poco específicos como los dolores de espalda, los dolores de cabeza, los mareos o las náuseas. El diagnóstico correcto resulta todavía más difícil porque algunos pacientes, como ya hemos mencionado, tienden a enmascarar sus ataques psíquicos y, por ejemplo, como en una depresión del tipo Sisi suelen disimular el abatimiento con una exagerada alegría y una jovialidad forzada. Por lo tanto, con el autodiagnóstico no hay que tomar como medida el comportamiento sino que es imprescindible orientarse por las propias vivencias.

La desventura de la depresión se ve también con la mayor claridad en las imágenes y expresiones coloquiales:

* caí en un agujero negro
* todo a mi alrededor se oscureció

- me quedé sin sentir nada
- me da la sensación de no tener sentimientos
- tengo la sangre helada
- me siento como un cadáver ambulante
- sólo soy un zombi
- me resulta insoportable que mi cuerpo viva mientras que mi espíritu está muerto
- no tengo ninguna esperanza, ni la más mínima

La dificultad para establecer un diagnóstico queda evidente en el hecho de que lo que hace enfermar y lo que es importante para el camino del desarrollo están muy próximos. Por ejemplo, la propensión a ver en uno mismo la culpa y a exagerarlo de modo despiadado es uno de los factores de la depresión. Sin embargo, también asumir la responsabilidad frente a uno mismo y el propio camino es un requisito fundamental en el camino espiritual. Esta postura debe entenderse, pues, casi como la corrección a proyectar la culpa hacia el exterior, que tanto exagera la sociedad. No obstante, está tan alejada del centro como la tendencia, ahora muy extendida, a expulsar fuera de uno cualquier responsabilidad y culpa. El camino del desarrollo es una excursión gradual entre los extremos y *al filo de la navaja*, como describe Sommerset Maugham en su novela homónima.

Sobre el uso de los catálogos de preguntas

En la medida en que la depresión se convierte en un problema colectivo y llena también las columnas de consultorio de las revistas, se llega cada vez más a cuestionables intentos de autodiagnóstico. Se puede ver en el ejemplo del siguiente cuestionario. La mayoría de las clínicas emplean cuestionarios similares. Intentan averiguar con ello qué grado de gravedad tiene la depresión para poder tratarla de una forma diferenciada. Con la mayoría de las depresiones muchos psiquiatras recomiendan hoy psicoterapia, si bien por regla general sólo dentro del marco de la terapia cognitiva o del comportamiento. Con las depresiones medias sería indispensable, además, la prescripción de psicofármacos, mientras que para las depresiones graves habría que apoyarse fundamentalmente en la farmacología. Este proceder coincide en gran medida con los deseos de los pacientes, que muchas veces experimentan el diagnóstico de depresión como un alivio y están contentos de padecer un cuadro clínico definido. Los psiquiatras les ahorran la mayoría de los problemas de la definición, algo que parece lógico para reducir los sentimientos de culpa, a menudo asesinos. La misma suposición (no demostrada) por parte de la medicina académica de que en el caso de las depresiones graves existe una enfermedad del metabolismo cerebral contiene algo liberador para muchos pacientes atormentados.

Preguntas para clasificarse uno mismo

- ¿Ha disminuido drásticamente en los últimos tiempos mi energía vital? (Una falta de estímulos no habitual y que se prolonga durante dos semanas es ya sospechosa.)
- ¿Puedo alegrarme todavía de la vida? ¿Me intereso por los temas de mi vida? ¿Ha disminuido drásticamente en los últimos tiempos mi autoestima o ha desaparecido?
- ¿He perdido el interés por las cosas que antes eran muy importantes para mí?
- ¿Me resulta cada vez más difícil tomar decisiones?
- ¿Estoy cada vez más desesperanzado en lo que respecta a mi vida y mi futuro?
- ¿Soy más propenso a cavilar, a hacerme reproches y a los sentimientos de culpa?
- ¿Me siento con frecuencia muy cansado y abatido sin un esfuerzo previo?
- ¿Ha disminuido últimamente mi apetito de forma llamativa?
- ¿Mi sueño, en lo que respecta a conciliarlo y mantenerlo, ha empeorado drásticamente y ese trastorno se ha mantenido durante algunas semanas?
- ¿Tengo un bajón matutino con pensamientos negros?
- ¿Han aparecido últimamente dolores (aunque cambiantes) por ejemplo en la espalda o la cabeza, en la zona del corazón o del tracto digestivo?
- ¿Tengo últimamente sudoraciones a pesar de no hacer grandes esfuerzos?
- ¿Ha disminuido claramente en los últimos tiempos mi placer por la sexualidad?
- ¿Me siento infeliz y esta sensación me dura varias semanas?
- ¿Estoy en peligro de perder el control sobre mi vida? ¿Está mi vida ya fuera de control?
- ¿Ha perdido sentido mi vida? ¿He perdido (de vista) la meta de mi vida? ¿Están entonces mis ojos ciegos y desde algún tiempo ya no irradian?
- ¿Tiene mi vida un verdadero contenido que me llena, que me llama y que es mi vocación?
- ¿Tengo una visión de cuál es mi camino en la vida y la energía para seguirlo?

Aunque con la ayuda de un cuestionario de este tipo puede descubrirse la tendencia a la depresión, queda pendiente de saber si con ello puede establecerse un diagnóstico fiable. Si siguiéramos este cuestionario, seguramente habría muchas más personas a las que catalogar como depresivas de lo que señalan las estadísticas oficiales. Por ese motivo debe tomarse con cautela.

Las razones de la depresión

Causas sociales

Las biografías de grandes artistas del pasado que tuvieron que vérselas a lo largo de toda su vida con la depresión demuestran que también en otros siglos hubo razones suficientes para dudar de la vida. De todas formas, el mundo moderno da incluso más motivos para caer en la depresión. Las estadísticas, con sus frías cifras, confirman que los nacidos después de 1956 tienen un riesgo doble de enfermar de una depresión.

Quien tenga en cuenta que los desencadenantes más frecuentes de la depresión son, a gran distancia, la separación de la pareja y la pérdida del puesto de trabajo, verá sin ninguna dificultad dos causas sociales esenciales de la avalancha de depresiones. La muerte de una relación y la pérdida de la ocupación son hoy una amenaza cada vez mayor para todas las personas. Por eso, las personas solas y sin trabajo son las que presentan un mayor riesgo de enfermar de depresión, y son precisamente ese grupo de la población el que en nuestra moderna sociedad más aumenta sobre la base de la globalización y del aislamiento, y lo hace mucho más de lo que quisiéramos.

¿Pero cuál es exactamente el caldo de cultivo de esa ola de depresiones que con una intensidad cada vez mayor nos azota desde hace unos treinta años? Interesa en un primer paso estudiar en qué tipo de mundo se extienden tan rápidamente las depresiones. ¿Qué es lo característico de nuestra sociedad y de nuestra época? Las sospechas caen de modo general sobre el desamor de los tiempos modernos y sobre el constante aumento del nivel de estrés. En un segundo paso hay que mostrar el tipo de personas que surgen como resultado de todo ello. El objetivo es averiguar cómo podemos prevenir mejor la tendencia a la depresión.

Globalización y lucha de la competencia

Entre las grandes tendencias de nuestro tiempo, a cualquiera le llama la atención sobre todo la referente a la globalización. Nuestro mundo camina cada vez con mayor celeridad hacia una gran aldea en la que todos están interrelacionados con todos de un modo superficial. Internet es la red que lo conecta todo pero que, bajo ciertas circunstancias, también se interpone entre todos. Cuando hablamos aquí de «mundo» y «todos» debemos tener en cuenta que, en realidad, sólo se refiere a nuestro denominado Primer Mundo y a sus habitantes. Es ese mundo que consideramos el más importante y muchas veces también el único, y sobre el que informan el noventa por ciento de nuestras agencias de noticias. Es también el que da origen a la gran mayoría de las depresiones, así que esta concentración en el Primer Mundo es dentro de este contexto casi legítima.

¿Qué supone la globalización, la desaparición de las fronteras exteriores, para los seres humanos de este mundo? Dicho de una manera breve, entran en medida creciente en competencia unos con otros y cada vez más se engañan entre sí. Cualquiera que sea la empresa que una sociedad de asesoramiento ponga bajo la lupa, el resultado es siempre el mismo: reducción del personal en un porcentaje «x» aumentando al mismo tiempo el rendimiento de los trabajadores que quedan. El objetivo, en cualquier caso, es maximizar los beneficios mediante una mayor eficiencia, algo que antes se habría expresado diciendo que «cargándolo sobre las espaldas de los trabajadores». Para el individuo en particular esto significa que o bien queda fuera del proceso de producción y se encuadra dentro del creciente ejército de los desempleados, que resulta ser una de las dos causas sociales más importantes de la depresión, o bien debe trabajar más por el mismo dinero, o incluso muchas veces por menos, y además bajo una mayor presión. Resulta comprensible que todo esto no incremente la satisfacción sino que fomente el descontento y el nivel de estrés. La razón por la que en este proceso sólo unos pocos puedan realmente ganar, y que por el lado psíquico todos sean perdedores, se describe en mi libro *¿De qué enferma el mundo?* (véase la bibliografía).

Si tomamos en consideración estos desarrollos ligados a la globalización, cabe constatar que en los últimos decenios llevan consigo una tendencia continua que, tanto en la vida profesional como en la de las relaciones, nos sustrae el pasado y el futuro.

La depresión económica

A los factores mencionados habría que añadir que en el llamado Primer Mundo, y especialmente en el ámbito de habla alemana, hemos llegado a una fase de desilusiones y depresiones. En el Tercer Mundo, con los problemas externos en auge o incluso en aumento, tienen un papel claramente menor. Durante las Guerras Mundiales las depresiones no fueron entre nosotros un tema de preocupación a pesar de que hubiera motivos más que suficientes. Durante el Milagro Económico posterior a la guerra las depresiones fueron también la excepción. Simplemente no se tenía tiempo pues había muchas cosas que hacer, que daban una esperanza. En el período inmediato de postguerra, antes de que Ludwig Erhard dirigiera ese milagro económico, aunque las depresiones de origen económico por el desamparo general estaban a la orden del día, apenas había de tipo psiquiátrico ya que las personas estaban ocupadas en buscarse los alimentos y el carbón para sobrevivir.

A la primera época de la reconstrucción siguieron, con breves interrupciones, un boom detrás de otro. Lo mismo que antaño la máquina de vapor, el ferrocarril y la electrificación pusieron en marcha la economía durante la Revolución Industrial, después de la guerra la automoción fue, entre otras cosas, uno de los motores del crecimiento económico. Más tarde, la industria de los ordenadores inició su marcha triunfal.

Sin embargo, después todo fue más lento y la economía fue estancándose, al menos en países como Alemania y Francia. Si los años sesenta, setenta y ochenta del pasado siglo estuvieron todavía llenos de esperanza y expansión, desde los noventa nada marcha ya por si solo, al contrario, necesita cada vez mayores empujones.

La edad de oro ya ha pasado, se puede escuchar hoy a lo largo de todo el país. Por un lado, las personas están sobresaturadas en lo material, por otro lado el dinero es cada vez más escaso. Aumenta el paro, baja el estado de ánimo, mientras que las exigencias se mantienen altas y no se vislumbra el final de la miseria. A esto hay que añadir, en Alemania, que de un modo lento pero cierto se deja de estar entre los mejores de la clase y, sin una aparente posibilidad de mejora, se entra en el camino de la decadencia. Allí por donde se escuche se oyen quejas y, muchas veces, deplorables lamentos. Cada estudio económico muestra abatido al propio país: los estudios de formación son peores de lo que soporta la autoestima. En la UE somos deudores sin que se vea ninguna salida. Se avergüenza uno y no encuentra ninguna solución. Las personas caen pronto en la inactividad y la resignación, por ejemplo en cuanto al desempleo. Se dejan en las manos de los gobiernos y las autoridades, se rellenan formularios y llega la espera malhumorada.

Después de que, entre otros, el segundo estudio PISA[15] haya dejado bien claro que Alemania está a la cola en cuestiones de formación, resulta muy significativo que la única solución que se haya propuesto sea la de ampliar el horario lectivo a las tardes dado que es evidente que no son suficientes las mañanas. Contra esta idea demencial no ha surgido ni la más mínima oposición. Es evidente que se está tan seguros de uno mismo y del propio camino que ya no se piensa cualitativamente, por no hablar de poner algo en entredicho. Lo que importa es sólo la cantidad. «Siempre más de lo mismo.» Este lema del terapeuta austriaco Paul Watzlawick se ha desvelado, ya desde hace décadas, como extremadamente contraproducente.

Puesto que con toda seguridad no se conseguirán cambios esenciales o incluso mejoras por los viejos caminos ya trillados, el estado de ánimo general de depresión coincide perfectamente con la situación existente en la realidad. Aunque, naturalmente, en aquellos

---

15. En los resultados del estudio PISA (en las áreas de lectura, ciencias y matemáticas entre alumnos de quince años) del año 2000, al que se refiere el autor, se distinguen cuatro cuadrantes de calidad. Alemania se encuentra situada en el de menor equidad y menor excelencia, mientras que países como España o México están en el cuadrante de mayor equidad y menor excelencia, siendo los mejores resultados los del cuadrante de mayor equidad y mayor excelencia, donde se sitúan, por ejemplo, Finlandia, Canadá y Japón. *(N. del T.)*

con una predisposición natural todo esto conduce a la enfermedad más fácilmente que en el caso de un coyuntura dinámica.

Aunque desde un punto de vista objetivo a la mayoría no les va mal materialmente, el estado de ánimo es deplorable, y la depresión es esencialmente un problema de estado de ánimo. El hecho de que las depresiones económicas favorezcan también las depresiones en el sentido psiquiátrico se ha convertido en un fenómeno por desgracia bien conocido.

A esto hay que añadir que en Alemania apenas hay experiencia en situaciones de decadencia dado que a lo largo de muchas décadas todo ha ido siempre sobre ruedas. La nueva situación sin precedente desencadena una desesperanza desconocida hasta la fecha. Muchos, entre ellos sobre todo las personas ancianas, padecen entonces depresiones y no pocos de ellos se quitan la vida al no ver ninguna vía de salida.

La saciedad material

Incluso si la coyuntura volviera a ser favorable y el nuevo crecimiento de la economía en contra de las expectativas deparara un nuevo repunte, seguiría siendo cuestionable que esto pudiera entusiasmar a las personas. Por un lado, el desempleo seguirá manteniéndose a un nivel alto hasta que de nuevo se dé un salto cualitativo hacia una nueva dimensión, algo que no prevé la «mentalidad de búnker» imperante. Por otro lado, los objetivos materiales son en gran parte desmedidos. Es decir, por un lado hay en el mundo occidental muchas personas con metas materiales establecidas en este mundo material que quedan frustradas; se han roto sus sueños de un bienestar material cada vez mayor. Por otro lado, una gran parte de la población ha alcanzado una considerable sobresaturación.

La sociedad del bienestar tuvo desde luego mucho éxito, pero se ha convertido ahora en nuestra perdición, como ya ha previsto el Club de Roma. No hay más metas que valgan la pena, falta la motivación para conseguir algo, tanto para los productores de la economía como para los consumidores.

Posesiones como el coche son cada vez más contraproductivas. Cierto es que cada día salen al mercado modelos más rápidos y seguros, pero en las carreteras atascadas apenas pueden avanzar. La circulación en la City londinense es hoy más lenta que en la época de los coches de caballos. Además, los gases de escape contaminan el aire y con la combustión agotan reservas de petróleo que son ya muy escasas. Por esa razón resulta cada vez más caro estar en un atasco. Dicho en pocas palabras, el coche que antaño fue para los alemanes el niño mimado se ha convertido desde hace bastante tiempo en un niño problemático.

Una parte esencial de los problemas económicos radica en el fondo en que la gente tiene todo lo que necesita y que lo que no tienen, no lo necesitan. De este género están hechos los problemas coyunturales y Alemania constituye un ejemplo típico. «Líder mundial en exportaciones con una demanda interna extraordinariamente débil», lo denominan los economistas. Si a nivel material no se encuentran ya auténticos estímulos, ¿dónde encontrarán su motivación las personas orientadas hacia lo material? De este modo se abre un amplio campo para los desarrollos depresivos, que siempre van unidos al riesgo de caer en una depresión en el sentido psiquiátrico.

Quien desde el punto de vista material tiene todo lo que necesita debería estar completamente satisfecho. Pero si está frustrado, tal como podemos ver hoy en tanta gente, podría deberse a que fuera de sus deseos e ideas materiales carece de vida. El resultado son sentimientos de vacío y de falta de sentido, como sucede en la depresión. Algo así es lo que trasciende en el momento en que los sueños exteriores se han hecho realidad o se han roto. El estado de saturación con un alto nivel de frustración como el de Alemania, que es actualmente el país que más se lamenta en Europa, señala una ausencia de sueños y de ilusiones en relación a metas interiores y contenidos psíquicos y espirituales. Parece como si la situación de país de Jauja se haya desbordado y haya pasado de largo, y que no puede detenerse con la denominada sociedad del ocio. Sucede, simplemente, que demasiada gente ya no encuentran diversión en ello. En cuanto se ha alcanzado todo lo externo, se pone de manifiesto con toda claridad que interiormente falta de todo. Puede deducirse entonces que la satisfacción de todos los deseos materiales es un proyecto peligroso, pues resalta las necesidades psíquicas y espirituales y por este camino conduce a una mayor insatisfacción, toda vez que ésta no brinda ningún tipo de perspectiva.

No obstante, la frustración es la hermana pequeña de la depresión. Ambas se desarrollan por la energía femenina y al nivel del plano cerebral afectan a las áreas femeninas. Se las ve también como reacciones arquetípicamente femeninas a un desarrollo pendiente. Pero es sólo aquí, en este terreno arquetípicamente femenino durante demasiado tiempo despreciado, donde está el futuro.

Cuando los problemas externos están resueltos y las necesidades cubiertas, aparecen las internas. Si no dejamos que entren en la conciencia, se buscarán un escenario en el exterior. Con ello se les plantean cuestiones al cuerpo y al alma; al primero como dolencias psicosomáticas, y al último como enfermedades mentales clásicas, entre las que la psiquiatría incluye también la depresión. De momento, la situación frustrante se pone de manifiesto principalmente en aquellos síntomas que se sitúan en la frontera de la depresión. Entre ellos están los problemas cardiacos, la diabetes o la osteoporosis.[16]

Casi podría darse la razón a Hans Blüher, que en su *Tratado de medicina* supone que la suma de toda la enfermedad en el mundo permanece constante. Donde hace presa la sobresaturación entra en juego, por así decirlo, la depresión como reguladora. Pero si nos damos cuenta de que no podemos existir sin crecimiento y que económicamente no puede hacerse nada más, queda todavía la vía de salida de intentarlo en el plano psíquico y espi-

---

16. Éste y otros síntomas se describen ampliamente en *La enfermedad como símbolo*.

ritual. A favor de ello hablan también todas las experiencias procedentes del campo de la interpretación de los cuadros clínicos. Sin crecimiento ningún ser humano puede vivir, pero también tiene la opción de elegir en qué nivel quiere crecer. Allí donde el crecimiento físico finaliza de un modo *natural*, debe aplicarse en mayor grado el crecimiento espiritual para completarlo, finalmente, con el crecimiento intelectual y social. Si una persona boicotea el crecimiento en estos niveles, resbalará al cuerpo de una forma no resuelta para acabar constituyendo una amenaza en forma de un crecimiento canceroso, con la finalización prematura de esta encarnación.

Es probable que el ejemplo descrito pueda aplicarse también a la sociedad. Ésta igualmente ha de crecer y encontrar en ello su consistencia. Podría suceder mediante el crecimiento de la población o a través del crecimiento económico, o también por un crecimiento organizativo. Pero entre nosotros hace ya mucho tiempo que esto no se produce en ninguno de esos niveles. La economía se estanca y la población incluso disminuye. La reorganización de la sociedad desencadena enormes temores y hay comunidades de intereses, como los sindicatos o las asociaciones, que de manera masiva lo dificultan o incluso impiden. En esta situación de estancamiento general, un buen consejo es muy valioso. ¿En qué podríamos crecer todavía?

Según la teoría económica del ruso Nikolai Kondratief no sería inimaginable que el siguiente gran paso, que según sus cuentas sería el sexto, tuviera que hacerse hacia un plano interior y de manera colectiva como sociedad. Conforme a esta idea, el quinto ciclo está dedicado a la necesidad de información, lo mismo que anteriormente la preocupación fue por la energía (electrificación) o la movilidad (automoción). Según eso, el siguiente debería ser tomar los temas de la salud del individuo (medicina), de la sociedad (sistema social) y de la naturaleza (ecología).

En realidad, tendríamos todavía enormes reservas de productividad si efectivamente nos preocupáramos de las cuestiones de importancia ecológica. Éste es el tema más fácilmente comprensible desde el exterior. Igual de importante sería que aprovecháramos mejor nuestras reservas de regeneración y, por ejemplo, nos cuidáramos de conseguir unas condiciones de sueño sanas, para lo cual sería necesario una formación y un reconocimiento colectivos. Algo parecido sucede en el campo de la salud, donde podría conseguirse mucho con sólo hacer un ejercicio sano para equilibrar los niveles de oxígeno, seguir una alimentación integral y adaptada a cada individuo y aprender continuamente a respirar. Aunque lo más importante es, siguiendo el sentido de *La enfermedad como símbolo,* poder liberar grandes recursos mediante un trato inteligente con muchos de los cuadros clínicos, sobre todo los crónicos, que desde hace tiempo han adquirido ya el carácter de una epidemia, como por ejemplo las depresiones, el sobrepeso, la diabetes de tipo II y los problemas de espalda. Si el colectivo recuperara la energía ahí reunida, no sólo al individuo le iría mejor sino también a la sociedad en su conjunto. La primera nación en reconocer estas conexiones y trasladar a la práctica su conocimiento, durante algún tiempo tendrá una ventaja intrínseca y carecerá de toda competencia. También es posible el crecimiento, pero para ello deberíamos despedirnos de todos los planos externos habituales y atrevernos a emprender los nuevos internos.

Profesión (vocación) en la crisis

Mientras que hasta hace pocas décadas el objetivo de los jóvenes era encontrar un puesto de trabajo vitalicio con una jubilación y un futuro asegurado, la tendencia actual es hacia el trabajo temporal sin un historial común (de empresas) ni garantías de futuro. Que se hayan tenido muchos méritos en el pasado cuenta muy poco, y eso si es que cuenta, pues sólo se valora el último período. Lo que cuenta es el pasado más inmediato. Quien hoy no hace nada, mañana mismo ya no tiene ninguna oportunidad. Reposar en antiguos servicios prestados será cada vez más difícil y muchas veces resulta ya por completo imposible.

«The winner takes it all» (el ganador se queda con todo) quiere decir que el *segundo ganador*, como todavía se le llamaba en el pasado bajo la influencia del viejo ideal olímpico, hoy ya no cuenta en absoluto. La despiadada lucha de la competencia que manifiestan las formulaciones de ese tipo, no es desde luego un fenómeno favorecedor para las personas de estructura depresiva. Un segundo puesto hoy ya no vale nada; lo convierte a uno en perdedor. Los eternos segundos incluso dan pena, cada vez se habla más de ellos con burla y sarcasmo. Sirva de ejemplo Jan Ullrich, el talento alemán del deporte de la bicicleta, al que repetidas veces, cuando en las carreras más importantes del mundo estaba a punto de quedar «sólo segundo», se le echaba en cara quedar tan mal. Resulta interesante constatar que sus críticos en el mundillo del ciclismo no eran capaces, ni de lejos, de conseguir lo que Ullrich lograba. Pero los tiempos han cambiado. Quien hoy queda segundo, en el mejor de los casos despierta compasión. Lo terrible de esto es que de este modo, salvo una excepción todos son perdedores. El resto se queda con las manos vacías. No es extraño que en la vida cotidiana se vuelvan depresivos.

Detrás de la tendencia de aceptar sólo lo instantáneo, de aclamar sólo al vencedor y de ignorar los méritos del pasado, se oculta un cierto egoísmo. El que en ese instante es el más fuerte tiene la voz de mando y todo el poder y apenas se preocupa de las figuras de poder de ayer. *Ser del pasado* es casi lo peor que le puede pasar al hombre moderno.

La inseguridad que eso provoca y el miedo por el propio puesto de trabajo conduce a unos modos de comportamiento extraordinariamente egoístas, que son ya bien conocidos en el reino animal, en lugar de llevar a la solidaridad entre los afectados. Cuando se vuelve escaso el territorio entre las ratas y falta la comida, animales normalmente pacíficos se convierten en seres agresivos y se atacan unos a otros. En la vida laboral moderna, a este fenómeno se lo denomina *mobbing*. Según estimaciones de la Oficina Federal de Protección del Trabajo y Medicina Laboral de Alemania, hay aproximadamente un millón de alemanes de sufren *mobbing* en su lugar de trabajo. Este fenómeno es hoy para los afectados otro desencadenante importante de enfermedad, que por lo general desemboca en una depresión.

Se insinúa la pregunta preferida de «¿Quién tiene la culpa?», y quien busca por ese camino encuentra también los culpables habituales. Pero ¿eso nos sirve realmente de algo? Si contemplamos el mundo desde el punto de vista de la izquierda, los patrones pasan a tener el papel de chivo expiatorio porque ahorran por todos los sitios y quieren racionalizar eliminando puestos de trabajo. Si lo contemplamos desde el punto de vista conservador de los propietarios de las empresas, se deja ver que los gerentes y sus representantes, los modernos cazatalentos, o *headhunter*, han comenzado con el indigno juego de poner sus propias ambiciones de ascenso por encima del bien de la empresa. Por consiguiente, al considerarlo más detalladamente, al plantear la cuestión de quiénes son los culpables no se llega a ninguna conclusión segura. Desde el punto de vista psíquico, prácticamente todos son víctimas.

Por consiguiente, a muchos les resulta hoy fácil quejarse de la inseguridad general diciendo que antes todo era mejor. ¿Pero fue así en efecto? ¿Son realmente malos sólo los fenómenos modernos? Según la ley de la polaridad, siempre tiene que existir la otra cara.

Podríamos ver entonces que el trabajo sin garantía de futuro y sin perspectivas de una permanencia larga en una empresa lleva a vivir el momento, requisito fundamental de cualquier orientación meditativa. Esto les puede parecer cínico a algunos a la vista de tantas víctimas, pero sobre todo conmocionará a aquellos que miran con miedo al futuro y sin orgullo al pasado. Naturalmente, también esto es sólo un intento de encontrar el polo opuesto a las tendencias modernas surgidas del egoísmo o, por así decirlo, de las sombras claras.

Durante mucho tiempo nos hemos negado a una inmersión plena en el pasado, aunque las Sagradas Escrituras lo recomiendan con tanto ahínco y naturalmente también nuestra Biblia: «Mirad las aves del cielo, no siembran, no cosechan y a pesar de ello viven». Es evidente que ahora nos vemos obligados a hacerlo, simplemente por la razón de que durante tanto tiempo y de manera tan poco hábil nos hemos ido resistiendo.

Si vemos así, con esta nueva óptica, este tipo de tiempo parcial, se podría celebrar el instante. Dar en todo momento lo mejor de uno puede, proporcionar alegría, hasta incluso extasiar. Quien trabajando de este modo logra salir, no necesita preocuparse del futuro en el verdadero sentido de la palabra, y el pasado le puede ser indiferente. Del propio trabajo le llegará tanta fascinación que también actuará como un imán para experiencias positivas.

Todos los gestores de crisis, o *troubleshooter*, cuya confianza en sí mismos y honorarios dependen de lo rápido que los sistemas informáticos vuelvan a ponerse en marcha, no son otra cosa que trabajadores a tiempo parcial. De los primeros trabajadores a tiempo parcial, el que más fascinante me resulta al máximo nivel es el bombero Red Adair. Siempre lo llamaban allí donde hubiera un gran incendio en cualquier lugar del mundo. Como todos sus sucesores modernos, los *troubleshooter*, fue un trabajador a tiempo parcial de clase extraordinaria, que resulta adecuado como símbolo y ejemplo para un nuevo concepto y moral del trabajo.

Conflictos en la vida de las relaciones

En la vida sentimental, como en la profesional, se encuentra el mismo fenómeno de la presión ejercida para vivir en el momento, sólo que los actores son otros. Hace mucho que la pareja flexible ha sustituido al cónyuge y constituye el máximo de los sentimientos. Mientras que antes se decía «hasta que la muerte os separe», por regla general se le ha quitado hoy este trabajo hasta la muerte y la separación se produce por sí misma o a manos de los abogados. Por desgracia, esto no lleva la mano comparativamente piadosa de la muerte sino que provoca infinidad de desasosiegos, razón por la que no se resuelve el fondo, aunque sea simplemente por quedar limitado a las bases de la ley.

Desde la familia amplia la tendencia ha conducido a la familia pequeña. Si los padres tenían antes cuatro hijos, éstos tienen hoy cuatro progenitores. A partir de la familia con un solo hijo han surgido los *dinks (double income, no kids;* dobles ingresos, cero hijos), poco antes de que se transformaran por completo en «familias de un solo miembro». En grandes ciudades como Hamburgo o Munich viven hoy más personas solas que matrimonios. El panorama parece dominarlo la «compañía-de-una-noche», que sería el modelo de relación para el futuro, siempre que todo no acabe por ser un cibersexo absolutamente seguro, que ya no brinda el más mínimo recogimiento humano. Está claro que con estas dos últimas variantes se pierden toda seguridad de tipo social y cualquier relación sentimental intensa. Incluso las compañías-de-una-noche, aparentemente tan cómodas, se relativizan en épocas de penuria. Quien busca ayuda («pasamos una noche estupenda. Ahora estoy enfermo. ¿Podrías cuidarme, por favor?») recogerá desilusiones y obtendrá, probablemente, la respuesta que se adapta al espíritu de los tiempos: «No puedo, pero cuando vuelvas a estar en forma, me puedes llamar otra vez».

Detrás de las modernas variedades del juego de la vida sentimental se esconde, sobre todo, el egoísmo como resorte de los impulsos primarios. Quien ya no quiere compartir, en el mejor de los casos se queda solo, y éste es el Credo de la sociedad «solterizante». Pero con el egoísmo, los seres humanos no saben arreglárselas bien. Apenas han desarrollado el Ego y prefieren referirse al Tú. En una sociedad dominada por el Ego y por los egoístas, el depresivo se convierte rápidamente en un problema, para él mismo y para los demás.

El progresivo alejamiento de la familia grande y de las relaciones de pareja de por vida es seguramente malo desde el punto de vista de los guardianes de las costumbres, y también de los posibles hijos. Pero ¿sólo es malo?

Si lo meditamos con más detenimiento, nos daremos cuenta de que las tendencias en la vida laboral, lo mismo que sucede con las de la vida sentimental, tienen también otra cara. Ambas nos empujan hacia el presente, hacia el aquí y el ahora, el que todas las religiones y tradiciones nos recomiendan. Cuando el pasado y el futuro desaparecen, sólo queda el presente. En lugar de obstinarnos crispadamente en el cuándo y el pero, podríamos acercarnos de manera relajada al aquí y ahora. A decir verdad, supondría para nosotros una gran oportunidad si pudiéramos vivir completamente en el presente. No obstante, sólo podría conseguirse si realmente el amor determinara el momento y, con ello, también la fortaleza hacia la franqueza y el compromiso.

Guardémonos, no obstante, de adornar e imaginar una mezcla de incapacidad de relacionarse y tendencias a la huida con el ideal del aquí y el ahora, es decir, crear una mezcla que no tiene mucho que ver con la felicidad de la vida resuelta en el instante. Quien percibe este riesgo podría unir desde luego las ventajas de los modelos de relación viejo y nuevo. ¿Quién o qué nos impide en realidad unir la continuidad, que es el resultado del deseo de desarrollo por ambos lados, con el atractivo del instante en cuestión?

A nivel de las relaciones, para no pocos el empeño se ha convertido, por el momento, en una oportunidad para vivir el instante y celebrarlo en una fiesta del amor, pero también para asumir en el presente una responsabilidad común. Podrían haber pasado los tiempos en que las esposas por amor a la concordia estaban disponibles y una vez a la semana se «entregaban» sin sentir demasiado. Han pasado los tiempos en que *ella* aguantaba, sólo porque durante mucho tiempo había aguantado. Han pasado también aquellos tiempos en los que un falso respeto y un miramiento cobarde congelaban la vida en el pasado y en el futuro, dejando el presente inanimado.

La constante disposición a la vida –al arriba y abajo, al ritmo entre el amor y la disputa, entre la comunidad sentida y la soledad consciente– nos engarza en la curación de la vida y redime de la falta de perspectivas y sentido del simple vegetar, del dar largas y de la depresión. De todas las maneras, la predisposición depresiva, por su propia estructura básica, muestra escasa tendencia a percibir esta oportunidad, si es que llega a reconocerla siquiera. Fácilmente se convierte en víctima de las tendencias descritas de la sociedad de los solteros, porque con el final de la seguridad y del amparo también destruyen el recogimiento. Pero éste, en el instante en que partiendo de la aceptación del mismo puede soportar sin temor el *panta rhei* –ese eterno fluir en el ritmo de la polaridad de la vida– y aceptarlo en toda su magnitud, se mantiene cerrado debido a su estructura básica, de la que ya hablaremos. Es evidente que hay corrientes modernas que son difíciles de soportar para las personas con una estructura básica depresiva. Sin embargo, constituyen una cuarta parte de la población, algo que ya veremos en el capítulo «La base psíquica de la depresión».

Ante la presión de vivir por completo en la actualidad, podemos crecer o convertirnos en perdedores. Una gran parte de la población elige el sufrimiento y con ello, sus hijos pasarán a engrosar el grupo de los perdedores, debido a la superficialidad emocional, la ausencia de amor y la falta de contacto entre seres humanos. Pero aun así, hay algunos que volverán al grupo de los ganadores: hijos que de pronto se encuentran en una especie de gran familia y que muy pronto aprenden una gran flexibilidad. Esto les permite ir parcheando y de este modo encontrar a muchas personas de procedencias distintas, de las cuales pueden aprender las más diversas cosas.

Individualismo en lugar de individuación

Mientras que el pasado se convierte en un modelo del final –la juventud tiene poca idea de la historia y por el estado de las cosas, naturalmente tampoco le interesa– el futuro tiene por lo menos algo de prometedor. Aun así, tan pronto como el pasado deja de tener importancia, existe el riesgo de que tampoco exista ya un futuro con sentido. A quien no ha aprendido en el pasado y del pasado, tampoco el futuro se le abre como algo prometedor –una experiencia ésta por la que parte de la juventud alemana está pasando–. Surge entonces aquí la caricatura del loco iluminado, que en el camino del desarrollo del Tarot representa la vigésima segunda carta y también el nivel más alto; esto, claro, en el sistema del Tarot, que fue importante en mi vida. Sin embargo, al Loco también se lo puede entender como el nivel más bajo, como hacen muchos de los que interpretan el Tarot y que quizá resulte más acorde con las múltiples locuras de la época moderna. No obstante, desde mi punto de vista el Loco ha vencido al mundo y puede entregarse por completo al instante.

Los locos estúpidos, por el contrario, que no han aprendido del pasado y que por ende tampoco han entendido nada y que según el estudio PISA son cada vez más numerosos en Alemania, no tienen ningún futuro y se interponen en su propio camino y en el de los demás. No saben nada y por lo tanto tampoco pueden iniciar nada consigo mismos, y por lo demás ninguno lo intenta. Las especulaciones sobre un glorioso futuro son aquí innecesarias.

Incluso aunque sea de manera provisional, las salidas que ofrecen los programas de televisión, que han renunciado a cualquier tarea educativa, no funcionan a largo plazo. A corto plazo parece como si fuera suficiente con no saber cantar ni bailar especialmente bien, no tener formación y ser algo descarado para convertirse en una superestrella. Quien por añadidura es demasiado ciego como para verse a sí mismo y demasiado ingenuo como para temerse, parece tener un cierto futuro para trepar como vencedor desde el contenedor de las miserias. Así y todo, aquellos que durante un cierto tiempo son capaces de soportar sobre el escenario su propia vergüenza e inaptitud, hoy ganan dinero con ello. Sólo depende de cuánto tiempo la mayoría teleadicta, evidentemente igual de estúpida, los aguante.

Desde luego esta descripción maliciosa tiene su polo opuesto, dado que en su parcialidad pasa por alto el nuevo tipo que se está formando y que es evidente que plantea muchas cosas positivas, que incluso puede construir sobre un cierto campo de la conciencia y, quizás, incluso sobre una mayoría. De momento está de moda, es *in*, no hacerse tantos planteamientos al respecto, sino mostrar con valentía el propio tipo, por soslayado y brusco que pueda ser. Allí donde el individualismo se sitúa muy por delante de la individuación, las cartas del éxito se barajan de un modo totalmente nuevo y salen nuevos juegos. Sin embargo, a quien por constitución se muestra depresivo le brindan muy pocas esperanzas dado que para él queda descartado salir al escenario, y la nueva desfachatez y el atrevimiento desvergonzados son totalmente ajenos a la estructura depresiva.

No obstante, en general se observa lo siguiente: quien ignora el pasado y, dormitando, se olvida del futuro, aunque en el presente se muestre como un loco, no tiene ningún futuro. Las especulaciones de que con vulgares simplezas se puede convertir uno en una estrella no duran mucho, y a quien muestra una estructura depresiva no le brinda ningún tipo de esperanza.

El espíritu de los tiempos apenas satisface a los depresivos ya que a otro nivel, la especulación para conseguir una ganancia rápida se ha convertido en un deporte nacional; es suficiente que consideremos lo que sucede en la bolsa. La especulación bursátil es la caricatura del juego y, naturalmente, siempre juega con el futuro, y con frecuencia pierde. Para la especulación, que para muchos se ha convertido hoy en un elixir de vida, al depresivo no le sobra nada. Se remite más al pasado que al futuro y también esto hace que sea el clásico perdedor dentro del marco de las tendencias modernas.

El moderno viaje del Ego

El intento de mostrarse como alguien absolutamente único finaliza no pocas veces en una mala copia frustrante. La moda más alucinante es la de vestirse con las plumas ajenas de una persona realmente creativa. Donde mejor puede verse todo esto es en el mundo de la farándula y del pijerío: ya sea cuando van con sus grandes todoterreno de tracción integral y con rejillas protectoras, cuando no han circulado nunca por una sabana, por no decir ya un desierto, que aparcan delante de la discoteca, o cuando comen y beben las cosas más llamativas o las llevan sobre su cuerpo. Siempre queda penosamente de manifiesto el esfuerzo convulsivo, y la sensación de la originalidad simplemente no aparece.

Quien baila en la discoteca al son de la música que ha recopilado por su cuenta con los auriculares puestos en lugar de hacerlo con los sonidos que están disponibles para todos, pone fin al último compromiso y hace que el egoísmo suba un peldaño más. En el mejor de los casos ha dejado de estar en empatía con las otras personas que bailan, en el peor de los casos ha dejado de estarlo con el resto del mundo. Quien renuncia por completo a la empatía, deja de vibrar con los demás. Pero a quien ya no vibra con los demás y ha perdido la empatía con su propio ser y esencia más internos, todo le deja frío y acerca a la depresión. Habrá que estudiar todavía sus relaciones con el fenómeno de la empatía.

El aspecto de las sombras en este proceso se percibe por todas partes. Por ejemplo, cuando se viste con artículos de modistas creativos, el individuo no se vuelve único sino que sigue siendo una copia, en particular cuando se pasea con el logotipo del diseñador para que todos vean que él es algo especial. En realidad, el deseo masivo de ser únicos y especiales ha conducido a curiosas aberraciones del polo opuesto. Los coches son cada vez más parecidos –casi como sucedía en el bloque oriental– porque sus carrocerías se construyen siguiendo las mismas pautas de la investigación en los túneles de viento, y la mayoría circula por las calles con los colores unitarios plateado o negro. De este modo, la unificación va ligada a la masificación mucho más de lo que se supone. Lo primero se debe a que los diseñadores del automóvil llegan a las mismas conclusiones a partir de los mismos resultados de los ensayos, y lo último radica en que los modelos plateados y negros son los que mejor se revenden después. Por consiguiente, en la compra del coche nuevo ya no se piensa en uno mismo sino en el siguiente comprador, una mala caricatura del amor al prójimo cristiano.

La unificación y la masificación son los polos opuestos al individualismo. El economista sueco Kjell Nordström habla ya del «capitalismo del karaoke» porque se copia todo por doquier. Los pocos creativos ya no pueden descubrir, inventar o diseñar al mismo ritmo que se imitan sus resultados. Hay mercados enteros que viven de la copia. En Shangai o Hong-Kong apenas hay originales, pero sí una inmensidad de copias que apenas pueden diferenciarse de aquéllos. Aquí vuelve a manifestarse el polo opuesto; se alegra uno de que haya productos de diseño a precios irrisorios para todo el mundo. Si todos tienen su Rolex, el tipo «soy mejor» debería pensárselo y quizá ser un poco más creativo. Cuanto más difícil sea verse como un individuo único, tanto más desesperados serán los intentos por conseguirlo.

Tanto el individualismo exagerado, que en sus efectos va desde la autonomía y la independencia hasta la soledad, el aislamiento y el frío, como también el otro extremo, hundirse en la insignificancia de la masa, por desgracia potencian en igual medida las depresiones. Las favorece sobre todo la masificación porque en las situaciones masificadas se produce angustia, que provoca miedos, sobre todo el temor de hundirse.

La tendencia al reconocimiento del Ego tiene una larga historia. Por ejemplo, desde el Renacimiento los artistas plásticos firman sus cuadros o esculturas. Con anterioridad estaban tras la obra, creada para mayor gloria del Dios. La siguiente anécdota nos ilustra sobre un hito en el camino a la individualidad del artista, hacia la conciencia del Ego: Miguel Ángel está en el Vaticano ante su Piedad –que acaban de exponer– sin ser reconocido entre la masa que admira la obra y oye decir: «Este Leonardo es un genio». Dolido porque su escultura en mármol es atribuida a su gran competidor, se queda encerrado durante la noche en la iglesia para poner su firma en la obra maestra. Sea o no cierta esta historia, en cualquier caso puede leerse, bien cincelado en el mármol: «Michelangelo Buonarroti».

Por el mundillo artístico pululan hoy infinidad de estrellas y superestrellas que intentan dar el salto para convertirse en megaestrellas. Aumentando la brecha que hay entre arriba y abajo, o entre el pobre y el rico, algo que abarca todas las áreas de nuestra vida social, la necesidad de llegar a la cumbre es, si cabe, todavía mayor.

Todo el mundo quiere y debe ser especial y sobresalir del mar de la insignificancia para de este modo poderse construir, al menos, una pequeña torre del Ego. Un ejemplo bien ridículo es el *Libro Guinness de los récords*. Se mencionan allí toda una serie de disciplinas absurdas que tienen como objetivo conceder a cualquier un puesto de honor «exclusivo» entre contemporáneos totalmente anodinos. Por doquier nos encontramos hoy con hitparades, que desde hace tiempo no se refieren ya únicamente a la música. Incluso en la medicina, hay revistas que han contribuido a este ridículo juego nombrado a los mejores médicos y preparando listas de clasificación. Dado que no había criterios objetivos, para elaborarlas se recurrió al de utilizar las citas en la literatura médica. Al enterarse de ello confidencialmente muchos catedráticos, algunos de los más egocéntricos, han fundado camarillas de citas, acuerdos donde los científicos se citan constantemente unos a otros para aumentar su «ranking», como se lo denomina. Los excesos de Ego de este tipo habrían sido impensables hace unas pocas décadas en la medicina, o en cualquier otra disciplina científica.

Resumiendo, se puede constatar que el desmoronamiento de las viejas reglas y leyes, dado su moderno egoísmo, el individualismo y el pensamiento competitivo, crea personas con estructura melancólica o depresiva. A los de estructura histérica, esta desintegración les favorece en cierto sentido, lo mismo que a lo sanguíneos. Sin embargo, a los de estructura depresiva esto les lleva al borde de la desesperación. Dicho de otra manera, puede observarse que esta tendencia hacia el egoísmo, el individualismo y el pensamiento competitivo perjudican a los elementos arquetípicamente femeninos mientras que dan facilidades a los elementos arquetípicamente masculinos, una tendencia que nos es bien conocido desde hace tiempo.

Los riesgos de los viajes del Ego están en la soledad, el aislamiento y el no-vibrar-ya-conjuntamente, o sea, en una especie de autismo social e individual. Aparte de que también el autismo infantil constituye un problema cada vez más grave, este aislamiento que va haciendo mella en uno mismo resulta amenazante sobre todo cuando va acoplado al mutismo. Precisamente en los medios rurales con una gran presión para adaptarse en el sentido del conformismo, puede observarse que hay personas (también jóvenes) que se quitan la vida sin que nadie lo sepa o pueda decir algo al respecto.

Lo peligrosa que es esta tendencia puede quedar más claro si traemos a la memoria la sabiduría popular, que dice que la soledad es una prisión cuya puerta sólo puede abrirse desde dentro. Sin embargo, cada vez damos a los jóvenes menos medios y posibilidades de encontrar la llave. Por regla general no tienen acceso a ese pensamiento de la unidad que abre el acceso a la soledad a través de un origen que hay que buscar y encontrar.

La tendencia a la individualidad –lo mismo que otras muchas modas procedentes de los Estados Unidos– hace tiempo que ha llegado a todo el mundo. Lo que en la constitución estadounidense aparece redactado de manera tan maravillosa, el que todos tienen la libertad y el derecho de buscar a su manera la felicidad personal (*pursuit of apiñes*), se ha convertido casi en una obligación. Las estrellas americanas del pop y del cine han traído esta tendencia en mayor medida todavía que los marines. Ha caído en un suelo muy fértil y como otras muchas cosas, ha conducido al opuesto. Es muy probable que George Washington y Thomas Jefferson, los padres fundadores de los Estados Unidos, se hayan imaginado de un modo distinto la puesta en práctica de su constitución y que pensaran también en unos niveles más profundos de la felicidad. Seguramente que no calcularon que en el futuro una sociedad confundiría de manera colectiva la alegría y la felicidad con la diversión y que se convertiría en una sociedad del ocio.

Pero incluso cuando se trata fundamentalmente de un desarrollo interior, este cambio se ha producido en el polo opuesto. A mediados del último siglo, Abraham Maslow en su libro *Hacia una psicología del ser*,[17] revolucionario en el verdadero sentido de la palabra, intenta dar profundidad y una dimensión filosófica a la búsqueda de la autorrealización, haciendo posible de esta forma el movimiento de la New-Age. Pero también en este entorno, que de una manera paulatina fue dando lugar a la escena esotérica, no pocas veces la búsqueda del sentido se convirtió en un despiadado viaje del Ego, que aquí parece especialmente macabro y ridículo.

Aun así, en este esfuerzo, descrito también por C. G. Jung, se encuentra uno de los escasos atisbos de solución para la situación que se está experimentando. Individuación en el sentido de Jung significa, naturalmente, un desarrollo interior en dirección hacia la autorrealización. El Ego se comporta con respecto a uno mismo como las sombras con la luz. En lugar de volverse hacia la interioridad, se produce –lo mismo que otras muchas cosas– sólo a un nivel exterior, lo cual es peligroso.

Reconocemos aquí una posibilidad crucial de la profilaxis de la depresión, puesto que se apunta como otro medio de cultivo esencial para las depresiones el hecho de ignorar las tareas de la propia vida. Quien va viviendo su vida sin un sentido y una meta, está muy expuesto a deslizarse hacia la depresión. Por el contrario, un estímulo positivo para seguir evolucionando es tener idea de por qué se está aquí y se tienen siempre las mismas tareas. Se da uno entonces cuenta de lo emocionante que puede ser enfrentarse de manera activa a esas tareas. Individuación en lugar de un viaje por el Ego podría ser la palabra mágica y una de las tareas sería, si no fuera *la* tarea de la escena esotérica, llevar la espiritualidad al mercado anual de las actividades desbordantes y ocuparse así de nuevo por la dirección y la profundidad. Las terapias espirituales, como la de reencarnación, brindan la oportunidad

17. Abraham Maslow, *El hombre autorrealizado: hacia una psicología del ser*, Editorial Kairós, 1983.

de darse cuenta de cuál es la verdadera y primigenia tarea de la propia vida y con ello son la profilaxis de la depresión en el sentido más profundo.

Desilusiones, aburrimiento y pérdida de sentido

Pensemos en el deportista que después de grandes sufrimientos durante los entrenamientos se ve finalmente sobre el podio para recoger la medalla de oro. Suena el himno nacional y se le caen las lágrimas. Pero mientras que todo el mundo cree ver en ello un signo de emoción por el éxito alcanzado, él está viviendo el derrumbe de sus ideales. Se da perfecta cuenta de que sigue siendo el mismo, que su ideal le ha defraudado y que su objetivo no era, desde luego, el auténtico. De pronto se encuentra totalmente solo y de nuevo como al principio. El consiguiente desplome de la motivación, que se produce de manera inmediata, lo interpretan los medios de comunicación de una manera correcta y falsa a la vez. Mientras que todos creen que ya no se puede motivar más después de haber llegado hasta la cumbre, él se da cuenta de que su motivación ha sido una ilusión. Realmente ha creído que la medalla de oro le haría sentirse para siempre feliz y ahora debe constatar que simplemente sirve para un breve instante de alegría y satisfacción, dejando tras de sí únicamente desilusión y vacío, los materiales de los que están hechas las depresiones.

Puede que algo similar les suceda a muchas personas de la sociedad industrializada postmoderna, que al alcanzar sus objetivos materiales perciben que han estado buscando ilusiones y que ahora se sienten abandonados en el vacío sin nuevas metas y, sobre todo, sin esperanzas. Todo esto desemboca en el desengaño de los antiguos ideales, puesto que ahora ha quedado bien claro que en realidad no han funcionado.

Los políticos viven esta situación como el aburrimiento de la política. Hace ya mucho tiempo que la política ha renunciado a interesarse por valores espirituales, por encima de las cosas materiales, y ofrece muy poco que pudiera dar ánimos. Se espera el prometido nuevo crecimiento económico, pero ¿qué resultará de ahí? Probablemente un descenso en el desempleo, pero queda más que cuestionable el asunto de si lo material podrá generar nuevas grandes ilusiones, que fascinen a millones de personas y en las que puedan apoyarse.

El desengaño, por otro lado, también se ha desarrollado a partir de deseos emocionales bloqueados. La orientación unilateralmente material de gran parte de la población ha impedido y atrofiado su afectividad. En las relaciones que por doquier fracasan se ven claros los deseos emocionales. Los hombres, en especial, tienden a no darse cuenta de su problema emocional hasta que su mujer con los hijos se han ido ya fuera de su alcance. También esto puede desencadenar una depresión. Resulta evidente que a partir de situaciones de este tipo se desarrolle el abatimiento. A ello se añade la falta de impulsos que resulta de la frustración de los propios deseos emocionales, no cumplidos y en cualquier caso desilusionados, y de los antiguos ideales. No resulta extraño, pues, que ambas cosas juntas den pie a estados de ánimo bajos y sensaciones de falta de sentido, con lo cual se han puesto los cimientos para las depresiones que irán desarrollándose.

La sensación de que la base estaba equivocada es, desde luego, correcta. No hay ninguna religión o tradición que alimente la ilusión de que una vida materialmente plena puede conducir a la satisfacción o a la salvación. Reconocer que se ha cometido un error puede resultar de una cierta utilidad. Es evidente que algo ha fallado y el error podría mostrar el camino hacia lo que falta.

Una multimillonaria americana ha fundado un grupo de autoayuda para millonarios. Esto puede demostrar que el dinero no puede resolver muchas veces los problemas de la vida, pero también que tener mucho dinero hace más probables las depresiones, puesto que desaparece la ilusión de que con el dinero podrá solventarse algo esencial. Desde la perspectiva de la filosofía espiritual, esta evolución es muy lógica puesto que el camino debe conducir más allá del plano de la materia. Por eso mismo, desde esta perspectiva está plenamente justificado el concepto de la desilusión.

Hay algo que habla a favor de esta interpretación. Se trata posiblemente de una típica lucha social en retirada, que desemboca en las depresiones en cuanto que se defraudan todas las falsas esperanzas, enmudecen los falsos profetas y se afianza la frustración. Cuando se constata después que todos los placeres sustitutivos, buscados afanosamente, no aportan ya ninguna alegría, que incluso los trucos más refinados han dejado de funcionar, que las emociones más alocadas no saben a nada y que las cosas más osadas no conducen a nada, no resulta extraño que se presente la depresión. Los excesos sexuales, culinarios y deportivos más salvajes y los destinos de viaje más exóticos son incapaces de romper el cansancio y la frustración. La demasía y la sobresaturación como sentimiento vital determinante constituyen un buen fondo para las depresiones, o bien sirven para iniciar una búsqueda consciente del sentido, del amor y del compromiso. Pero siempre que se busque la satisfacción a niveles donde no puede estar, únicamente resta la desesperanza.

En las sociedades más pobres, como las del Tercer Mundo, la mayoría de las personas no tienen tiempo para estas cuestiones. Allí se está ocupado en la supervivencia y en garantizar las necesidades básicas, es decir, que, en el modo de expresión de las tradiciones espirituales, se estimula y está activo el chakra básico. Se denominan chakras los siete centros de energía que se disponen a lo largo de la columna vertebral, y hay indicios de que el más bajo de estos chakras está bloqueado en las personas depresivas, algo que puede tener causas diversas. Puede deberse a una falta de puesta a tierra, que podría ser la explicación más lógica para nosotros, en el Primer Mundo. Pero mucho más probable es que la base de ese bloqueo se deba a la negativa a seguir la propia llamada. Con ello no fluyen ni la líbido ni la fascinación sino que en su lugar se extiende el estancamiento.

Sería imaginable asimismo que las ilusiones materiales, que estallan como pompas de jabón, provocaran sentimientos de vergüenza. La tarea resultante podría ser bajar hacia la pelvis, sentir hacia abajo, percibir el bloqueo de los primeros chakras donde de lo que se trata es de la supervivencia en el sentido figurado. Todos los ejercicios sencillos de puesta a tierra podrían ayudarnos, todo lo que fomente la energetización y pueda contrarrestar el derrumbe de los chakras inferiores (más indicaciones sobre la terapia, a partir de la página 236).

De manera paralela, en el mundo exterior experimentamos que también las bases de la convivencia social están en peligro. Cuando muchas personas inconscientes, para los que el pasado propio y el de su país es algo totalmente desconocido, proyectan todo hacia el exterior en lugar de asumir su propia responsabilidad, la búsqueda del chivo expiatorio pronto conducirá a nuevas víctimas. Ya hoy, en casi todas las naciones industrializadas encontramos en las capas más incultas de la población una terrible xenofobia, que recuerda mucho a las proyecciones que se realizaron durante la época del nacionalsocialismo. Quien no pudo entender que en su tiempo los judíos no tuvieron ninguna parte de culpa en las miserias alemanas, difícilmente podrá comprender hoy que los extranjeros no son nuestro problema sino que –en lo que respecta a la situación social– es probable que pronto constituyan nuestra última esperanza.

Seguramente constituye, a este respecto, la solución más lógica en la aspiración hacia nuevas metas y valores. Si se persiguiera de verdad encontrar el sentido a la vida, esto podría ligar muchas energías de un modo positivo. En cualquier caso, los sentimientos de falta de perspectivas, esperanza y sentido constituyen un medio de cultivo ideal para las melancolías y las depresiones que resultan de ellas. Si pudiéramos construir un campo de la conciencia en el que la búsqueda del sentido estuviera en el centro y los mundos de las imágenes del alma desempeñaran un papel esencial, tendríamos cartas mucho mejores. Las personas que no sólo buscan un sentido sino que también lo encuentran, se ocupan de sí mismos y de su tema. No tienden a proyectar y no se amargan a sí mismas ni a los demás, ni siquiera a los políticos. Tampoco están aburridos de la política, simplemente se interesan por las cosas importantes. Pero para eso deberíamos volver a tener interiorizados el avanzar y el ser impulsados, pues sólo entonces podremos tener un apoyo interior. Éste consigue así un contenido el cual, a su vez, «apacigua» la vida. Allí donde nada de esto sucede ya no hay por consiguiente vida, sino que tan sólo son de esperar el morir y la muerte o incluso las depresiones.

Comodidad y falta de discusión

En una sociedad en la que no se aprende ni se hacen discusiones constructivas, el desánimo y las depresiones encuentran unas condiciones de propagación ideales. Un ejemplo bien claro de a dónde puede conducir el silencio nos lo dan los inuit, los aborígenes de Groenlandia. Como una sociedad enfrentada al cambio radical entre la tradición y la modernidad –lo mismo que otros muchos pueblos arcaicos– resulta especialmente sensible a los cuadros clínicos de los nuevos tiempos. Sin embargo, los inuit siempre han tenido una tasa de depresiones muy elevada. Al parecer, cerca del ochenta por ciento de ellos luchan hoy contra estas afecciones y presentan unos índices de suicidio aterradores. Diversos estudios han revelado que no sólo se debe a la prolongada y agobiante oscuridad del invierno polar –el pico de los suicidios se sitúa en mayo– sino también al mutismo tradicional y a la absoluta falta de intervención en los problemas de los demás. Igualmente en muchas relaciones modernas dentro de la actividad cotidiana normal amenazan los mismos peligros, que pueden llegar hasta la depresión. Así como en la sociedad moderna necesitaríamos urgentemente una cierta moderación y no implicación en el sentido de reducir el cotilleo y la charlatanería, la falta de relación y la incapacidad total de relacionarse pueden conducir a graves depresiones. Cuando las mujeres inuit modernas ya concienciadas han conseguido romper el tabú de hablar sobre sus cuestiones personales, de inmediato se manifestó el efecto positivo de las primeras conversaciones y pudieron evitarse muchos suicidios.

Algo similar es lo que han observado los investigadores en Alemania. Cuando se inició en Nuremberg un programa para concienciar a la población acerca de la depresión y el suicidio y sobre su prevención, ya desde el comienzo se constató un notable retroceso en las tasas de suicidios. Por lo tanto hay que hablar de ello, tanto aquí como allí.

Si pensamos que a tenor de las encuestas un ciudadano suizo medio habla a la semana sólo doce minutos con su mujer acerca de cuestiones personales tales como sus propios sentimientos, pero que pasa al día más de dos horas sentado delante del televisor, resulta manifiesta la magnitud del problema. Esta situación debe ser muy similar en los otros países de habla alemana y en el resto de las naciones industrializadas.

¿Cuáles son las causas? ¿Nos faltan hoy la fortaleza o las ganas, o ambas cosas a la vez, de ocuparnos unos de otros? ¿O bien con la televisión, por ejemplo, nos hemos vuelto demasiado comodones como para plantearnos pensamientos y después formularlos? Probablemente se da una mezcla de varias razones, completado por el hecho de que los niños ya no aprenden a entenderse con los demás y que, por ejemplo, las modernas técnicas informáticas fomentan el individualismo y sustituyen al trabajo en equipo. Quien se pasa gran parte del día inmóvil frente a la pantalla y únicamente golpea en las teclas del teclado, se quedará solo sin darse cuenta. Sin embargo, puede estar convencido por completo de lo contrario al estar conectado literalmente con todo el mundo a través de Internet. El contacto interpersonal es muy reducido, aunque se estén horas enteras chateando en el ordenador y previamente hayan estado jugando con la Gameboy o la Playstation. Del mismo modo que el cibersexo conduciría a la extinción del ser humano, la comunicación exclusivamente a través del ordenador lleva hacia la soledad y quizás también a la depresión, sobre todo porque no se admite que haya aislamiento y pobreza emocional. En lo que respecta a la falta de ánimo, es algo que también se ha convertido en un enorme problema, tal como he explicado ya extensamente en *El poder curativo de la agresión* (véase la bibliografía).

Aunque a primera vista parece bastante inofensiva, la comodidad de la vida moderna ha acabado siendo un factor negativo. Simplemente la epidemia de sobrepeso y de diabetes de tipo II nos lo podría demostrar de un modo drástico, que se han extendido por todo el mundo lo mismo que las depresiones. Por doquier podemos encontrarnos personas con una forma corporal marcada por la «comida rápida», que además de tomar unos alimentos industriales de escaso valor adolecen también de falta de ejercicio físico, algo de lo que es culpable la comodidad. La tendencia a la comodidad tiene, incluso, una base evolutiva. A lo largo de miles de años de la evolución hemos ido aprendiendo a obtener nuestro alimento de la manera más sencilla posible y con el mínimo de esfuerzo con objeto de consumir cuantas menos calorías, que en aquellos tiempos pretéritos eran siempre escasas y por consiguiente muy valiosas. Hemos aprendido a superar la parquedad, pero no el exceso. Nos encontramos así ante aprendizajes totalmente nuevos, para los que no hay ningún precedente. Y nos resulta difícil.

Por consiguiente, nuestra comodidad tiene sobre todo unos fundamentos evolutivos, por lo que hemos de valorarla de un modo mucho menos moral. La comodidad, prefiriendo estar sentados delante del televisor que activos y entendiéndoselas con uno mismo desgraciadamente sólo favorece, entre otras cosas, el aumento del mutismo en una relación y, con ello, las depresiones.

Represión de la muerte y supresión del luto

La represión colectiva de la muerte es otra gran corriente que resulta particularmente adecuada para desestabilizar el mundo de las personas con estructura depresiva. Pero nos centraremos primero en la moderna tendencia a dejar cada vez menos espacio a la pena, al duelo, y mejor a eliminarla por completo. Es evidente que la pena y la muerte no cuadran en una época que sólo está polarizada hacia la razón, la racionalidad, el rendimiento y el progreso. Pero todo nuestro progreso conduce a la muerte y la pena sería la preparación natural hacia ella. Sin embargo, simplemente este hecho es reprimido a gran escala en una sociedad que profesa un absurdo culto a la juventud y que cada vez envejece más.

Si todos quieren alcanzar una gran edad pero ninguno quiere ser viejo, se han establecido las bases para la insatisfacción y la infelicidad. ¿Cómo pueden ser felices las personas mayores sin con ello llegan a un estado tan desdeñado? Esta absurda orientación social, o mejor dicho desorientación, lleva dentro de sí las semillas de la depresión. Y, en efecto, cada vez nos enfrentamos más a las depresiones seniles que, sin embargo, nos tomamos poco en serio porque rechazamos todo el tema de la vejez y el envejecimiento. Puesto que además las personas de mayor edad no contribuyen al producto social bruto y por consiguiente no las tenemos ya en cuenta, este tema conduce en un doble sentido de la palabra a una existencia en las sombras.

Celebramos los cumpleaños, en especial los de edades redondas, sin darnos realmente cuenta de que con ello nos vamos acercando paso a paso a ese estado que entre nosotros se considera el más desdeñable y subestimado. Si en realidad aprovecháramos nuestra vida en el sentido que le dan las tradiciones y religiones, tendríamos que volver a descubrir el duelo puesto que es la mejor preparación hacia la meta final de la vida, la muerte. Y dado que todas las fases de la vida llegan a su fin con un proceso de muerte y desprendimiento, ese duelo sería también una buena preparación para ellas.

Cada despedida de una persona cercana nos aproxima más hacia nuestro propio final y el duelo es la posibilidad de reconciliarnos con la propia mortalidad. La pena forma parte integrante de la vida. Quien la experimenta en profundidad, cambiará y saldrá de ella con una mayor madurez y estará algo más reconciliado con su propio futuro. La tristeza, que es un elemento esencial de la depresión, podría ejercitarse de modo ideal en esas despedidas.

Sin embargo, quien pierde a un allegado próximo en la llamada flor de la vida, por ejemplo en un accidente, muchas veces se vuelve víctima de una estrategia de represión que aunque es bienintencionada, resulta extremadamente hostil para la vida. Así, por ejemplo, para «consolarle» el médico con buenas intenciones le receta tres veces al día una dosis de Lexotanil para elevar el estado de ánimo y, además, le aconseja no ver a la persona muerta en ese accidente. En cuanto que el deudo contempla la vida en su conjunto, eso le conduce a la depresión, aunque naturalmente no sea de manera intencionada. Debido a la carencia de conocimientos existente en la medicina académica acerca de los símbolos, los arquetipos y las relaciones espirituales, esta clase de médicos ignoran por lo general lo que están haciéndoles a sus pacientes.

Incluso resultados de las investigaciones de interpretación tan sencilla como los que demuestran que una única cura con antibióticos durante los dos primeros años de vida incrementa en más de un cincuenta por ciento la probabilidad de que el niño padezca más tarde una alergia, no empujan a los médicos a preguntarse qué relación existe en todo eso. No resulta difícil encontrar una vía común en las profundidades del principio de la agresión, que se asigna a Marte.[18]

El principio que subyace a los temas de la despedida y la muerte, y también de la depresión, es el de la limitación a lo esencial. En la filosofía espiritual se llama a esto también el principio saturnino en recuerdo del antiguo dios del tiempo, Cronos o Saturno. La teoría de los arquetipos o principios sigue siendo para la medicina académica, e incluso

18. Véase a este respecto el capítulo sobre la alergia en el libro *El poder curativo de la agresión*.

para la naturópata, un libro de siete sellos, por lo que muchas de las prescripciones y tratamientos, aunque bienintencionadas, resultan totalmente contraproductivas.

Suponiendo que alguien deje arruinar realmente su propia vida, su alegría vital, siguiendo éste y otros «consejos» similares, con la medicación habitual hoy día, gran parte de la pena desaparece. Queda tapada por la mejoría en el estado de ánimo conseguida químicamente, algo que no tiene lo más mínimo que ver con la vivencia de la persona. Queda de este modo en una situación «doble ciega», a pesar de que desde Gregory Bateson deberíamos saber que eso es la vía clásica que conduce a la enfermedad mental. Mientras que todo le duele por haber perdido a una persona querida, se le simula químicamente un estado bastante agradable. En este dilema no pueden experimentar las percepciones y los sentimientos esenciales que evidentemente ahora les exige el destino.

La pregunta es qué sucederá con estas experiencias de aprendizaje que están pendientes. ¿Pueden hacerse desaparecer por completo de un modo tan sencillo como es tragarse una píldora o bien sólo de dejan a un lado? Por desgracia, lo que sucede es esto último: no se experimenta la pena pendiente sino que se deja apartada a un lado. Pero no hay nada que pueda hacerse desaparecer del mundo, según nos enseñan las leyes de conservación de la física. Podemos transformar la energía, pero desde luego lo que no podemos es hacerla desaparecer. A partir de la madera puede producirse carbón, del carbón petróleo y a partir de todas estas formas de energía almacenada se puede obtener calor. Sin embargo, tampoco éste desaparece cuando se libera, sino que calienta nuestra atmósfera.

No hay nada que simplemente pueda desaparecer, por desgracia tampoco la energía de la pena. Si no la experimentamos, se almacena y después –puede ser mucho más tarde– acaba por empujar de nuevo en la conciencia en una forma concentrada como puede ser la depresión. Un ejemplo de reacciones muy tardías nos lo brindan las personas de la generación de la postguerra con sus vivencias traumáticas, que a menudo han de recibir ahora un tratamiento psicoterapéutico. El modo en que esas energías no vividas se manifestarán no puede determinarse previamente con certeza, puesto que cada persona reacciona de un modo distinto. Sin embargo, el marco queda definido con el modelo de los principios, y en el caso de muerte, pérdida y pena, la depresión se ajusta exactamente a ese esquema.

Las estrategias modernas de la medicina pasan en general por alto estas relaciones, también en cuanto al origen de las depresiones. De una manera igualmente bienintencionada prescinden de las despedidas dolorosas, simplemente porque no quieren vivir y sentir más dolor. Pero que el dolor tiene un sentido es algo que realmente debería entender la medicina convencional. Las pocas personas que no pueden percibir ningún dolor no viven por lo general muchos años, sencillamente porque les falta el dolor como señal de aviso.

Allí donde no tiene lugar una despedida, no es raro, especialmente en los niños, que más tarde aparezcan imágenes legendarias y que queden así abiertas de par en par las puertas a los episodios depresivos. Sin despedida y duelo se empuja el trauma fuera de la conciencia y años después, en una situación similar, por un estado de ánimo o a causa de una imagen o un símbolo, vuelve a surgir y se activa interiormente porque el alma aprovecha la oportunidad de seguir solucionándolo por esta vía. La distancia temporal entre ambos hechos hace que la medicina académica no vea ya ninguna relación con la situación desencadenante, como por ejemplo la pérdida de un allegado. Hasta hace poco tiempo esta ignorancia se disfrazaba con diagnósticos tales como «depresión endógena».

Pero esta postura médica es únicamente la expresión de una tendencia más general a negar el derecho a la existencia de la muerte, la pena y otros muchos representantes del arquetipo saturnino. En el resto de la población las circunstancias no son muy distintas de lo que sucede con los médicos y de este modo, ambas partes se complementan muy bien en su desconocimiento de las necesidades de la vida. Poco después de la pérdida, el bienintencionado entorno intenta secar todas las lágrimas posibles e impedir la pena. Pero quien quiera llorar y sentir la pena deberá renunciar a las fiestas, las entradas a musicales y comedias u otras ofertas de distracción y crear de una manera activa sus propios espacios para sus percepciones que ahora son tabú.

No obstante, si quien después de varios meses de duelo vuelve a enamorarse, ese mismo entorno bienintencionado se indigna. Se dice ahora que estando «el cadáver todavía caliente» ya se está disfrutando otra vez. Detrás de todo eso se oculta una hostilidad «pequeñoburguesa» hacia la vida que estimula precisamente esos cuadros clínicos que más quieren evitarse, entre ellos sobre todo las depresiones. En comparación, las antiguas costumbres católicas de la comida del funeral y el año de luto se nos presentan muy humanas y positivas hacia la vida.

Quien rechaza la muerte no disfrutará de la vida. Esto es al menos lo que nos indica la experiencia. Las angustias mortales son un impedimento para la alegría de vivir, pero también los temores con respecto a la muerte impiden disfrutar de la vida. Por el contrario, quien ha aprendido a sentir el duelo, a despedirse y a adelantarse mentalmente de este modo a su propia muerte teniendo bien claro que los que fallecen sólo nos han precedido, da un paso esencial en el marco de su propia humanización. Reconoce al nivel más profundo de los sentidos su finalidad, que para todo el mundo, por muy refinadas que sean las estrategias para no verlo, radica en la muerte y en la liberación del alma. Reconocerlo, e incluso experimentarlo, es algo que recomiendan la mayoría de las tradiciones espirituales y también místicos cristianos como Angelus Silesius cuando dice: «Quien no muere antes de morir, se pudre cuando muere». Lo mismo lo expresa el príncipe de las letras alemanas Johann Wolfgang von Goethe:

> Y en tanto no lo tengas,
> el morir para ser,
> sólo serás un triste huésped
> en la oscura Tierra.

El rechazo a la propia mortalidad está tan extendido en nuestra sociedad del rendimiento, que el tema debe buscarse acceso a la vida moderna por otras vías, por así decirlo, a través de las sombras. Sucede esto, por ejemplo, mediante la enfermedad y en particular a través de la depresión, que representa un permanente requerimiento a enfrentarse a la muerte o al principio de morir para ser. Simplemente las ideas de suicidio que aparecen en las formas más graves ponen este tema de manifiesto. El objetivo natural de los depresivos graves es el suicidio y según las estadísticas, aproximadamente un quince por ciento lo consiguen.

Los pensamientos suicidas son en último lugar la expresión de que algo debe morir, que surgirá algo nuevo y que hay que desprenderse de lo viejo. Negarse a desprenderse es algo contra natura y podría equipararse a un árbol que no cediera sus frutos sino que los dejara pudrirse en las ramas, con lo que impediría el proceso de crecimiento a la siguiente primavera. Pero los depresivos difícilmente saben desprenderse y en su lugar no es raro que experimenten este tema en atormentadores pensamientos suicidas. La desesperación en ellos es tan grande que incluso supera al miedo a la muerte, la última y más profunda forma del miedo. Los afectados temen menos a la muerte que a la vida.

La angustia no es más que temor a la muerte. Cuando en el caso de la depresión grave es tan intensa que los afectados temen menos a la muerte que a la amenaza de seguir viviendo en estado depresivo, puede uno hacerse idea de la desesperación que reina en una situación de este tipo. Sin embargo, lo que se entiende tan fácilmente diciéndolo y empleando la lógica, no lo es cuando se experimenta. El padecimiento de una depresión grave sólo puede medirlo realmente quien lo haya experimentado por sí mismo. Sobre todo, la pérdida total de la esperanza es algo por completo inimaginable para quien no lo padece.

La depresión como cuadro clínico, lo mismo que todos los cuadros clínicos, tiene algo de genial puesto que lleva a la persona afectada a las proximidades de la muerte. Sin embargo, al mismo tiempo le traslada al camino de huída del suicidio debido a la debilidad de estímulo. El depresivo parece alguien paralizado ante la visión de su gran tema. No puede huir. No puede sustraerse al tema ni tampoco puede superarlo saltando al abismo para suicidarse. En el caso normal, la enfermedad mantiene sujeta a la persona afectada exactamente allí donde debe aprender. Ya sea su angustia ante la muerte o su anhelo por morir, siempre estará directamente ocupado con su tema.

Desde la perspectiva del afectado, puede parecer un mal truco que en su desgracia se mantenga sujeto con un puño de hierro. Desde la perspectiva del destino, por el contrario, es una estratagema inteligente presentar con tanta proximidad a un ser humano su tema pero al mismo tiempo protegiéndole.

Sin embargo, en cierto sentido las personas depresivas tienen también algo de heroicas ya que en su desesperación se vuelven tan animosos que en los intentos de suicidio incluso superan el mayor de los miedos imaginables, el miedo a la muerte. Por el contrario no vencen su temor a la vida. Si se les quiere ayudar, habría que encontrar para ellos posibilidades resueltas de superar el miedo a la muerte o de vivir sus esfuerzos. El modo atormentante del enfrentamiento con la propia mortalidad debe sustituirse por otro plano de elaboración y desempeño. En concreto esto significa enfrentarse a la muerte y al morir en el plano de la religión y la filosofía en lugar de ocuparse de ello en el plano de «la soga o la bala». En lugar de cultivar ideas de suicidio y dirigir contra la propia persona las agresiones acumuladas, sería necesario abordar el tema de una manera valiente y activa. El ánimo y la fuerza ofensiva son variantes resueltas del mismo principio de la agresión.

Que en esta dirección haya ventajas nos lo muestra una mirada a la cultura tibetana. En el budismo Vajrayana, que es el dominante allí, ocuparse de la muerte, tal como se describe en el libro de los muertos tibetano, es parte integral de la vida y comienza ya antes de llegar a la mitad de la existencia. Donde esta cultura está aún viva, las depresiones son prácticamente desconocidas. Por su puesto que un tibetano arraigado en la tradición budista también se entristece cuando pierde a un allegado en este mundo. Pero su pena se expresa en rituales y al concebir siempre al que se ha ido como alguien que le precede y saber que está protegido en otro mundo, la pena se mantiene más abarcable y el dolor no le vence ni le devora. Si se le pregunta a un tibetano por ataques sin motivo de gran abatimiento e intenciones de suicidio, se encogerá de hombros y no sabrá de qué le estamos hablando.

Las depresiones sólo entre nosotros se desarrollan hasta convertirse en una pandemia cuando intentamos expulsar del mundo el principio de Saturno que hay detrás, la Muerte que siega todo lo superfluo. Lo único que podemos hacer es desplazar y dejar a un lado. Pero todo lo que se desplaza desembarca al otro lado o en las sombras. Si desplazamos el trato con la muerte a un plano no resuelto, lo que cosechamos son depresiones. Si toda una sociedad participa en este juego de represión, se cría la pandemia. El tema de la muerte y las modernas estrategias para ignorarla, pero también las medidas de ayuda y las vías de salida, se describen de manera extensa en el capítulo correspondiente del libro *Las etapas críticas de la vida* (véase la bibliografía).

El abandono del contenido y la calidad

En los tiempos actuales, nuestra atención se dirige sobre todo hacia la cantidad, lo que vemos con la máxima claridad en el caso del dinero, algo que nuestra sociedad domina más que cualquier otra cosa. Sólo unos pocos, por lo general personas mayores, son bien conscientes de que incluso con el dinero no se trata sólo de la cantidad sino también de la calidad. Un ejemplo es el agricultor que es considerado un tipo raro en su pueblo porque prefiere cultivar sus tierras con una maquinaria anticuada que dejarlas en barbecho, a pesar de que con las subvenciones de la UE obtendría más dinero. Rechaza el dinero de la UE con el argumento de que no podría ser dinero «bueno». Y tiene razón. Ese dinero es al menos dudoso puesto que por él lo único que debe hacer es dejar el trabajo que él y sus antepasados han estado haciendo durante toda su vida. Para el agricultor sería una traición a su propia vida si se prostituyera de esa manera e incluso se dejara «sobornar» con dinero estatal. Pero con esta postura se queda solo. Los otros prefieren hacer caja antes que plantearse esos pensamientos. Lo único que quieren es conseguir el máximo dinero posible, da igual como sea. Todos los que hoy viven del dinero desviado no se preocupan, naturalmente, de la calidad de lo desviado sino sólo de su cantidad. Antes había reglas que hoy se consideran anticuadas. Quien cobraba intereses de más del quince por ciento era considerado un usurero, pero hace mucho que los especuladores de la Bolsa han superado con creces ese límite –y sin problemas, como ellos creen–. En la Bolsa, de lo que se trata es sólo del dinero rápido y en concreto, exclusivamente en cuanto a su aspecto cuantitativo. Si se pide una inversión éticamente responsable al director de un banco, éste le mirara a uno con cara rara y querrá que se le explique qué es lo que se entiende por ello. Ya nadie hace la vieja prueba de ponerse ante el espejo y meditar si después de la jornada puede uno mirarse a los ojos.

Donde antes hablábamos de soborno se dice hoy patrocinar, «esponsorizar». Hay muchas cosas que ya ni siquiera pueden hacerse si falta el patrocinador, como por ejemplo un gran espectáculo. La organización de una conferencia en una gran ciudad europea, por ejemplo, se ha vuelto tan cara que prácticamente sólo funciona mediante patrocinadores económicamente poderosos que hacen así propaganda de sus propios intereses. Pero si queremos salvarnos nosotros mismos y a este planeta, debemos volver a introducir la calidad en las cuestiones de dinero, así como en muchas otras áreas de la vida moderna.

Poco a poco hemos descubierto que además de su aspecto cuantitativo, regido por el dios Cronos, el tiempo tiene otro que es cualitativo y que en la mitología se expresa en la figura de Kairos. La astrología trabaja con estas cualidades temporales y nosotros también lo hacemos si suponemos que el domingo lleva un estado de ánimo distinto al del lunes que sigue, que el tiempo libre discurre de un modo diferente al laboral y que la Nochebuena o nuestro cumpleaños son algo especial.

El descubrimiento de la calidad del espacio lo estamos viendo a través de la ola del Feng-Shui. Aprendemos de nuevo a tener en cuenta la configuración armónica de los espacios y a meditar cómo queremos vivir allí, en lugar de medir el valor de habitabilidad por el número de metros cuadrados.

Finalmente no sólo el dinero, el tiempo y el espacio tienen también un aspecto cualitativo sino que todo lo de esta creación lo tiene, y así la teoría de los principios resulta más que lógica. Nos ayuda a reconocer en todo el aspecto cualitativo y entender con ello mejor al mundo y a nosotros mismos. En cuanto que la vida se sumerge por completo en pensamientos de cantidad, pierde su sentido y su contenido. Se produce un vacío interior que después se siente de modo terrible en las depresiones y que es la caricatura de ese vacío al que los budistas hacen referencia cuando hablan del nirvana. Puesto que las tendencias modernas estimulan este vacío deprimente, habrá cada día más personas que lo sentirán también en este horrible plano en forma de depresiones. Quien orienta su vida exclusivamente hacia la cantidad, al pasar cuentas llegará un momento en que percibirá de manera dolorosa que lo ha hecho sin contar con el alma. El alma es vieja, a menudo viejísima y obedece sus propias leyes. Éstas se basan sobre todo en la calidad y se sitúan por encima de todo lo cuantitativo.

Este aspecto de la aparición de las depresiones puede añadirse a otros muchos motivos en el caso de la persona concreta afectada y hay varias causan que se completan, aunque visto desde fuera parezca que se contradicen. Sin embargo, muchas veces es suficiente con uno sólo de estos motivos para hacer que toda la vida se estanque. Por un lado, los problemas de una relación que se hunde pueden conducir a una depresión y eso arrastrar consigo al trabajo profesional hacia el torbellino de los sentimientos de falta de sentido. Por otro lado, las relaciones también pueden verse afectadas por las frustraciones en el puesto de trabajo. Apenas hay ningún desempleado que esté en condiciones de decir «Estupendo, por fin ya tengo tiempo para dedicarme a mi pareja».

Visto desde fuera tendemos al «esto o esto», Nos preguntamos si la decadencia económica y la nueva pobreza son la causa de las depresiones o si el motivo está en la «resaca de la llegada» (Paul Watzlawiick), es decir, en la saturación. Pero la realidad nos muestra que tanto el que nada tiene como el que lo tiene todo pueden volverse depresivos cuando se produce en un plano equivocado. Con la pobreza material se puede volver uno infeliz y depresivo, pero también muy feliz y liberado como nos lo muestra el caso de las órdenes mendicantes. La falta de crecimiento puede arruinarle a uno económicamente y al mismo tiempo arreglarle a uno psíquicamente. Sin embargo, la optimización del principio de crecimiento puede tener igualmente estas consecuencias si se limita sólo al plano económico. Donde va dirigido al plano psíquico-espiritual, el caso es distinto. En mis treinta años de experiencia práctica como terapeuta no he encontrado ni una sola persona que se haya vuelto depresiva a causa de un constante movimiento psíquico-espiritual y un esfuerzo vital por desarrollarse.

Causas físicas y modo de vida personal

Estrés

Una teoría sobre el origen de la depresión que se extiende con rapidez culpa al estrés como factor desencadenante. Esto apenas puede sorprendernos puesto que al estrés pueden atribuirse tantas cosas, por no hablar ya de casi todos los cuadros clínicos. También el ya mencionado psiquiatra David Servan-Schreiber, que en su libro *Curación emocional* pone de relieve la relación existente entre el aumento de las depresiones y el estrés, supone que en el estrés radica la razón principal por la que en las naciones industrializadas de Occidente las depresiones han aumentado de manera continua durante los treinta últimos años y que en los diez últimos años se haya duplicado el empleo de antidepresivos.

La palabra estrés, en su sentido original, significa simplemente énfasis. Hans Selye, que fue quien introdujo el término, lo confundió con la palabra inglesa *strain* (tensión, fatiga, esfuerzo) y después con los prefijos *eu* y *dis* intentó conseguir un significado unívoco. Finalmente, con el término *distrés* se designó el fenómeno que hoy nos preocupa. Pero ya que la medicina ha dejado de interesarse por el *eustrés*, ese fenómeno que nos exige de manera positiva y que por lo tanto nos estimula, el término de estrés acabó por designar únicamente al fenómeno negativo del sobreesfuerzo y de la opresión.

El aumento dramático de este tipo de estrés en el sentido de la presión y el sobreesfuerzo en la vida moderna está fuera de toda duda, lo mismo que las depresiones. A tenor de los estudios clínicos realizados, el estrés es el motivo del setenta y cinco por ciento de todas las visitas al médico. De hecho, mirando con detenimiento los historiales clínicos, llama a menudo la atención que el estrés y la depresión suelen ir unidos lo mismo que las dos caras de la cabeza de Jano. Tampoco se discute que el estrés refuerza todos los síntomas de la depresión, porque entonces la más mínima cosa se ve como un sobreesfuerzo y así casi todo se convierte en estrés, es decir, en un sobreesfuerzo y provoca presión. En el caso de una depresión grave, incluso exigencias tan banales como ir al baño crecen hasta ser una carga demasiado pesada.

La persona depresiva vive entonces en un único estrés permanente. Cae siempre en los mismos agujeros depresivos porque con frecuencia sus pensamientos se repiten como una letanía. De este modo, su excitabilidad y disgusto, su inapetencia y los trastornos en el sueño pueden ser también consecuencias del programa de estrés, inimaginable para quien no lo sufre, al que está expuesto por su propio esquema mental.

Casi todo señala en la dirección de que los sobreesfuerzos psíquicos y sociales son desencadenantes en potencia de depresiones. Repetidas veces se encuentran en sus antecedentes indicios de un desequilibrio en el sistema regulador del estrés. Este trastorno puede deberse a la pérdida de la pareja o de un allegado, por una crisis sentimental aguda o duradera, o también por accidentes, asociaciones de varias desgracias debidas al destino, por mobbing, por la pérdida del puesto de trabajo y el mensaje oculto que eso lleva «no se te necesita» y allí oculto el «no eres nada bueno», que por último será un «eres superfluo». Pero también la actualización de un grave trauma infantil –por ejemplo abusos sexuales, abandono en esta época temprana o falta crónica de manutención– puede desencadenar una depresión. Estudios científicos realizados en Europa han identificado como los dos traumas más gravosos la pérdida de la pareja y la pérdida del puesto de trabajo. Un estudio realizado en Estados Unidos halló que las humillaciones provocan el máximo estrés, seguido de las pérdidas. Esto podría ser exactamente lo mismo, sólo que con otro signo.

Por otro lado, sucede también que la mayoría de las relaciones de pareja se rompen en depresiones, sobre todo porque la tolerancia a la frustración de las personas es hoy bastante baja. También muchas relaciones laborales y carreras se ven afectadas por el estrés que supone una depresión, prácticamente siempre para la persona afectada pero también para su entorno. No resulta raro que las depresiones sean el motivo por el que la vida laboral y la privada decaigan al mismo tiempo. De este modo, la depresión puede quitarle a uno todo, tal como se quejó una vez una persona afectada. Detrás está el principio de la reducción a lo esencial, Saturno. Cuando los seres humanos han padecido este viaje de pesadilla de su alma, constatan repetidamente que han salido de él fortalecidos, esclarecidos y, sobre todo, de manera más esencial. Lo primero se corresponde por completo al principio de Saturno, lo último al de Plutón, el otro principio de la depresión.

Después de todo, los depresivos, en particular cuando no son conscientes en lo más mínimo de su depresión y de sus temores, son las víctimas predestinadas del mobbing. Llegan hasta tal punto que incluso enferman con mayor facilidad y atraen la desgracia. También sobre una base científica, la psiconeuroinmunología ha demostrado que cuanto menores son las defensas tanto mayores son el miedo y el estrés estenuante, dos temas centrales en la depresión. El debilitamiento del sistema inmunológico en el abatimiento puede explicarse por el hecho de que se produce un notable aumento de cortisol, la hormona del estrés, del que se sabe que perturba la respuesta inmune del organismo. No sorprende tampoco que los estudios realizados hayan demostrado que los depresivos tienen fiebre con mucha menor frecuencia que las personas sanas, aunque en conjunto enferman más a menudo. Y volvemos así a ver que un aspecto negativo arrastra otro y que existe el peligro de que se desarrolle para los afectados una devastadora espiral descendente.

Para esto convendría una terapia que casi ha caído en el olvido y que se empleó mucho en los años sesenta del pasado siglo, antes de la entrada de los antidepresivos: mediante inmunoestimulación se provocaba fiebre al cuerpo pues se había demostrado que una breve activación del sistema inmunológico mediante una «terapia de la fiebre» de este tipo provocaba una breve mejoría de la depresión. Por así decirlo, se incrementaba la fuerza luchadora del paciente, aunque sólo fuera a nivel corporal, y naturalmente esto provoca cierto movimiento en el sistema, amenazado con entumecerse.

En estas experiencias se trata posiblemente de una aplicación inconsciente del mandato cristiano de «sed ardientes o fríos porque a los tibios de corazón escupiré». Tanto la experiencia del calor interior como también la del frío exterior saca brevemente a los afectados de su estancamiento.

Estos resultados de las investigaciones, por otro lado, podrían ser también un indicio de que en las depresiones entra en juego un componente inflamatorio. Unos científicos alemanes hablan incluso de un virus que podría intervenir en aproximadamente el cincuenta por ciento de las depresiones. Esta sospecha se ve refrozada por un estudio realizado en Estados Unidos que pudo constatar en personas con una grave depresión un aumento significativo de la temperatura corporal durante el día. Esto no entra en contradicción con el descubrimiento hecho en Polonia de que el frío extremo (una permanencia de ciento sesenta segundos a ciento cincuenta grados bajo cero) puede reportar una mejoría, puesto que es bien conocido que las inflamaciones pueden aliviarse aplicando frío. Dado que, como ya mostraremos, la depresión va estrechamente ligada al arquetipo de lo plutónico, todo lo que lleva el movimiento a un sistema paralizado sentará bien. Plutón pide la gran metamorfosis y de este modo incluso pasos pequeños pueden crear en el extremo alivios de corta duración.

Ciertamente que para ello se requiere también un fortalecimiento y el consiguiente aumento de las defensas. Pero en última instancia, de lo que se trata es de reforzar el sistema inmunológico psíquico. Por supuesto que cada uno de los cuerpos que admite la filosofía espiritual tiene su propio sistema inmunológico.

La depresión arrastra consigo a todo el cuerpo y puede conducir a cuadros clínicos graves como el infarto de miocardio o incluso la diabetes. El riesgo de infarto es dos o tres veces superior para los depresivos y también aumenta de manera considerable la probabilidad de padecer osteoporosis. Incluso la posibilidad de enfermar de epilepsia en la edad adulta es significativamente más alta entre ellos, por no hablar de las dependencias que a menudo van ligadas a la depresión, en especial la del alcohol, como hemos visto en el ejemplo de Hermann Hesse.

A nivel de las interpretaciones, esta interdependencia con otros cuadros clínicos es fácilmente comprensible. El mayor riesgo de infarto indica que los depresivos no se ocupan lo suficiente ni en el plano adecuado para ello de las cuestiones referentes a su corazón. La tendencia a la diabetes nos habla de sus dificultades para dominar el tema de la sensualidad y del amor y de llevarlo a un nivel placentero. El elevado potencial adictivo señala las dificultades en la búsqueda de un sentido para la vida. La afinidad específica hacia el alcohol como típica droga de evasión, manifiesta que para los depresivos el mundo es a menudo demasiado duro y que si no pueden ablandarlo al menos quiere ablandar su visión bebiendo alcohol. Enfermar de osteoporosis apunta a que a la mitad de su vida no han podido desprenderse de suficientes lastres, queriéndose decir con eso que no están preparados para desprenderse de cosas que ya no son apropiadas para la segunda mitad de su vida. Vemos en conjunto una persona que tiene dificultades para el desprendimiento y para encontrar un sentido, a quien el mundo le viene grande y que no puede realizarse en el amor, lo que proclaman sus problemas de relaciones. Desde un punto de vista científico hay indicios de que el estrés grave, lo mismo que los traumas no trabajados, no sólo deja sus huellas en el cerebro emocional sino que también se almacena a largo plazo en el sistema inmunológico. Así por ejemplo, en mujeres que cuando niñas fueron objeto de abusos se observa que cuando ya adultas se enfrentan al menor reto, reaccionan con una producción exagerada de la hormona del estrés, el cortisol, sin que guarde todo eso una relación con la sexualidad. Los niveles altos de cortisol, por su parte, fomentan el desarrollo del miedo y favorecen de este modo otro síntoma central de la depresión, produciéndose así un nuevo círculo vicioso. Del modo descrito, el desencadenamiento de traumas y del estrés pueden unirse en una desastrosa alianza cuando aparecen las depresiones.

En vista de que el síndrome del estrés es típico de toda nuestra sociedad, pueden sacarse de todo ello muchas consecuencias. En conjunto, hay cada vez más personas de la moderna sociedad industrializada que se sienten superadas en sus fuerzas, a lo que contribuye de una manera muy relevante la creciente globalización con su tendencia a exigir cada vez más a un número cada vez menor de personas y a amenazar al resto, creciente, con el desempleo. Pero por otro lado, la pérdida general de seguridad descrita con anterioridad no sólo está en el mundo laboral sino también en el de las relaciones, siendo corresponsable de los elevados niveles de estrés. Sin la acostumbrada seguridad, las posibilidades de regeneración existentes hasta la fecha no son ya suficientes, lo cual hace que el estrés resulte todavía más peligroso. Lo mismo que una batería baja, un organismo agotado está en condiciones muy inferiores para hacer frente a nuevas cargas.

Naturalmente, el estrés puede identificarse también como la causa de la otra gran pandemia, el sobrepeso. Entre los especialistas en dietética existe casi la total coincidencia en que demasiadas personas reaccionan hoy ante el estrés generalizado comiendo, y de esta manera van engordando. Quienes son capaces de eludir el estrés en el sentido de que han aprendido a reaccionar de una manera psíquicamente adecuada ante los retos y las exigencias excesivas, padecen obesidad con mucha menor frecuencia.

Que en estas relaciones entre el estrés y la depresión administrar antidepresivos no es una verdadera terapia sino que constituye sólo una supresión de los síntomas, es algo de lo que entretanto también se están dando cuenta los representantes de la medicina académica, como lo demuestra por ejemplo un estudio de la Universidad de Harvard señalando que la mitad de estos pacientes sufren un retroceso ya el primer año después de interrumpir la medicación. Resulta así comprensible el resultado de otro estudio de Harvard del año 1997 según el cual, la mayoría de los estadounidenses prefieren los métodos alternativos y complementarios para el tratamiento de su depresión y que cada vez más se distancian del psicoanálisis clásico y de los psicofármacos.

Si observamos a los típicos seres humanos modernos con su premura de tiempo, su sobrecarga de trabajo y sus asfixiantes relaciones sociales, dan la impresión de ir sin frenos y casi desinhibidos. Están inundados de estímulos y casi no están en condiciones de reaccionar de manera adecuada a los estímulos, simplemente porque son demasiados. Muchas veces parece que se les exige en exceso, como si estuvieran dirigidos con un mando a distancia y mal programados. Muchas mujeres describen este síntoma en sus parejas con las palabras de «robot» y «zombi».

En el Work-Life-Balance descubierto como tema en el mundillo de los entrenamientos de gerencia, este problema señala un desequilibrio cada vez mayor. Detrás de las crecientes dificultades de equilibrio, David Servan-Schreiber ve sobre todo un problema mental que está en estrecha relación con nuestra historia evolutiva. Estaríamos condenados a vivir con un cerebro en el interior de nuestro cerebro que equivaldría al de los animales que se encuentran por debajo de nosotros en la línea de la evolución. Esto no significa más que este cerebro es primigenio y que su acuñación se ha mantenido a lo largo de los millones de años de la evolución. ¿Cómo podría reaccionarse de forma adecuada ante una cantidad tal de cambios que nos exige la vida moderna?

El cerebro depresivo

Ocupémonos ahora con algo más de detalle del cerebro como nuestra central, para entender cómo reacciona a las tareas de este nuevo tiempo que crecen con tanta rapidez. De hecho es nuestro neocórtex, el «nuevo cerebro», la parte más reciente de los hemisferios cerebrales, el que nos han convertido en *homo sapiens sapiens*, el producto estrella de la evolución que hasta la fecha ha tenido más éxito. Este desarrollo se basa en unos esbozos básicos muy antiguos. El ser humano –tal como lo hemos entendido más tarde con los productos industriales, desde los coches a los ordenadores– no ha sido concebido totalmente nuevo después de cada paso de la evolución, sino que el viejo modelo ha ido evolucionando constantemente adaptándose a las nuevas condiciones.

Nuestro cerebro consta, por consiguiente, de tres capas, habiéndose desarrollado cada una de las nuevas a partir de una estructura vieja, aunque sigue apoyándose sobre ella. La capa superior constituye el ya citado neocórtex, encargado de nuestras capacidades cognitivas, o sea, el habla y el pensamiento, y al que debemos nuestras aptitudes intelectuales y con ello también nuestro progreso material y todos los avances científicos de la humanidad. Por debajo de este, por así llamarlo, cerebro intelectual o cerebro pensante, se encuentra el cerebro límbico o sensorial, al que también podemos designar con el nombre de cerebro emocional. Es el responsable de nuestros sentimientos y de todas las reacciones de supervivencia. La amígdala cerebral situada en sus profundidades, es la fuente de nuestros temores, pero es también la responsable de la rabia, la ira y del asco, aunque en cualquier caso a nivel cerebral. En las personas depresivas esta zona está constantemente excitada. Esto es, desde el punto de vista de la fisiología cerebral, la razón por la que el depresivo siempre capta de su entorno sólo lo negativo. Después de varias fases depresivas, la amígdala aparece de tamaño más reducido en una tomografía computerizada.

El hipocampo, otra de las partes de nuestro cerebro, es el encargado de la toma de relaciones y, además, de la adaptación flexible de nuestro comportamiento a los cambios de las circunstancias. Igualmente, las depresiones le arrastran en su sufrimiento. El hipocampo ha resultado desempeñar un papel de decisiva relevancia para poder configurar la vida en un sentido positivo, puesto que a todos los recuerdos les confiere también un significado emocional y facilita poder guardarlos. En las personas depresivas disminuye de tamaño y parece encogido. Durante la depresión, este cerebro emocional inferior parece estar extremadamente excitado, mientras que el neocórtex aparece tranquilizado o apenas estimulado. Con todo eso y a nivel cerebral, la depresión es en todos los casos una regresión a un plano anterior y más conocido. Desde el punto de vista psicológico equivale a una permanencia en los roles de la infancia.

Mientras que el neocórtex nos eleva en la evolución y nos hace ser especiales, el cerebro límbico emocional lo compartimos con todos los restantes mamíferos e incluso con las aves. Sólo con los reptiles aparecen ya diferencias. Éste es también el motivo por el que podemos encontrar una respuesta emocional correspondiente de los mamíferos, e incluso las aves, a los que tenemos afecto, pero no de las serpientes o los cocodrilos.

Más abajo todavía, en un tercer plano por consiguiente, se encuentra el tronco cerebral, situado en las profundidades. Controla las funciones autónomas tales como la respiración o la digestión. Sin este nivel más profundo la vida resulta imposible. En cuanto que se daña el centro respiratorio, la persona muere. Pero si toda la vida se reduce a este plano, hablamos de la muerte cerebral o vida vegetativa, o como dicen sin ningún respeto los americanos «*human vegetables*» («vegetales humanos«). En este caso, la superficie del cerebro, es decir, el neocórtex, y quizás también partes del cerebro limbico emocional, están muertos, aunque no el resto. Este tronco cerebral, arcaico, garantiza la conexión con el cuerpo puesto que se continúa con la médula espinal en forma de la denominada médula oblonga.

Puesto que la corteza cerebral intelectual nos hace tan extraordinarios y nos diferencia de modo tan esencial, la ciencia hace mucho que lo ha sobrevalorado en cuanto a su importancia, infravalorando el cerebro emocional medio. Sin embargo, por propia experiencia muchos saben que un buen intelecto no es todo, ni con mucho, pues en tal caso los autistas serían personas felices y de éxito al disponer de una mente brillante. El problema de los autistas radica, por así decirlo, un piso más abajo, y nadie duda que aquí tienen considerables dificultades.

La bestia absolutamente inteligente, cuyo cociente intelectual (IQ) alcanza valores supremos, no pocas veces fracasa en la vida –y no sólo en la privada, sino incluso en la profesional–. Por el contrario, personas mucho menos inteligentes tienen mayores oportunidades de encontrar su camino y tener éxito. Esto se ha demostrado también científicamente: el ochenta por ciento del éxito en la vida se debe a razones distintas al intelecto.

Dicho de otra manera, el IQ sólo participa con un veinte por ciento en el éxito en la vida.

Por lo demás, estudios científicos realizados demuestran que el contacto emocional es un requisito imprescindible para el crecimiento de las células. Esto se encontró significativamente en ratas. Lo importante que es el contacto para el crecimiento y la prosperidad humanas se puso ya de manifiesto mucho antes en esos indescriptibles experimentos para investigar el lenguaje primigenio. Se impidió a niños todo tipo de contacto lingüístico y emocional para averiguar qué idioma desarrollarían, pero murieron mucho antes de aprender a hablar.

Después de tantas indicaciones sobre la importancia de las emociones para nuestra vida y nuestra supervivencia, la universidad de Yale desarrolló un cociente para la inteligencia emocional (EQ), que desde hace algunas décadas es cada vez más importante a pesar de que por su propia naturaleza resulte bastante más difícil de medir que el conocido IQ. El EQ, que mide las capacidades del cerebro límbico, no se refiere a aptitudes intelectuales como la capacidad de abstracción sino al grado en que alguien está en condiciones de percibir la situación emocional propia y de los demás, comprender el desarrollo de los sentimientos y meditar sobre ello, y valorar y ponderar los sentimientos. De lo que se trata en última instancia es del trato responsable con los sentimientos y conseguir de este modo el necesario autocontrol, que es lo que hace posible el éxito personal y social, y con ello también la felicidad.

El énfasis de la mitad derecha del cerebro

Podemos suponer entretanto que las personas notoriamente optimistas tienen más acentuada la parte izquierda del cerebro, mientras que las depresivas presentan una actividad predominante de la parte derecha, y en especial del lóbulo frontal. En este sentido señalan también las observaciones realizadas en pacientes cuya porción anterior derecha del cerebro resultó dañada por una apoplejía o por una intervención quirúrgica. Más tarde se comportaron de manera mucho más optimista, iban «más de buenas» como suele decirse. Esta tendencia ha podido constatarse incluso en bebés midiéndoles las corrientes cerebrales. Los bebés con una parte derecha del cerebro muy activa reaccionaban con llanto y tristeza cuando se separaban de su madre, mientras que los que tenían más activa la parte izquierda salían del trance sin más problemas. Estos últimos, según ha demostrado la experiencia, tienen mejores cartas para la vida que viene después. Según el psicólogo Auke Tellegen, de la Universidad de Minnesota, se encuentran más satisfechos y son más sociables. Tampoco les falta la confianza en sí mismos. Los del tipo de predominio a la derecha, por el contrario, se van quejando del mundo.

Si ambos tipos de personas contemplan las mismas secuencias de una película, reaccionan de un modo completamente distinto. Las que tienen predominio del lado izquierdo del cerebro se entretienen con las escenas divertidas, mientras que con las de películas de terror se muestran indiferentes. Exactamente lo contrario es lo que sucede con las que lo tienen a la derecha, que se toman muy a pecho las penalidades mientras que apenas son capaces de divertirse. Cómo se produce este proceso es algo para lo que la ciencia no conoce todavía una respuesta, lo mismo sobre la cuestión de si puede cambiar en el curso de la vida.

Desde la perspectiva de la filosofía espiritual, de lo que se trata es de crear un equilibrio, incluso si el cerebro de la persona está afinado desde un principio a un tono mayor o uno menor que deberán mantener a lo largo de toda su vida. Hay algunos indicios de que las personas pueden cambiar esta disposición o independizarse de ella. Ambos extremos –tanto los de predominio del lado derecho del cerebro como los del izquierdo– serían en cualquier caso incapaces de hacer justicia a la vida. Quien pasa alegremente de todas las penas resulta tan improcedente como quien no puede alegrarse por nada. Habría que desarrollar la capacidad de compartir la alegría o la pena para tener en cuenta la propia alma, algo que siempre debe considerarse.

Las personas con el síndrome del samaritano que hacen propios todos los pesares del mundo, pertenecen al tipo de los que tienen predominio del lado derecho del cerebro. Tienden a no estar preparados para su propia vida y a quedarse en el arcén. La cuestión de en qué medida están en condiciones de ayudar realmente a otros en el sentido de la ayuda a uno mismo, la dejaremos sin respuesta. Conforme a la ley de la resonancia es algo de lo que cabe dudar. Estas personas son utilizadas por nuestra sociedad, se les exige demasiado y se les paga mal por sus servicios.

Por otro lado, las modernas sociedades del bienestar apoyan y favorecen a las personas del tipo de predominio del lado izquierdo del cerebro, que rápidamente dejan a un lado todo lo negativo y con optimismo se toman su parte (de la vida). La sociedad de la diversión y del tiempo libre podría ser una de sus creaciones.

Al nivel de la interpretación de los cuadros clínicos, a partir del énfasis de la actividad cerebral del lado derecho en las personas depresivas puede llegarse a la conclusión de que de lo que se trata es de cumplir con el lado de las sombras y toda la gravedad de la vida. Si es una tarea que ya está en la cuna, resulta tanto más urgente e importante. En cuanto a la interpretación es totalmente indiferente que sea una predisposición genética, una acuñación muy temprana debida al nacimiento o incluso una tarea arrastrada de una vida anterior.

Desde una perspectiva global podría suponerse que los tipos dolidos con el mundo, cuya actividad en el lado derecho del cerebro es mayor, son necesarios para el equilibrio de la sociedad del ocio, que cada vez se hunde más en el polo hedonista. De este modo, al grupo de los depresivos, en constante y acelerado crecimiento, podría vérsele como una compensación puesto que se mantienen a medio camino de la estabilidad en una sociedad cada vez más desequilibrada. Quien lo entiende, se da cuenta aquí de la acción de la ley de la polaridad.

Mientras que cada vez nos esforzamos más en colocar en primera fila de la vida exclusivamente el polo optimista de la realidad, disfrutando sólo de las comedias y evitando estrictamente las tragedias, éstas se nos presentan en toda su plenitud en los lados oscuros de la sociedad, ya sea en forma de depresiones en las vivencias personales o como reveses y catástrofes en el acontecer del mundo. A esta contemplación del macrocosmos se le puede añadir la del microcosmos. En tanto que nos servimos únicamente de la corteza cerebral y aquí de manera casi exclusiva de su hemisferio izquierdo, arquetípicamente masculino, e ignoramos y despreciamos la mitad derecha femenina y los centros emocionales situados a una mayor profundidad, aquí es donde las depresiones forman un contrapolo. En ellas el neocórtex está como apagado, mientras que las regiones más profundas se muestran hiperactivas. Amén de eso, las personas depresivas presentan una mayor actividad en el lado derecho del cerebro frente a un énfasis, por lo demás predominante, del lado derecho del cerebro.

En muchos aspectos, en el budismo se experimenta lo contrario. Transmitido por la declaración de Buda de que toda vida es sufrimiento, el mundo budista lo reconoce y lo asume. Las personas viven este conocimiento y apenas experimentan depresiones. El sufrimiento tiene su lugar en la vida de la sociedad y no tanto en el ánimo de las personas. Nosotros, por el contrario, que intentamos evitar cualquier sufrimiento, cosechamos depresiones de manera masiva.

Un hecho indiscutible es que dentro del marco de la globalización hay cada vez menos personas que sacan provecho de la riqueza y el confort crecientes. Los pocos que todavía se aprovechan de ello y que son cada vez más ricos, de una manera casi caricaturesca tratan con los tesoros adquiridos a costa de la mayoría, de tal manera que surgen dudas de si realmente pueden disfrutarlas o tan sólo quieren mostrarlas. En cualquier caso, la gran mayoría de los seres humanos padecen a consecuencia de este fenómeno, de la presión creciente y de la inquietud en constante aumento. Todo esto conduce en general a un incremento de diversos cuadros clínicos puesto que no sólo aumentan a velocidad vertiginosa las depresiones, sino también las alergias y todos los síntomas citados debidos al estrés, que van desde los trastornos del sueño a los dolores de espalda, pasando por los problemas cardiacos. Hay también otros cuadros clínicos que ya están muy extendidos en nuestra población: la mitad sufre cáncer, casi la mitad alergias, un tercio psicosis. Muchos están amenazados de sobrepeso y diabetes tipo II, y eso por citar sólo algunas de las enfermedades más importantes.

Puede vislumbrarse en consecuencia una tendencia, por la que la sociedad moderna se desarrolla y se polariza cada vez más en el sentido de un trastorno bipolar. Los conseguidores hiperactivos, los niños hiperactivos (en los EE.UU. casi la mitad de los chicos se incluyen en este grupo) y en realidad todos los que nadan hacia arriba en la marejada de la sociedad del rendimiento y de la diversión, si se les contempla con más detalle llevan el embrión de unos rasgos maniacos: trabajo en exceso, sobrecargados y sin freno. Exteriormente están siempre en movimiento, pero en su interior no hay ya casi nada que se mueva.

Por otro lado, los tipos con actividad cerebral derecha, que son sensibles, también perciben este fenómeno y muchos lo materializan incluso en sus depresiones. A través suyo se toma conciencia de la vida interior extinguida, donde todo se percibe rígido y como si estuviera congelado. El cambio de un lado a otro, que no es tan raro que se produzca de una manera abrupta, muestra entonces un aspecto claro de la terapia del destino. Un «ejecutivo agresivo» que se desploma desde un cielo brillante en una depresión experimenta de un modo bien directo lo poco viva que era su vida, exteriormente tan agitada. La depresión le fuerza precisamente hacia ese reposo para el que hasta entonces no ha tenido tiempo.

El incremento de las depresiones debidas al estrés podría tener una interpretación muy sencilla en este ejemplo. Quien no se preocupa de manera voluntaria de los planos interiores de su alma, debe aprenderlo a otros niveles con una insistencia empujada por el destino. En la depresión se representa ante nuestros ojos de la manera más drástica la propia vida interior muerta.

Pero también es posible lo contrario cuando, por ejemplo mediante estimulación magnética, a la persona depresiva se le empuja repentinamente hacia la manía. Quien se ha reprimido tanto en el dolor y ha arañado en las profundidades del alma, debe ahora vivir las alturas y experimentar lo inmensamente vivo que él mismo y el mundo son. En el ejemplo del trastorno bipolar se puede ver con toda claridad lo mucho que dependemos del centro entre los polos y qué poca fortuna hay a largo plazo en los extremos de la vida. La ya mencionada cita cristiana del «Sed ardientes o fríos…» sólo puede ser una fase de paso que el alma debe practicar.

Según los resultados de los estudios realizados hasta la fecha podría muy bien suponerse que el tipo de personas con énfasis en la mitad derecha del cerebro perciben este dolor que hoy flota tan intensamente en el aire, lo absorben y entran en sintonía, lo mismo que los bebes de este tipo tienden a sufrir y los espectadores de cine se toman muy a pecho las escenas de terror negativas. Posiblemente sea esto una razón adicional para el aumento de las depresiones en nuestra sociedad.

En efecto, lo mismo que suponen muchos hombres de iglesia e incluso políticos, hoy deberíamos desarrollar mucha más compasión y dejar que fluyera en nuestra vida. De lo contrario corremos el peligro de vivir en un mundo carente de sentimientos y orientado sólo hacia el éxito material externo. En última instancia las personas depresivas ya lo hacen, sólo que a un nivel no resuelto, apartándose por completo del exterior y dirigiéndose exclusivamente hacia el interior.

Modificaciones en el estado de estrés

Bioquímicamente, en la depresión el cerebro está inundado de hormonas del estrés. Tanto el cortisol como la ACTH (hormona adrenocorticotrópica) casi siempre presentan valores elevados. A eso se añade la sustancia mensajera CRF, que desencadena las sensaciones de miedo. En su conjunto, el cerebro se encuentra en un estado crónico de estrés y alarma duradera, ignorando por completo la medicina convencional si esto es un fenómeno acompañante de la depresión o si es su desencadenante. Es posible que exista un tercer elemento, en concreto la movilización del organismo para las tareas que realmente hay que asumir. Sin embargo, podría tratarse también de un plano especular del mundo psíquico o social. Cuando una persona sufre bajo el máximo estrés por la pérdida de la pareja o del puesto de trabajo, a menudo se encuentra psíquicamente sobrecargada, lo que se manifiesta en la producción de hormonas del estrés (también a nivel cerebral). Si esta carga de estrés se prolonga el tiempo suficiente, a partir de ella puede desarrollarse una depresión.

Otra teoría de la medicina académica, no menos generalizada, supone que la causa de las depresiones se encuentra en un crecimiento estancado de las células cerebrales. En consecuencia, los científicos están ya buscando remedios que pudieran estimular el crecimiento nervioso para superar por esta vía la depresión. El cerebro, en particular su mitad izquierda, actúa durante la depresión como en un letargo invernal; el crecimiento está detenido, lo mismo que la persona en su conjunto. Pero incluso desde el punto de vista científico es objeto de discusión si la parálisis –y en el caso de las depresiones graves la parada– del programa de construcción del cerebro es la causa o si es el fenómeno acompañante de la depresión.

Desde la óptica de la filosofía espiritual está claro que no es la causa, sino que es un buen reflejo de la situación. El estancamiento del crecimiento nervioso podría reproducir la situación interior de que ya no se produce ningún crecimiento anímico. Lo mismo que el alma, el ser humano debería desarrollarse durante toda la vida y esto lo reflejan, a su modo corporal, los procesos de cambio que tienen lugar constantemente en el cerebro.

Del estancamiento que se produce con el cuadro clínico podrían ser responsables nuevamente distintas razones, desde traumas no elaborados hasta un estrés excesivo o una baja crónica de estímulo. Cuando en su paralización el cerebro muestra que el camino seguido hasta la fecha no puede continuarse ya más, esto se corresponde exactamente a la situación psíquica.

Es una experiencia cotidiana que una situación puede suponer una exigencia tan excesiva a causa de una inundación de estímulos que se produzca un derrumbamiento. Pero igualmente, la experiencia del desempleo que daña al alma puede conducir a un derrumbe e incluso a depresiones. Es probable que hasta el paro sea a menudo la amenaza agravante, puesto que aunque el tumulto de los niños y de la familia canse, rara vez de lugar a depresiones. En el mundo del trabajo el exceso y la falta de exigencias conducen en igual medida a depresiones.

La tarea consiste en cómo acabar forzando a la depresión para asumir de manera positiva la imagen del letargo invernal. En lugar de ir enfureciéndose exteriormente, de lo que se trata es de darse descanso, ir a uno mismo y hacer balance para entonces construir de nuevo la vida y dar los primeros pasos en la tierra virgen cuando han vuelto a encontrarse el sentido y la meta.

Algunos estudios médicos demuestran que las depresiones de larga duración modifican a largo plazo hasta las estructuras físicas del cerebro. Parece como si el eclipse del alma dejara daños permanentes en forma de neuronas atrofiadas, sobre todo en la zona prefrontal. En las víctimas de suicidio que habían sufrido depresión se encontró en cualquier caso una reducción de hasta el cuarenta por ciento del tejido nervioso de la amígdala cerebral e igualmente en la zona del hipocampo. Sin embargo, podemos dudar de que el retroceso sea irrevocable a la vista de la enorme capacidad de regeneración del organismo.

Es muy probable que también nuestro cerebro, lo mismo que el resto del organismo, obedezca al lema de que «si no te mueves, te oxidas». Los músculos y las células intestinales no utilizadas se degradan. Sin embargo, en el caso de los ejercicios de musculación todo el mundo sabe lo fácil que es que el efecto se invierta. Existen indicios de que personas que han pasado con éxito por el valle depresivo y han vencido el viaje de pesadilla del alma, pueden disfrutar después mucho más de su cerebro. Cabe suponer que esto se manifiesta también en un aumento de la actividad de los tejidos, que podría medirse si realmente se quisiera. Lo mismo que aumentamos nuestra masa muscular en brazos y piernas si nos esforzamos entrenándonos, una adaptación también sería posible en el cerebro. Lo demuestran las experiencias realizadas en el entrenamiento cerebral, desde el malabarismo hasta la gimnasia de la conciencia. De todas formas debemos tener claro que esto se cumple tanto para el cerebro intelectual como para el emocional.

Concierto y rivalidad entre el cerebro sensorial y el pensante

Ya simplemente por el desarrollo a lo largo del tiempo de la evolución resulta una cierta competencia entre el cerebro límbico (el de los sentidos), más antiguo, y el neocórtex, el cerebro pensante, más moderno: el cerebro límbico fue el primero en estar ahí y, lo mismo que sucede hasta la fecha en los animales, determinó la relación con el mundo. El neocórtex es, en el sentido más verdadero de la palabra, el recién llegado y poco a poco ha ido haciéndose cada vez más importante, para acabar quedándose para sí con todo el poder y reinar en solitario. Pero hay muchos indicios de que este monopolio no le va nada bien a la salud. Sobre todo porque el cerebro medio, más antiguo, parece que se ha rendido en la batalla y que, resignado, ha renunciado a colaborar o que de pronto, en una acción desesperada, con todas sus exigencias acumuladas y reprimidas se hace cargo del regimiento, algo que llamamos, por ejemplo, depresión.

Lo mismo que el predominio absoluto del intelecto conduce a crisis, como sucede a una persona de este tipo con el consiguiente síndrome de la importancia, que desarrolla hipertensión y acaba cayendo irremediablemente en el infarto de miocardio,* también el completo dominio del cerebro sensorial puede resultar muy desagradable, como lo demuestran los estados de angustia permanente y los ataques de pánico e incluso también la depresión. La primera situación podría designarse como exageradamente adulta, la segunda como demasiado infantil.

Al nivel psíquico, la rivalidad de los cerebros, que conduce al desequilibrio, correspondería a nuestra sensación de infelicidad. Si se armonizan y colaboran cada uno en su sentido, todo nos va en conjunto bien y percibimos esta armonía. Expresado de una forma moderna, estaríamos fluyendo o, dicho con un término de moda, en el ámbito del *flow*. Podríamos suponer entonces que nuestro cerebro tiene una especie de tendencia innata, o arrastrada, a sumergirse en este fluir.

Este fluir armónico, el estado de *flow*, se manifiesta exteriormente en nuestro rostro, en nuestra sonrisa. Sin embargo, un signo verdadero es sólo aquella sonrisa que no sólo llega a la boca sino también, y sobre todo, a los ojos. En las meditaciones guiadas es una experiencia bien conocida que una sonrisa que se desarrolla desde la profundidad de los ojos, desemboca en un estado de relajación placentero y totalmente satisfactorio. Por otro lado, todo el mundo sabe que al comienzo de la vida una sonrisa es la llave con la que el niño abre el corazón de sus padres, y quienes andan en una búsqueda espiritual sueñan con la sonrisa de Buda, que igualmente expresa este fluir en el ser.

La depresión pone de manifiesto con toda claridad lo lejos que está el propio estadio de esa sonrisa, que se desarrolla desde las profundidades de los ojos y que realmente procede del corazón. Si sonreír, tal como supone David Servan-Schreiber, hace armonizarse la colaboración de nuestros dos cerebros, esta mímica tan sencilla y primigenia no sólo es un buen remedio medicinal sino que se convierte en un profiláctico.

Quien va sonriendo por el mundo, tanto por el interior como por el exterior, llegará más fácilmente a la armonía con él y consigo mismo. Pero cuando un ser humano pierde esa armonía, ya dentro del sentido de la depresión, una sonrisa puede presentarse como una mueca y ya no puede aportar la necesaria salvación. Por el contrario, una sonrisa frecuente que emana del propio corazón y que sale de la profundidad de los ojos es con toda certeza una maravillosa posibilidad de mantener el equilibrio, y con ello la salud, sobre todo si al mismo tiempo se cultiva de modo ritual en la meditación. La propia experiencia con multitud de meditaciones guiadas hablan en este sentido. También maestros de la meditación tan importantes como Thich Nhat Han y Mantak Chia utilizan a menudo la sonrisa interior.

En la filosofía espiritual, la relación entre los ojos y el corazón explica que ambos se asignan al arquetipo Sol. Estudiando nuestros dos cerebros en competencia se han podido

---

* Véase una descripción completa y una interpretación de esta situación en *Problemas del corazón. (N. del T.)*

hacer también demostraciones científicas. Si la persona depresiva consigue formar esa sonrisa desde el interior, tendrá unos efectos asombrosos. Al menos valdría la pena intentarlo.

Las tareas del cerebro emocional

El cerebro emocional, o límbico, proporciona, por así decirlo, desde abajo, un sentido y
una dirección a nuestra vida; mientras que el cerebro intelectual se encarga de que conti-
nuemos de la manera más racional y práctica posible. Sin embargo, como «hermano
mayor», el cerebro emocional ocupa también una posición algo superior, toda vez que se
esfuerza constantemente en garantizar nuestra supervivencia y la de nuestra especie. A este
respecto se encuentra mucho más cerca que el cerebro intelectual de la evolución y de la
naturaleza y sus metas.

En cuanto que el cerebro emocional sospecha de un peligro para la vida o también de
una buena oportunidad para reproducirse, se hace cargo inmediatamente de la situación y
desconecta el intelecto. Podríamos suponer que la evolución no se fía del todo de su hijo
menor, el neocórtex.

La más conocida de estas situaciones es el estado de enamoramiento, que de broma
podríamos decir que es una especie de intoxicación del cerebro intelectual. Cuando un corazón ardiente o el cerebro emocional toman el control, apenas cuentan los argumentos racionales que perturben al atractivo del enamoramiento. Mientras que el intelecto reacciona
impotente, el cerebro emocional tiene todavía bajo su mira la posibilidad de reproducción
que se está brindando y se deshace de (casi) todo lo que se interponga en su camino para
conseguir esta meta. Entonces, de pronto, las personas temerosas se vuelven más valientes
y dispuestas a correr riesgos, toman la iniciativa de un modo que antes ni se imaginaban, y
así sucesivamente. El cerebro emocional conduce de esta manera hacia una vida en el presente. Sólo cuenta el ahora y el estar junto al ser amado; todo lo demás carece de importancia y queda relegado a un segundo plano. El mismo empuje hacia el presente se produce con
la depresión y se percibe, de un modo totalmente contrario, como espantoso.

Contemplado desde un punto de vista intelectual, tener hijos es realmente la locura y
desde esta perspectiva estrecha sólo conduce a desventajas. En consecuencia, las personas
controladas por lo intelectual apenas tienen hijos. Las mujeres con título universitario de
Alemania casi han renunciado ya por completo a la reproducción. Por ese motivo, la eliminación temporal del intelecto en el estado de enamoramiento es totalmente esencial para
la supervivencia de nuestra especie. Podríamos llegar a la conclusión de que queda en peligro quien durante mucho tiempo ya no se enamora y no queda dominado por el cerebro
emocional. Éste podría tomar el mando de otras formas, en concreto a través de la depresión. En cualquier caso, los enamorados están a salvo de depresiones. Las personas
depresivas apenas pueden enamorarse. Significaría su inmediata curación.

Estos juegos intelectuales podrían ampliarse más. Mientras que en el Primer Mundo se evita tener hijos y se cae cada vez con mayor frecuencia en depresiones, el Tercer Mundo tiene hijos y se evita muchas de las depresiones. Desde luego que seguramente no es causal, pero existe una relación de analogía que quizás podría explicarse por la acentuación en el cerebro. Mientras que nosotros lo utilizamos a un nivel en que un enamoramiento tiene pocas posibilidades y, por esa razón, hay cada vez menos parejas con hijos, en el Tercer Mundo esta es la vía habitual.

Ya que el sistema límbico interpreta el enamoramiento, por un lado, como un estrés extraordinario, pero por otro lado también como una buena posibilidad para la reproducción, la situación justifica desconectar las funciones del cerebro intelectual y dejar después el poder en manos de reflejos e instintos mucho más antiguos. El derrocamiento del cerebro intelectual se produce en situaciones en las que ascienden sentimientos embriagadores o amenazan graves peligros, por medio de diversos mecanismos como por ejemplo la liberación de adrenalina, la hormona del estrés. Con ello, la persona afectada queda en condiciones de garantizar de inmediato la supervivencia. No obstante, si este estado de los sentimientos se prolonga a más largo plazo, la persona pierde el control sobre su pensamiento. En las situaciones de crisis breves esto puede ser, incluso hoy, lo mejor para la supervivencia; por el contrario, como estado permanente es tan insoportable como el dominio exclusivo del intelecto. Posiblemente sea éste uno de los motivos por los que el estado de enamoramiento sólo se mantiene durante un relativamente corto espacio de tiempo. Es muy probable que una vida no pueda configurarse un modo apropiado basándose simplemente en el enamoramiento. Para traer hijos al mundo y poder educarlos, debe desconectarse de nuevo en cuanto que ha cumplido con su tarea, la de conseguir el emparejamiento. Esto es algo que concuerda con la experiencia de que un enamoramiento debe extenderse artificialmente cuando los dos enamorados no pueden reunirse. Un estado de este tipo puede prolongarse entonces durante años.

En el denominado síndrome post-traumático, es decir, el producido después de una experiencia terrible como puede ser una violación, puede suceder que el cerebro emocional, que evidentemente ha fallado para impedir la amenaza, acaba por caer en un estado de alarma permanente o, en cualquier caso, a exponerse a demasiados peligros.

Algo similar es lo que sucedería con los ataques de pánico, donde igualmente el cerebro emocional domina y arroja al organismo a un caos de reacciones vegetativas, que van desde acelerones del corazón pasando por sudoración intensa y espasmos gástricos hasta un intenso temblor. Además, el pensamiento racional deja de funcionar, por lo cual las personas afectadas apenas son receptivas a los argumentos racionales. Muchas veces también relatan que sentían como un vacío en la cabeza, que no eran capaces de tener pensamientos claros y que tan sólo podían pensar en morir o sobrevivir. El elevado nivel de adrenalina ha dado lugar a un cambio completo desde una zona cerebral a la otra. Resulta interesante que hoy puedan visualizarse en el cerebro las experiencias de este tipo con ayuda de nuevos procedimientos generadores de imágenes, como la PET (tomografía para emisión de positrones). Si se deja que personas con síndromes post-traumáticos revivan de nuevo en el pensamiento esos traumas no superados, en los registros se muestra un aumento del riego sanguíneo en la zona del cerebro medio, que por ejemplo en el caso del miedo es en la amígdala cerebral mientras que el centro del habla del cerebro incluso llega a desactivarse, lo cual puede explicar la mudez que caracteriza una situación de este tipo («¡Me quedé sin habla!»). Tienen así todo su sentido los estados físicos que caracterizan al cerebro y sus actividades en las depresiones y los estados de angustia.

De todas formas, se cronifica un estado que sólo tiene sentido en situaciones agudas. Es probable que el organismo interprete como una amenaza a su vida cualquier máximo de esfuerzo durante el estrés permanente, como les sucede por ejemplo a un directivo o un empresario o a una mujer con familia y que trabaja, y que entonces cambie del cerebro al mesencéfalo, es decir, desde el de la razón al de los sentimientos. Ya que el estrés no cede, es decir, que no se ha asumido el tema central, la persona afectada persevera finalmente en este estado y aparece una depresión o un trastorno acompañado de angustia.

Podrían interpretarse entonces los intentos de la medicina académica del cambio radical de ánimo –realizado antes mediante electroshock y hoy a través de la estimulación magnética– como dirigidos a ese objetivo, suponiendo que después se produzca un cambio de vida que reduzca de manera definitiva y drástica el nivel de estrés. Sin embargo, esto no disculpa en modo alguno un método tan brutal como el del electroshock, sino que sirve únicamente para ordenar los esfuerzos que hay detrás. De todas formas en el caso de una depresión grave se necesita un cambio radical en el estado de ánimo, que si no debería conseguirse mediante psicofármacos para poder comenzar con una psicoterapia.

Sistema nervioso y polaridad

Como sucede habitualmente, el peligro radica en aferrarse a posiciones extremas. Lo ideal, por el contrario, es un flujo armónico y equilibrado entre dos polos y el concierto entre ambos lados. Donde en lo que se refiere al cerebro domina en solitario el neocórtex «racional», amenaza la ausencia racional de sentido de la vida, llegando hasta el cuadro clínico de la alexitimia, en la que las personas afectadas pierden la relación con el mundo y se aíslan totalmente. De todas formas, apenas perciben una presión dolorosa puesto que para ello necesitarían también de su cerebro emocional. En las formas de expresión leves, el predominio del intelecto conduce a una permanente «racionalización ordenacionista» de la propia vida. En lugar de tomarse en serio los signos de alarma del cerebro emocional, que muy pronto nos avisa que una relación o un trabajo han dejado de ser apropiados, un intelecto bien entrenado puede encontrar siempre razones para persistir y quedarse con lo viejo. Esto puede continuar hasta el punto de que, al final, desaparece de la vida todo el sentido y los afectados se engañan con su propia miseria, lo que es una de las vías más conocidas hacia el infarto de miocardio. Un estudio realizado en la universidad californiana de Berkeley ha llegado a la conclusión de que no son los sentimientos en sí los que cargan el sistema cardiaco y vascular, sino los intentos de reprimirlos.

El otro extremo, la dominancia del cerebro emocional se manifiesta ya en los ataques de pánico y podría desempeñar un papel importante, aunque no decisivo, en las depresiones. Los ya mencionados estudios realizados con ayuda del PET, que en el ochenta por ciento de las personas depresivas y los que padecen un estado de abatimiento crónico demuestran una mitad derecha del cerebro especialmente activa y, al contrario, déficits en el hemisferio izquierdo, señalan hacia una inversión de la dominancia a nivel cerebral.

Al final podría regresarse también a la antigua polaridad de nuestro sistema nervioso, conocida ya desde hace mucho tiempo. Contemplemos entonces las porciones parasimpática y simpática del sistema vegetativo, independiente de la voluntad. La parte parasimpática puede asignarse a la porción arquetípicamente femenina de la realidad, y la simpática a la masculina. A tenor de esto, se controla parasimpáticamente todo lo que está relacionado con la regeneración del individuo y la forma de hacerlo; simpáticamente todo lo que depende de la imposición y la expresión en el mundo.

En una época y un mundo como el nuestro tan dominados por el polo masculino, a partir de este predominio del sistema simpático surgen problemas tales como la hipertensión cuando una persona persiste constantemente en la conducta del ataque o la huida. A partir del déficit de regeneración femenina del sistema parasimpático se producen igualmente problemas, por ejemplo en la forma del síndrome de agotamiento o *burn-out*, es decir, estar quemado. Como tercer ámbito problemático puede aparecer una reacción excesiva desde el punto de vista parasimpático, cuando la energía embalsada durante tanto tiempo rompe a modo de compensación o se vuelve crónica, como se señaló antes.

La polarización en masculino y femenino concuerda también con la jerarquía cerebral, donde el antiguo cerebro límbico o emocional corresponde al aspecto femenino y el nuevo córtex, donde se da realce a la razón, al masculino. La vida comienza efectivamente femenina, también desde el punto de vista biológico, algo que se manifiesta en el desarrollo embriológico en que primero se forman los esbozos femeninos antes de que, en la mitad de los casos, se produzca más tarde la transformación hacia lo masculino. El cromosoma Y masculino se desarrolla también más tarde en la filogenia. Como analogía, igualmente el matriarcado surgió antes de que los patriarcas se impusieran. Esta sucesión aceptada ahora de manera creciente entre los historiadores, se confirma mediante diversos mitos y en la analogía podría explicar algunas de las reacciones y cuadros clínicos en apariencia tan modernos.

En el mito de la antigüedad griega primero estuvo Hera, como la gran diosa, de cuyos pechos procede la leche para la Vía Láctea y, con ello, la creación. Luego apareció en escena Zeus, su hermano menor, y le hace la corte. Pero Hera le rechaza como pareja y hasta que él no se transforma en una paloma –en otras versiones fue en un cuco– y se arrima cariñosamente a su pecho apelando a su instinto materno, no consigue la seducción. Esto hace que Zeus se convierta en el marido de Hera, pero finalmente en el trampolín hasta la posición del padre de los dioses. Mientras que Zeus progresa hasta convertirse en el soberano del Olimpo, Hera y su regencia se degrada en una diosa afanosa y celosa del hogar casero. La distancia entre la Vía Láctea y el hogar es un buen ejemplo de lo amplia que es la envergadura del principio femenino. Con excesiva frecuencia Zeus olvida de dónde procede y a quién debe su poder, pero todos los intentos de Hera por conminarle lo único que hacen por regla general es conducir a un malhumor ofendido. También en eso ella es similar al cerebro femenino que se pone en el juego (de la vida), con las acciones desesperadas de las que hemos hablado y que son nuestro tema.

En la mitología germánica también son determinantes primero las Vanir femeninas alrededor de Friya, la diosa del amor, y Niord, la noche, antes de cerrar un compromiso con respecto al poder con los Asen alrededor de Odín y Thor. Sin embargo, hay aquí un equilibrio entre ambas partes, algo que resulta lógico en muchos aspectos. Los pueblos marcados por esta mitología, como los islandeses, viven hasta nuestros días de manera más pacífica y comprometida que aquellos que se encuentran bajo la influencia de los mitos antiguos o cristianos.

De una manera análoga y algo simplificada, los dos polos del sistema nervioso vegetativo podrían describirse en cuanto a nuestro funcionamiento en el mundo como el acelerador y el freno. El sistema nervioso arquetípicamente masculino, o simpático, equivale al primero y el arquetípicamente femenino, o parasimpático, al segundo. Esta imagen puede aplicarse asimismo a las dos áreas del cerebro que compiten entre sí. De todo ello resulta que ni la vida o la conducción sin freno ni tampoco el frenado a fondo son recomendables. La solución sólo puede estar en el centro: acelerar y frenar únicamente lo necesario. El paciente hipertenso que corre desenfrenado hacia su infarto de miocardio, cae bajo las ruedas; y el depresivo, que de tanto frenar no pone la marcha, se queda estancado y desesperado.

Flexibilidad y adaptación

Para poder llegar al río de la vida, ambos cerebros o sistemas nerviosos deben encontrar una relación equilibrada y estar preparados en todo momento para cumplir su función. Este concierto funciona en la naturaleza de una manera impresionante entre los animales; constantemente cambian de marcha. Pueden contemplarse en un abrevadero antílopes pastando a la vista de los leones, siempre que éstos se encuentren satisfechos. Pero si aparece un depredador hambriento, los antílopes cambian inmediatamente de la regeneración, es decir, de comer tranquilamente, a la huida. Esta capacidad de adaptación tan rápida es un aspecto esencial de la vida (supervivencia) sana. En cuanto que desaparece comienza el peligro.

Esto queda muy claro en el ritmo cardiaco. En cuanto que se vuelve rígido y pierde su capacidad de adaptación, los cardiólogos lo interpretan como un síntoma peligroso. Algunos meses antes de la muerte, el corazón pasa de un ritmo vital y adaptable a otro regular, que anuncia ya el final. Lo mismo sucede con los embriones, donde una cadencia regular es un signo mortal del próximo final, y otro tanto es aplicable a la vida posterior. Quien mediante un cuentapasos es obligado a llevar una cadencia de este tipo en lugar de un ritmo vital, al menos simbólicamente vive en las cercanías del reino de los muertos. El ritmo se comporta con respecto a la cadencia uniforme igual que la vida con la muerte.

En la medicina naturista se teme cualquier forma de rigidez de reacción. Quien deja de reaccionar, casi ha perdido ya. El problema no es la fiebre, sino quien ya no puede tener fiebre. Es un síntoma peligroso que no pocas veces aparece en la anamnesia de los pacientes de cáncer.

Lo mismo que puede comprobarse médicamente que una persona tiene la edad que tienen sus vasos, también puede determinarse a través de su capacidad de ritmo qué edad ha alcanzado o lo inflexible que ya se ha vuelto. En el momento del nacimiento, la amplitud de oscilación del ritmo cardiaco es máxima y antes de morir cede y pasa a una rigidez de regulación. Cada año disminuye en promedio alrededor de un tres por ciento, es decir, al envejecer vamos perdiendo la capacidad de adaptarnos a nuevas situaciones. Dicho con otras palabras, nos volvemos rígidos al nivel del cuerpo y testarudos a nivel espiritual.

Mientras que en su comienzo la vida se encuentra en un permanente cambio entre acelerar y frenar, con el tiempo vamos pasando a un sistema más tranquilo que por necesidad deja pasar e ignora muchas de las posibilidades de la vida. Con la conducción se produce a menudo un desarrollo similar a lo largo de la experiencia. Al principio se trata de un constante juego de aceleración-frenado. Con los años se va haciendo más tranquilo y relajado y se ahorra uno muchos acelerones y frenadas, por un lado debido a la experiencia y por otro a causa de un estilo de conducción defensivo.

A nivel espiritual los paralelismos son evidentes. Durante la juventud recogemos cualquier impulso y lo seguimos. Más tarde nos retiramos antes, nos resignamos con mayor rapidez o dejamos de emprender nuevas cosas. Dentro de este contexto es interesante e importante para nosotros el hecho de que la disminución de la disposición a adaptarnos radica en una cesión del sistema de frenado que, apenas fomentado a lo largo de la vida, experimenta una regresión lo mismo que le sucede a un músculo apenas utilizado. Por el contrario, el sistema de aceleración bien entrenado, que en nuestra analogía se corresponde con el sistema nervioso simpático y el encéfalo, se mantiene en perfecta forma y a causa de su predominio, y la unilateralidad que eso conlleva, comienza a poner al organismo en situación de riesgo. Enseguida se nos aparece la imagen de un tren que desciende sin frenar a toda marcha por una montaña. Poco antes del final de la vida, cuando aparece la mencionada rigidez de reacción, el corazón ya es incapaz de reaccionar y la persona afectada lo refleja a nivel psíquico y deja de responder a los sentimientos.

Resumiendo, lo que podemos constatar es que: en los cuadros clínicos como la hipertensión y la depresión el problema central existente es que no se produce ya ninguna adaptación. El sistema se ha quedado enclavado, en el caso de la hipertensión en el ámbito arquetípicamente masculino y en el de la depresión en el arquetípicamente femenino. Expresado esto de otra manera quiere decir que el paciente hipertenso queda dependiente del sistema simpático y el depresivo del parasimpático.

Traumas

Estudios realizados revelan que el cuarenta y cinco por ciento de los adultos que padecen depresiones crónicas sufrieron en su infancia la pérdida de los padres, un grave abandono o abusos. Pero incluso pequeños accidentes de tráfico conducen, según un estudio realizado en Australia, a que un año después la mitad de los afectados padezcan síntomas psiquiátricos, la mayoría de ellos depresiones y el síndrome de la angustia.

La depresión se inicia a menudo después de una pérdida experimentada con gran intensidad, ya sea a causa de fallecimiento o de separación, o bien debido a un traslado en contra de la propia voluntad a un entorno ajeno. Pero incluso la concatenación de pequeñas derrotas cotidianas que se repiten puede favorecer una enfermedad depresiva, lo mismo que también el aferrarse durante años a una relación que ya no está viva.

Los cortes agravantes más frecuentes a partir de los cuales pueden desarrollarse más tarde depresiones son, como ya se ha mencionado, la separación no asumida de la pareja y la pérdida del puesto de trabajo. Pero de manera equivalente, también la pérdida no asumida psíquicamente de uno de los padres o, sobre todo, de un hijo, puede conducir a una depresión. Esto último da lugar muchas veces a un problema apenas resoluble y donde no se desarrolla una depresión puede aparecer incluso un cáncer, que con una frecuencia significativa se produce tras la pérdida de personas importantes de nuestro propio entorno. La decisión sobre la dirección en la que fluirá la energía no integrable, sea hacia la depresión o hacia el crecimiento de un tumor, está relacionada fundamentalmente con la estructura psíquica básica, algo a lo que nos dedicaremos más adelante.

La pérdida de un hijo es, seguramente, el peor de los traumas que puede experimentar una madre. Pero al parecer no es la dimensión del trauma lo que resulta decisivo en un desarrollo posterior, sino las posibilidades psíquicas de elaboración sobre la base de la citada estructura psíquica.

Otros traumas que conducen a menudo a depresiones son las violaciones, sobre todo las tempranas en el tiempo, como los abusos sexuales en la infancia y la juventud. No obstante, siempre resulta decisivo si se ha procesado el problema o cómo se ha hecho. Pueden ser agravantes de modo análogo también las traumatizaciones por sucesos bélicos o a causa de catástrofes a las que por poco se ha sobrevivido, así como los accidentes graves, en particular si otros han fallecido en ellos.

Finalmente, también un sesgo en la carrera profesional puede ser suficiente para desembocar en una depresión. Si en la vida no hay nada más que la carrera, una interrupción en ésta puede alterar de manera muy sensible un equilibrio de por sí lábil. Así, muchas veces es suficiente el paso a la jubilación para dar pie a un desarrollo depresivo, como lo manifiesta la expresión del shock del jubilado, o la salida de casa del último de los hijos (el síndrome del nido vacío). Si no hay ningún otro contenido de la vida que lo sustituya, la caída en la depresión tiene abiertas sus puertas. Por eso resulta tanto más importante tener bien claro que las personas necesitan tener objetivos en la vida y, sobre todo, un contenido que realmente alimente al alma.

En última instancia, cualquier suceso, incluso uno muy hermoso y alegre como es un nacimiento, puede desencadenar una depresión si desestabiliza un sistema psíquico frágil. Muchas veces se tiene la impresión de que las situaciones no asumidas se acumulan y que cuando el vaso está lleno se desborda, saliendo la depresión. En qué medida sucede esto es algo que depende de la fuerza con la que uno lleve, por ejemplo, su propia fe y que proporciona el sentido de la vida que se necesita, o si hay alguna filosofía que nos haga preguntarnos si existe un sentido que nos llene tanto como para que tomemos la propia vida con tanta importancia como para que debamos seguirla. Existe una enorme diferencia si muere uno de nuestros cuatro hijos o si muere el único que tenemos. En el primer caso, los tres restantes proporcionan un argumento suficiente para seguir viviendo. En el último caso puede surgir la depresión, sobre todo cuando el hijo era el único contenido de la vida y con ello también su único sentido. Una vida carente de sentido lleva con facilidad a la depresión, que a su manera va marcada por sentimientos de falta de sentido. Las tentaciones de suicidio indican el escaso valor que tiene la propia vida para la persona afectada.

De todo lo dicho queda claro que un sentido para la vida más allá del trabajo y de la familia –por ejemplo la fe religiosa o una filosofía de la vida que intenta aportar un sentido a la existencia– no sólo es un requisito imprescindible para una vida plena, sino que es también la mejor de las profilaxis imaginables para la depresión.

Pérdida del contenido y el sentido de la vida

Puesto que situamos en un segundo plano le pregunta por el sentido de la vida, estamos creando hoy una amplia base para las depresiones. Cada vez hay menos personas con un vínculo religioso tal que tengan una respuesta. Una parte cada vez mayor se sale de las confesiones religiosas mayoritarias o al menos se aleja interiormente tanto, que en este sentido no cabe esperar consuelo ni orientación. Y cuando ya no se plantean preguntas, no puede producirse ninguna respuesta. En conjunto, en la sociedad moderna los contenidos son en muchas áreas cada vez menores, y muchas veces ni siquiera los percibimos. La ausencia ya descrita anteriormente de la indignación como reacción a la respuesta de la burocracia del ministerio alemán de cultura al estudio Pisa,* puede considerarse una prueba deprimente.

Desde la Segunda Guerra Mundial, la escuela ha ido alejándose cada vez más de los pensamientos de la escuela de la vida y orientándose hacia la preparación laboral lo más eficiente posible, y casi se ha convertido en un aprendizaje para el puesto de trabajo. Así, la mayoría de los jóvenes ya no buscan una profesión sino que se dan por satisfechos con un puesto de trabajo. Sólo por eso, podría considerarse a la moderna escuela como una eficaz preparación. Un puesto de trabajo se diferencia de una profesión en que no llama al alma y que tampoco se convierte en su vocación. Puesto que casi nadie mira hacia dentro e interioriza lo que le llama y que podría ser su profesión, no nos puede extrañar.

Los políticos piden a los escolares que acepten cualquier plaza de formación que esté libre si no encuentran las de su elección. Pero esto es la mejor receta para sembrar la insatisfacción y hace necesarios los programas de adaptación. Quien da consejos de tan cortas miras sólo para atraer a los jóvenes es evidente que ha perdido la visión de lo que es el sentido y el contenido de la vida profesional. Quien sigue su vocación encuentra naturalmente un sentido a esta actividad; quien sólo ocupa un puesto de trabajo busca exclusivamente un medio de vida económico. Esto último por sí solo no puede hacer felices, como es bien conocido. Sin un interés de contenido no se encontrará ningún sentido y donde falta el sentido, a uno le espera a corto o largo plazo el sentimiento de falta de sentido, que a la larga no puede soportarse y desemboca en la desesperanza. Ésta, a su vez, es tan insoportable que las personas que han perdido toda esperanza tienden a huir de su vida carente de sentido. De esta manera los pensamientos o incluso los intentos de suicidio se convierten en la consecuente estación final del camino, que es más una escapada, aunque hoy resulte lo que más se elige. Lo mismo que una excursión es a un camino, es un puesto de trabajo a una profesión, que puede dar alimento al cuerpo, pero no al alma.

La creciente escasez de un sentido reconocible con facilidad está naturalmente también en nuestro sistema, que cada vez deja desaparecer más profesiones manuales, que ya a primera vista tienen un sentido, y en su lugar crea puestos de trabajo cuyo único sentido es ganar dinero. Quien ha de vender cosas que no le gustan y cuyo sentido no alcanza a

---

* El autor lo centra en Alemania, pero lo expresa de manera aplicable al resto de la UE donde se ha realizado este estudio general *(N. del T.)*

comprender, por un lado se frustra por ser un mal vendedor y por otro se convierte a corto o largo plazo en una víctima de los sentimientos de falta de sentido. Este destino afecta cada vez a un mayor número de personas.

Incluso en las formaciones más diferenciadas, es decir en las universidades, parece que el contenido queda en medida creciente en un plano posterior y no pocas veces fuera del campo visual. La especialización avanza en todas las áreas a tal rapidez que a menudo se pierde la relación con el conjunto. Lo extremo que puede llegar a ser el resultado de esta evolución nos lo muestra la medicina. El médico general, que todavía tiene a la vista la medicina entera y en el caso ideal a la persona en todo su conjunto, va quedando desfasado, simplemente porque apenas se le da reconocimiento y en muchos casos incluso recibe unos sueldos sorprendentemente malos. El especialista, por el contrario, apenas puede quejarse. A eso se añade el que en la medicina, como en apenas ningún otro campo, el contenido no se tiene absolutamente en cuenta. Ése es el punto en el que se fija mi interpretación de los cuadros clínicos. ¿Quién juzgaría una pintura o una obra de teatro exclusivamente por sus aspectos formales? Pero es lo que sucede de manera constante en la medicina convencional. Aunque no encontramos en todo el mundo ni un solo objeto, ninguna cosa, que tenga forma pero que carezca de contenido, esto es lo que se hace exactamente para cuadros clínicos como las úlceras gástricas o los tumores. Una posición absurda que afortunadamente pierde cada día más adeptos entre los pacientes, mientras que aumenta el número de quienes confían y quienes aplican la búsqueda de una interpretación. Poco a poco ha comenzado a haber también médicos que adquieren esta formación, que muchos naturópatas practican desde hace años.

Allí donde se ha perdido la relación con la globalidad, también se produce una pérdida del sentido. Quien apenas puede explicar a los demás el sentido de su trabajo no es raro que corra el riesgo de perderlo él mismo. En realidad ni siquiera puede aconsejarse a las personas de la moderna economía del dinero meditar acerca del sentido de su actividad, pues a muchos de ellos pronto les causaría sentimientos de culpabilidad y a largo plazo, y bajo determinadas condiciones, desencadenaría también depresiones.

Ganar dinero carece en sí de cualquier contenido más profundo. A este respecto hay cada día más ocupaciones que aunque están bien pagadas, provocan al conjunto incluso más perjuicios que beneficios, y pensemos por ejemplo en las enormes dimensiones de la moderna industria armamentista.

Pero los sentimientos de culpabilidad y de ausencia de sentido en el ámbito laboral, dado que éste posee una influencia creciente sobre la vida y en particular sobre el status vital, tienen muchas veces una importancia decisiva. Si la Comisión de la UE llega hoy a la conclusión de que una cuarta parte de la población comunitaria está psíquicamente enferma y necesitada de tratamiento y que el ochenta por ciento de ellos padecen depresión, nos quedan bien claras las dimensiones de esta desventura. La pérdida creciente de contenido en todas las áreas de la vida, que lleva consigo ignorar la calidad a favor de la cantidad, favorecerá que sigan aumentando las depresiones.

De este modo, desde el jardín de infancia, pasando por la escuela y hasta la universidad, la búsqueda de sentido va quedando en medida creciente relegada bajo la mesa. De las familias que son incapaces de realizar incluso las tareas educativas más sencillas, apenas cabe esperar impulsos a este respecto. ¿Qué padre va con su hijo a un seminario orientativo sobre su futuro, o qué madre con su hija? Aunque son infinidad las instituciones que han retirado de sus programas la búsqueda del sentido, esto sigue teniendo una importancia decisiva para la felicidad en la vida de una persona.

Quedan, por tanto, sólo la búsqueda y el hallazgo del sentido individuales. Cuando se observó que la atención estatal a los ancianos ya no sería suficiente, se ha informado a la gente de que en el futuro les faltará algo importante si ellos mismos no toman sus propios cuidados. Sobre el aspecto mucho más relevante de la búsqueda del sentido, que supera con mucho al aspecto material de la vida, no se ha dicho nada. Quizás ninguno de los responsables se haya dado cuenta de que este rincón provocará enormes problemas en el futuro.

Aunque se trate de la búsqueda de contenidos y objetivos religiosos o filosóficos, eso es menos importante que el hecho de que se vuelve a producir una búsqueda prometedora de éxito. De todas maneras, unas metas centradas en la búsqueda de un primer plano no parecen conferir el suficiente sentido. Quien tiene como meta principal o incluso única en su vida la construcción y el pago de una vivienda propia, no está en modo alguno asegurado frente a la depresión. Por el contrario, ésta acaece cuando la casa está completa y entonces, de pronto, la vida aparece vacía. Habría que evaluar de un modo similar el ya mencionado síndrome del nido vacío y la correspondiente depresión. Incluso la manutención de una familia no es una protección frente a la depresión, en cualquier caso no lo es en una fase de la vida en que este papel debería llegar a su final de un modo natural cuando los hijos se van de casa, o al menos deberían poder hacerlo.

Cuando instituciones tan importantes como la escuela o la universidad no pueden transmitir ningún sentido profundo y los padres y los educadores se toman con menos seriedad a sus hijos, en lo que respecta a valores y cuestiones sobre el sentido, aparece un déficit que habrán de padecer el individuo y la sociedad en su conjunto. Por supuesto que siempre habrá algunas personas que se pregunten por el sentido de la vida, pero allí donde una amplia mayoría deje de hacerlo, las depresiones acabarán por ser una epidemia.

Ausencia de autorrealización

Quien no puede aprovechar las propias posibilidades aunque quisiera, con el tiempo estará progresivamente más frustrado y con riesgo de caer enfermo. Es obvio que el propio desarrollo forma parte de las tareas de la vida. A decir verdad incluso es sano, y un buen síntoma, si en una situación desilusionante una persona comienza a sentirse insatisfecha. Significa que todavía está lo suficientemente viva como para reaccionar. Precisamente a partir de esa insatisfacción puede surgir la fuerza para emprender algo en la dirección de la autorrealización. Donde hay todavía vivacidad en el sentido de vivificación o inspiración, también puede producirse la curación. Por el contrario, donde sólo dominan la resignación y la muerte, auque el crecimiento todavía es posible en forma de un cáncer –y en esta forma incluso probable– resulta difícil la curación y sólo con un cambio total de actitud. Pero si incluso esto se impide, por ejemplo debido a la pareja o por circunstancias adversas de la vida, se puede llegar a la desesperación y al aburrimiento de vivir. La aparición de una depresión no queda entonces muy lejos. Si se bloquea la oportunidad de recorrer el propio camino y va alejándose cada vez más la individuación, la desesperación es la reacción más sana.

Algunos pacientes, por ejemplo con relación a su pareja bloqueante, dan los primeros pasos hacia la depresión incluso de manera medio consciente siguiendo el lema de «si no me dejas vivir, al menos podrás sentirte ahora culpable de mi languidecer». Se sienten entonces como mártires que aguantan en una situación para ellos totalmente inapropiada, por así decirlo entregando su vida para que los hijos conserven la familia, para que los demás no caigan en la desesperación, para que los padres mantengan el ánimo o por cualquier otro motivo. De este modo entran progresivamente en la depresión, hasta que se produce una especie de obsesión. Esto puede llegar hasta el punto en que se parece a una verdadera locura para acabar siendo indistinguible. En realidad están poseídos por su visión de las cosas. Pero quien durante mucho tiempo simula algo, por ejemplo un orgasmo, no es raro que al final experimente que de eso surge algo auténtico, por ejemplo un orgasmo verdadero. Para este caso debería hacerse con gran frecuencia, muy bien y con total entrega. Por desgracia, esto sucede también con la depresión, sobre todo porque por sí misma lleva algo de contagioso y adictivo. No sólo puede contagiar a otros –en algunos siglos ha infectado a capas enteras de la población debido al mórbido atractivo de su ánimo melancólico– sino que también puede actuar del mismo modo sobre el propio organismo, de tal manera que un episodio infecta al siguiente y se inicia un crecimiento de tipo canceroso que, tal como se ha dicho, puede incluso dejar huellas permanentes en el cerebro. A la depresión se la podría considerar entonces también como el cáncer del alma, que va carcomiendo poco a poco con la tendencia a vaciar toda la personalidad y dejar detrás de sí una cáscara y un vacío.

Pero a la postre, detrás de un martirio de este tipo se oculta siempre el autoengaño en forma de una mentira a la vida. Si los afectados se interesaran realmente por el trasfondo, sólo encontrarían el propio miedo o la inhibición que impide liberarse. Por lo general simplemente no se atreven a los siguientes pasos del proceso. No quieren exigírselos a otros, pero sobre todo se los quieren ahorrar ellos mismos. Y desde luego, lo más cómodo es dejarse desanimar y pasar con ello el problema a los demás o a la sociedad, con el lema de que «Preocuparos si queréis que salga algo de mí».

Las estrategias de represión en los mecanismos de este tipo son múltiples. Está la huida en el sueño, o sólo a la cama ya que por lo general no se puede dormir, incluso si uno se encuentra *agotado* o hasta *cansado de vivir*. Otra estrategia de huida conduce hasta el alcohol, que muestra con mayor suavidad las asperezas del propio mundo, que aunque en la resaca se presenta de nuevo como una ilusión lleva de manera progresiva a emborracharse en mayor o menor grado.

También puede abusarse de otras drogas, incluidas las del recetario del especialista, para huir. Y después de todo, también los intentos de suicidio no son otra cosa que intentos de huida en un dramático envoltorio. En el estadio de la conciencia de mártir, suelen tener por lo general un carácter de apelación y quieren que el entorno se despierte ante sus propias miserias. Incluso cuando el aspecto de exigencia se vea fácilmente al principio, cualquier intento de suicidio debe tomarse muy en serio puesto que lleva consigo algo terriblemente contagioso. El peligro de contagio no sólo se da entre los individuos de una población, sino también dentro de la propia persona ya que una desesperación puntual se transmite a otras experiencias. Quien con frecuencia suficiente hace intentos de matarse, llegará un momento en que lo conseguirá de veras.

La progresiva depresión podría hacer ver con claridad a las personas afectadas cómo se sienten muertas en la miseria existentes y que en estas condiciones no quieren seguir viviendo más. La depresión se convierte aquí en el mensaje que señala la deficiente individuación. La única salida lógica a esta situación es la ya apremiante autorrealización. Si se reprime la depresión permanentemente en este estadio con psicofármacos potentes, también se ahogarían los impulsos de desarrollo y los afectados quedarían muy por detrás de sus posibilidades.

Deberíamos partir de la hipótesis de que ignorar los impulsos de individuación durante mucho tiempo, tanto consciente como inconscientemente, cristaliza en síntomas patológicos y, sobre todo, como una depresión. Después de haber infravalorado de manera continua la importancia de encontrar un sentido y haberse hundido la vida progresivamente en el materialismo, la autorrealización carece de cualquier prioridad en la mayoría de los modernos seres humanos. Tal como ya se ha hablado en el capítulo correspondiente, cada vez son más las profesiones que desde un principio tienen hoy únicamente un carácter de puesto de trabajo y no llevan, pues, ninguna oportunidad para el propio desarrollo, por no decir de la autorrealización. A nivel gubernamental sólo se buscan puestos de trabajo y se inventan cosas tan absurdas como los trabajos a un euro, que ya de por sí suponen un insulto para quienes deben realizarlos. Lo mismo sucede con los llamados trabajos basura, que surgen como setas del suelo y que no aportan nada al desarrollo o a la individuación. Quien los puede hacer, tampoco encuentra ninguna satisfacción.

Si no existe además ninguna relación de pareja o sólo una cuyo sentido está en sentirse bien en lugar de salvarse, como sucede por regla general hoy en muchas de las relaciones, se va por mal camino. Las oportunidades de autorrealización son ahora escasas, toda vez que la búsqueda religiosa ya no es una opción para la mayoría, y la búsqueda espiritual todavía no lo es. La respuesta adecuada a los problemas planteados sería reemprender la búsqueda del sentido de la propia vida y del propio camino. Es mejor ponerse en movimiento que agarrotarse, pues puede abrir esperanzas. Como una guía importante en la impotencia y la falta de perspectivas podría valer el dicho ya citado de mi viejo maestro: «donde no hay alegría, tampoco hay camino».

La obsesión por el trabajo

Quien coloca en la vanguardia de su vida la eficiencia y el rendimiento, estas dos características tan ensalzadas en el mundo moderno, y con ello pierde la alegría en el trabajo y la creatividad, corre también un grave peligro de verse afectado por la depresión. Los llamados «workaholics», que salvo su trabajo no tienen nada más en la vida, por lo general lo que hacen con ello es compensar su mala auto-conciencia o desviar los temores en cuanto a intimidad y sentimientos. Un animal de trabajo de este tipo, debido a su furia por trabajar suele exigir, y recibir, consideración y respeto por parte de la pareja y la familia puesto que el mensaje dice: «¡Lo hago todo por vosotros!». Se llega así a un círculo vicioso ya que debido a la consideración conseguida el contacto es todavía menor y la comunicación se agota cada vez más. Muchas veces no es raro, sin que el afectado lo perciba, que vaya abriéndose paso poco a poco una depresión. En ocasiones tampoco la pareja o la familia observan nada, puesto que papá existe sólo, por así decirlo, como objeto de respeto.

A partir de situaciones de este tipo surgen con facilidad depresiones «larvadas» con síntomas iniciales tales como dolores de cabeza y de nuca, problemas de espalda y accesos de sudoración.

Sobrecarga y agotamiento

La depresión por agotamiento debe entenderse en esencia a partir de la teoría del estrés. Cuando una persona abusa de sus fuerzas y se agota por completo, esto provoca un enorme estrés al organismo. Este agotamiento puede desequilibrarle, de tal modo que surge una depresión. Hoy son multitud las posibilidades que se brindan para agotar más allá de cualquier límite las fuerzas y las reservas de energía: desde el exceso de trabajo del típico «workaholic» hasta la doble y múltiple carga de las amas de casa, o la diversidad de cargas de las madres que trabajan o de las madres solas.

Nuestra sociedad conoce y promueve tanto el estrés por falta de estimulación, como podemos observar entre los desempleados, como también el estrés por sobreesfuerzo, como el resultante casi de manera obligatoria en el marco de la globalización a partir de la exigencia de ahorrar cada vez más mano de obra y que los que quedan trabajen más.

Además, el día a día particular provoca multitud de situaciones de sobrecarga, como también una ausencia de estimulación crónica. Ambas cosas hacen que la persona se salga del ámbito del flujo. Por encima de esta zona, en la sobrecarga, se percibe estrés, lo mismo que por debajo de ella, en la falta de exigencias. Pero dado que el estrés permanente arrastra consigo la enfermedad, y en primer lugar las depresiones, tenemos aquí otra fuente de males, que es además esencial. Las depresiones por sobrecarga se desarrollan, para el caso de un gerente de empresa, a tenor del modelo siguiente: primero se produjo la fusión de la empresa con otra que antes era de la competencia, algo que logró superar trabajando más, después llegó la depresión, que desembocó finalmente en la enfermedad crónica. Resulta interesante que el ochenta por ciento de las fusiones fracasan económicamente. Es evidente que se producen a partir de la mentalidad del valor del accionista y también, posiblemente, por un cierto afán de grandeza de los cuadros superiores, que en estas condiciones incrementan jugosamente su influencia y sus ingresos. Después de todo, caen en un error de traducción de la teoría de la evolución darvinista. Lo que dice Darwin es «*survival of the fittest*», es decir, no la supervivencia de los más fuertes (*the strongest*) o de los más grandes (*the biggest*), sino de los mejor adaptados (*the fittest*).

Peor les va a los empleados y trabajadores que quedan después de innumerables procesos de selección, que deben realizan las tareas de los compañeros que la empresa se ha ahorrado. En una situación de sobreesfuerzo no buscada por ellos mismos han de poner buena cara al mal tiempo, en un juego que provoca enorme estrés a su organismo.

La situación es todavía peor para los compañeros eliminados, puesto que no hay nada que sobrecargue tanto al alma como la crónica falta de exigencias del desempleo y el mensaje (durante años) de «No se te necesita». Esta situación es tan mala que incluyo los trabajos de un euro, insultantes para el alma, parece que se soportarían mejor, aunque eso lleve claramente el mensaje de que «Tu trabajo no vale casi nada». Una persona afectada lo describía del siguiente modo: «Te das contra la pared. Las esperanzas se truncan. Después viene la frustración y quieres esconderte. Te avergüenzas y no quieres nada más, y entonces vas arrastrándote hasta el día siguiente».

Es lógico que las circunstancias de este tipo estén llenas de sentimientos de falta de sentido. A quien se le da constancia por parte del estado de que es prácticamente inútil, tiende a sentirse a sí mismo no sólo inútil, sino también sin ningún valor. Surge así el campo de cultivo ideal para las depresiones. Ya en 1933, en uno de los primeros estudios socio-psicológicos del desempleo,[19] pudo demostrarse que la pérdida del trabajo favorece las depresiones.

---

19. Marie Jahoda, Paul Felix Lazarsfeld, Hans Zeisel, *Die Arbeitslosen von Mariental. Ein soziographischer Versuch über die Wirkungen langandauernder Arbeitslosigkeit,* Suhrkamp, Frankfurt, 1975.

Sin embargo, las depresiones por sobrecarga también pueden originarse a partir de crisis vitales no superadas, en las que nos resignamos porque, por un lado, faltan todas las bases para dar el paso hasta la siguiente etapa y, por otro lado, se sabe que tal como se esta hasta ahora no puede avanzarse.

Las relaciones sin perspectiva que se arrastran a lo largo de años al no abordarse de manera activa los problemas por miedo, deseo de armonía o ceguera, son también sospechosas de causar depresiones. Aparece la ilusión de que los problemas se resolverán por sí solos o que el tiempo cura todas las heridas, pero acaban convirtiéndose en conflictos crónicos que se llevan tanta energía que ésta comienza a percibirse en otros lugares. Sin embargo, la falta de energía y la resignación preparan con celeridad el terreno pantanoso para las depresiones.

Por último, están también los motivos puramente externos que se convierten en sobrecargas insoportables. Por ejemplo, el aumento de los intereses pone cada vez más en aprieto a quien construye su propia casa hasta hacerle la vida imposible económicamente. Si debe vender entonces su casa en condiciones por lo general desfavorables, sabiendo que los últimos años ha estado trabajando en vano o sólo para los accionistas anónimos de un banco, puede resultar demasiado y dar paso a una depresión.

Otra fuente de sobreesfuerzos psíquicos es cuando las propias aspiraciones interiores se encuentran muy lejos de la realidad exterior. Quien se considera un genio agraciado de la música que está por descubrir y tan sólo puede tocar en una banda de entretenimiento, puede comenzar a padecer. Quien siente en sí un gran literato pero tiene que escribir para una prensa del corazón, se encuentra bajo una tensión que en algún momento se convertirá en excesiva. También en el caso de que la aspiración sea espiritual y la separación entre el nivel de desarrollo alcanzado y la realidad sea demasiado grande, la huida hacia la depresión puede parecer una salida. Si el Ego hace presión y la vida diaria no permite traducirla como corresponde, aparece el riesgo y si siguen dándose las condiciones marco apropiadas es posible el desarrollo de una depresión.

Si interpretamos las depresiones resultantes de las situaciones de este tipo, tal como ya se ha mencionado podría considerárseles parientes del letargo invernal o, por analogía, del coma artificial de la medicina. Cuando unas circunstancias exigen demasiado al sistema, llega un momento en que éste desconecta temporalmente. Las personas afectadas pasan a un estado de indiferencia y dejan de participar en una vida que no les ofrece ninguna oportunidad. Entendidas de este modo, las depresiones son el necesario letargo invernal con el que la persona afectada se desconecta de la locura exterior. El sistema descansa en esencia. Aunque se siente muerto, apenas consume energía –también se percibe que no la hay –. Sin embargo, ahora puede producirse tanta regeneración que más tarde podrá participarse de nuevo sin sufrir daños en el juego que antes se consideraba ya insoportable. En consecuencia, la depresión es, por un lado, una retirada lógica para evitar daños mayores. Pero por otro lado es un boicot a todo lo que le es sagrado a la sociedad, que irá siempre seguido de la correspondiente valoración negativa. El elevado y creciente número de depresivos muestra el modo consecuente como esta sociedad se mueve a un nivel que obliga cada vez a más gente a tomarse tiempos muertos y medidas inconscientes de boicot, a costa de la propia salud y de la vida social y el progreso.

El sistema de la familia

Analizar el sistema familiar proporciona también un intento de explicación causal del origen de las depresiones. En la denominada constelación familiar, dentro del marco de un ritual espontáneo se anima a quien busca ayuda para que relacione a los miembros de su propia familia por medio de sustitutos y los encuadre dentro de ella.

Según la experiencia de los terapeutas que han trabajado con este método, muchas veces la causa de las depresiones está en el menosprecio de los padres. Cuanto más furioso y enojado está alguien frente a sus padres y más les mire con desprecio, tanto menos podrá aceptar su fuerza paterna y más depresivo se volverá. La depresión desaparece cuando se acepta a los padres tal como son, escribe Thomas Schäfer.[20] Lo cierto es que quien desprecia a sus padres se denigra a sí mismo. Le falta algo decisivo en la vida, tal como nos lo muestra la historia de la vida de Hermann Hesse y las problemáticas relaciones con sus padres.

El llamado «tomar de los padres» es un elemento importante de la constelación familiar sistémica, pero forma también parte de cualquier psicoterapia. Puede entenderse con facilidad tomando como analogía la imagen de un árbol. Uno que no acepte sus raíces y que en consecuencia tampoco las aproveche, tendrá dificultades y no crecerá ni podrá llegar a florecer. Por consiguiente, aceptar a los padres –y, además, tal como son realmente– es un paso importante en el camino de convertirse en adulto y de independizarse.

El terapeuta Reinhard Lier ve la depresión como un padecimiento compensatorio en el sentido de un castigo autoimpuesto, por ejemplo por el mal comportamiento frente a los padres. Al castigarse a sí mismas de esta manera, las personas afectadas se desenganchan de la energía de los padres. No pueden –en el lenguaje de Bert Hellinger, el fundador de la constelación familiar– tomar de sus padres la necesaria fuerza vital y en lugar de ello se hunden en la depresión.

En los planteamientos sistémicos la depresión se muestra a menudo como una especie de autocastigo por un proceder que al alma le parece grave, como puede ser un aborto. No sentir duelo por un allegado fallecido puede desempeñar también un cierto papel. La depre-

20. Thomas Schäfer, *Was die Seele krank macht und was sie heilt. Die psychotherapeutische Arbeit Bert Hellingers.*

sión, tal como se ha indicado ya dentro de otro contexto, es a menudo la reacción a traumatizaciones graves del tipo del abuso, la violencia sexual, la tortura y un largo cautiverio, y también como reacción ante grandes catástrofes medioambientales como la de Chernobil, o la pérdida de la patria al ser desterrado. En los traumas de origen bélico se añade a esto el no poder aceptar la propia supervivencia a la vista de los camaradas muertos. Los afectados preferirían, por así decirlo, estar muertos en lugar de los camaradas caídos. Esta aceptación sustitutiva del padecimiento se encuentra también en relación con hermanos muertos prematuramente. Este «estar muertos» se vive más tarde en la depresión.

Puede suceder también que las personas «paguen» haberse salvado de un gran peligro. Los cuadros clínicos podrían deberse entonces a que la persona salvada «pagaría» o «purgaría» secretamente de este modo por su salvación. Detrás está la idea de que no pueden aceptar el regalo de la vida. Como salida está el correspondiente agradecimiento. Quien se ha librado de un enorme peligro debería comenzar de nuevo la vida. Quien no lo ha agradecido lo suficiente según su propia vara de medir, se comporta entonces como si estuviera muerto aunque esté vivo. La forma más sencilla y al mismo tiempo más convincente de estar «muerto en vida» es de nuevo, lógicamente, la depresión. La solución está en aceptar la salvación como regalo y conservarlo también como tal en la conciencia. Para ello, la persona afectada debe regresar mentalmente –al nivel más interno de las imágenes– a la situación original. Y muchas veces se darían cuenta de que la muerte sería para ellos el camino más sencillo.

La depresión aparece reiteradas veces como sustituto de una determinada actuación. Con ella se puede eludir, por ejemplo, una discusión retrasada con la pareja o evitar una separación pendiente. Es evidente que para muchas personas es más fácil sufrir que resolver y actuar.

Estas estimaciones concuerdan en lo esencial con los resultados encontrados, por ejemplo en la teoría de los traumas, así como con las experiencias de nuestra psicoterapia. La constelación familiar llega a valoraciones que en muchos aspectos son similares a los de la terapia de la reencarnación, aunque debido a su marco específico prescinde de algunos niveles de aclaración. Cuando Bert Hellinger supone que todo sistema tiende a la integridad, eso equivale por completo al punto de vista budista o también a la experiencia terapéutica de que todo tiende a completarse. Este estado de cosas resulta más fácil de explicar y aceptar en el sistema de la cadena de la vida.

Alimentación carencial y carga medioambiental

Los factores alimenticios son importantes, tanto en la aparición de un proceso patológico como en su curación. Sin embargo, el que sea el principal causante como afirman los especialistas y los apóstoles de este campo, me parece exagerado.

No obstante habría que solucionar en cualquier caso la extendida carencia de ácidos grasos Omega 3 ya que daña a muchas personas a diferentes niveles. La composición exacta y el papel de los ácidos grasos Omega 3 en nuestra alimentación lo encontrarán en el capítulo correspondiente a las grasas en mi libro *Richtig Essen*, pudiéndose consultar allí en la parte de tratamientos algunos consejos concretos sobre nutrición.

La relación entre la melancolía o la depresión y los metales pesados no se ha podido demostrar hasta la fecha, aunque existe esa sospecha desde hace mucho. Por ejemplo, el aumento de la contaminación con plomo de nuestro entorno va unido, efectivamente, a la acumulación de las depresiones. No obstante, las «relaciones» de este tipo deberán mirarse con precaución. En cualquier caso, también durante mucho tiempo se estableció una relación causal entre el incremento en el consumo de gasolina y las tasas crecientes de cáncer de pulmón. Si existiera una relación entre el plomo y la depresión más allá de expresiones corrientes y dichos, pronto deberíamos observar un retroceso pues que está disminuyendo la carga de plomo al ser obligatorio en los coches la instalación de catalizadores, que no pueden consumir gasolina con plomo. Pero por desgracia no parece existir esa relación por cuanto que las depresiones siguen aumentando.

Pero, por supuesto, existen también otras contaminaciones con metales en nuestro mundo moderno. Simplemente por la infinidad de vacunas a las que se les añade como conservante Thiomersal, que contiene plomo, existe de hecho una contaminación con plomo en casi todos los niños. Aunque la industria farmacéutica continúa quitándole importancia, los cambios realizados últimamente con las vacunas indican que había problemas.

Dentro de este contexto habría que pensar también en el mercurio de los empastes odontológicos, que desde hace tanto tiempo son objeto de críticas, y sobre lo que no existen estudios probatorios, auque sí sospechas. Habría que investigar si entre los dentistas, pues ellos mismos son los más expuestos, se da un mayor número de depresiones.

Desde el punto de vista de la homeopatía clásica, el plomo, el mercurio y otros metales producen síntomas sifilíticos, es decir, actúan modificando destructivamente en la profundidad de los tejidos. Esta potencia fundamentalmente destructora podría participar igualmente en la creciente aparición de las depresiones. A eso hay que añadir que en esas intoxicaciones se producen síntomas que muestran una estrecha relación con los de la depresión.

En el punto central de la farmacología homeopática Aurum (oro) significa el deseo de la muerte. Los correspondientes tipos humanos suelen tener éxito en el sentido de que todo lo que tocan se convierte realmente en oro. Aurum es un remedio arquetípicamente masculino, que tiene el sol en su lado luminoso pero que también conoce las sombras. De todas maneras, a partir del oro no se produce apenas un envenenamiento material. Incluso parece ser inofensivo en prótesis dentales, al menos en comparación con las amalgamas. Pero al ser un factor psíquico determinante en una sociedad codiciosa podría convertirse en un problema, en el sentido de la homeopatía. En última instancia todo gira alrededor del oro y del dinero. Sin embargo, si tenemos un problema colectivo con el oro, puede manifestarse como un síntoma en algunas personas particularmente dispuestas. A menudo existe en realidad ese modelo arquetípico en que la vida comienza de modo idealista y finaliza materialista. Medido con las aspiraciones del viaje heroico, esto es exactamente el desarrollo inverso y muestra una realización. Este aspecto de las sombras podemos reconocerlo en el Fausto de Goethe en la forma de un ser humano que originalmente está lleno de altas aspiraciones espirituales, que se va perdiendo en el transcurso de la vida y que se ve empujado por la apetencia hacia la materia.

La base psíquica de la depresión

Clasificación por tipos según los cuatro elementos

Es obvio que en situaciones difíciles, una persona puede reaccionar o enfermar de modos muy distintos. Mucho depende de lo que aporte en la vida, de lo que ha adquirido en su comienzo y del modo en que está marcado su equipamiento psíquico.

Apenas habrá personas completamente sanas, pero aún así es imaginable y puede describirse. Puesto que es un buen punto de partida para poder entender después mejor las distintas variaciones, deberá perfilarse como ideal en unas cuantas parábolas.

Como ser humano completamente sano y desarrollado carece de sombras ya que es totalmente consciente. Está en equilibrio y reposa sobre su centro, que en cualquier momento puede abandonar aunque no deba. Puede estar solo aunque no tiene por qué ser así, lo mismo que puede disfrutar de la compañía de otros, aunque sin necesitarlo a todo trance. Puede establecer relaciones profundas, aunque no tiene por qué hacerlo. Todo él es entrega pero sin perderse, puede amar y trabajar pero no necesita ambas cosas. Puede actuar para sí mismo y para los demás sin padecer el síndrome del samaritano. Se analizará sin desgarrarse, sin quedar abrumado por las emociones. Podrá tener en todo momento sus metas en el punto de mira y ver a cualquier adversario en cualquier situación como a un prójimo. En el amor puede entregarse y hacerse una unidad consigo mismo y con su pareja. Vivirá de modo consciente su organismo y también su entorno y vivirá lleno de alegría en ambos. Puede percibir el momento adecuado y corresponderlo tanto en el sentimiento como en la acción. Le dará lo que le debe y obtendrá lo que necesita. Así por ejemplo, en la época del gran cambio invertirá el sentido de su vida y conscientemente iniciará el camino de vuelta al hogar, sabiendo que se trata de años y no de meses de cambio. Su envejecimiento le hará sabio y continuará su crecimiento. Puede reconocer el gran orden del cosmos y aceptarlo. Cumplirá sus leyes, se doblegará y reafirmará lleno de veneración y respeto. Vivirá momentos de felicidad crecientes que le elevarán, sin por ello dejar de tener los pies sobre tierra. Percibirá, lleno de agradecimiento, cómo estos momentos son más cada vez y cómo fluyen a esa felicidad serena que emana de ellos, y experimentará conscientemente cómo ceden las últimas resistencias para ser la unicidad consigo mismo y su camino con el mundo.

Si damos crédito a las tradiciones espirituales y a las religiones, en todos nosotros se alberga este ser humano ideal. Sin embargo, hay un largo camino hasta reconocerlo y, sobre todo, hasta hacerlo realidad. En este camino hacia el ideal distintos problemas aparecerán de un modo más o menos claro, y médicos y psiquiatras lo tutelarán conforme a sus respectivas teorías e hipótesis y a menudo, por desgracia, lo gestionarán. Con las teorías intentamos ordenar y sistematizar el mundo, en este caso los problemas, para lo cual es necesario establecer delimitaciones. Éstas aportan poco por sí mismas y con frecuencia sólo son la expresión del encubrimiento de un miedo. Pero sobre todo al utilizar las teorías hay que tener en cuenta siempre que la transición entre el comportamiento normales y el neurótico o psicótico suele ser fluida. Con respecto a nuestro tema, esto significa que cualquier persona «normal» también puede tener estados de ánimo tristes y melancólicos.

Toda persona puede asignarse a una determinada estructura psíquica, que se dividen, por ejemplo, según los cuatro elementos clásicos: agua, fuego, aire y tierra, pero que según la teoría de los temperamentos serían también flemáticos, coléricos, sanguíneos y melancólicos. Según el modelo de neurosis, a su vez, se habla de los tipos depresivo, histérico, esquizoide y obsesivo compulsivo. Este último modelo describe más bien algo que es patológico; aunque no se dice en este sentido, puesto que todo el mundo tiene algo de estos tipos y cada uno puede asignarse a una o dos de las otras categorías.

La división en tipos según los criterios indicados tiene la ventaja de que coinciden en lo esencial y puede agruparse sin problemas los tipos fuego, colérico e histérico, lo mismo que los tipos aire, sanguíneo y esquizoide. También los tipos agua, flemático y depresivo van juntos, como lo son también los de tierra, melancólico y obsesivo depresivo. El hecho de que a la estructura depresiva y a la melancolía se les haya elementos distintos, el agua y la tierra, puede sorprender a primera vista, pero después vemos que concuerda muy bien. Por otra parte, ambos reúnen el elemento femenino que tienen en común: el agua en los depresivos y la tierra en los melancólicos.

Por muchas dudas que se tengan en estos sistemas hay que admitir que sin orden no nos podemos orientar, y por lo tanto recogeremos aquí el propuesto por el psicólogo alemán Fritz Riemann en su libro *Formas básicas de la angustia*[22] y que aprovecha el paralelismo entre el microcosmos del ser humano y el macrocosmos del mundo. Emmanuel Kant decía: «Hay dos cosas que me llenan siempre del más profundo respeto: el cielo estrellado sobre nosotros y la ley moral en nosotros, aplicado de tal manera que la ley moral en nosotros sería el reflejo o equivalencia del orden cósmico, del cielo estrellado sobre nosotros». En este sentido y sobre el fondo de la analogía descrita por Paracelso entre el ser humano como microcosmos y el mundo como macrocosmos, Riemann proponía dividir los cuatro tipos humanos en las correspondientes grandes leyes cósmicas que podemos reconocer. Es un sistema que aporta mucho sentido y orden a las personas de pensamiento analógico.

22. Fritz Riemann, *Formas básicas de la angustia: estudio de psicología profunda*. Editorial Perder, 1978.

Clasificación por tipos según las leyes cósmicas

Revolución: girar en torno a lo más grande

La palabra *revolución* procede del latín *revolvere* (revolver) y no designa aquí nada albo-rotado o agitado, sino lo contrario, la dependencia de la Tierra alrededor del Sol. Lo mismo que un niño alrededor de su madre, la Tierra gira alrededor del centro radiante, el Sol, lo mismo que otros muchos planetas-hijos. Si no fuera así, la Tierra se saldría de la elíptica, la estructura familiar del sistema solar, para perderse en el espacio. Entonces se enfriaría, convirtiéndose en un cometa. A este nivel de lo que se trata entonces es de subordinarse y de girar alrededor de un centro mayor y situado por fuera. Los propios deseos e individua-lidades deben posponerse a favor de la adaptación a una pertenencia de orden superior.

Psicológicamente se describe aquí la *dependencia del hijo con la madre*. En los elemen-tos equivale al *agua*, ante todo adaptable y capaz de aceptar, que sigue todos los caminos pre-fijados. En el plano de los principios fundamentales se corresponde al *principio lunar* feme-nino, que refleja, colabora y no emprende mucho por sí mismo. Pero al arquetipo de la Luna también pertenece lo infantil, con lo cual tenemos una nueva referencia a la permanencia en lo infantil de la depresión. La división de caracteres ve este principio expresado en el *flemá-tico*, que se deja llevar pasivamente por la corriente. Adaptable, sigue el juego allí donde se le deje. Si no, lo abandona. C. G. Jung asigna a este tipo la *función del sentimiento (agua)*.

Referido a esta etapa de la evolución de la humanidad habría que encuadrar aquí la *vida filogenético arcaica*, en la que el individuo no cuenta y la comunidad lo es todo. En la teoría de la neurosis equivale al *depresivo*. Las personas así estructuradas llevan una vida adaptable y que reacciona como un eco. En la comunidad de la familia se encuentran cómodos, mientras que están perdidos como luchadores individuales en la moderna jungla de la gran ciudad. En la asignación a lo arcaico se reconoce ya que estas personas lo lle-van mal con el moderno espíritu de los tiempos, que se apoya inmisericorde sobre el Ego y desprecia la relación frente al Tú.

Resulta ser un problema a menudo que el cuadro clínico psiquiátrico correspondiente trabaje con la misma palabra; también en este caso se habla de depresión. Esto da pie a confusiones pues los conceptos antes citados no tiene el sentido de enfermedad por lo que se brinda entonces hablar, como Fritz Rieman, de *revolución*, el giro pasivo alrededor de algo superior. Con ello se juega con una menor valoración.

Rotación: girar alrededor de uno mismo

Los otros tres tipos de Riemann los describiremos brevemente para que todo resulte más completo. La *rotación* se refiere al giro de la Tierra alrededor de sí misma, alrededor de su eje o centro. Sin ella, la Tierra sería un satélite como la Luna. Psicológicamente este principio equivale a la *individuación* en el sentido de C.G. Jung. Se trata sobre todo del propio desarrollo. En el plano de los elementos se corresponde al *aire*, que no puede asirse, agarrarse, y en el de los caracteres al *sanguíneo*, que se considera la medida de todas las cosas y busca las soluciones en sí. C. G. Jung incluye aquí el *pensamiento* (aire). En el desarrollo de la humanidad equivale a la *edad moderna*, en la que el individuo está sobre todo, el aislamiento se manifiesta en la sociedad de personas solas y el Yo se sitúa muy por delante del Tú. La teoría de la neurosis habla de *esquizoides*, que sólo confían en sí mismos y que por consiguiente están muy solos. Para la psiquiatría se abre aquí la puerta a la *esquizofrenia*.

A partir de estos principios resulta claro lo difícil que es recorrer todo el camino de la autorrealización. Por un lado tenemos que subordinarnos, por ejemplo en la infancia, por otro lado tenemos que recorrer también nuestro propio camino y encontrarnos, por ejemplo después de la pubertad. La persona de estructura depresiva no tiene ningún problema para subordinarse en la infancia, pero muchos más para encontrarse a sí mismo más tarde.

La fuerza de la gravedad: mantenerse en el suelo

La *fuerza centrípeta o de la gravedad* mantiene unido nuestro mundo, es decir, sin ella la Tierra se descompondría en todos sus componentes, que se alejarían unos de otros. La gravitación va dirigida hacia el propio centro (la Tierra) y genera una especie de succión hacia dentro. Psicológicamente le corresponde la tendencia a la *persistencia* y la *duración*. Según la teoría de los elementos podemos reconocer aquí el elemento *Tierra* con su fiabilidad y seguridad. Según C. G. Jung, se trata de la función de la *percepción (Tierra)*. Dentro del marco de la historia de la humanidad podría pensarse en el estricto de la *sociedad de castas*, en la Inglaterra victoriana de rígidas norma o la China de Confucio. El *melancólico* es el correspondiente tipo de carácter. Desde la estructura de la neurosis se asigna el *obsesivo compulsivo*, y para la psiquiatría comienza aquí el mundo del anancasmo, la *enfermedad compulsiva*, que puede consumir a la total paralización de la personalidad.

En este principio se observa con claridad una estrecha relación con el tema depresivo. La melancolía está emparentada con la depresión, y ambas áreas están bajo las órdenes de los elementos arquetípicamente femeninos de la Tierra y el agua, que corresponden sobre todo a la pesadez, pero también a la persistencia y a la capacidad de adaptación en determinadas circunstancias.

La fuerza centrífuga: conquistar el mundo

La *fuerza centrífuga* corresponde a la tendencia producida por el propio giro a perder el suelo que hay debajo de los pies, elevarse y alejarse. Psicológicamente de lo que se trata es de abandonar el centro, desprenderse, conquistar el mundo. Aparecen impulsos para la *transformación* y el *cambio*. El elemento es el *fuego*, que no se deja coger y difícilmente dominar, que arde y tiende a ir hacia arriba. El tipo de carácter correspondiente es el *colérico* con su irritable temperamento, que de un plumazo querría cambiar el mundo y mejor ayer que mañana. C. G. Jung asigna este campo a la *intuición* (fuego). La teoría de la neurosis ve aquí al *histérico*. Si éste lo lleva en demasía, el psiquiatra sospecha de la *manía*, que dentro del marco del trastorno bipolar, o ciclotimia, el síndrome maniaco-depresivo, se convierte en el polo opuesto a la depresión. Los dos elementos tierra y fuego o sus tendencias cósmicas al movimiento, las fuerzas centrípeta (gravitación) y centrífuga nos llevan de nuevo a una ambivalencia, puesto mientras que por un lado tendemos a la duración y la persistencia, es evidente también que necesitamos el cambio y la transformación.

Tipos de depresión

Predominio de las fuerzas y elementos femeninos

Quien tiende por completo a los dos movimientos arquetípicamente femeninos –en primer lugar la revolución, o giro sobre sí mismo, y en segundo lugar la fuerza de la gravedad o succión hacia dentro– o los elementos agua y tierra, apuesta por la adaptación y la duración y se vuelve conservador. Le amenazan el estancamiento y la falta de evolución. Como caricatura es alguien sin ánimos ni energía, pero en caso de enfermedad el peligro está sobre todo en la depresión, que se asigna principalmente al elemento agua. Con el elemento tierra se hablaría más de melancolía y una estructura de neurosis compulsiva. Aquí están temas como la pena, pero también la rabia y conflictos que resultan de esta mezcla.

Es importante entender que en la depresión se materializa sobre todo energía arquetípicamente femenina en una variante de las sombras. Estas sombras surgen necesariamente porque apenas prestamos atención a los lados claros de los elementos femeninos. Aquí se abre una posibilidad terapéutica, puesto que si consigue despertar la comprensión por la esencia de los elementos agua y tierra quitará presión al tema de la depresión. La reconciliación con lo femenino en el mundo podría favorecer la solución para el Primer Mundo, cada vez más depresivo. Esto no resulta fácil de aceptar para el mundo moderno tan marcado por el polo arquetípicamente masculino, puesto que conscientemente quiere la alegría y jocosidad de los elementos masculinos, la caída del fuego desde los cielos y la ligereza de lo aéreo. Lo trágico lo vivimos los seres humanos modernos allí donde menos querríamos: en la propia vida y en la propia alma como tema de las sombras. Sólo la industria cinematográfica trata cada vez más, mediante películas policíacas, psicothriller y películas de catástrofes, este aspecto de las sombras y de esta manera, a través de la pantalla, lleva el tema a los hogares, aunque de un modo que sólo de manera muy limitada estimula la discusión. Ya la elección del tema refleja la gran necesidad que hay hacia estas sombras. Si antes lo hacían películas policíacas relativamente inofensivas, los escenarios de terror de la actualidad han de ser cada vez más crueles y amenazantes. Con el aumento de la represión crecen también los esfuerzos de compensación. Para ver hasta el fondo estas relaciones acerca de las sombras, sería necesario un análisis radical del tema de la polaridad que supera los límites de cualquier libro.[23]

Predominio de las fuerzas y elementos masculinos

Con la tendencia predominante a los movimientos arquetípicamente masculinos (rotación y fuerza centrífuga) y a los elementos masculinos (aire y fuego), se acentúan la individuación y el avance. Sin embargo, se ponen en entredicho los fundamentos de la vida, asumiéndose la pérdida de las raíces. Como peligro acechan aquí enérgicas neurosis o psicosis hasta llegar a dolencias crónicas en la esquizofrenia y la manía.

Para la depresión del elemento aire, que también se relaciona con el sanguíneo y la personalidad esquizoide, es característico la aflicción y los ideales perdidos, lo mismo que deslizarse hacia la falta de comunicación y de contacto, la forma más intensa de aislamiento y soledad. Aquí podría verse la depresión de un Heinrich Heine, menos marcado por la búsqueda de la muerte que por la agresión, mezclándose un agudo cinismo con la fuerza destructiva que puede conducir a la paranoia constantemente interrumpido por cortos intervalos de claridad y posibilidades de autoliberación.

La depresión del elemento fuego, que va ligada al carácter colérico y a la estructura histérica, se visualiza en la extinción del fuego interior, que se manifiesta en la falta absoluta de energía vital. Esta forma de depresión es muy rara y no desempeña ningún papel en las consultas. Parece como si los tipos de fuego estuvieran en gran medida protegidos frente a este cuadro clínico. Su ventaja radica en el hecho de que por lo general disponen de un (sano) optimismo y poseen la capacidad de sacarse ellos mismos por los pelos del pantano. Pero tampoco hay que infravalorar el padecimiento del fuego extinguido, ya que para estas personas vivir significa entusiasmo. Si no saben ya qué hacer con su actividad, la falta de impulsos resultantes puede ser doblemente dura. También la pérdida de importancia y de consideración resulta difícil de soportar para un tipo sol/fuego. La pérdida de la fe (en Dios) les afecta con especial intensidad.

La teoría de los elementos ilustra el contraste entre depresión (agua) por una parte y la histeria o la manía (fuego) por la otra. La falta de impulsos y el abatimiento de la depre-

23. Se recomienda el seminario: «Medicina arquetípica I».

sión contrastan con el impulso irrefrenable y el estado de ánimo exaltado en la histeria y la manía. Pero la histeria como neurosis ha pasado ahora a un segundo plano. Como estudiantes no podíamos tener un ejemplo más llamativo que los casos de fuertes ataques de convulsiones o la ceguera histérica que llenaban antes las clínicas psiquiátricas. Las manías continúan, aunque ni con mucho en la misma medida que las depresiones.

De esta desigual distribución en el mundo moderno puede deducirse que en el ámbito psíquico se tiene un trato mejor y mucho más consciente con los elementos masculinos, y por este motivo no se hunden en las sombras sociales con tanta frecuenta como los femeninos. Por consiguiente, una exigencia relevante de la psiquiatría debería ser redescubrir los temas y modelos arquetípicos femeninos si se quiere hacer frente con éxito al número creciente de depresiones. Lo poco que la medicina se ha desarrollado en este campo nos lo demuestra el hecho de que hasta la fecha no ha reconocido la existencia de los arquetipos o de los principios.

La sinfonía de las fuerzas

Del concierto de las cuatro fuerzas descritas se obtiene la dinámica de nuestro mundo, del pequeño propio y del grande. El equilibrio de las cuatro fuerzas garantiza el cosmos, el gran orden y el pequeño. El predominio drástico de uno de los cuatro movimientos en un alma lleva al caos en su cosmos, en forma de neurosis o incluso psicosis. Pero también esto da un sentido, o como hace decir Nietzsche a su Zaratrusta: «hay que tener caos en uno mismo para poder dar a luz una estrella danzante. Os digo que todavía tenéis el caos en vosotros.» A partir de este caos o desequilibrio nos llegan efectivamente los máximos retos u oportunidades de crecimiento. Si los aceptamos, podemos salvarnos y acercarnos al ideal del ser humano, tal como lo describen las religiones y como ya he intentado esbozar al comienzo.

La tendencia que nos ha de ocupar sobre todo en este libro es la *revolución*, importante porque sin ella la Tierra saldría de su existencia planetaria para comportarse como el Sol, aunque sin poseer su tamaño y su fuerza radiante. Obedeciendo a sus propias leyes, con su viaje por el Ego vulneraría la jerarquía y la vida humana sería imposible sobre ella. Quien no se subordine como ser humano, será menos viable para la vida. Sociedades como las modernas del Primer Mundo le aislarían, pues no quieren verse allí las propias sombras. Por el contrario, algunas sociedades y las grandes culturas de la antigüedad, como la india, poseían la tolerancia suficiente para aceptar tales extremos dentro de su comunidad. No necesitan una psiquiatría en el sentido que nosotros le damos. La depresión no era para ellos un problema equiparable pues tenían mucho más en cuenta los principios femeninos. La mayoría de las antiguas culturas trataban con mucho más respeto lo que nosotros llamamos enfermedades mentales, e incluso veían en ellas una irrupción de fuerzas divinas. A este respecto –si prescindimos del extremo citado de los inuit– las culturas arcaicas lo trataban de mejor manera y con ayuda de su tradición chamánica atribuían esos fenómenos a sus sistemas tribales, sin ponerles límites.

Pero naturalmente también sin *rotación* nada funcionaría y cualquier vida se malograría. La Tierra se convertiría en satélite de los planetas y debido a su mayor dependencia del Sol dirigiría hacia él siempre la misma cara. Habría descendido en la jerarquía. En una mitad haría un calor insoportable, en la otra un frío congelador, y la vida humana sería impensable, lo mismo que sucede en la Luna. El ser humano sin individuación se inmovilizaría en la hostilidad hacia el desarrollo y despilfarraría su vida.

En ambos casos la Tierra perdería su carácter de planeta, desplazarse en parte dependiendo del Sol y en parte de si misma, de su propia responsabilidad. El ser humano sin atenerse a la ley sería un obseso por lo grande. Sin su propio desarrollo tendería hacia una existencia de zombi. A nivel de los elementos, la analogía es: sin agua y aire no hay vida. ¿Y qué sería de nuestra vida sin la profundidad de los sentimientos y la ligereza etérea del mundo de los pensamientos y las visiones?

Sin la *fuerza centrípeta o de la gravedad* la Tierra caería en el caos y en su trayectoria se perdería por la infinidad del universo –de manera parecida a la persona que sin estabilidad enloquecería y se derrumbaría psíquicamente–. Y por último, sin la *fuerza centrífuga* la Tierra quedaría presa de otras fuerzas, que la atraerían sin que ella pudiera oponerse, similar a como una persona sin fuego interior se inclina esclavizada ante voluntades ajenas.

Sin los elementos tierra y fuego no podría existir un planeta como la Tierra, ni ningún ser humano sobre ella. Donde falta la estabilidad se acabaría la reproducción, y sin el fuego del entusiasmo no sería posible mantenerse en el flujo en permanente cambio de la vida.

La persona de estructura depresiva

Su situación de partida

Aproximadamente una cuarta parte de la humanidad está afectada por la estructura depresiva (agua) si suponemos que los cuatro elementos se distribuyen por igual, aunque no se han hecho ensayos al respecto ya que la ciencia imperante no considera digna de seguir esta hipótesis de la teoría de los elementos. En cualquier caso, hay una gran cantidad de personas modernas que están en peligro de deslizarse desde su estructura psíquica innata hacia una depresión, sobre todo en tiempos como los actuales en los que se derrumba casi todo lo que es importante para estos seres humanos. A esto hay que añadir la escasa valoración que da la sociedad a las cualidades arquetípicamente femeninas.

La relación madre-hijo es la imagen primigenia de la revolución. La vida del niño gira comprensiblemente –también durante los primeros meses después del nacimiento– alrededor de la madre. Todos los esfuerzos infantiles rotan a su alrededor. Toda persona experimenta esta fase, al menos en el seno materno, y después se encuentra más o menos patente en los modelos psíquicos de los que hemos hablado.

El correspondiente temor básico sería la pérdida de la madre y con ello del centro de todos los esfuerzos y percepciones. Si la Tierra perdiera al Sol, le sucedería lo mismo. Así es como se siente el niño al comienzo de su vida. La idea de la independencia debe parecer muy amenazante en esta fase.

El centro externo tiene, naturalmente, el máximo valor si falta el centrado alrededor del propio punto medio. Por ese motivo, la búsqueda de la proximidad y del vínculo es en esta situación algo por completo natural, lo mismo que el polo opuesto esquizoide en el caso de la rotación la búsqueda de la distancia y la independencia deben estar en un primer plano. La distancia, que da seguridad a los esquizoides, para quien tiene estructura depresiva significa abandono, quedar solo y en consecuencia una amenaza. Evitan llenos de pánico todo lo que tienda en ese sentido.

Las personas de estructura depresiva no buscan bajo ciertas circunstancias ningún centrado sobre sí mismas y en su vida, puesto que lo percibirían como una amenaza. Para ellos es lógico aguarles a otros el propio giro o incluso quitárselo para que ni siquiera les puedan recordar este tema tan angustioso. También tienen la posibilidad de crear una codependencia, que transmite subjetivamente una mayor ilusión de seguridad. Siguiendo este modelo se desarrollan hasta convertirse en satélites, a depender de los demás, e intentan igualmente degradar a éstos. Lo mismo que la Luna, sólo pueden mostrar una cara puesto que la otra provocaría temor. De este modo se desarrolla en el sentido literal de la palabra una vida unilateral llena de temor, que se agita en la pasividad y la reacción.

En consecuencia se evita la conversión en el Yo. En lugar de una individuación se produce una huida en la entrega dependiente y el Tú pasa a un primer plano, mucho más importante que el Yo. Este tipo de entrega no tiene nada que ver con una virtud y mientras que la exigencia cristiana de amar al prójimo como a uno mismo parece cumplirse con suficiencia, en realidad no se satisface. Ya que no se ama a sí mismo, no puede amar a los demás. El temor a la pérdida se convierte en el elemento determinante y en consecuencia rige la vida.

Se desarrolla a partir de ahí una estrategia vital que sobrevalora la persona principal de referencia, como puede ser la pareja, y lleva al afectado a una dependencia creciente. Frases tales como «Te necesito tanto» o «Te amo más que a mi propia vida» podrían parecer a primera vista unos halagos, pero son una prueba de la propia parcialidad e incapacidad de vivir. Erich Fromm lo formuló de la siguiente manera: «Te necesito porque te amo, te amo porque te necesito». Quien necesita tan urgentemente a otro para vivir, intentará de forma voluntaria prescindir de la distancia y fundirse con el otro amado y en igual medida necesitado. Cuanto menos giro propio existe, menos vida propia se vive y más peligrosa parece la distancia. Si la pareja doliente o las circunstancias (salvadoras) del destino fuerzan esa distancia, puede desencadenarse la depresión. Se ve aquí con claridad que una depresión, lo mismo que cualquier otro cuadro clínico, tiene un mensaje salvador que completa la vida y que desea ser integrado. Incluso si la aparición de la depresión se vive como algo del destino y no se entiende a primera vista, la palabra revela su sentido más profundo. El *destino* se convierte en una salvación destinada.

Ya que una persona necesita por una parte seguridad y por otro desea alejar sus miedos y la depresión no es ninguna excepción, busca en la dependencia su forma de seguridad. O bien se vuelven dependientes de otros u otros lo son de ellos. Por experiencia saben que volverse necesario brinda una cierta seguridad de no ser abandonado –como si ellos mismos no hubieran podido abandonar nunca a la madre tan necesaria.

Encadenar a otros, ofrece varias posibilidades. Por un lado, se puede entregar uno indefenso como un niño y alguien tendría que ser una mala persona para abandonar a un ser indefenso. Por otro lado, puede hacerse tanto por los demás que éstos no quieran prescindir ya de esta fuente de ayuda y bienestar. Quien se vuelve imprescindible necesita personas a su alrededor que carezcan de algo o de alguien, y naturalmente se encuentran a montones.

Para hacer niños de los demás existen también diversas estrategias. Por ejemplo, se le puede desposeer de todo hasta que ya no pueda más y haya olvidado dirigir su propia vida. O se le hace todo tan agradable que siguiendo su propia comodidad ya no quiera soltarlo. Por último, se le podrían preparar tiempos tan maravillosos que no encuentre en ningún lugar nada comparable. Ésta sería la táctica más refinada y por ello también más elegante.

Donde las estrategias vitales inconscientes de este tipo perduran mucho tiempo, acaban por afianzarse. Desistir de la individuación, desistir del propio camino en la vida, hace que las personas afectadas sean media persona, que sólo muestran y viven uno de sus lados, llegando un momento en que sólo tienen ése. En este concepto inconsciente de la vida, el desarrollo queda prácticamente excluido puesto que, lo mismo que cualquier independencia, conduce a la diferenciación y con ello en cierta medida al aislamiento, lo que de inmediato provoca el miedo.

Nuestros ancestros que vivían en tribus, no conocían todavía este problema. Lo colectivo estaba por encima de todo. La delimitación y el desarrollo propio eran tan impremeditadas como desconocidas. Sin embargo, al ser humano moderno se le exige constantemente su propia responsabilidad y, con ello, a valerse por sí mismo. En tiempos como estos, en los que bajo la tendencia al egocentrismo se derrumban los últimos sistemas de seguridad colectivos, tal como se describió al principio, la persona de estructura depresiva está en peligro de perder esos apoyos externos. Puesto que ya no tiene ningún soporte interior, porque no tiene ningún centro, ningún Ego e incluso no ha desarrollado ningún Yo, queda indefenso y sin soporte y no raras veces huye en la depresión, que después revela el escaso sentido que todo tiene para él.

El desarrollo como problema

Pero la humanidad no se ha quedado en la etapa tribal, donde se hubiera ahorrado las depresiones, sino que ha pasado a una fase que las fomenta. En realidad no hay nada similar entre los pueblos arcaicos, donde todos se esfuerzan conjuntamente por obtener el alimento suficiente. Pero en nuestra época la tendencia al desarrollo individual se ha vuelto inconmensurable y apenas hay ningún camino que lo pase por alto, salvo el de la depresión. Ésta es, de hecho, un método para no participar en el Monopoly social, ahora globalizado, donde todos quieren ser el primero, el mayor, el más hermoso, el mejor y, sobre todo, el que tenga mayor éxito. La depresión se brinda como una salida, pero si lo contemplamos más detenidamente vemos que sólo es un rodeo. Como en la vieja sociedad tribal, el depresivo deja toda responsabilidad a lo que sea Grande y Global y cae en una total dependencia. Ésta se convierte en una triste caricatura de la entrega. A largo plazo no se puede evitar el desarrollo, incluso si el individuo depresivo logra superar toda una vida en esta fase de boicot. Quien ha aprendido a contemplar la cadena de la vida no puede hacerse ninguna ilusión.

Prácticamente todas las tradiciones, religiones y filosofías creen que el desarrollo es necesario. Todas las historias de la creación lo saben y lo relatan. «Todo fluye» (*Panta rhei*). El depresivo no puede evitarlo, sino tan sólo boicotearlo durante algún tiempo.

El erudito sufí Gurdjieff, a quien inmortalizó su discípulo Ouspensky, interpreta la vara del mago de la primera carta del Tarot como el arma con la que el héroe ha de abatir al autómata que hay en él, al animal de costumbres adaptado, al ser humano del colectivo, del rebaño y de la tradición. El camino del desarrollo comienza en el seno de lo colectivo, como en el seno materno, y a través del despertar por lo propio, al crecimiento del Ego hasta que se desista de éste en el sentido espiritual y se vuelva al mar como una gota.

Pero, como la persona de estructura depresiva, quien no desarrolle ningún Ego, tampoco puede desprenderse de él y en consecuencia no vive ningún desarrollo importante. Quien por otra parte se desprenda de su Ego antes de que se haya desarrollado y pueda tener experiencias esenciales, corre el riesgo de quedar inundado por sus imágenes interiores, no dominarlas y caer en una psicosis.

Si no se ha desarrollado ningún Yo suficiente y la persona sólo puede apoyarse en un Tú prestado, todos perderán en el momento en que pierdan este Tú. Deberán desarrollar entonces miedos a perder, que se vuelven en la otra cara necesaria de la moneda de la debilidad del Yo. Es evidente que se cae así en un círculo vicioso. Los depresivos buscan dependencia para lograr una pretendida seguridad, pero que al final no sirve porque el destino, al que le importa el desarrollo, no colabora. La consecuencia fatal está en el lema de «Siempre más de lo mismo», que no satisface sus esfuerzos por lo que debe esforzarse por conseguir todavía más dependencia. Cada vez se vuelven menos libres e independientes. Renunciando a los últimos restos de autonomía debería expulsarse el miedo a la pérdida. Pero la consecuencia es que sólo se aumenta este miedo mientras que no aumenta realmente el sentimiento de seguridad. De esta manera la situación es cada vez peor y no raras veces se agrava hasta llegar a ese estado que el psiquiatra denomina depresión.

La salida más lógica sería el descubrimiento del principio que falta, y que hay que completar, de la rotación o de la creación del Yo. El desarrollo del propio centro, ese eje vital alrededor del cual todo gira, es algo que la persona de estructura depresiva debería aprender del esquizoide, lo mismo que éste debería aprender el relacionamiento del depresivo. Es posible que exista también el camino consciente de la tarea completa del Yo, por ejemplo en el sentido de un camino monacal, del completo autosacrificio por una idea, un ideal. De todas las maneras esto presupone ver y aceptar conscientemente la propia situación. Como huida la vía monacal tampoco es una solución, sino un fracaso, pues el convento es así únicamente otra forma del seno materno.

Para que la persona de estructura depresiva no deba delimitarse, lo que movilizaría demasiado temor, tiende a idealizar a otros. Para estos últimos puede ser agradable poder permitirse ese comportamiento y estar sin duda encumbrado. De este modo aparecen a menudo sistemas autoestabilizantes, que hacen todavía más difícil la salida puesto que cada vez que una de las personas afectadas percibe la fuerza para la liberación, el otro le seduce para no perderle a él y sus innegables ventajas.

El depresivo ignora la duda y las críticas; evita cualquier análisis verdadero. La agresión se reprime de inmediato y a menudo se manifiesta mucho más tarde, después de presentarse la depresión, como puede ser en forma de pensamientos de suicidio, que es una forma extrema de la autoagresión.

Todas estas estrategias, inconscientes para la persona afectada, ocultan el riesgo de vivir en una ingenuidad infantil. No es raro que a eso se añada una política del avestruz que sigue el lema de «ojos que no ven, corazón que no siente». Es decir, que prefiere no saber nada, pues podría poner en peligro el sistema. Esas estrategias evasivas, sin embargo, no sirven a largo plazo contra las exigencias de aprendizaje del destino, y de esta manera la capa de hielo sobre la que se desplaza el depresivo sigue siendo delgada.

Por la paz y la armonía, las personas depresivas pueden llevar su desprendimiento, su excesiva adaptación, su subordinación y su empatía hasta una autoentrega total y un comportamiento casi masoquista. De todas las maneras, aquí amenaza el peligro de la desesperación por las excesivas exigencias de los propios deseos de virtud. Una desesperación de este tipo puede convertirse en una verdadera depresión, aunque sobre esta misma base se puede desarrollar un cáncer, hundiéndose entonces el crecimiento boicoteado al plano corporal. En realidad la propia depresión lleva consigo mucho de cancerígeno al devorarse lentamente a lo largo de una vida.

A pesar de su modestia y sus estrategias de renuncia, también las personas de estructura depresiva tienen deseos. Sin embargo, a diferencia de los demás, apenas pueden expresarlos. Quien no puede exigir, atacar o ser agresivo, depende de los demás. En lugar de unas justas exigencias se produce una nueva adaptación a las circunstancias. Debido al escaso sentimiento de autovalor, pues no se ha desarrollado un Yo, se sobrevalora a los demás en la misma medida que se infravalora uno mismo. Quien no puede tomar en serio sus propias y justas exigencias, tampoco será tomado en serio por los demás, con la consecuencia de un nuevo círculo vicioso.

Aparece entonces una estructura pasiva de expectativas, por lo general inconscientes, alimentadas por la esperanza de que otros lean en sus ojos los deseos no manifestados y los satisfagan. Aquí está la fuente de una gran nostalgia. Pero si esta nostalgia y la postura de expectativas se ven defraudadas de manera permanente, puede producirse autocompasión y con la inconsciencia también proyecciones. El mundo malvado se convierte entonces en el chivo expiatorio y uno mismo en la pobre víctima. Se habla de malos tiempos para encubrir el fracaso propio. Al nivel de las flores de Bach se habla de un estado *willow* (sauce), pero sobre esto ya volveremos más tarde.

Otra tendencia tiende a devaluar lo que realmente se quiere para mantener así dentro de unos límites la desilusión que amenaza cuando los deseos vuelvan a quedar incumplidos. Con ello, sin embargo, todo se vuelve más aburrido y monótono en un mundo con pocos cambios, que ha hecho del estancamiento un programa de autoprotección.

Formación de la estructura del carácter depresivo

El tiempo de formación de un carácter depresivo es la fase de simbiosis con la madre, esa época en el vientre materno y la fase posterior en la que el niño vive todavía completamente con el sentimiento del Nosotros y se siente formando parte de una misma unidad con la madre, tal como lo ha vivido y disfrutado en el vientre materno. En este período, la reacción a modo de eco del niño es totalmente normal. Cuando la madre sonríe el niño responde con una sonrisa y les encandila a ella y a todos los demás. Hoy sabemos que a nivel cerebral son responsables las neuronas especulares ya citadas, una especie de células nerviosas cuya única tarea es copiar todo lo que perciben. Al comienzo de la vida estas neuronas tienen mucho trabajo que hacer, mientras que la competencia todavía duerme en el cerebro. Pero también más tarde las células especulares se mantienen activas, por ejemplo cuando se contagian los bostezos o al cruzar las piernas lo mismo que ha hecho la persona que tenemos delante.

En las primeras etapas de la vida todo está ajustado a esta vida en forma de eco. Esta tendencia deberá desaparecer con el curso de la vida. De manera similar la revolución –el hecho de que todo gira alrededor de la madre– es determinante al comienzo de la vida y continúa siendo importante a lo largo de toda la existencia. Pero más tarde se incorporan otros modelos de movimiento tales como la rotación y el giro alrededor del propio centro. En la vida de la persona de estructura depresiva esto no llega a producirse en gran medida.

Acuñación en el vientre materno y en la primera infancia

En las primeras fases de la formación o acuñación, el niño vive exclusivamente a través de la madre. Es su único espacio vital y en el verdadero sentido de la palabra vive en ella y mediante ella. Si esta sensación perdura más tarde, aparecerá el problema del que nos ocupamos. ¿Cómo es que se produce?

En la fase intrauterina podría estar ya una clave decisiva, puesto que el niño no sólo vive aquí la simbiosis, el ser una unidad con la madre de cuyo sustento depende a través del cordón umbilical, sino que en esa fase podría vivir ya sentimientos de unidad en éxtasis, marcados por la amplitud y la libertad. Dentro del marco de la terapia de la reencarnación también se vive el tiempo intrauterino, desde la concepción al parto, y se ha observado siempre que en las primeras etapas del embarazo es donde debe buscarse la clave para la vida posterior, algo que concuerda con los conocimientos de la filosofía espiritual de que al comienzo ya está todo. Si el que no ha nacido todavía experimenta esta fase sin trastornos, conseguirá experiencias de amplitud y apertura. Flotando ingrávido en el espacio del útero y a una temperatura constante en el líquido amniótico y en su propio organismo, no puede percibir lo exterior y lo interior por lo que su percepción no finaliza en la frontera de la piel, sino que incluirá el mundo del seno materno, que en este período es todo el mundo. Pero la percepción sin límites es la falta de límites, la infinitud y la absoluta apertura. El psiquiatra Stanislav Grof habla dentro de este contexto de los «sentimientos oceánicos». En la terapia de la reencarnación revivimos percepciones de éxtasis en espacios ilimitados. El niño se siente una unidad con la madre y con todos, en esta época se forma su confianza primigenia, que es la base de la autoconfianza.

Los intentos posteriores de conseguir después la confianza en uno mismo, sólo pueden funcionar si se producen a través de experiencias de unidad. El entrenamiento de la confianza en uno mismo, los cursos de retórica, la moda más reciente, los peinados más costosos, el asesoramiento del tipo cromático e incluso los mejores cursos de aprendizaje apenas llegan para esta tarea. De esta manera quizás se consiga el éxito, pero la autoconfianza es una cosa distinta, algo de una profundidad sin igual.

Cuando un niño ha adquirido la confianza primigenia porque fue deseado, los padres no tenían ningún deseo especial sobre su sexo o si sus deseos coincidieron casualmente y por lo tanto no se han producido graves trastornos en esta primera fase de la vida, hay buenas posibilidades de que esta revolución, el girar alrededor de un gran centro en el punto medio de la vida, se convierta en una base vital evidente. A partir de esto, el niño puede seguir desarrollándose con ánimo y de modo ofensivo sin tener que prescindir de esta base segura. La madre como eje del mundo será sustituida después por Dios u otra instancia interior equivalente, pero el sentimiento de ser deseado por esta creación persistirá, y será el punto de giro de una vida autónoma.

Sin embargo, son pocos los niños que reciben este maravilloso regalo con el que podemos facilitarles muchisimo la vida. En el caso de que no se haya colocado esta base ideal, se puede recuperar pero sólo al nivel de las experiencias de unidad ya mencionadas. Todas las experiencias en la cumbre (*peak experiences*) citadas proporcionan breves momentos del sentimiento de unidad, que son también el objetivo de distintos intentos de meditación.

Pero donde este tiempo, el más temprano e importante, fue perturbado tal como es hoy habitual, con la ausencia de la confianza primigenia falta después también una buena porción de autoconfianza, y de esta manera los niños quedan obligados a una segunda oportunidad. Simplemente el deseo de los padres de que el hijo esperado tenga un determinado sexo puede impedir el desarrollo de la confianza primigenia porque en el cincuenta por ciento de los casos no se cumple. Aunque las personas modernas, orientadas en un sentido materialista, apenas puedan concebirlo, el no nacido percibirá que es falso y que no es deseado con esta forma. Es evidente que así se impide cualquier experiencia de unidad en el éxtasis.

La discusión sobre un posible aborto en esta fase temprana desencadena en el que está por nace un miedo mortal, que impide la formación de la confianza primigenia. Los intentos fallidos de aborto tienen consecuencias todavía peores. Lo persistentes que pueden ser estas experiencias al comienzo de la vida lo muestran las psicoterapias, que décadas después destapan toda una cadena de problemas.

Menos problemáticas son las circunstancias externas amenazantes, como pueden ser las noches de bombardeo en un búnker. Mientras que la madre mantenga sereno a su hijo y le proporcione la máxima protección, él se sentirá relativamente recogido. Sin embargo, en cuanto que la madre reaccione por su parte con el miedo a morir, lo percibirá. Pero incluso en situaciones en las que la madre tiene esos temores con respecto a su hijo por estar amenaza por circunstancias exteriores u otras personas, el niño aceptado que hay en su interior todavía puede desarrollar esa confianza.

La ampliación de nuestra libertad y el aparente alivio de la vida moderna mediante la generosidad en cuanto a los abortos en los tres primeros meses del embarazo, tienen terribles sombras. No es raro que padres modernos, animados por ginecólogos modernos, aprovechen este plazo para meditar si quieren el hijo. Es exactamente la postura que impide la formación de la confianza primigenia, puesto que el niño recibe todas las dudas que deciden sobre su vida.

Si se tiene en cuenta que esta postura de espera frente a los hijos se ha tomado en los primeros tres meses decisivos, eso podría explicar el número creciente de depresiones. Las personas con falta de confianza tienden más a reaccionar de modo depresivo ante los problemas del mundo, en particular cuando en necesidades vitales importantes les provocan también después situaciones de rechazo.

Una segunda oportunidad de conseguir la necesaria confianza y el movimiento de la revolución como una base sana para la posterior vida propia, se brinda en ese período que el psicoanálisis denomina *segunda fase*. En la primera fase el niño comienza a percibir conscientemente el entorno, en la segunda reconoce a la madre como fuente de todas las necesidades, con lo que su ausencia regular o constante o al menos su retorno seguro se convierten en algo vital. Es el período en que el niño imita como un eco y que recompensa cualquier sonrisa con una sonrisa. Después de la primera experiencia paradisíaca intrauterina hay un posible segundo país de Jauja, en el que el niño recibe todo lo que necesita sin tener que hacer nada para ello. El sueño de este país de Jauja, donde le llegan a uno a la boca sin ninguna prestación ríos de leche y miel y pollos asados, empuja a muchas personas a lo largo de toda su vida, particularmente cuando no se le ha cumplido nada, ni en el seno materno ni en la fase de simbiosis al comienzo de la vida.

La imagen de la madre se convierte ahora en la imagen de los seres humanos. La relación consigo mismo, frente a otros seres humanos y frente al mundo se forma en estas dos fases. Afirma un dicho que «según lo fuerte que se grite, así será el eco».

En la simbiosis del principio, dentro del sentimiento del Nosotros, de la dualidad, el miedo aparece cuando se aleja la madre, el único punto vital existente. Si el niño puede «crearse» en esta fase una madre amante, ahora y más tarde se sentirá valioso. Pero si es dura y le rechaza, no podrá sentirse valorado. Esto depende naturalmente por completo de la madre, pero tal como demuestran la investigación científica, también desempeña un papel importante al respecto la constitución psíquica básica del niño. Algunos pueden soportar bien la ausencia de la madre, otros no.

En estas circunstancias, la revolución, el girar alrededor de la madre, tiene una especial importancia precisamente cuando no recibe la suficiente. Sentimientos similares se transmitirán después a la pareja, que no podrá dar tanto como le faltó al afectado al comienzo de su vida. Así, la imagen más temprana de la madre se convertirá en símbolo marcador para toda una vida. Donde se falló y no pudo darse confianza, más tarde tienen que confluir infinitas experiencias bien hechas en un proceso de curación. Estos intentos de volver a nacer resultan tanto más eficaces cuanto más se acerquen a experiencias con la unidad. Podría pensarse en una vivencia en la cumbre en la naturaleza, en meditaciones y en una relación que permita fiestas de amor en el éxtasis.

Problemas en la época simbiótica

Desamor, negación

Las madres duras y carentes de amor, las que apenas lo han dado ni recibido, tienden a ser amables con sus hijos por un sentimiento del deber. Ellos perciben por un lado atención y por otro rechazo. En estas relaciones sin amor, el hijo se considerará a sí mismo desprovisto de valor y como una provocación para la madre. Pero quien ya desde un principio ha de sentirse como una provocación, no podrá desarrollar el sentimiento de merecer amor.

Las madres *fallidas* de este tipo lo hacen –por lo general sin darse cuenta– en un doble sentido. Si fallan en el amor que es necesario para cualquier vida, fallan también en su conjunto como madres. Los motivos pueden ser muy diversos. Puede deberse sobre todo a que el embarazo no estaba previsto y que el niño no fue deseado. Puede deberse a no haber tomado precauciones al no existir una relación estable. Pero también el niño puede recibir el rechazo de un padre no deseado. Hay multitud de modelos en los cuentos, como el del hijastro o hijastra a quien nadie ama. La madre creía estar liberada y se encuentra ahora presa del niño y «defraudada en su vida». Los hijos a los que se puede responsabilizar de los impedimentos o del final de una carrera profesional, pueden verse enfrentados igualmente al rechazo, similar a los surgidos a consecuencia de una violación.

Requieren especial atención a este respecto los hijos de madres solas o los de familias no convencionales (*patchwork families*). La madre que lleva por sí sola la crianza está sometida a un esfuerzo excesivo en el doble papel de mujer que trabaja y madre. Si no debe o puede trabajar, el niño corre el riesgo de que ella le someta a un esfuerzo excesivo pues no pocas veces pasa a desempeñar el rol de sustituto de la pareja. Puede ser que o bien la madre sola ha sido abandonada, lo que le hace tener malos sentimientos frente al padre del niño y en el peor de los casos, consciente o no, se los transmite, o bien es ella quien ha abandonado al padre, algo que ella se toma a mal consigo misma, en cualquier caso con respecto al hijo al que le ha quitado un padre. En ambos casos el niño se encuentra en una situación especial. En el primero es probable que resulte víctima de una negación, porque la madre inconscientemente vierte en él la aversión que siente hacia el padre que la abandonó y ha hecho su vida tan difícil. En el segundo caso, en ciertas circunstancias sus sentimientos de culpabilidad los compensarán con un cuidado exagerado hacia el hijo, pues quiere ser padre y madre a la vez. Pero tanto la negación como el exceso de protección son vías hacia una estructura depresiva. La polaridad nos saluda así de un modo poco agradable.

En el caso de las familias no convencionales con hijos de madres y padres distintos, la situación es mucho más complicada. A primera vista podría ser una ventaja que los hijos tengan de pronto varios progenitores. Pero en una segunda mirada observamos con frecuencia un desgarro de los padres y los hijos en todos los frentes posibles. La pareja que no es el padre biológico del hijo puede aportar tensiones a la relación madre-hijo. La madre debe decidir entre las legítimas aspiraciones de su hijo y las de su pareja. Es evidente que a los padres biológicos les resulta más sencillo retirarse, algo que las madres esperan como lógico. Por otro lado, la nueva pareja puede impedir por razones egoístas que la madre dé unos cuidados excesivos al hijo.

Bert Hellinger dice –y creo que con mucha razón– que el niño pertenece siempre al miembro de la pareja que menos protesta sobre el otro. Pero esto significaría muchas veces que crecen con el miembro de la pareja equivocado, concretamente con la madre abandonada. Ésta deberá ser muy consciente de no desmontar la figura paterna a causa de sus propias heridas.

Signos externos de negación menos importantes que el mensaje de rechazo secreto percibido por el niño, son la falta de atención, el escaso contacto con la piel (falta de caricias), dar de comer deprisa y con impaciencia, retirar pronto la leche materna o incluso negarse a dar el pecho. Los problemas de las prisas y de otro tipo de la madre sacan a la luz esos comportamientos, aunque sea sin mala intención. En una época en que las prisas se han convertido casi en un estado normal y el tiempo se compensa siempre con dinero, no resulta fácil dedicar horas al contacto corporal y espiritual, que tanto necesitan los niños para sentirse aceptados y amados.

Por su ausencia y la situación de negación se despiertan en el niño sentimientos de falta de esperanza y perspectivas. Considerará propiedades importante el prescindir y soportar y arrastrará esa hipoteca a lo largo de toda su vida. Esperando siempre lo peor, el niño se volverá un pesimista que verá su vaso siempre medio vacío después de que nunca lo haya visto al principio completamente lleno. Quien aprende a mirar el mundo a través de estos cristales, le da un toque gris y lo convierte en un lugar estéril y desprovisto de alegría.

Para poder aguantar así, incluso sobrevivir, pronto se desarrollan estrategias en el sentido de una profilaxis de la desilusión. El niño no espera mucho desde el principio y desde luego nada hermoso y lleno de amor. Puesto que no ha aprendido a creer en sí mismo y en su éxito, en el peor de los casos acaba por no intentar nada o incluso a no atreverse a vivir, quedándose –en el sentido de profecías que se cumplen por sí mismas– en nuevos fracasos. Las frustraciones permanentes pueden favorecer, por supuesto, las depresiones.

Las negaciones muy tempranas en la vida estimulan a que el niño se resigne con rapidez. No es raro que se sienta inhibido para exigir, tomar o agarrar, ya que no espera conseguir nada esencial. Para poder sobrevivir con una falta de perspectivas de este tipo, muchas veces no queda más remedio que hacer de la desgracia una virtud. Se elevan en exceso la modestia y la sencillez, ensalzándose a la categoría de ideología de la que incluso se deriva una superioridad moral. De pronto, todos los que toman lo que necesitan y que tienen el valor de plantear exigencias, se convierten en malas personas y uno mismo deja de estar frustrado y se percibe superior.

A partir de ahí puede desarrollarse el intento de transformar estas virtudes en profesiones asistenciales, con preferencia aquellas que están mal pagadas, en las que es posible atenerse al modelo de no recibir nada y dar mucho. Se sacrifica uno porque es lo único que se ha aprendido. De este modo también es posible compensar el déficit de amor e incluso conseguir un poco de reconocimiento. El que nuestra sociedad se permita aprovechar desvergonzadamente este mal, este modelo conocido como el síndrome del samaritano, es otro tema.

El modelo trasciende en sus limitaciones neuróticas cuando ya no se pueden cumplir las exigencias, ya sea por haber crecido en demasía o porque han fallado las fuerzas de la víctima, que por regla general es mucho menos sujeto que tanto más objeto y ya no puede defenderse a tiempo. El resultado es el agotamiento, la agresión y no pocas veces una depresión por agotamiento con las consiguientes resignación y apatía, el llamado síndrome de estar quemado. La negación ligada al agotamiento conduce a nuevos sentimientos de culpabilidad, que son a su vez fuente de la depresión, produciéndose una vez más un círculo vicioso.

Junto a la resignación, los sentimientos de inferioridad son una de las consecuencias de una negación temprana. El sentimiento de no ser amado lleva directamente a los de falta de valor. El niño pequeño no tiene nada donde comparar. Ha de considerar como el mundo por antonomasia el duro entorno que hay a su alrededor. Sus rigurosos padres son para él la imagen del ser humano. También lo verá siempre en sus posteriores parejas. A los sentimientos de inferioridad sigue siempre algo así como una sensación de un derecho a la vida escaso o ausente por completo. Quien concibe su razón de ser como culpa, deberá estar disculpándose constantemente. Eso puede llevar a intentos de mejora, hasta autosacrificar la propia vida por la madre. Esta fijación culpable hace que muchas veces guarden durante toda la vida una dependencia de los causantes de su tormento. Si la culpa acaba por ser insoportable, al alma doliente muchas veces no le queda otro camino (de salida) que la depresión.

Mimos, excesos de protección

Un caso distinto es el de la madre que como una gallina clueca quisiera proteger a su hijo durante toda la vida, por lo que no querrá que crezca sino que se mantenga en el rol del niño. Durante un tiempo excesivo le hablará con un ridículo lenguaje infantiloide y le inundará de una ternura que corta la respiración. Esto llega hasta el punto que algunas de estas madres prefieren un hijo enfermo y volcado hacia ellas, que uno autónomo. Se trata por lo general de madres con personalidades extremadamente necesitadas, que tienden a la estructura depresiva. No es raro que hayan perdido primero a su pareja o a otro hijo. A partir del comprensible esfuerzo de que eso no vuelva a suceder, convierten al hijo en el único contenido de su vida, envuelto en algodones o inundado de demostraciones de amor. Dicho de otra manera, es como si el Sol girara alrededor de la Tierra.

El crecimiento del niño se convierte en una catástrofe amenazadora que hay que evitar. Es una problemática que ya conocemos de la mitología. Lo reconocemos en la historia de Aquiles y su madre Tetis, o en la de Pársifal y su madre Herzeleida. Ésta había perdido a su marido en una lucha entre caballeros y quiso hacer de su hijo su segundo ser amado, ahorrándole todos los males y educándole del modo que conocemos como de protección excesiva. Le vestía con ropajes de niña, le mantenía siempre a su lado, le prohibía plantear preguntas a los adultos y le ocultaba todos los conocimientos necesarios para la época. Con este comportamiento consiguió exactamente lo contrario. Cuando un día Pársifal vio pasar tres caballeros con sus armaduras resplandecientes creyó que eran dioses, corrió tras ellos y huyó de casa. En el mundo se encontró entonces desvalido. En el castillo del Grial tropezó con el doliente rey Amfortas y no pudo plantearle la pregunta salvadora por las sombras, puesto que no se atrevió a solicitar información a los adultos. Gran parte de su vida sufrió las consecuencias de una educación errónea por parte de su madre excesivamente protectora.

En la vida cotidiana moderna sucede algo parecido. Puede adoptar por ejemplo la forma de un niño que ante la menor queja es recogido y apretado entre los brazos contra el pecho. De este modo, cualquier manifestación vital es compensada con comida, un modelo que en un efecto secundario y en estrecha relación con la industria de la comida rápida, conduce a una obesidad alarmantemente creciente entre los jóvenes. Si cualquier manifestación se cubre con ternura, es algo que es también perjudicial para un sano desarrollo. Esa dedicación tiene más que ver con necesidad que con amor. En la imagen del boxeador que se retira a su esquina, la búsqueda de la proximidad no refleja amor sino la necesidad de protegerse de los golpes del adversario.

Si a un niño se le quita todo, se perjudica su progreso. Quien sólo recibe alimentos premasticados, nunca aprenderá a masticar. La madre se convierte en un colchón amortiguador entre el niño y el mundo y elimina por filtración todo lo que le amenace, pero que también le podría abrir oportunidades de aprendizaje. Se le protege demasiado y se le impide una vida verdadera. No es raro que personas de estructura depresiva desarrollen más tarde filtros de este tipo entre ellos y el mundo, para eliminar sus exigencias amenazantes y que ponen en entredicho el sistema neurótico. Lo que queda resulta ser muy poco para la vida y no pocas veces sirve de trampolín hacia una depresión.

Las madres excesivamente protectoras, que a menudo no pueden fomentarse a sí mismas, obtienen lo que necesitan a través de vías indirectas, como pueden ser las lágrimas o una tristeza muy manifiesta. De este modo se desarrolla una educación basada en los sentimientos de culpa. El niño vive con la constante sensación de culpa, porque mamá llora y sin palabras hace notar quien es el culpable. Decir todo lo que esa madre hace por su hijo no sirve más que para aumentar ese sentimiento culpable. «¡Me llevarás a la tumba!» manifiesta de una manera drástica de lo que se trata, y provoca miedo en el niño.

No resulta fácil detectar una educación mediante sentimientos de culpabilidad, por cuanto que aparece arropada profundamente con un amor maternal. Pero es de las más imperdonables, puesto que por la experiencia se sabe en posteriores psicoterapias lo difícil que resulta perdonar a las madres culpables de estas ideas.

En estas circunstancias, muchos niños desarrollan un odio secreto contra una madre tan excesivamente protectora, lo cual en esta fase refuerza todavía más esos sentimientos de culpabilidad. Ese odio reprimido puede volverse después contra ellos mismos, como puede ser en forma de pensamientos suicidas al aparecer la depresión. Los niños sometidos a este programa suelen renunciar a sus deseos aunque, lo mismo que las madres, esperan que alguien los adivine. Con esas madres funciona bien, pero más tarde, si no sucede así entonces se abre la puerta hacia la depresión.

Estas madres describen con frecuencia el mundo como algo malo, en el estilo de Herzeleida, de suerte tal que al niño sólo le queda su querida mamá. Se le vigila celosamente y nadie, salvo ella, se le puede acercar. Antes las amistades iniciales y más tarde las más definitivas, la madre reacciona con celos. El rechazo a los amigos y a la pareja se producen con un método similar, recubierto de cuidados y amor. Nadie es lo suficientemente bueno para su hijo. «¡No nos conviene!» es una frase que refleja perfectamente esa idea y de que no se trata del «hijo» solo, sino del «Nosotros», de la simbiosis madre-hijo.

El amor materno es para todos los seres humanos la primera y a menudo única experiencia de amor incondicional: «me quiere, simplemente porque soy yo». Si durante el embarazo y la niñez no recibimos suficiente de ese amor, o si la madre es incapaz de darlo, más tarde lo buscamos en nuestro entorno próximo y en especial con la pareja. Muchos entienden tarde, y algunos nunca, que enamorarse no tiene nada que ver con el amor incondicional y que el amor de la pareja debe ganarse. Se trata de entregarse al flujo del dar y del recibir. Con un exclusivo «querer tener» desembocamos únicamente en la situación de madre-hijo. Esto puede ser otra de las razones por las que nos resulta tan difícil crecer.

Más avanzada la vida se habla del conflicto de Edipo. Esta expresión elegida por Freud no se corresponde desde luego con la figura mítica de Edipo, pero describe una situación arquetípicamente importante. Un ejemplo:

El joven treintañero vuelve del psiquiatra.

–¿Qué ha dicho? –pregunta la madre preocupada.

–Que tengo un complejo de Edipo.

–¡Ah, no importa! –responde la madre–, lo principal es que tu mamá te quiere.

Las víctimas de este programa no experimentan ninguna posibilidad de independencia, lo que les deja desprotegidos frente al mundo. Por otro lado, están en un rol tan cómodo que más tarde cuesta bastante esfuerzo de superación volver a liberarse. Un exceso de protección es perjudicial en cualquier fase de la vida, algo que deberían saber todos los padres, pues con ello impiden que se forme una entereza propia. Es más sencillo perseverar en una postura pasiva de esperar y cuando se produce la frustración huir hacia la depresión o, a veces, hacia una adicción. Hay que tener en cuenta que todo esto se produce de manera inconsciente y que en el mejor de los casos puede aclararse en una psicoterapia.

Las personas afectadas muestran más adelante en su vida un modo peculiar de tratar con el mundo. Esperan a que éste se muestre amable. Ya que en realidad no se han desprendido del ámbito de influencia de la madre no conocen realmente el mundo ni perciben sus límites y los suyos propios. A veces se manifiesta en el parto, pues lo hacen tarde, permaneciendo demasiado tiempo en el claustro materno. Pero el Yo vive de los choques con los obstáculos y de las limitaciones. Si faltan ambas cosas, apenas puede desarrollarse. Una falta del Yo producida de esta manera hace extremadamente difícil la vida en el mundo moderno. Se desarrollan entonces las desilusiones, que pueden desencadenar una depresión.

Los hijos únicos y durante algún tiempo los primogénitos y también los que llegan retrasados, están más intensamente expuestos a estas influencias, ya que reciben el amor materno y sus influencias sin compartirlo. «Cuando mi madre vertía sobre mí su amor, casi me producía moratones», afirma un afectado. Debido a la sociedad que como se ha mencionado está cada vez más obligada al egoísmo, son cada vez más los hijos únicos y eso si es que tenemos descendencia. Esta podría ser otra explicación del número creciente de depresiones entre los jóvenes.

Todo esto podría parecer como una reprimenda que por el psicoanálisis se sabe desde hace tiempo que es contraproducente. Pero no está dicho en ese sentido. Cada madre hace lo mejor dentro de sus posibilidades desde la difícil situación de la maternidad, que en la actualidad resulta todavía más difícil y exigente. Visto desde una cierta distancia, las madres son entonces tan víctimas como sus hijos. El rol materno es, al fin y al cabo, uno de los más difíciles, si no el que más. Una madre tendría que amar de manera totalmente desprendida y sentirse satisfecha con que su única recompensa es y será el crecimiento y desarrollo lo más sano posible de sus hijos. Pero esto sería una copia del amor divino con el que el Creador engendró a sus criaturas. El amor celestial, que no tiene comparación en la Tierra, es un reto enorme en una época como la nuestra, que intenta resolver y vivir todo en el plano material. Si cada vez se logra menos, es también un factor que fomenta la extensión de las depresiones. Desde el punto de vista de la filosofía espiritual, cada niño tiene la madre que se ha buscado y que según la ley de la resonancia también se merece. Desde esta óptica todos somos víctimas y autores en una misma persona; sólo está el tiempo que nos separa de este conocimiento. Es extremadamente importante ver estos mecanismos para interrumpir lo antes posible los círculos viciosos que provocan.

Resumiendo puede decirse que la negación conduce a las depresiones todavía con mayor rapidez que los mimos. Estos últimos se convierten en un peligro cuando ya no se vive un mundo amable. En el caso de la carencia y de la negación, el niño aprende pronto a renunciar. Se vuelve humilde, adaptable y tímido, por señalar sólo las propiedades positivas. Pero también se vuelve cómodo y se orienta a satisfacer las exigencias de los demás. A menudo tiene dificultades para decir un no, pues teme desilusionar a su Sol y que le abandone.

Puede sorprender a primera vista que una madre negadora se perciba también como un Sol, que si se pierde causa una gran angustia. Habría que creer que el niño estaría contento al desprenderse de ella. Pero es bien conocido el fenómeno contrario. Cuantos más palos recibe un perro, tanto más dependiente se vuelve a menudo de su brutal dueño. También los niños que son salvados en el último momento por los servicios sociales de sus padres sádicos, no resulta raro que dependan de ellos con una entrega que destroza cualquier lógica.

Hay que añadir a esto que los niños de padres negadores no conocen otra cosa. Si con la madre perdieran su punto central, tendrían miedo de quedar solos y abandonados en la vida, sin un centro y sin un sentido vital.

Angustia, sentimientos de culpa y huída hacia la religiosidad

El mayor temor en las personas de estructura depresiva se apoya en que se sienten vícti-mas. Además, constantemente tienen miedo del giro propio, secretamente percibido como necesario, de la responsabilidad de su propia vida con sus exigencias de individuación. Han de persistir en el rol de satélites o niños frente a las exigencias de crecimiento del des-tino. Son como niños que se dan cuenta que de este modo no pueden seguir, que amenaza algo así como la pubertad que destrozará todo lo que había hasta entonces. Quien se reba-ja a sí mismo y eleva a otros hasta los cielos debe mirar siempre desde abajo hacia arriba, y siempre habrá algo arriba que le amenaza.

En el ámbito cristiano, la posibilidad del perdón de la culpa y el pensamiento de la sal-vación más allá de este valle de lágrimas, ejerce una especial fascinación sobre los depre-sivos. Con la humildad ordenada tienen menos problemas que otros y la renuncia es algo que les resulta fácil. Quieren pensar que el padecimiento tiene algo de purificante y que contribuirá al perdón de los pecados. El pecado entendido como apartamiento –*hamarta-nein*, la palabra griega para lo pecaminoso puede traducirse por «no encontrarse uno mismo o a Dios» y por «apartarse»– es por naturaleza para ellos, que viven siempre pen-dientes de su Sol, una abominación. Pueden entender totalmente la idea del pecado origi-nal heredado. Renunciar al mundo no es para ellos ningún sacrificio y puede resultar atrac-tivo como una salida más cómoda bajo el ropaje cristiano. Allí donde se estimule el olvi-darse de uno mismo, se encuentran por completo en su elemento. También el «Sea tu voluntad» del Padrenuestro es algo fácil de seguir por una persona que no ha podido desa-rrollar ningún Yo y que, en consecuencia, tampoco tiene voluntad. Dentro de este contex-to deben tener cuidado para no caer en el «error pre/trans» descrito por Ken Wilber, lo de confundir las estructuras prerracionales y transracionales. Hay una gran diferencia en entregar algo que se ha logrado con gran esfuerzo o prescindir de algo que sería para uno casi inalcanzable. Wilber describe este error especialmente en lo que respecta a la tenden-cia del mundo esotérico de idealizar a los pueblos arcaicos como a los indios. El «error pre/trans» más burdo sería considerar que la vaca del prado está iluminada porque aparen-temente vive en el aquí y ahora.

El camino cristiano podría convertirse en una trampa psicológica porque permitiría ensalzar las propias debilidades y liberarse de las verdaderas tareas. Habría que recomen-dar la prudencia islámica de «¡Confía en Alá y ata tu camello!». La filosofía budista de que todo padecimiento se desarrolla del apego, sería mucho más útil para las personas de estructura depresiva. El extremado apego a su madre-Sol, alrededor de la cual gira toda su vida, es su verdadero problema. Preguntarse por este vínculo exagerado abre el camino hacia el autoconocimiento, que para ellos sería un estímulo lógico dentro del marco de la filosofía budista. Que toda la vida es sufrimiento es otro de los conocimientos fundamentales de Buda, algo que les resulta fácil a los depresivos pero que visto psicológicamente no constituye ningún reto para ellos.

Donde se elige la vía cristiana como salida para desviarse de las propias tareas, con el riesgo de las sombras amenaza de nuevo la sintomática de la depresión, a menudo tras un largo camino de errores. El cristianismo y la fe en el sentido de la Biblia pueden mostrar caminos para salir del dilema de la depresión. Aunque habría que atenerse muy estrictamente a la Biblia y comenzar primero por amarse a uno mismo para poder amar a los demás. Y sería necesario amar a los enemigos, los exteriores y los interiores en forma de síntomas. Cuando se expulsa o se ilumina esta culpa interna y eso salva de lo que queda culpable en la vida, se llega al camino que conduce hacia uno mismo y hacia la autorrealización. Se puede encontrar entonces el reino de los cielos de Dios en uno mismo, allí donde hasta entonces sólo estaba la madre-Sol y el boicot a la vida.

Quien busca su camino en las doctrinas religiosas también debe tener cuidado. Donde la teología cristiana busca alimentar la idea de la culpa, el padecimiento de las personas de estructura depresiva aumenta todavía más. Hacer de la sexualidad un tabú genera de manera premeditada sentimientos de culpabilidad. Se prohíbe algo tan natural como el onanismo aun sabiendas de que existe, y se toma la libertad de descargar mediante la confesión el sentimiento de culpabilidad que uno mismo ha provocado. De igual manera podría prohibirse respirar, comer, beber o dormir. Allí donde se ponen mandamientos y prohibiciones como en el cristianismo de la Iglesia, se corre el peligro de que un ascetismo que no se ejerce libre sino obligado por una necesidad neurótica interior, empeore todavía más la situación general de las personas afectadas.

Los lados positivos de la estructura depresiva

Si recordamos la primera división según movimientos cósmicos, elementos y caracteres fundamentales, que no tienen nada de enfermizo, para la estructura marcada por el elemento agua y por la revolución, que relacionamos con la depresión, dan una cara ya resuelta. De ella pueden derivarse las salidas de la problemática de la depresión. Aquí se abre la orilla salvadora del desarrollo normal, que incluso apunta hacia la plena integridad, más allá de la depresión.

En las personas de estructura depresiva, al escaso sentimiento de autovaloración y de autocomprensión se opone una alta comprensión de lo ajeno. Pueden retirarse y pensar primero en los demás. Les resulta fácil perdonar; hacerlo no es ningún problema para ellos. Tienen paciencia y a veces incluso sentido del humor siguiendo el lema de que «humor es cuando a pesar de todo se ríe». Disponen además de virtudes tan maravillosas como la fidelidad, la profundidad de sentimiento, la humildad y la cordialidad. Aguas tranquilas, atendiendo a los demás y retirándose antes que humillarles. Sin embargo, a menudo también desprecian algo a quienes están en estrecha resonancia con ellos. A eso se añade muchas veces la credulidad.

Dentro de los grandes grupos hay naturalmente muchas transiciones entre los distintos tipos de caracteres: desde los tipos contemplativos y orientados hacia su interior con un planteamiento altruista, que de manera humilde y sin ningún egoísmo llaman la atención en este mundo egoísta por su tranquilidad compasiva, hasta los depresivos totalmente apáticos, que «viven» bajo una nube oscura sin impulsos ni disposición de ánimo. Está el tipo tímido, casi inhibido, cuya humildad es síntoma de que no puede imponerse y que nadie le escucha. En el restaurante, por ejemplo, el camarero pasa de él; debe esperar mucho tiempo la comida y la cuenta.

Hay también los tipos cómodos que se han orientado con su naturaleza. En su pasividad receptiva cuidan una postura igualmente pasiva de expectativas, se portan bien y sueñan en lejanos paraísos y países de Jauja. Se vuelven a organizar con sus desilusiones y su falta de esperanza y viven en una melancolía nada desagradable. Por último, están las personas de estructura depresiva que buscan salir de sus problemas por la vía religiosa.

Profesiones para personas de estructura depresiva

Son posibles en principio dos vías distintas, incluso opuestas, para tratar con los problemas resultantes de la depresión. Se puede intentar evitar las áreas problemáticas o se las aborda de modo ofensivo, por ejemplo mediante psicoterapia. En el primer caso se vuelve uno poco a poco víctima del propio destino, pues éste intentará mediante actos fallidos, sueños, síntomas y, si nada de eso sirve, también mediante auténticos golpes del destino, llevar a la segunda vía, a la de la confrontación valiente con los propios problemas y errores para aprender entonces de todo ello. Las profesiones tienen aquí una considerable importancia puesto que si uno se deja llamar realmente por ellas, en el sentido de la vocación, se convierten en una especie de autoterapia.

Interesan a este respecto todas las ocupaciones que favorecen las cualidades maternales, asistenciales, de servicio y de ayuda, en las que pueda trabajarse de manera sacrificada y paciente, más interesados en la vocación que en el éxito y el prestigio, como a menudo en los campos social y terapéutico. Podría pensarse en profesiones tales como enfermero y psicoterapeuta, pero también en las de hotelero, cocinero, jardinero y guardabosques. También se incluirían las artísticas, siempre que el artista excave en las profundidades de su alma y lleve algo valioso a la luz de la conciencia general. En última instancia es adecuado todo lo que no requiera extroversión, así como aquellas profesiones que deban ejercerse en la madre naturaleza, aunque también las actividades artesanales.

La depresión en el espejo
de los principios originales

En las profundidades del mar descansan
ocultos tesoros inmensurables.
La seguridad la encuentras en la orilla.

JEQUE SCHADIE DE SCHIRAS

En las profundidades de lo plutónico: Agua

Cuando asignamos la depresión a la revolución de la Tierra alrededor del Sol, lo hemos puesto en relación con el elemento agua. Pero ésta, lo mismo que cualquier otro elemento, tiene cualidades totalmente distintas que permiten una subdivisión adicional. Es evidente que la depresión tiene poco que ver con el agua cristalina de un lago, la que fluye por un río o los infinitos océanos, sino más bien con las aguas salobres y quietas de un pantano.

No obstante, las experiencias con el agua resultantes del área arquetípica de la Luna guardan una cierta relación con las depresiones. Serían el quedarse en el modelo infantil y en lo maternal, pero también en el caldo sin estructura de lo colectivo. En el tarot, la carta de la Luna equivale a los fuegos fatuos del alma en los propios mundos de las imágenes espirituales.

El principio de Neptuno puede significar el hundimiento en el mar del alma y la apatía cuando las personas afectadas se dejan deslizar sin oponer resistencia ni luchar en los espacios atemporales del alma, sin estructura ni apoyo, «hasta que el mar vuelva a arrojarles a la orilla». Un depresivo lo escribió de la siguiente manera: «la depresión es para mí como la sensación de hundirse en una burbuja de aire hasta el fondo del mar. La presión a mi alrededor es cada vez mayor, pero siempre tengo aire suficiente para respirar. No puedo escaparme, pues si lo hago, moriré. El reconocimiento de la depresión es la llegada de la burbuja de aire al fondo del mar. A partir de ese momento se vuelve a ascender. Se sabe que se está subiendo. La presión disminuye y se ve de nuevo la luz penetrando a través de la superficie del agua. Y también sé que si salgo ahora de la burbuja de aire, podré regresar por mí mismo a la superficie.» El agua decisiva para nuestro tema es la del principio plutónico. Si el agua no fluye sino que se queda quieta, muere. Con la transformación que se produce se dice que se pudre y se vuelve salobre. Cuando la materia cae en agua que fluye, es arrastrada, pero si cae en agua estancada aparece el pantano.

Por lo tanto, el agua sana debe estar en movimiento e intercambiando con su entorno, pues sólo así puede regenerarse y permanecer fresca y viva. El agua quieta está en peligro de ensuciarse, de modo que muere toda la vida que hay en ella, y en este aspecto equivale también a la depresión. Se transforma en las aguas quietas del alma cuando el flujo de la vida se interrumpe, cuando se detiene ante un impedimento en la vida y durante algún tiempo no puede seguir fluyendo.

De esta imagen puede verse que la depresión sólo puede ser una fase, un episodio, porque a largo plazo ningún río puede detenerse, ni incluso ante grandes obstáculos. En algún momento el agua fluirá sobre esa presa o pasará de largo cualquier barrera. O bien se evapora y llega al cielo, o se filtra y continúa su camino hacia las profundidades del reino de la tierra. Ya sea en el cielo o en las profundidades de la Tierra, al final el agua sigue su camino y esto, en la analogía, es válido también para el flujo vital y la vida. La vida continuará de un modo u otro, de nada sirve la negación o el suicidio. El agua permanece siempre en su circuito y también en esto se parece a la vida. Casi todas las grandes tradiciones y religiones suponen que la gracia divina (o como quiera que se llame en cada cultura: padre todopoderoso o la gran madre, gran dios o gran diosa, principio de unidad, corona de la creación) es demasiado grande como para que una sola alma pudiera escapar de la creación y perder el camino. Sólo algunas sectas amenazan –por razones manifiestas– a sus adeptos con la perdición eterna en caso de desobediencia.

El elemento agua en su faceta plutónica, aunque nos pone en contacto con el horror que todo lo engulle, también lo hace con el aspecto de la metamorfosis que nos da consuelo. Así, a la muerte le sigue la resurrección y de hecho, la vida surge del caldo primigenio, que es un dominio plutónico. De manera correspondiente, de la depresión surge nueva vida.

Al comienzo de su vida, el ser humano está formado en más de sus tres cuartas partes por agua y al final, cuando ya se ha agotado en todos los sentidos, todavía por más de dos terceras partes. Podría llegarse así a la conclusión de que si quiere seguir vivo tienen que continuar fluyendo a lo largo de toda la vida. Pero tal como sucede a menudo en la sociedad burguesa, quien muere interiormente, mucho antes de hacerlo en su exterior, corre el peligro de desarrollar depresiones y expresar de este modo su dilema. Aquí alguien ha dejado de fluir; su agua vital está estancada en lugar de fluir. Se ha convertido en un pantano donde corre el peligro de hundirse. La imagen del pantano es muy apropiada para la depresión, también en sentido simbólico-mitológico. En un pantano uno puede hundirse y según la profundidad, sin encontrar fondo. Es difícil calcularla pues no se ve desde fuera. Lo mismo sucede con los distintos grados de la depresión, y según dicen los afectados, hay diferentes profundidades. En el mito tenemos la historia de Jonás y la ballena, esta simbólica cualidad del oscuro mundo de las aguas de cuya tenebrosidad asciende el héroe, para salir transformado. En otras versiones de este arquetipo universal el héroe es tragado por la ballena, que materializa la fuerza vital que se esconde en el inconsciente. El héroe tragado es llevado a las profundidades donde experimenta un viaje de pesadilla. El arquetipo de la muerte y de la resurrección queda aquí expuesto con igual claridad que el abismo en el que se hunden muchas personas depresivas. En otra versión más, el héroe lucha con un dragón, como sucede con Sigfrido o San Jorge. Con el baño en la sangre del dragón se produce el cambio, y al final la metamorfosis que eleva la vida a un nuevo escalón de la evolución.

Saber que el principio plutónico influye sobre la depresión puede ayudarnos en varios aspectos, sobre todo cuando de lo que se trata es de encontrar posibilidades terapéuticas. Lo plutónico es, como el pantano, femenino y engullidor. Es profundo e insondable, peligroso en todo momento y al mismo tiempo maravilloso, pues todo pantano es también fructífero. Su fertilidad surge con la muerte de las viejas plantas, de las que se forma el humus sobre el que aparecerá nueva vida. También podría ser una frondosa jungla .

La transformación a fondo pertenece también a lo plutónico, como la metamorfosis, el cambio total de la oruga terrestre a la mariposa voladora. No sería posible sin el estadio intermedio, parecido a la muerte, de la pupa. Dentro del estrecho capullo todo lo que fluye se detiene, pareciéndose este tiempo a la depresión en la vida. Richar Bach, el autor de *Juan Salvador Gaviota*, expresa el principio plutónico con las palabras: «lo que para la oruga significa el fin del mundo, es para el maestro una mariposa».

También el Ave Fénix que renace de sus cenizas es una buena imagen de la salvación contenida en este principio. Lo plutónico se refleja también en una vida como la de Saulo, el asesino de cristianos, al que una vivencia de conversión le transforma por completo y como San Pablo se convierte en apóstol de la religión cristiana. Lo mismo sucede con el playboy Francesco, hijo de un rico que sólo busca su diversión, y se transforma en Francisco de Asís. En nuestra época podríamos citar el cambio del fabricante de embutidos Kart Ludwig Schweisfurth (Embutidos Hertha) para crear la fundación de igual nombre. Mientras que primero se dedicaba a transformar a escala industrial los animales del matadero, después va al polo opuesto, a una cría de los animales respetuosa con su especie y haciendo de su sacrificio un ritual.

Todas estas transformaciones tan dramáticas pueden dar una idea de la grandeza de la tarea que representa el principio plutónico. Ningún otro arquetipo requiere tanto y tan radical y tampoco nos causa tantas dificultades el integrarlo de un modo soportable en la vida. Este es también el motivo por el que aparece con tanta frecuencia y de una forma sin resolver, agitando nuestra vida. No es por lo tanto casualidad que Plutón tenga una gran participación en el fenómeno depresivo y que también desempeñe un papel decisivo en enfermedades como el cáncer o el SIDA.

Es el principio de morir para ser, de la constante transformación, que conduce a superar el estancamiento y que puede dar la respuesta exigida a la llamada del viaje del héroe mitológico. Con la certeza de una resurrección comenzamos el viaje que nos sacará del infierno. Se nos pide una voluntad fuerte y fuerza de decisión. En el camino de la realización, el dios mitológico de los infiernos está sujeto a la evolución, que al final conduce a la libertad. Plutón obliga así a los cambios permanentes en la espiral de la vida.

De manera mucho más hermosa lo expresa Rainer Maria Rilke en forma poética:

> Vivo mi vida en anillos crecientes
> que se extienden sobre las cosas.
> Quizás no complete el último,
> pero quiero intentarlo.
> Giro alrededor de Dios, alrededor de la torre antiquísima,
> y giro a lo largo de milenios;
> y no sé todavía si soy un halcón, una tormenta
> o un gran canto.

Los ríos del Averno

La depresión pertenece también al reino plutónico y por lo tanto está más cerca del alma y del elemento agua que todos los otros ámbitos de la realidad. Sobre este trasfondo no sorprende que el infierno de los antiguos, el reino de Plutón (el Hades griego) y de su mujer Perséfone, estuviera recorrido por seis ríos que podrían simbolizar estado psíquicos especiales y ser representantes de posibles estados depresivos. El reino de los muertos es esa esfera a la que según la idea de los antiguos llega el alma después de su muerte. Equivale al espacio que los tibetanos denominan *bardo*, en el que las almas giran según sus imágenes y aprenden todo lo que no hicieron en vida. Lo mismo que el elemento agua, los ríos del Averno tienen un efecto purificante sobre las almas. La depresión parece ser una antesala de estas posibilidades de experiencia en el *bardo* o los reinos del infierno, y podemos utilizar este modelo para satisfacerlos de manera voluntaria y todavía en vida.

El primero y más conocido de esos ríos es *Estigia* o *El odiado*, cuyas aguas están formadas por un veneno mortal. Pero al mismo tiempo confieren inmortalidad. Pensemos en Aquiles, cuya madre Tetis le sujeta por el talón para sumergirle en el agua de Estigia y hacerle así invulnerable. Fue para él lo mismo que la sangre del dragón para el héroe germánico Sigfrido. El veneno se convierte en remedio curativo a tenor de la experiencia de que lo doloroso y venenoso muchas veces hace avanzar el desarrollo de la vida. Sumergirnos durante un tiempo limitado en el odio nos puede incluso ayudar a sobrevivir después de heridas masivas, a superar traumas y a abandonar después el río del odio como un nuevo ser humano con una vida nueva. Esto le sucedió a Ben Hur, el héroe de la película, que sólo gracias a su odio hacia los romanos pudo superar los sufrimientos de las galeras y son esas ansias de venganza lo que le salvan la vida. Más tarde debe superar ese odio, lo que le confiere una nueva vida en el reino del amor cristiano al prójimo.

Otro río del Averno es *Aquerón* o *Aqueronte*. Equivale a la pena y el dolor que se sienten cuando muere alguien allegado y puede recordarnos la importancia del duelo y de la despedida. Cuando apenas aparece en la vida, la depresión amenaza.

El río *Cocitus* significa el quejido de la muerte, el no querer darse cuenta y el no poder desprenderse. La queja es tanto mayor cuanto menos aceptemos la muerte y más corta sea la despedida. En Cocitus nos encontramos la exigencia de trabajar el duelo. Por lo general, una persona se queja más cuanto menos entiende. Los que no ven las leyes de la vida se lamentan y quejan, mientras que aquellos han materializado esas leyes entienden lo que les sucede. Por regla general también puede volver a vivir realmente. El río *Aornis* significa *Sin aves*. Se expresa con ello la falta de esencia celestial. La carencia de luz y amor, que proceden del cielo, queda bien clara. Lo impresionante que es un mundo sin aves lo podemos percibir con ocasión de un eclipse solar, cuando de pronto todos los pájaros dejan de cantar y se extiende un silencio sepulcral sobre los campos. Parece como si con el Sol también desapareciera el futuro. Referido al estado interior, en esa época desparece la ligereza y a menudo también la «perspectiva de pájaro» para pasar sobre la vida transcurrida. Aornis pone en evidencia esa falta.

El río *Flegetón* representa el dolor ardiente del alma cuando quiere atravesar el infierno interior. Aunque creemos haber eliminado el infierno, la situación sigue siendo actual. Después de treinta años de experiencia con psicoterapia no me queda ninguna duda de que el infierno moderno que hoy se crean los seres humanos es muy parecido al modelo arquetípico de las descripciones del infierno original. Es la fase de depuración, de todos los sentimientos de culpa y de las ausencias de amor.

Leteo, el río del *Olvido*, además de una cierta apatía, pone en juego algo de la gracia de Plutón, pues también el mayor de los dolores acaba por olvidarse. En el principio de morir para ser existe una enorme capacidad de regeneración apenas imaginable.

Saturno como guardián del umbral: Tierra

Saturno es el segundo arquetipo importante para nuestro tema. El elemento femenino Tierra está relacionado con él y según la teoría de los temperamentos, con el melancólico. El principio de Saturno nos enfrenta a las cualidades que fácilmente se malinterpretan como hostiles para la vida porque a menudo aparecen integradas en la vida de modo no resuelto, en lugar de positivo.

En la perspectiva astrológica de los principios, el planeta Saturno reinaba, antes de descubrirse Urano, también en la constelación de Acuario, en cuya era vivimos según las ideas de las tradiciones espirituales. Es decir, que estamos enfrentados en medida creciente a temas de este principio. Podría explicar también el aumento actual de las depresiones.

Todos los temores que ahora surgen son un tema típico de Saturno, lo mismo que el aislamiento en los bloques de viviendas de las grandes ciudades e incluso en las habitaciones de los grandes hospitales, las elevadas tasas de paro o las muchas separaciones. En realidad todo lo de Saturno puede generar depresiones.

Con el principio de Saturno de lo que se trata es de la reducción a lo esencial. Saturno elimina todo lo superfluo o deja que el vigilante del umbral sólo permita el paso a aquellos que se han convertido en su conjunto en lo esencial. Bajo el principio de Saturno caen también las enfermedades en general, porque nos arrojan hacia nosotros mismos y rápidamente lo reducen a preguntas esenciales del tipo de «¿De dónde vengo?» o, lo que es igual de importante, «¿A dónde voy?».

A Saturno, el griego Cronos, pertenece también el tiempo. Los procesos de desarrollo que caen dentro de este principio pueden prolongarse mucho, como sucede por desgracia a menudo con las depresiones. Aquí se encuentran todas las limitaciones y también la muerte, como la última barrera y reducción, sobre cuya cercanía con la depresión ya se ha hablado mucho. El vacío es un tema de Saturno, pero también el negro, por lo cual en los entierros se utiliza este color. La reducción de la energía y en general todas las debilidades, impedimentos, obstáculos, barreras y el apuro en general están dentro del reino de Saturno. El estar solos y en consecuencia la soledad –tanto como algo no deseado, desagradable, como también algo deseado, por ejemplo en forma de la vida del anacoreta– tiene un carácter saturniano.

En un sentido positivo, el ayuno también pertenece al principio de Saturno, sobre todo en el recogimiento de un monasterio o convento, lo mismo que la tradición zen y la terapia de trabajo. Redimir Saturno podría significar, por ejemplo: limitarse voluntariamente, buscar el aislamiento y la soledad, intentar llegar a la claridad y la verdad atemporal y sacar siempre balance, al final de cada fase de la vida pero mejor también después de cualquier trabajo y relación, y al terminar cada día.

La sencillez es otro atributo de Cronos (Saturno), que también conoce una gran dureza como por ejemplo cuando castra a su padre Urano y experimenta más tarde el mismo destino. En este acto se simboliza otro aspecto de Saturno, que también él está sometido a la ley de la causa y el efecto. Es guardián del karma y representa las consecuencias que debemos asumir por nuestras actividades e ideas.

Mientras que el principio de Plutón es devorador, en el de Saturno se manifiestan la fortaleza y la dureza. El suicidio como acto de autodestrucción valerosa pertenece a Plutón; la muerte como final de la vida debe asignarse a Saturno. Mientras que este último va limitando cada vez más en la depresión la vida normal y deja entrar la oscuridad, Plutón amenaza con pensamientos de suicidio. La falta de perspectivas y el estancamiento total pertenecen a Saturno, mientras que la vivencia infernal de ser engullido en el agujero negro debe atribuirse a Plutón.

Visión general de los doce principios

A quien quiera entender la profundidad de la depresión, lo mejor es aconsejarle que conozca los restantes principios, puesto que en nuestro contexto además del tipo asignado a la revolución (el girar pasivamente alrededor de un «Sol») también hay porciones de los otros tres tipos de *Riemann* –rotación, fuerza centrípeta y fuerza centrífuga– y otros principios son igualmente importantes en el amplio campo de la depresión. La depresión endógena, por ejemplo, que al parecer no tiene explicación –al menos para los psiquiatras de la medicina académica– y que se introduce en la vida sin previo aviso para modificarla radicalmente, tiene algo de plutónico. La depresión reactiva, la reacción ante una situación de sobrecarga, se incluiría más en el arquetipo de Marte. En este sentido, a cada uno de los doce principios se le podría asignar un tipo de depresión, dando así lugar una nueva clasificación. En cursiva y a veces entre paréntesis se cita el signo del zodiaco correspondiente a cada uno de los principios.

1. Las depresiones después de un trauma, como puede ser un grave accidente, y las fases depresivas como reacción a un suceso exterior pertenecen al *principio de la agresión* o de *Marte (Aries)*.
2. Las depresiones relacionadas con preocupaciones existenciales y una inseguridad profunda del territorio, como puede ser de alguien a quien expulsan o destierran, se adeudan al *principio de Venus*, en este caso bajo la supremacía del arquetipo *Tauro*.
3. En el caso de que la falta de comunicación y de contacto social desencadene una depresión, es decir, para una soledad o un aislamiento forzados, se está señalando hacia el *principio de Mercurio*, el comunicativo, bajo la influencia del arquetipo *Géminis*.
4. El «síndrome del nido vacío» está relacionado con el *principio de la Luna*, lo mismo que cualquier depresión que aparezca a partir del sentimiento de falta de recogimiento y afabilidad. También la soledad emocional conduce aquí hasta la depresión, si bien por motivos distintos a los del principio de Mercurio.
5. Con el *principio del Sol* o del *Punto central (Leo)*, una jubilación adelantada, por ejemplo, y todo lo que le sugiera a la persona afectada que ya no se le necesita, puede conducir a una depresión. Cuando falta el reconocimiento y no se producen éxitos verdaderos, cuando el representante de este principio es castrado o herido en su orgullo, se puede volver uno depresivo.
6. Cuando la vida amenaza con hundirse en el caos, siendo el miedo el fondo de la existencia, esto indica, en relación con la aparición de depresiones, hacia el *arquetipo de Mercurio*, fácilmente lleno de temores, con una acentuación de *Virgo*.
7. En el caso de un *arquetipo de Venus* orientado hacia la armonía, con un toque de *Libra*, se está especialmente en riesgo si se produce la pérdida de la pareja o la de nuestros

ideales, o soñando que se va a perder el mundo de claridad, porque se ve que no todo puede hacerse realidad. Cuando la aparente armonía en el mundo laboral o en la esfera privada se derrumba, en la persona afectada puede surgir la depresión.

8. Con *Plutón* nos encontramos en uno de los dos hogares verdaderos de la depresión y en el *Principio de morir para ser*, donde lo que hay que hacer es bajarse para volver a subir y dejarse arrastrar por el flujo de la vida. En el signo de Plutón los seres humanos se precipitan hacia las depresiones más profundas y peligrosas, puesto que aquí *por principio* está próximo el suicidio. Las personas afectadas odian esa pérdida de control y ya que los golpes del destino no son otra cosa que pérdidas de control, esto les preocupa especialmente, así como en todas aquellas situaciones que conducen al desmayo. Esas personas también están en peligro cuando se niegan a realizar una de las fases de muda, de cambio de epidermis, que con frecuencia exige el principio de Plutón.

9. Con el *principio de Júpiter (Sagitario)* entramos a discutir el tema del *crecimiento*. Los desencadenantes preferidos de las depresiones no pueden ser aquí exigencias exageradas no cumplidas, porque no pueden cumplirse. Es el principio de las máximas exigencias y del sentimiento de que hay mucho que le corresponde a uno sin que tenga que hacer mucho por ello. Si la persona afectada no se enfrenta valerosamente a su realidad corre el peligro de volverse depresivo, y el gran optimismo que normalmente tiene se transforma en pesimismo. Con este principio pueden desencadenarse profundas depresiones, sobre todo en las situaciones que quitan el sentido a la vida y, con ello, hacen que todas las metas desaparezcan en la nada.

10. En el caso del *arquetipo de Saturno (Capricornio)* nos encontramos en el segundo de los territorios propios de la depresión. Cuando la persona afectada se echa sobre sí misma un exceso de *responsabilidad* o se somete a una disciplina demasiado dura, puede ser excesivo incluso para alguien poco exigente y consciente del deber y se desvía hacia la depresión.

11. El *principio de Urano (Acuario)* vive de sus *ideales*, sobre todo del ideal de la libertad y de un mundo luminoso y sin preocupaciones para todos. Si se desilusiona o la edad atrapa al Peter Pan, el eterno jovenzuelo, si los signos de decaimiento son manifiestos o se necesitan medidas de atención geriátrica pero no existen a ningún nivel, entonces este arquetipo liviano cae bajo las pesadas ruedas de la depresión. Las depresiones han de asignarse también al principio de Urano cuando se frustra el deseo de libertad porque el trabajo, la relación, la familia o la sociedad sujetan a la persona afectada y parecen encerrarle dentro de una jaula.

12. Al *arquetipo de Neptuno* le cuadra especialmente bien el tema de la *huida*, también la huida hacia la depresión. Lo mismo que sus animales heráldicos, los *peces (Piscis)*, la persona afectada no tiene elección ante la pregunta de ¿huir o quedarse? Man-

tenerse y oponer resistencia no es aquí una reacción normal. Bajo Neptuno resulta muy difícil satisfacer las exigencias normales de la vida y no huir ya de principio hacia la depresión. Pero también los secretos (de familia) que por cobardía se van arrastrando, pueden resultar aquí opresivos en el verdadero sentido de la palabra.

Basándose en la astronomía, la teoría de los principios de la astrología distingue entre los principios interiores, que se asignan a los planetas que tienen una traslación rápida, y los exteriores, que pertenecen a los planetas de traslación lenta. La frontera entre unos y otros la fija Saturno, el guardián también de este umbral.

En lo referente a la depresión puede verse que los principios interiores que se mueven rápidamente son responsables del desencadenamiento individual en el sentido de las depresiones reactivas, mientras que los exteriores de los planetas lentos confinan con los temas vitales fundamentales –todo lo cual suena lingüísticamente mucho más causal de lo que se pretende expresar–. De lo que se trata es de cómo las posibilidades que determinan estos principios se reflejan en su plano. Ya que se encuentran en el transfondo de muchas depresiones difíciles de comprender, tiene sentido contemplarlas de nuevo bajo este aspecto.

- *Júpiter* nos hace saber que nunca podemos quedar satisfechos con las cosas de la Tierra, que no existe ninguna felicidad duradera en la Tierra, que únicamente hay momentos felices.
- *Saturno*, la muerte dura y «firme», nos permite de un modo estricto la confrontación con lo infinito.
- *Urano* nos lleva a la confrontación con la dependencia y la necesidad de liberarnos de ella.
- *Neptuno* hace que se debata la soledad bajo el lema de que «has nacido solo, mueres solo y mientras tanto, si eres sincero, también estas solo».
- *Plutón* pone por así decirlo la muerte «fluida» en el juego de la vida y el conocimiento de que todo es fugaz. El sentimiento de inmortalidad típico de la primera mitad de la vida, desaparece aquí de manera incuestionable.

Distintas formas de depresión y sus causas

Las depresiones de las edades y de los tránsitos de la vida

Todo tránsito en la vida requiere un balance, un paso por una tierra de nadie, determinadas víctimas y desprenderse de lo conocido. Esto requiere la valentía que a menudo le falta a la persona de estructura depresiva, que tiene dificultades sobre todo para el desprendimiento por lo que fácilmente se queda con lo que ha quedado viejo y sobrevive, porque se apega a lo seguro. O bien tiene miedo ante una nueva fase de la vida. No se atreve a pisar la nueva tierra y queda en la nada que tanto teme. Por este motivo no le resulta fácil hacer las transiciones en la vida y reacciona sensiblemente a cualquier cambio. Puesto que siempre persiste en llevar un papel pasivo, es la víctima clásica y ese papel parece como hecho a su medida.

Infancia

Ya en los niños, incluso en lactantes de más de tres meses, pueden diagnosticarse hoy depresiones, que deberemos asignar al principio de la Luna. Se observan con especial frecuencia en hijos de madres depresivas. Se observa porque los pequeños no sonríen y porque retiran su vista de las caras –tanto de su madre como de otras personas de contacto– en lugar de dirigirla hacia ellas. Se produce una mejoría inmediata si se trata con éxito la depresión de la madre, aunque todavía un año después de que esto suceda siguen presentando trastornos graves. Los estudios realizados revelan que en los niños la depresión de sus padres se refleja como bajo una lupa. Los trastornos son incluso peores que por ejemplo en los hijos de madres esquizofrénicas. Prescindiendo de las posibilidades de la homeopatía clásica, a los niños depresivos lo que más les ayuda es una terapia de la madre.

Incluso no son ya tan raros los suicidios entre los niños. Por fortuna sus intentos no tiene éxito con tanta facilidad, pero en los años noventa el número de suicidios en el grupo de edad de los diez a los quince años ha aumentando en más del doble. Los métodos se han vuelto más agresivos, probablemente tomando como ejemplo Hollywood, y en más del ochenta por ciento de los casos van desde el ahorcamiento al disparo.

Un caso especial de la depresión infantil es la denominada forma anaclítica, que puede presentarse hacia el final del primer año de vida cuando los niños se separan demasiado tiempo de su madre. A partir de los cuatro años puede convertirse en una depresión del desarrollo que se manifiesta en falta de alegría de vivir y debilidad en los vínculos que se percibe en una etapa temprana. Se vuelven irritables, no tienen alegría y padecen problemas de sueño y alimentación. El miedo a la vida puede manifestarse en una enuresis crónica y al tener una escasa autoestima son incapaces de mantener relaciones y se vuelven destructivos incluso a una edad muy temprana.

Por fortuna, los sentimientos de falta de sentido no tienen mucha importancia en los niños ya que por lo general no se plantean ideas sobre el sentido de la vida. Así, a esta edad suelen estar libres de sentimientos de desesperanza y desesperación. De todas maneras, tienen todas las opciones para convertirse en adultos con depresiones «normales». Según los estudios, el riesgo de padecerlas es siete veces superior si de niño se han vivido ya crisis depresivas.

De manera similar a como el abandono emocional depresivo puede perjudicar profundamente a un niño, la dedicación amorosa es la mejor terapia para los estados depresivos en la infancia. Además, les resulta muy provechoso crear un mundo de fantasía que contraste con su vida deprimente y que se convierte en el lugar seguro de recogimiento que les falta en el mundo exterior. Gracias a este mundo de fantasía se da una buena oportunidad para reducir el riesgo de suicidio, puesto que en sus imágenes comunican de manera voluntaria y relativamente sincera si quieren seguir a alguien de la familia que haya muerto.

Pubertad

Según una encuesta, más de la mitad de los estudiantes de secundaria han pensado alguna vez en quitarse la vida. Al menos la mitad de los deficientes infantiles padecen depresión. Estos dos datos expresan la desgracia de la juventud actual. Padecen una especie de dolor del mundo, en el que reconocemos el principio de Urano.

Quien no quiere desprenderse de una infancia dorada, en la pubertad tiene un problema. Convertirse en adulto significaría conseguir la autosuficiencia e independencia de los padres. Debido a su estructura y sus temores, ambas cosas no se las puede permitir la persona depresiva pues para ello necesitaría ese Yo cuyo desarrollo está aún muy lejos.

Así de importante es la madre en el embarazo y en la fase preescolar para la estabilidad emocional de la descendencia, tanto más gana en importancia el padre en las fases infantil y juvenil, cuando lo que importa es el reconocimiento y la confirmación. Un padre que prácticamente nunca esté disponible para su hijo por no estar físicamente en casa o por estar siempre detrás del periódico, el televisor o el ordenador, le transmite a su hijo la idea de que «No eres importante. Todo lo demás, tal como el trabajo o el fútbol, es más importante». De este modo pierde una buena parte de la confianza en sí mismo. A menudo estará toda su vida tratando el tema del amor del padre, aunque naturalmente por lo general sin ningún resultado, pues acaba por absorberle por completo. Ya que nadie puede desprenderse de lo que no ha tenido, para las personas afectadas resulta difícil deshacerse de un Ego que no pudieron desarrollar.

Puesto que en los tiempos actuales los padres tienen dificultades para encontrar su papel en la familia –si es que están presentes–, ésta es una fuente importante de problemas depresivos. En esos jóvenes puede aparecer una depresión de la pubertad. Goethe lo ha inmortalizado en su obra *Las penalidades del joven Werther* y ha mostrado lo lejos que puede llegar esta depresión, a menudo pasada por alto. Aunque el héroe haya dejado atrás la pubertad, psíquicamente está todavía en ella, razón por la que continúa vivo como tipo; pues a muchos veinteañeros les sigue sucediendo algo similar.

Basándose en un amor rechazado que él mismo vivió y estimulado por el suicidio de un amante de su entorno, Goethe, que a la sazón contaba veintitrés años, redactó en cuatro semanas el libro que llegaría al corazón de la juventud de su tiempo y que a él mismo le salvo de los sufrimientos de un alma depresiva. En el año 1815 escribió al compositor Carl Friedrich Zelter: «Que todos los síntomas de esta singular enfermedad, tan natural y tan poco natural, también afectaron a mi interior, de ello hará Werther que nadie dude. Sé muy bien los esfuerzos que me costó eludir las olas de la muerte…».

Werther se ha enamorado de Lotte, que debido a las rígidas reglas de la época es totalmente inaccesible para él a causa de un compromiso anterior. Pero en lugar de oponerse a las convenciones y luchar por su amor, se va hundiendo cada vez más en su dolor y su desesperación. Finalmente, en vista de la ausencia total de perspectivas para su amor se quita la vida, no sin antes propagar el suicidio como solución a los conflictos graves.

La novela, publicada en 1774, tuvo de inmediato un enorme éxito que hizo famoso de repente al joven autor. Tras la aparición del libro se produjo un aumento explosivo del número de suicidios, algo que el propio Goethe consideró como un malentendido, reconociendo que llevaba en su esencia algo arquetípico. En 1821 manifestó a su secretario Eckermann: «Sería malo que no todos tuvieran en su vida una época donde el Werther se le presentara como escrito para él».

En Baviera, Austria y Leipzig se incluyó la obra en el índice de libros prohibidos por su carácter de incitación al suicidio. En *Poesía y verdad*, Goethe anotó más tarde lo mucho que le sorprendió el gran éxito alcanzado: «El efecto del libro fue grande, incluso gigantesco…. porque coincidió con el momento preciso». Pero no sólo entonces fueron muchos los jóvenes que siguieron el modelo de *Werther* y huyeron prematuramente de sus retos. También hoy los encontramos en modernos seguidores como James Dean o Marylin Monroe. Ambas estrellas de culto plasmaron de un modo terrible el eslogan irracional, tomado de una canción pop, del «*siempre jóvenes*». De este modo, una espectacular muerte precoz es por desgracia la única posibilidad de permanecer siempre jóvenes. Ídolos como Jim Morrison de los Doors, Brian Jones de los Rolling Stones, Jimi Hendrix o Janis Joplin se adelantaron a Kurt Cobain, cada uno a su manera pero todos muy temprano, al Nirvana.

El exceso de vida joven sobresaturada en lo material muchas veces se ha descargado y frustrado de esta manera en el mundo del pop, llevando a músicos desilusionados a una muerte temprana, haciéndoles «inmortales» durante algún tiempo, al menos hasta que la mayoría de los de su generación hayan tomado la curva siguiente en el modelo de la vida.

Naturalmente, toda generación joven tiene sus dificultades. Está el cambio hormonal, ya suficientemente duro, y la aparición de los caracteres sexuales secundarios, dando lugar muchas veces a trastornos del tipo de la bulimia o la anorexia, que fomentan por su parte los procesos depresivos. Esto significa que en este mundo moderno sigue siendo muy difícil para muchas chicas asumir su propio papel femenino. Prefieren negarlo recurriendo al hambre para mantener sus formas infantiles. El dolor juvenil en este mundo se manifiesta también con el exceso en la comida. En cualquier caso las estadísticas indican que, por ejemplo en Alemania, cerca del sesenta por ciento de las chicas de edades comprendidas entre los doce y los dieciocho años padecen algún tipo de trastorno alimentario.

La exigencia en la adolescencia de salir de casa y cuidar ya de uno mismo en el sentido más completo de la palabra, así como el relajamiento de las trabas sociales y económicas, dan pie a las depresiones. Ser adulto lo percibe la persona de tendencia depresiva como una exigencia desconsiderada, porque cada nuevo paso va unido siempre al desprendimiento del viejo modelo.

A toda esta desgracia se añade el hecho de que la medicina pasa por alto estas depresiones juveniles y los efectos de los medicamentos sobre los jóvenes no se han investigado bien. Existe sólo la sospecha de que los inhibidores de la reabsorción de serotonina del tipo del Prozac son menos eficaces entre ellos que en los adultos y los niños.

Matrimonio y pareja

Cualquier paso en la vida resulta más difícil si uno no se ha desprendido de la fase anterior. Para la persona afectada es como si se le añadieran infinitos obstáculos. Sobre este trasfondo resulta interesante saber que, por ejemplo, los rituales de bodas surgieron basándose en los de enterramiento. Hay que cerrar, enterrar o finalizar algo antes de poder comenzar con lo nuevo. Si no se ha producido ya en la pubertad, la muchacha y el muchacho deben morir ahora para poder vivir como mujer y como hombre.

En el matrimonio de lo que se trata entonces es de vencer juntos las dificultades y superar las pruebas. Huir ante el primer suceso desagradable que se produzca es lo mismo que negarse a pasar por una etapa en el viaje heroico, pues la relación forma parte del camino. Esa huida provocaría falta de vida. Como principio dominantes reconocemos aquí los de Venus y Saturno.

En un mundo de contrastes, a nivel sexual significa un enfrentamiento y tener el valor de permitir que de ahí salga algo nuevo. C. G. Jung dijo: «Cuando surge realmente una relación entre dos seres humanos, sucede lo mismo que al unir dos compuestos químicos. Aparece otro nuevo y los otros dos salen transformados».

El hecho de que muchas relaciones –que simbólicamente no es más que en encuentro entre el Ánima y el Ánimo– fracasen es un síntoma de que en nuestra moderna sociedad de la diversión las relaciones se entablan a menudo en condiciones dudosas. Tienen que resultar divertidas, discurrir siempre armónicamente y proporcionar bienestar.

No se pide un desarrollo en el sentido del viaje heroico simplemente porque nunca es sencillo. Pero lo esencial es hacer el camino y esto significa que la relación debe estar en permanente movimiento y desarrollo.

La gran tarea consiste en aprovechar la relación de pareja para desarrollarse. El cambio constante de pareja, tal como hoy es frecuente, puede conducir a estar siempre con el mismo problema o incluso o aumentarlo, algo así como el dicho de «salir del fuego para caer en las brasas».

Convertirse en adulto significa siempre una renuncia, por ejemplo a las casi infinitas posibilidades de la juventud. Pero renunciar a demasiadas cosas, por ejemplo al propio camino vital, puede conducir a un callejón sin salida, preparando así el terreno a las depresiones. Hay que distinguir allí donde el mucho movimiento no es más que huida y donde la falta de movimiento por miedo o una conciencia del deber o de la moral mal entendida conduce a la rigidez.

Si una relación produce frutos, al nivel que sea, sigue estando viva. Si aparecen dificultades se supone que se trata de las primeras pruebas en el camino del héroe, que deben superarse. No puede pasarse por alto, por ejemplo, por qué relaciones que hace mucho que no se basan en el erotismo se rompen precisamente por esta causa, y además a menudo a una edad a la que la sexualidad no tiene ya una relevancia de primer orden. Se debe sobre todo a un simbolismo bien claro y por lo general no comprendido en profundidad.

Las relaciones de pareja son una parte importante del camino de la individuación y tienen, como todo, dos caras. Sigue siendo válido el viejo conocimiento zen de que, en última instancia, el ser humano está solo. Sólo incorporando este conocimiento es posible la verdadera relación de pareja en el sentido del camino de la individuación. Cada uno debe hacer su camino y bajo su propia responsabilidad, en el sentido del místico judío Sushya: «Si llego al cielo no me preguntarán: "¡Por qué no fuiste Moisés?" sino "¿Por qué no fuiste Sushya? ¿Por qué no fuiste lo que podías ser?"».

En cualquier caso, resolver los problemas de la relación de pareja estimula el desarrollo y el movimiento tanto como evitarlos, pero si esta negación dura toda la vida a menudo conduce a depresiones.

En algún momento del viaje heroico se produce el encuentro entre Ánima y Ánimo y su unión. Lo vemos muchas veces en el mito. El héroe de la canción de los Nibelungos, Sigfrido, de la ciudad de Xanten, rehúsa reunirse con su Ánima en la figura de Brunilda porque –hechizado por un filtro mágico– está enamorado de Krimilda, una decisión que acaba costándole la vida.

Hoy apenas se realizan matrimonios con vistas al camino de la individuación, que sería su única justificación. Cuando lo que se busca es el placer en la diversión y el bienestar, ya sea por impulso sexual o por comodidad, se crean los requisitos para el fracaso. La única alternativa sería no cargarse con la exclusividad habitual en el primer caso. En cualquier caso, siempre tenemos que evolucionar.

Un matrimonio o una verdadera relación siempre y necesariamente es problemático. La mayoría de las personas actuales deben renunciar primero a la amada-odiada «soltería» y con ello a sus ilusiones de libertad y a la idea de una vida sin responsabilidad (y culpa). Otros luchan emocionalmente durante mucho tiempo para abandonar el hogar paterno. Si eso se produce de modo prácticamente continuo hacia la nueva relación, no es raro que ésta derive a un papel paternal. En una época en que los que todavía son niños pasan a la pubertad, y no tantos a la adolescencia, los matrimonios «infantiles» son cada vez más corrientes. Existe además el modelo de que la chica se casa con un papá y el chico con una mamá. Esto funcionará hasta que los interesados comiencen a desarrollarse y a tener ante sus ojos el siguiente paso vital. En ese instante, el otro miembro de la pareja se sentirá abandonado y la consecuencia puede ser la melancolía o la depresión.

Sin embargo, la tendencia general no conduce hoy directamente al puerto del matrimonio, sino que se orienta principalmente al estado de soltería, al *single*. Se evita todo lo posible cualquier vínculo firme. Simplemente por razones que no alcanzan a verse o porque lleva consigo ventajas, siguen celebrándose matrimonios.

A esto se añade que el matrimonio arrastra realmente una desilusión, en concreto la de la esperanza de que con ello se asegure el amor. Esto fue más frecuente en el pasado, cuando las personas eran capaces de renunciar con estilo. Pero hoy –con la mínima tolerancia a la frustración de la mayoría de los seres humanos– se ve cada vez con mayor claridad lo que hay en cuanto a principios detrás del matrimonio, a saber, un contrato. Cuando ambos perciben que el matrimonio es un contrato que en todos los casos limita el amor, por lo general es demasiado tarde. Entonces se dan cuenta de lo que han pactado, de incluir internamente todas las posibilidades del matrimonio pero excluir por contrato todas las que hay fuera del mismo. De esta manera el contrato del matrimonio, aunque el derecho civil no lo llame así, es una obra de poder exclusivo. Tiene que ver poco con la bendición de Dios, al que de manera consecuente cada vez se reza menos. En la tradición católica el matrimonio es uno de los sacramentos, es decir, debe servir para santificar. Pero se trata, evidentemente, de una versión vieja.

Por supuesto que también existe el polo opuesto. Podría tratarse, como se describió al principio, de vivir las posibilidades existentes dentro del matrimonio y las excluidas excluirlas de manera consciente, como se hace con cualquier decisión. De esta manera, una decisión tomada conscientemente a tiempo podría evitar más tarde una separación. De todas maneras, el fin último de cualquier relación es la inclusión, no la exclusión, puesto que en el camino heroico se trata de alcanzar la unidad. La tarea sería crecer juntos e integrar también la oscilación, en lugar de excluirla. La boda química, tal como se designa el matrimonio celestial en el ámbito espiritual, que acepta todo y no deja que nada salga, sólo puede realizarse evidentemente en el cielo, es decir, en un estado de conciencia muy superior.

Si somos sinceros, el matrimonio burgués no ha funcionado. Antes, los hombres tenían a menudo varias mujeres, auque no al mismo tiempo sino de manera sucesiva, simplemente porque muchas morían durante el parto. Hoy –a tenor de mis treinta años de experiencia como asesor– ambas partes tienen aficiones además de su trabajo, lo mismo que relaciones fuera de su matrimonio. Con lo primero quitan energía a su trabajo, con lo segundo a su matrimonio. La diferencia es sólo que tienen una actitud positiva frente a las aficiones y éstas apenas dan pie a depresiones. Sin embargo, los asuntos extramatrimoniales conducen enseguida a problemas irresolubles cuando uno de los miembros de la pareja recurre al deseo de exclusividad mientras que el otro no se lo toma en serio. De esta manera el caos de las relaciones modernas se convierte en una fuente de problemas y podría muy bien ser responsable conjunto del aumento de las depresiones.

El ideal del matrimonio supone que la cruda realidad del día a día, que en un momento dado finaliza la luna de miel, es sólo el final del enamoramiento, pero en modo alguno del amor, sino que en realidad es su comienzo. Cuando se trabajan estas cuestiones con seriedad y compromiso, podría surgir de ahí el verdadero amor.

Sin embargo, la realidad burguesa suele tener un aspecto bien distinto. La vida cotidiana se percibe pronto como algo deprimente de modo que se prefiere huir al siguiente amorío, es decir, a una relación sin convivencia cotidiana, sin penas ni crisis. Estas huidas constituyen una oportunidad mientras que se excluyan esos puntos de estrés y finalizan en el mismo círculo vicioso en cuanto que –legalizadas– se enfrentan a la vida diaria con sus padecimientos y crisis. Este dilema ha conducido a que los seres humanos poco a poco vayan probando todos los posibles modelos de relación.

De hecho, hace tiempo que vivimos en una sociedad en la que conviven todas las formas de relación y es probable que esto poco a poco cumpla el mandato de la naturaleza, en la que también hay diferentes tipos de relaciones. Hay animales que se emparejan de por vida, otros que cambian cada año de pareja. Hay relaciones donde un macho tiene varias hembras, y también se da la variante inversa. Esta diversidad se manifiesta con especial claridad en los delfines, donde desde la pareja al grupo, fijo o variable, se dan todas las modalidades. Quizás esto es lo que más les convenga, pues tienen un cerebro más grandes y diferenciado que el nuestro.

Resumiendo, los seres humanos actuales sufrimos el hecho de que el único modelo oficial no satisface nuestras necesidades. La mayoría cierran un contrato que desconocen por completo y que tampoco buscan. Aunque no pretenden firmar un contrato para la salvación y el crecimiento, lo hacen. Conforme al espíritu de los tiempos, prefieren una relación para el bienestar, que en caso de problemas no valoran lo suficiente como para luchar por él. En la moderna sociedad de la diversión y el tiempo libre, una relación se deshace en cuanto que no puede garantizar ese bienestar sino que comienza a causar problemas.

Esta rápida claudicación impide el desarrollo lo mismo que aferrarse a un matrimonio sólo por convencionalismo. Ambas cosas pueden desembocar en una depresión. En el primer caso porque después de los primeros escarceos sólo queda la ausencia de relación y el aislamiento. En el último porque conduce a la frustración y, sobre todo, al estancamiento; dos de los pilares de la depresión.

En el sentido del viaje heroico, que es la mejor prevención contra las depresiones, la discusión entre el Ánima y el Ánimo sería un trabajo duro sobre uno mismo con ayuda de la pareja, que en el camino hacia la autorrealización y la perfección deviene en espejo.

Paternidad

La depresión del puerperio

En una mujer de estructura depresiva, el nacimiento del hijo podría complicarse en forma de transferencia, es decir, una retención excesiva y no querer desprenderse de él. También el parto puede ser difícil puesto que percibe el desprenderse como algo extraordinariamente difícil. Por otra parte, las mujeres de esta estructura pueden adaptarse con facilidad a esta circunstancia dejándose en manos de los médicos o de la comadrona, que les solucionarán todo. De todas las maneras, en la fase decisiva del parto la mujer está muy sola y depende en gran medida de ella misma. Naturalmente, la transferencia también puede estar en el rechazo del hijo a dar el salto a la vida.

En las depresiones después del parto queda claro que nacer no es básicamente dar la vida, pues eso lo constituye la fecundación, sino un gran ritual del desprendimiento. Con la vida de su hijo la madre lleva al mundo también su muerte. Así, con el nacimiento comienza para ella –en el sentido más profundo– también la despedida del hijo, por mucho que el nacimiento se viva por regla general como una bienvenida. Si esa primera despedida no funciona, podrían aparecer las depresiones. Lo harían en el sentido del síndrome del nido vacío o en caso de una muerte prematura del hijo.

A continuación del parto, en las mujeres de estructura depresiva puede producirse una *depresión del puerperio*, o puerperal, porque el cambio hormonal da lugar a una caída de los estrógenos, que con facilidad supone un sobreesfuerzo. Mientras que el nivel hormonal durante el embarazo va creándose lentamente a lo largo de diez lunas, el cambio con el nacimiento llega muy abrupto. Algo se desgarra, en el sentido real de la palabra. Hay que desprenderse de inmediato del embarazo y casi sin transición pasar a nuevas tareas, y esto puede resultar muy duro.

Además, el amor materno no es automático como suponen muchas madres. Requiere una atención activa y un cuidado amoroso alrededor del niño, sobre todo durante la lactancia, para que con el acto de chupar se libere oxitocina, la hormona de la confianza. A esto hay que añadir la enorme exigencia a las propias fuerzas que supone la lactancia, que no pocas veces finaliza en un sobreesfuerzo. Si a la menor ocasión se le da el pecho al niño –como sucede a menudo– puede suceder que por la noche la madre no consiga dormir esa hora y media necesaria para llegar a la fase REM o de sueño. Quien entre los intervalos de amamantar no consigue dormir esos noventa minutos se vuelve loca, en el sentido original de la psiquiatría. En una situación de este tipo no es necesaria una psicoterapia ni la administración de medicamentos, sino que sólo se necesita de la pareja o de la abuela que atiendan al pequeño ser con un biberón durante dos o tres noches. Las alucinaciones y otros síntomas de locura desaparecen entonces de inmediato. Estas imágenes, que la psiquiatría designa como alucinaciones, no son más que imágenes soñadas que se reprimen hasta que salen a la luz del día. La solución está en dar nuevas válvulas de escape al mundo de las imágenes del alma y para ello es necesario poder dormir dos horas seguidas.

Sobre todo cuando las circunstancias familiares, como es hoy cada vez más frecuente, no aportan seguridad y poco recogimiento, pueden surgir estos problemas. En cuanto que la nueva situación carece de sentido para la madre y el hijo no asume el papel de ser el nuevo contenido de la vida, el período de transición puede presentar los criterios típicos de la tierra de nadie. No estar embarazada pero no haber llegado al papel de madre, es colgar entre los mundos.

Estos estados intermedios tienen siempre algo de depresivo. Las viejas reglas ya no valen y se desconoce todavía cuáles son las nuevas. Los que están en la pubertad, como ya hemos dicho, no son ya niños, pero tampoco han crecido; el joven de la adolescencia ha sido preparado en casa, pero no está todavía orientado a su nueva vida. Lo mismo, la joven madre necesita tiempo después del parto para asumir su nuevo papel.

Una carga adicional es hoy el hecho de que los papeles resultan cada vez más difíciles de satisfacer para las jóvenes madres. Si es realista no puede confiar ya en que el padre de su hijo es el hombre con el que envejecerá. Por este motivo y porque el espíritu de los tiempos lo pide, tampoco renunciara a sus aspiraciones laborales como se suponía antes. Estas cargas múltiples dan con facilidad una sensación de sobreesfuerzo que pueden desencadenar estados de ánimos pesimistas o incluso depresivos y que a veces acaban en una depresión por agotamiento.

Antiguamente, contra la depresión del puerperio un remedio acreditado era la sopa de pollo. De hecho hoy vuelve a prepararse en muchas clínicas y con buenos resultados

–salvo en la forma provocada por la ausencia de sueño (REM)– aunque resulte inexplicable. Pero hay también otras muchas cosas que desconocemos y que funcionan muy bien.

El síndrome del nido vacío

Si una madre ha criado de todo corazón a sus hijos, cuando éstos abandonan el hogar su corazón puede desgarrarse. Las madres que no aprendieron a desprenderse corren el peligro de enfermar del llamado síndrome del nido vacío. No puede dejarles ir, algo que sería necesario para ellos. De este modo, el sufrimiento pasa a la siguiente ronda. Cuando los hijos son lo suficientemente vitales y pueden dar el salto, en la madre que queda los sentimientos de abandono pueden ser entonces tan intensos que caiga en un gran vacío.

Si los hijos no pueden corresponder a los constantes intentos de contacto de la madre, que a menudo sacan fuera de sí, en ella aparecen la desesperación y la falta de perspectivas. Puede desarrollarse entonces una depresión. El riesgo es especialmente grande si los hijos eran el único contenido de su vida.

Hoy son cada vez menos las personas que poseen el necesario conocimiento y comprensión de las etapas de la vida, y el síndrome de la sobreprotección casi se ha convertido en un caso normal. Se considera duros a los padres que ayudan a sus hijos a dar el necesario salto para independizarse. En muchas aves podemos ver cómo cuando los polluelos están ya dotados de la capacidad de vuelo y en condiciones de sobrevivir por ellos mismos, los padres, aunque sigan alimentándoles, les animan a que abandonen el nido y al final acaban empujándoles fuera para que vuelen ellos solos.

Pero para que una madre esté preparada para dar este paso, es necesario que tenga una vida más allá de sus hijos. En un mundo que tiene poco tiempo y sentido para preguntarse por el sentido de la vida, falta esa perspectiva. El peligro es entonces grande de que el vacío de su nido se transforme en el vacío de la depresión. Las habitaciones vacías que ya no se usan le hablarán constantemente de su abandono y de lo poco que se la necesita, siendo así presa fácil de la depresión. Se le pide un parto tardío, por así decirlo pospuesto, donde los hijos no solo se desprendan físicamente sino también en el sentido social.

La mitad de la vida

Detrás de la depresión que se produce hacia la mitad de la vida suele ocultarse una problemática del balance siguiendo el lema de que «La pereza de la juventud es la prueba general de la incapacidad para envejecer».

De lo que se trata en esta fase de la vida es de cerrar la primera mitad. Es un acabar y desprenderse de un modo muy particular. Además, a las personas afectadas se les exige dar la vuelta y en lugar de dirigirse hacia el mundo exterior hacerlo hacia sí mismos.

Este retorno a mitad de tiempo supone naturalmente un cambio completo de la orientación de la vida. Lo que era adecuado en la primera mitad ya no lo es en la segunda. Si no se consigue dar el cambio de dirección, mucho de lo que hasta entonces se celebraba se convierte de pronto en un gol en propia puerta. Aunque esta analogía con el fútbol pueda parecer banal, es la transición más dura de la vida.

Las dificultades pueden deberse a que no se ha solucionado la primera parte y queda mucho pendiente. Además, con el cambio de dirección es ahora la muerte la meta de la vida, una idea casi insoportable para muchas de las personas actuales, que puede desencadenar todos los problemas que se han descrito en el capítulo sobre la represión de la muerte. Si la solución (redención) fuera la meta, el cambio resultaría mucho más sencillo, pero hoy les falta a muchos tener acceso a ello.

En la relación de pareja sería un cambio de maillot. Mientras que lo adecuado en el camino de ida era que *él* llevara los pantalones pues de lo que se trataba era de dominar la Tierra, de construir algo, ahora hay que desprenderse de ello, abordar la vida interior e iniciar el viaje de regreso hacia uno mismo y hacia el sentido y la esencia. Debería él preocuparse ahora de su Ánima, descubrir y desarrollar la mujer que hay en su interior y los pantalones del poder exterior no son más que un impedimento. Además, *ella* necesita ahora los pantalones para hacerse cargo de la conducción hacia el dominio espiritual de la vida (en común). Él se los puede entregar o en caso necesario sería ella quien se los quitaría, aunque sería mejor evitarlo ya que podría herirle. Es siempre mejor entregar algo voluntariamente que dejar que se lo quiten a uno en contra de la voluntad. Pero ya que el destino mira por el bien de ambos —independientemente de que quieran o no— deberá llevarle en cualquier caso a una situación en que él pueda prescindir de los pantalones y ella aceptarlos. Una vía de salida en nada resuelta para él sería desarrollar una depresión. Entonces no los necesitaría, aunque en cualquier caso ella debería recogerlos pues en su ausencia depresiva de un objetivo y en sus sentimientos de falta de sentido él no tendría ya ni idea de dónde se encuentra en la vida. Es útil en este caso que él carezca del ánimo y la fuerza de discutir con ella la conducción.

Pero al típico hombre moderno, este conocimiento no le interesa en lo más mínimo. Quiere ahorrarse esos pensamientos, pero lo que no puede hacer es evitar el destino. Su intento de violar el modelo actual de vida puede parecer heroico, pero nunca lo conseguirá por mucho reconocimiento que reciba su negativa por parte de esta sociedad ignorante. En un programa de entrevistas, a la pregunta de la presentadora de cómo se adaptaba a la crisis de la mediana edad, un supermán contesto que «Para eso no he tenido tiempo». El público rió y aplaudió, con pleno desconocimiento de la problemática.

Lo material, como patria arquetípicamente femenina, quiere ser conquistado por los hombres. Lo espiritual, como dominio arquetípicamente masculino, espera tomar posesión bajo una guía femenina. De lo que se trata en conjunto es de desprenderse y abdicar de los intereses orientados hacia lo material en el camino de ida. Un excelente ejercicio para esta época sería explorar el agradecimiento hacia los que ha sido y ha fluido.

Lo que en esta época resulta más depresivo para la mujer es el rápido cambio hormonal. Pasar del «Bios» con el tema de la fertilidad al «Spiritus», con su correspondiente misión de autorrealización, sucede de manera mucho más rápida que en el hombre. A esto debe añadirse que a las mujeres –tanto por parte de los hombres como de ellas mismas– se las define más por el aspecto que por el status, que por lo general en esta época sigue aumentando en los hombres. Eso hace que a menudo los hombres resulten más interesantes, mientras que las mujeres sobre todo envejecen. Esta valoración social hace también que tengan aspecto viejo. A esto hay que añadir que a nivel de los tejidos los hombres envejecen de manera más atractiva en esta época porque su tejido conjuntivo no cede tanto como el de las mujeres. El desplazamiento de las «relaciones de poder» genera problemas adicionales para el ámbito de las relaciones.

Las tareas para esta época, cuya aceptación puede prevenir las depresiones, se trata de manera amplia en el correspondiente capítulo del libro *Las etapas críticas de la vida*.

El retiro o el shock de la jubilación

Lo que para las mujeres es el síndrome del nido vacío, para los hombres suele ser el shock de la jubilación, como expresión del principio de Saturno. Afecta a los hombres que estaban totalmente sumergidos en su trabajo. Cuando éste les desaparece de manera abrupta, pueden aparecer sentimientos de falta de utilidad y sentido. Naturalmente, esto afecta sobre todo a aquellos para los que el trabajo tenía una importancia desmedida y que junto a él no había más vida. Los hombres de este tipo intentan entonces estorbar a su mujer en las tareas domésticas y en el jardín, pudiéndose desarrollar problemas de relación amenazantes. Donde las personas afectadas se hunden más en una silenciosa resignación y no se ocupan de nada, las depresiones amenazan.

En los tiempos actuales la mayoría caen en el modelo de «cada vez más de lo mismo» y comienzan a hacer algo que recuerde a su anterior trabajo o incluso vuelven a estudiar. Si sucede sin presiones y disfrutándolo, puede tener su atractivo. Pero a menudo sólo es la defensa frente a los sentimientos de falta de sentido y por lo tanto una especie de profilaxis de la depresión, aunque no muy duradera.

A decir verdad, sería el momento de la búsqueda religiosa y del retorno al interior. La filosofía espiritual con su oferta de recapacitar sobre la vida, ordenarla de nuevo y ponerla bajo las leyes atemporales de la vida, puede brindar ahora la única prevención con sentido. En nuestros seminarios sobre *medicina arquetípica*, que se dedica desde hace años a esta tarea, no pocas veces puedo ver cómo simplemente comprendiendo las leyes universales se consigue un ajuste apropiado a esta fase decisiva de la vida.

El compromiso social y el trabajo de voluntariado en proyectos idealistas, aunque también las actividades asociacionistas, son una buena salida para la situación depresiva, aunque lo último no sea una verdadera solución en el anterior sentido.

Lo mismo que el fin de la jornada de trabajo da pie a festejar, la última fase de la vida podría ser una fiesta que no sólo se celebrara un día sino toda la vida. Finalmente podría hacerse aquello para lo que siempre se ha tenido ganas y sin tener que pensar en el dinero, pues en el caso ideal está cubierto con la renta o la pensión. Se abre aquí un amplio campo de tareas con sentido de las que nuestra sociedad tiene una urgente necesidad. Los clubs deportivos podrían recibir nuevos recursos, pero también instituciones como las asociaciones protectoras de animales o de montañismo, iniciativas pro-infancia y organizaciones medioambientales y muchas otras. La vida podría encontrar abogados en personas que quieren darle un sentido a su vida después del cambio, en lugar de hundirse en la falta de sentido y las depresiones. De todas formas hay que estar preparado a tiempo puesto que las depresiones agudas hacen muy difícil, si no imposible, el inicio de actividades de este tipo

Vejez

Las depresiones seniles están también en aumento. Una razón principal podría ser la devaluación del envejecimiento, pero también otras valoraciones dentro de nuestra sociedad del rendimiento que define el valor de una persona sobre todo por su contribución al producto social bruto. Esto hace que a la persona individual le resulte muy difícil abdicar y pasar el timón –el poder y el status– a alguien más joven.

Ya que todos quieren envejecer pero nadie quiere ser más viejo, constituye una gran fuente de frustraciones. A esto se añade el hecho que de hay cada vez más personas que alcanzan mayor edad y nadie sabe tratar con los ancianos, y éstos a menudo tampoco consigo mismos. Lo que para los ancianos de culturas arcaicas era un tiempo de veneración, es hoy una época en la que muchos deben pasar por superfluos o simplemente ser tolerados. La discusión sobre si será posible el pago de las jubilaciones en el futuro es para muchas personas mayores una increíble insolencia, lo mismo que al decir «Ya veremos cuánto tiempo podremos permitirnos estas jubilaciones», algo que fácilmente da lugar a depresiones. Si no se aplica una vida y una búsqueda religiosa o espiritual, el vacío surgido resulta difícil de llenar.

Ya que en general se rechaza la vejez, las depresiones que afectan a los ancianos se pasan por alto más fácilmente que las aparecidas en fases más jóvenes de la vida. A una sociedad que en general considera la vejez como una desgracia, el padecimiento le parece algo natural y así, muchas personas ancianas deben soportar sin una terapia síntomas que podrían tratarse bien. Los «residentes» de las residencias de la tercera edad enferman de depresión el doble que los ancianos con una situación de vivienda distinta. Un tercio de esas personas es manifiestamente depresiva. Especialmente terrible es que remedios como los antidepresivos clásicos, que aunque están bien indicados lo mismo que en edades más jóvenes, necesitan mucho más tiempo para tener efecto, como mínimo tres meses en lugar de tres semanas. Lo deberán saber tanto los pacientes como sus médicos para tener paciencia y no rendirse demasiado pronto. En ningún otro lugar la actitud de resignación está tan extendida como en la medicina geriátrica. La psicoterapia sería aquí tan lógica y necesaria como en las depresiones en años más jóvenes, pero mucho más trabajosa dado que las personas ancianas no cambian con tanta rapidez. Esto prácticamente no se hace en las consultas. Las razones podrían estar en la postura de la sociedad en su conjunto de que ya no vale la pena. Pero si los ancianos consiguen dar ese paso por sí mismos, a partir de mis treinta años de experiencia en la terapia de las sombras puedo afirmar que en la vejez no haya nada que valga más la pena que ordenar su vida y reconocer y solucionar las tareas pendientes.

Además de los factores sociales, a la depresión senil contribuyen procesos físicos. Los trastornos circulatorios son más frecuentes en la vejez y favorecen las depresiones por múltiples vías. Quien ya no puede andar aunque quiera, fácilmente se deprime. Pero quien no puede pensar del modo al que estaba acostumbrado, a menudo se desespera.

Es frecuente que las depresiones en la vejez vayan asociadas a otros cuadros clínicos, reforzándose mutuamente. Por añadidura aceleran un deterioro prematuro. En los enfermos de Alzheimer el nivel de serotonina disminuye mucho más rápidamente que en otros ancianos. A todo ello se suman síntomas extremadamente molestos como la incontinencia de la vejiga que a menudo les quitan el ánimo y la alegría de vivir.

Los niveles de neurotransmisores como la serotonina disminuyen por lo general en la vejez y en los octogenarios valen la mitad que en los sexagenarios. Es probable que esos descensos sean menos naturales que provocados. Tiene que ver sobre todo con la falta de retos y la divisa, válida para todo el organismo, de que quien se para se oxida. Si no se ejercitan los músculos, también disminuirán con la edad. Habría que practicar durante toda la vida un estado de ánimo armónico y sentirse feliz para poder disfrutarlo en la vejez.

Crisis espirituales

Las crisis espirituales, que corresponden al principio de Neptuno, se transforman hoy no pocas veces en depresiones. Sucede así porque, primero, no se clasifican de manera unánime y, segundo, porque muchas veces conducen a la psiquiatría. A menudo se desencadenan por la aparición de las numinosas en un mundo vaciado y sin sentido. Si en esta carencia de sentido se presenta de repente una experiencia de unidad en el sentido de una vivencia en la cumbre, esto puede «quemar los fusibles». Si las personas afectadas están como poseídas por esta experiencia y quieren volver a vivirla casi a cualquier precio, existe un riesgo para la salud mental. Lo único que aquí puede ayudar es implicarse en un camino de desarrollo espiritual.

Si esto se entiende mal y entra en escena la psiquiatría con sus medicamentos supresores de imágenes y sus procedimientos encubridores, puede producirse una situación deplorable. Ahora todo –incluida la experiencia tan importante– pierde su sentido y los medios de blindaje hacen que las percepciones sensoriales languidezcan lentamente e incluso mueran. Las personas afectadas perciben instintivamente que hay en ellos algo que va mal; a menudo no pueden entender el sentido de las medidas. Pero oponerse no hace más que empeorar la situación. La vieja psiquiatría lo interpreta como renitencia y una resistencia típica que hay que quebrar. Se produce así muchas veces una escalada en la pérdida de sentido, que les empuja profundamente hacia la oscuridad. Quien en situaciones de este tipo se resigna –y ningún sistema, incluida la cárcel, lleva a una persona tan rápida y profundamente a la resignación como la psiquiatría con su mezcla de coacción exterior y drogas que modifican la conciencia– puede caer en la depresión porque en ningún lugar encuentra sentido.

Suponiendo, lo mismo que el psiquiatra Stanislav Grof, que la mitad de los internos de una institución psiquiátrica normal simplemente está viviendo una crisis espiritual y que salvo un espacio protegido y ayuda para clasificar las propias experiencias poco más necesita, con facilidad se cae en la tristeza y se vuelve uno depresivo y duda del sistema. Pero a las personas afectadas se les impide seguir su camino. De este modo se hunden cada vez más en la percepción de la falta de sentido.

Las hormonas femeninas y el trato con la agresión

Casi todas las estadísticas señalan que la depresión afecta casi al doble a las mujeres que a los hombres. Sin embargo, esto no se cumple para la infancia, donde ambos sexos están amenazados en igual medida. Sólo a partir de la pubertad cada uno comienza a evolucionar separándose en este sentido. Otra diferencia es que los hombres se suicidan cuatro veces más que las mujeres.

Este proceso podría tener muchos motivos. La explicación más banal se basa en el hecho ya mencionado de que los hombres más difícilmente admiten sus achaques espirituales y por ese motivo falsean los datos estadísticos. Pero existen también una sospecha bioquímica y un sólido motivo fisiológico por el que las mujeres se ven afectadas de depresión con mayor frecuencia. De todas las maneras conocemos depresiones específicas del sexo, que están relacionadas con el embarazo, el período y la menopausia. Aproximadamente el diez por ciento de las puérperas las padecen después de la caída de los estrógenos en el parto; incluso una tercera parte ha de luchar con oscilaciones depresivas más leves. Además, el organismo femenino reacciona a la serotonina a la mitad de velocidad que el masculino, lo cual podría hacer que las mujeres fueran más vulnerables a esta afección.

Entre estos hechos en apariencia indiscutibles se mezclan también factores sociales y medioambientales y modifican la imagen. Por ejemplo, las depresiones puerperales remiten de inmediato si la pareja se implica y cuida de la madre y el niño. Si se contempla la vida en el campus de una universidad americana, donde las mujeres viven y trabajan relativamente emancipadas, los estudios revelan un equilibrio entre ambos sexos en cuanto a las depresiones. No obstante, podría objetarse –y así lo hacen las representantes del movimiento feminista– que las mujeres de estructura depresiva no consiguen llegar a la universidad.

El psicólogo estadounidense George Brown cree que la frecuencia de las depresiones entre las mujeres se debe a la preocupación por su prole. Si se retiran las debidas a los miedos por los hijos, entonces las proporciones estarían equiparables.

El hecho de que los homosexuales presenten igualmente una frecuencia doble de depresiones permite deducir que sería consecuencia de la discriminación social al que ambos grupos, mujeres y homosexuales, se encuentran expuestos. Otros sociólogos ven la causa en la tasa de abusos, notablemente más alta en las chicas. Ya que la desnutrición estimula también los síntomas depresivos y hay muchas más chicas que chicos padeciendo la anorexia de la pubertad, ésta podría ser una razón más. Es posible que también el matrimonio tradicional sea la «más antigua camisa de fuerza» para las mujeres, tal como lo formuló un sociólogo americano, favoreciendo las depresiones por las innumerables limitaciones y la falta de posibilidades de autorrealización. El hecho cierto en cualquier caso es que la discrepancia entre los sexos en cuanto a la frecuencia de la depresión puede reducirse mediante la igualdad.

Una interesante teoría afirma que la diferencia radica en que los hombres tienen mayor tendencia a vivir sus agresiones. La agresión se entiende aquí como pura energía primigenia. Si fluye, pone de nuevo en movimiento toda la vida. Más a este respecto en mi libro *El poder curativo de la agresión*. Los jóvenes judíos ortodoxos, por ejemplo, a los que culturalmente no se les permite el menor espacio para expresar sus agresiones, tienen en efecto unos índices de depresión mucho más elevados. Son casi tan altos como en las mujeres judías.

Muchos hombres depresivos, a diferencia de las mujeres depresivas, tienden a las explosiones de agresión y hablan de sentimientos de liberación, aunque esas explosiones les resulten penosas y al meditarlo las consideren totalmente inapropiadas. Ya que las intenciones de suicidio tan próximas a la depresión llevan un elevado porcentaje de agresión, resulta evidente que esto tiene un efecto de descarga. Aquí se explica también el alivio que supone desatar la agresión a través del deporte y que sean más los hombres que recurren a ello que las mujeres, cuyos deportes clásicos se orientan menos hacia el empleo de la agresión.

La depresión otoñal, invernal o estacional

Aunque nos hemos independizado en buena medida de los ritmos de la naturaleza, especialmente en sus lados oscuros percibimos nuestra relación con ella. Ante la perspectiva en otoño de pasar tres o cuatro meses hundidos en un gris nebuloso, hay muchas personas que lo perciben como un eclipse en las profundidades del alma. Que el otoño está relacionado con la despedida y el desprendimiento es algo que todo el mundo sabe, pero sobre todo es la naturaleza quien nos lo recuerda sin la menor duda. La muerte flota en el aire durante el otoño, pero es algo que nos repugna tanto que se convierte en un problema cada vez mayor.

No queremos saber ya nada de la muerte y de todo lo que nos recuerde a ella, como el otoño con sus despedidas y el invierno, cuando la naturaleza parece muerta. A esto se debe nuestro rechazo al otoño, con sus estados de ánimo y colores melancólicos. El follaje se llena de colores, pero sólo es una breve explosión cromática antes de que el gris tome el poder y que, finalmente, el invierno lo cubra todo con un sudario blanco. La analogía entre el otoño y la vejez y entre el invierno y la muerte se comunica también a los espíritus poco románticos de un modo directo, y no pocos reaccionan con una depresión.

Basándose en su pensamiento alopático, la medicina académica intenta combatir el abatimiento pasivo alegrando el ánimo y aumentando los impulsos por medios químicos. Tiene también un cierto éxito, en cualquier caso mientras que se utilicen los correspondientes psicofármacos. Como complemento se recurre hoy al método menos agresivo de la fototerapia, sometiendo a la luz de soles artificiales a las personas depresivas, que reaccionan mejorando su estado de ánimo. Los más inteligentes huyen a tiempo hacia países meridionales, donde el poder de la muerte no se les presenta al menos de manera tan evidente. Los jubilados se alejan por millones de los campos tristes de sus países y ocupan las playas de Mallorca y otras islas abandonadas ahora por los turistas estivales, en lugar de entablar amistad con la despedida. El desamparo de estos paraísos vacacionales de verano y la ausencia de vida colorista refleja, de todas las maneras, la temática de Saturno, que es de lo que se trata en esta fase de la vida; y así, aunque sea de un modo simbólico, también aquí la muerte está presente. Eludirla es imposible y no hay nada que resulte más difícil de aceptar, al parecer, para los seres humanos de nuestros días.

El hecho de que las depresiones se presenten con mayor frecuencia en la segunda mitad de la vida y, si nos referimos al año, durante el otoño y el invierno, se debe a su relación análoga. El período posterior al punto medio de la vida es el otoño de la existencia y deberá estar lleno de él, reconciliándose con el retorno y la vuelta a casa. Un primer intento de reconciliación podría ser pasear durante el otoño y disfrutar de la belleza de esta estación, y al final de la tarde y al anochecer descubrir en la puesta de sol la magia de la despedida. Ya que prácticamente todos estamos adormilados al alba, los ocasos resultan tanto más importantes y simbolizan de una forma maravillosa lo que, de otra manera, apenas somos capaces de soportar. Una ciudad como Viena, y más todavía Venecia, serían en otoño los lugares ideales para reconciliarse con la despedida. Artistas como André Heller o Ludwig Hirsch, con su buena relación con la muerte, han escrito la música ideal al respecto. Un paseo por el cementerio al final de la tarde de un nebuloso día de otoño, mientras suenan las campanas de la iglesia, sería en este sentido una buena terapia, en particular si conduce a sentirse cómodo también con estas oscilaciones. Cuando disminuye la luz del exterior, de lo que se trata es de buscar la luz interior y de encontrarla. También el estar sentados juntos alrededor del fuego o la reunión acogedora en una cálida habitación mientras se habla de sentimientos, de filosofía o de cuestiones cotidianas, nos aproxima de una manera placentera al estado de ánimo del regreso.

La tarea sería pues, como lo exige también la depresión, percibir positivamente la imagen del sueño invernal, descansar y prepararse al período de tranquilidad que se avecina, retraerse en uno mismo en lugar de exteriorizarse, y hacer balance. Sólo después, tras haber encontrado de nuevo el sentido y la meta, puede ponerse uno a construir de nuevo la vida y atreverse a dar los primeros pasos por la tierra virgen.

La depresión adelantada

Se trata de una forma especial de la depresión que en realidad no tiene el valor de una enfermedad, pero que aparece cada vez con mayor frecuencia. Quien se siente oprimido por algo mediante una enfermedad, cree que es un buen consejo elegir un cuadro clínico que no pueda diagnosticarse con precisión y que tampoco pueda negarse. A eso se suma que con la frecuencia creciente de la depresión ya no hay nada que sea especial y que no despierte sospechas. Cuando hoy prácticamente todo el mundo puede verse afectado, algunos lo perciben como una invitación. Adelantar la jubilación va siendo más difícil, pues los ministros de economía van poniendo trabas, pero sigue siendo posible adelantar una depresión. De todas formas las sospechas de abuso o engaño en cuanto a las depresiones deben estudiarse con las máximas precauciones, puesto que existen innumerables estados intermedios hasta una fase denominada de «estar quemado» y que se interpretan como una depresión. El hecho cierto es que ambos cuadros son muy similares y lo que hay detrás de muchos diagnósticos de «estar quemado» es en realidad una depresión, sustituyéndose una objetivización no exenta de errores por un diagnóstico que no es seguro.

El significado interpretativo de la depresión

Las interpretaciones de los cuadros clínicos en el campo de las llamadas enfermedades mentales son relativamente sencillas. Quien padece una fobia, por ejemplo frente a las serpientes, es evidente que este síntoma le obliga a ocuparse de manera intensa con el tema de las serpientes. Con el tiempo se le hará evidente su simbolismo y reconocerá el carácter tentador de la serpiente del Paraíso que hace que Eva, la primera mujer, coma del árbol del bien y del mal, es decir, la polaridad. Cuando una persona llena de miedos en el marco de su fobia se ve enfrentado constantemente a las serpientes, por esta vía consigue la posibilidad de entablar amistad con ellas o con la tarea que representan. Quien reconoce por este camino lo que hay de tentador en su propio ser y se reconcilia con ello, poco a poco podrá perder el miedo a las serpientes y transformarlo en ese respeto lógico que ha de tenerse frente a las serpientes venenosas o las que estrangulan a sus presas. Algo similar puede hacerse con todas las restantes fobias.

Una persona que dentro del marco de una psicosis se ve inundada por imágenes de las sombras, deberá ocuparse de los temas relativos a las sombras para acabar reconciliándose con ellos. En la historia previa se encuentran muchas indicaciones a este respecto, pero suelen pasarse por alto. Quien no se ocupa de todo eso, bajo ciertas circunstancias podrá tener un primer adelanto en forma de una pesadilla nocturna. Si lo reprime mediante somníferos, esos temas no desaparecen sino que quedan sometidos a una mayor presión. Llega un momento en que atraviesan la fachada de la cotidianidad y dan pie a una psicosis. Casi un tercio de la población lo sufre alguna vez en su vida. Por el contrario, quien de una manera voluntaria y dispuesta se ocupa con su lado oscuro dentro del marco de una terapia, estará bastante asegurado frente a esos ataques.

A quien le invaden la tristeza, la melancolía y las ansias de muerte ha de ocuparse evidentemente de estos temas y reconciliarse con ellos. Lo lógico sería hacerlo a tiempo y no esperar hasta que la fuerza del destino lo imponga y lo introduzca a su manera. Si evitamos enfrentarnos a nuestra propia mortalidad e ignoramos la muerte, lo pagamos en la misma cuenta de las depresiones. Si en una situación frustrante de la vida hacemos una maniobra de distracción, si un tema esencial que está pendiente no lo elaboramos, si no subimos un escalón en el camino de la vida, nos estamos haciendo merecedores de que el destino nos lo enseñe en la forma concentrada de la depresión. Por último, si ignoramos nuestro propio tema vital más primigenio y en lugar de vivir nuestro propio camino vivimos otro ajeno estaremos avanzando inconscientemente un trecho más hacia la depresión.

Si permitimos además que el nivel de estrés supere la medida tolerable para nosotros, sobre la base material de nuestro cerebro desencadenamos una situación cercana a un desarrollo depresivo. Si tenemos predisposición a ello –ya sea por la genética o por la constitución psíquica innata (la estructura depresiva)– estaremos maduros para el viaje de la pesadilla del alma.

El lenguaje de los síntomas

Los distintos síntomas de la depresión pueden interpretarse en el sentido de *La enfermedad como símbolo* para reconocer allí las tareas vitales que hay ocultas. Lo mismo que muchos de los grandes temas del ser humano se viven hoy en el plano corporal en lugar de hacerlo en el espiritual, la depresión revela también un desplazamiento entre planos de este tipo. Lo mismo que muchas personas ancianas viven hoy el «si no dais la vuelta y sois como niños» cristiano en forma de la enfermedad de Alzheimer –o bien los hombres el desarrollo del Ánima en forma de rasgos faciales femeninos y pechos masculinos y la mujeres la integración del Ánimo en forma de un rostro masculino y una barba– cada vez hay más gente que experimentan como depresiones el descenso al reino de los muertos.

Aparecen en primer lugar un bajo estado de ánimo, falta de impulsos y tendencia al suicidio. La pregunta sobre qué hace el depresivo resulta fácil de responder a la vista del trastorno de sus impulsos: ¡nada! Debido a su sentimiento de falta de sentido, carece de cualquier motivación, de toda iniciativa. Su vida carece de sentido. En una época en que se valora cada vez menos la búsqueda del sentido y se lo deja a unos pocos esotéricos, de los que reirse, no sorprende que gran parte de la población no encuentre ningún sentido a sus vidas. «Quien busca, encuentra», dice la Biblia. Pero igualmente cierto es lo contrario: quien deja de buscar, no encontrará nada. Naturalmente, alguien que no esté buscando setas puede toparse casualmente con un par de ellas. Así, alguien que por un golpe del destino ha estado cerca de la muerte, cuando ha visto pasar toda su vida como en una película, puede preguntarse entonces por el sentido de todo ello. Pero una gran mayoría, mientras que la búsqueda del sentido no tenga mucha importancia y no encuentre lugar en la vida, cree que pueden vivir sin un sentido.

La pregunta de qué siente la persona depresiva se responde de manera similar: ¡nada! Es precisamente esta falta de sentimientos lo que le desespera. No puede establecer relaciones con su entorno porque no siente nada. Con ello satisface de un modo pendiente de resolver una exigencia básica del camino espiritual: deja de ser de este mundo, aunque todavía está en él. «Muerto viviente» o «zombi» son expresiones terribles de esta situación. La variante resuelta –en el budismo se ha descrito ya en la forma de esa persona que vive en total impasibilidad y que ha realizado el *uppekha*, lo que significa que vive sin depender de la alegría y del padecimiento– les puede parecer un sarcasmo a los depresivos, aunque muestra el verdadero destino del camino del que han salido.

Si no hace ni siente nada, el depresivo pensará tanto más acerca de ello. Según la gravedad de la depresión, se atormentará con pensamientos repetitivos que en el peor de los casos le conducirán a fantasías de suicidio. En el sentido de *La enfermedad como símbolo* esto no es más que ocuparse de la muerte, aunque en un plano no resuelto en absoluto. «¿Soga o bala?», «¿Veneno o gas?» son las preguntas que se suceden. Tanto la filosofía como la religión recomiendan abordar esta temática al nivel más exigente, pero mientras no se haga, la persona se desliza a otros planos. En realidad no tenemos la opción de si nos ocupamos de la muerte, sino a qué nivel lo haremos. Sería preferible, desde luego, el filosófico-religioso. Allí donde esto no parezca apropiado para la vida moderna, podría hacerse en el plano terapéutico. En general, la psicoterapia asume cada vez más las tareas de atención de las almas, que antes era una responsabilidad de la Iglesia.

En cualquier caso hay que tener en cuenta que ocuparse de la muerte es algo que deberá hacerse imprescindiblemente, antes de que lo acelere una depresión, pues una vez producida ésta resulta demasiado tarde para conducir uno mismo esa discusión y entonces hace falta recurrir a la ayuda externa.

El terapeuta Irving Polster opinaba hace ya varias décadas que era una pena que la psicoterapia se reservara a los enfermos. Debería aplicarse antes de que aparezcan los síntomas. Se ha demostrado que las personas que acuden a la terapia para ampliar su conciencia se ahorran muchos problemas y se dan cuenta de los síntomas que presentaban. Si a pesar de ello alguien que después de una excursión de este tipo por el mundo de las sombras padece problemas, puede resolverlos de una manera mucho más fácil. Con esa excursión se gana pericia en el mundo de las propias imágenes del alma, antes de que el destino nos obligue a unos síntomas tan drásticos con motivo de una depresión. El vacío se convierte entonces en un horror absoluto y en la más dura caricatura de ese vacío budista que recomendaba Buda a sus seguidores en el camino hacia el polo opuesto al de la depresión, hacia la iluminación. La proximidad de ambos extremos lo ilustra el hecho de que los místicos han tenido que conocer la «oscura noche del alma» antes de llegar a sus exaltaciones. Por otro lado, por desgracia no todas las depresiones señalan la cercanía de la iluminación.

Falta de impulso

Una persona frenada en sus impulsos se ve impedida por este síntoma atribuible al principio de Marte para realizar su auténtica misión. A quien no retiene nada y sólo pasa corriendo por la vida, esta inhibición de sus impulsos le frenará de repente. Deberá detenerse y meditar, aunque a un nivel poco inspirador. Quedará parado sin poder hacer nada. Cambiará del sistema simpático al parasimpático y deberá preocuparse de la regeneración y la restauración. Se le han tapado todas las vías de salida y se le obliga en el momento en el que le parece insoportable y opresivo. Sólo con estos síntomas se consigue enfrentarle a él consigo mismo y con su situación.

Vivir el instante también tiene su lado positivo. Muchos lo buscan voluntariamente e intentan, por ejemplo mediante meditación y otros ejercicios, alcanzar esta etapa del desarrollo anhelada y propagada por todas las tradiciones espirituales. Quien de un modo triste, en forma de depresión, se ve empujado al momento atemporal del aquí y ahora, debe padecerlo. La inhibición de los impulsos es sólo el medio auxiliar para impedir soslayar esta experiencia de aprendizaje. Con ello también se evita el suicidio. El paciente se siente tan bloqueado que, al igual que un ratón que al ver una serpiente queda paralizado en una muerte aparente, también suele resistir esta experiencia.

El peligro de que el suicidio tenga éxito se agudiza gracias a nuestra intervención (sobre todo farmacológica). Se produce una confrontación con la limitación de la vida, aunque sea involuntaria. Esta experiencia debería enseñarle a la persona afectada que así no puede continuar porque todo tiene un fin. La inhibición de los impulsos tiene entonces la función de conservar la vida.

A las personas modernas que se lanzan por su vida cosechando éxitos pero sin meta alguna ni contenido, sólo la depresión les detiene. Quien no retiene nada, tampoco encuentra un contenido en la vida y entonces son *necesarias* las medidas de emergencia del destino. Para el que va por el camino equivocado, la inhibición de los impulsos es lo mejor que le puede pasar. Sólo así queda una esperanza de retener y después de invertir y corregir el camino.

El que vegeta sin hacer nada que tenga sentido no cumple el encargo de la vida de dar forma a su existencia y sacar lo que sus posibilidades le brindan. Por el contrario, el que tiene una meta en la vida que le llena y cultiva sus contenidos, muestra escasa propensión a la depresión. Prevenir en este aspecto significaría retener en un sentido positivo y dedicarse a buscar visiones y contenidos antes de que la depresión le frene a uno. Quien retiene a tiempo y de modo voluntario y encuentra así una sujeción interior, puede obtener un contenido para su vida y verá como este contenido «sosiega» la vida.

Retener a tiempo, esta es la prevención decisiva y la forma resuelta de la inhibición de los impulsos. Quien regula sus impulsos por la voluntad y el deseo de encontrar una visión y un contenido, no necesita experimentar cómo el destino fuerza este estado en forma de una depresión. Que el destino se sirva de la bioquímica, como parece muy probable, o que busque otra vía, es algo accesorio.

En las condiciones actuales la prevención, y no sólo en las depresiones, tiene una importancia de primer orden. Para muchos, la mejor opción que ahorraría mucho dolor sería planificar los contenidos y tiempos de recogimiento y regeneración. El problema es que tendemos a creer que a nosotros no nos pasaría. En secreto confiamos en que seamos la excepción, pero la experiencia de años me dice que el destino nos llama personalmente a cada uno de nosotros.

Retirando los impulsos voluntariamente del propio curso de la vida y convirtiendo el correr en esperar, se está haciendo una profilaxis de la depresión, en particular cuando en estos tiempos tranquilos se ocupa uno de las cuestiones de los contenidos de su vida. Pero por otro lado, un exceso de pasividad supone también un riesgo de depresión.

Contemplado la vida de personas acostumbradas al éxito y que se han salido de la vía, se tiene una perfecta ilustración de una vieja sabiduría zen: «si tienes prisa, ve despacio y da un rodeo». Las personas que no hacen más que fustigarse y jamás piden disculpas, «pierden» en el viaje de pesadilla de la depresión mucho más tiempo del que se imaginaban. No estaban dispuestos a perder voluntariamente una semana y la depresión les lleva meses enteros. Todos los argumentos que daban ya no tienen valor y cuando el destino ataca en forma de una depresión, sobre todo inhibiendo sus impulsos, todo lo demás carece de importancia. Mirando hacia atrás, vemos que todo eso no ha sucedido con un cielo claro. Antes de que interviniera el destino ya ha habido bastantes avisos, que se ignoraron, como el de una esposa que pedía unas vacaciones para reponerse, o un médico que daba argumentos sobre los factores de riesgo, o unos hijos que querrían haber tenido más tiempo con ellos a su padre.

El ejemplo de las Navidades nos muestra lo agitados que vivimos. De la época sosegada del año en que las personas se concedían tradicionalmente un descanso para celebrar el regreso de la luz, se ha pasado a un tiempo de prisas y con una excelente coyuntura para el comercio. Competimos por lograr nuevas marcas en cuanto a vida agitada. Es imposible pensar en la Navidad sin el bullicio; el recogimiento y la dedicación a nuestro interior se practican cada vez menos. Pero la luz interior lo necesita para que se la pueda ver, por lo que no nos ha de extrañar que las luces de la publicidad sean cada vez más intensas pero que se encuentre mucho menos la interior. A los depresivos les falta por completo; incluso pierden la esperanza de verla al final del túnel. Hoy se les trata con cierto éxito mediante fototerapia (véanse págs. 247 y siguientes), pero carecen de la luz interior.

Sentimientos de culpa

Los sentimientos de culpa oprimen y es algo que no deseamos, pero no obstante nos sentimos oprimidos. ¿Qué sentido tienen estas percepciones? Las preguntas necesarias serían:

¿De qué he quedado hasta ahora deudor en la vida? ¿Qué hay tan retrasado que puede generar en mí estos sentimientos de culpabilidad? ¿Qué cosas he dejado pendientes y deberían cerrarse, y en concreto visto desde mis aspiraciones y de la misión en la vida, que dice ser lo que sólo yo puedo ser?

En la cultura cristiana hemos desarrollado una increíble cacharrería del pecado y reaccionamos a todo con sentimientos de culpabilidad. En la historia de Hermann Hesse sus padres lo transmiten de modo ejemplar. Ambos han equivocado su vida sobre la base de sus propios sentimientos de culpa y lo vierten sobre su hijo. Argumentan con el estricto Dios Jehová del Antiguo Testamento, que con su «ojo por ojo y diente por diente» defiende la ley de la causa y el efecto. La doctrina cristiana no lo admitiría, pero a lo largo de los siglos hemos vuelto a esa imagen del Dios del Antiguo Testamento, con el que puede justificarse la opresión de las almas. La religión cristiana original del amor con su aspecto de gracia, por el contrario, no es muy apropiada para infundir temor e intimidación a las personas para que tiemblen ante la autoridad eclesiástica. El Evangelio es un mensaje alegre, que muestra a los seres humanos una vía para la liberación. Pero quien tiene en mente lo contrario, se sirve mejor del Antiguo Testamento y de un Dios castigador.

En el sentido del Nuevo Testamento podríamos constatar que Jesucristo endurece la ley, pero que al mismo tiempo relativiza la culpa. En el sermón de la montaña, condescendiente con las debilidades humanas, deja claro que constantemente quebrantamos los diez mandamientos. Así no quiere que lapiden a la adúltera y les dice a los judíos: «quien de vosotros esté libre de pecado, que arroje la primera piedra», sabiendo que ninguno de ellos cumplía el séptimo mandamiento.

Por esa analogía es comprensible el aborto. Desde el punto de vista espiritual y en el caso ideal, el aborto se prohíbe por sí mismo, pero si el estado lo hace comienza un sufrimiento que hemos tenido que ver demasiado tiempo. El problema deberíamos resolverlo entonces mediante el desarrollo de la conciencia, no con leyes. En esa misma dirección va la tradición taoísta, que cree que la necesidad de las leyes es ya un signo de decadencia. Las personas con un elevado grado de desarrollo no necesitarían leyes estatales sino que seguirían la propia ley interior, que equivale a las leyes cósmicas.

El propio Jesucristo perdonó la culpa en muchas ocasiones, pues para eso había venido a este mundo. El que sus representantes profesionales en la Iglesia oficial se hayan especializado precisamente en lo contrario tiene seguramente muy pocas razones religiosas. Por otro lado, ya lo había previsto. Cuando se decidió a fundar su iglesia sobre Pedro ya apuntaba en esa dirección, pues Pedro era evidentemente el discípulo que menos le entendía y que con más frecuencia le negaba. Cuando el maestro daba las últimas instrucciones a los discípulos en el huerto de Getsemaní y les exhortaba a no oponer resistencia armada cuando le apresaran, únicamente fue Pedro el que hizo caso omiso a sus palabras minutos después y cortó una oreja al primer romano que apareció. Cuando Jesucristo predijo que antes de que cantara el gallo habría renegado de él, Pedro lo negó. Pero cuando el gallo cantó por tercera vez se dio cuenta que el Maestro de nuevo había tenido razón. Hasta la fecha sus sucesores –con excepción, como Juan XXIII– han ignorado estas consideraciones. Podemos constatar de nuevo que todo está en el principio y que todo está en orden, pues ninguno de los discípulos representa mejor que Pedro la imperfección de este mundo polar.

Sobre este sustrato cultural nos resulta difícil tratar con la culpa y a la menor ocasión, convenga o no, la ponemos en el juego de nuestra vida. Esos sentimientos en el caso de la depresión deberían animarnos a preguntar dónde estamos en deuda en la unidad o la globalidad, es decir, dónde tenemos que crecer y seguir desarrollándonos para acercarnos al punto central. Con la depresión es evidente que nos hemos quedado atascados y que ya no evolucionamos. En el estado depresivo se manifiesta en que nada se mueve ni nada se siente vivo. Este estancamiento crea sentimientos de culpabilidad en el sentido del «pecado» como «separación del centro», en contra de nuestra vida no vivida, nuestra integridad.

Las exageradas proyecciones de la culpa que hoy dominan a los seres humanos son una pobre caricatura de esa culpa de la que se trata. En cualquier desgracia, lo primero que se pregunta es: «¿Quién tiene la culpa?». Esa pregunta sustituye ya cualquier deliberación sobre la propia responsabilidad. En cuanto que alguien resbala sobre el hielo o la nieve, se pregunta quién es el que no ha cumplido con su deber de esparcir sal por el suelo y es culpable de ese mal. Es posible que ante los tribunales esto tenga ventajas económicas, pero esencialmente es funesto para el desarrollo porque cada vez se pierde más el control sobre uno mismo.

En lugar de proyectar la culpa, estaríamos mejor aconsejados colectivamente en regresar a la propia responsabilidad y preguntarnos cómo crecer y poder madurar. En la depresión este tema se señala de modo muy personal en forma de fuertes sentimientos de culpabilidad, donde el depresivo, frente a las proyecciones de culpa sociales, da un paso exagerado hacia la propia responsabilidad y la culpa casi le asfixia. A diferencia de antes, todo lo malo y negativo del mundo lo refiere a sí mismo y carga con toda la culpa, aunque sin sacar activamente de ello ninguna consecuencia. Su aceptación de la responsabilidad puede ser exagerada, comparado con la anterior ignorancia de cualquier responsabilidad propia, pero debe considerarse una compensación, por así decirlo una corrección exagerada. Si no estamos despiertos y atentos, existe muy a menudo la tendencia a lanzarse de un extremo de la vida a otro.

Mejor nos llevará a la meta mostrar a tiempo un poco más de responsabilidad propia en lugar de abrumarnos después en la depresión de un modo tan masivo y exagerado. Retener a tiempo y escuchar, obedecer y después volver a seguir la voz interior, es algo que en muchos aspectos puede ahorrarnos sentimientos de culpabilidad.

Sentimientos de falta de sentido

Junto con la depresión, el sentimiento de falta de sentido indica a las personas afectadas que han perdido el contenido de su vida y que lo que viven no da ningún sentido. Eso lleva la exigencia de ponerse de nuevo a buscar el sentido y dar contenido a la vida. Los principios de Júpiter y de Saturno reflejan este tema.

A largo plazo, todo lo que no posee un contenido acaba careciendo de sentido. En concreto, podría preguntarse por ejemplo para la *vida profesional*:

¿Qué sentido tiene mi trabajo? ¿Cuánto hay de vocación en él? ¿Me llama todavía? ¿O lo que antes me llamaba se ha convertido ahora ya en una rutina?

Con respecto a la *relación de pareja* y el *matrimonio* las posibles preguntas serían:

¿Cuánto contenido tiene todavía la relación? ¿Tiene todavía oportunidades de crecimiento o se ha convertido en rutina y la costumbre ha sustituido al amor y al desarrollo? ¿En qué medida sirve la relación para el bienestar y en qué medida para la salvación? ¿Cuánto lleva de ambos? Existen todavía conexiones entre nosotros dos o sólo queda satisfacer viejos modelos?

También puede plantearse la cuestión del contexto social de la propia vida. Según C. G. Jung lo arquetípicamente femenino es el *relacionamiento*, por lo que este tema resulta especialmente relevante para los tipos agua/tierra de determinación femenina:

¿Tiene sentido mi vida en la comunidad en la que vivo? ¿Es un sentido que todavía hoy puedo defender de corazón?¿O se ha cumplido ya para la comunidad o para mí?

Por último, lo más importante en relación a la búsqueda del sentido es la aclaración de la *envoltura filosófica o religiosa* de la vida:

¿Hace mi vida una diferencia entre yo y el mundo? ¿Hay un total mayor en el que pueda incluirme voluntariamente? ¿Tiene la religión una importancia para mí que afecta a mi alma? ¿Da mi fe o mi filosofía respuestas a las grandes cuestiones vitales: de dónde vengo y a dónde voy?¿Experimento una *religio*, es decir, recuperación del vínculo con mis raíces?

Quien no pueda responder a estas preguntas con un sí convincente, que salga de dentro, está desde luego en peligro de caer en la depresión. Los mejores requisitos para evitar la trampa de la pérdida del sentido son, por ejemplo, un compromiso que llene la vida, una profesión y una actividad que satisfagan a la propia alma y que estimulen al espíritu, y que en el caso ideal cada vez más raro incluyan también al cuerpo, pero también una relación vital, que todavía pueda y quiera crecer, una orientación religiosa o una filosofía de vida que lleve y dé respuestas satisfactorias a las grandes cuestiones de la vida. Pero ya la asignación consciente al mandala, es decir, en el modelo de desarrollo arquetípico de la vida, puede ser útil como un primer paso en la orientación en el gran modelo del círculo del desarrollo. A partir de ahí suelen surgir de uno mismo otros pasos hacia el contenido y el sentido. A este respecto se consigue así una prevención eficaz de la depresión.

La importancia del vacío está en su doble sentido. Por un lado es la nada deprimente para la persona depresiva, por otro es el Nirvana de los budistas, y con ello la meta de su camino y todas sus ambiciones. Para nuestra cabeza sobrecargada, el vacío es una experiencia impresionante. Quien tenga que vivir un momento de este tipo de auténtica calma, no lo olvidará jamás. Por el contrario, una visión así puede alimentar el alma y modificar a la persona completa. En general, después de este tipo de vivencia en la cumbre, pues es de lo que se trata, lo que queda es el anhelo de tener otra experiencia similar. Este anhelo de perfección es la más sana de todas las «dependencias», aunque, como todo, también tiene sus sombras. Si adquiere excesivo poder puede llegar a impedir lo que realmente pretende, e incluso puede conducir a una depresión. El anhelo de tener experiencias de paz puede convertirse, por el lado de las sombras, en intenciones de suicidio unidas a poder soñar y dormir sin fin, a abandonarlo todo y no ser ya responsable de nada.

Ideas de suicidio

Con la depresión nos encontramos diferentes síntomas donde de lo que realmente se trata es de interpretar temas. También el riesgo de suicidio es un componente integral de muchas, aunque no de todas las depresiones. Ellas y sus anhelos de muerte, cuya consecuencia son los pensamientos suicidas, forman un tema plutónico propio. Pero hay que tratarlo pues el suicidio es un problema indisoluble de la depresión. Detrás de la mayoría de los suicidios se esconde una depresión.

Si el fin natural de la depresión es el suicidio, tal como lo formuló un paciente en una ocasión, sería la continuación del estancamiento total hasta el fin. Las personas afectadas intentan detener la vida, pero pasan por alto que todo siempre fluye, *panta rhei*, como muy bien sabía Heráclito. Incluso cuando el paciente depresivo no siente ya nada y no percibe ningún río, a pesar de ello la vida continúa fluyendo y desprenderse del cuerpo no es ninguna solución, porque no provoca ninguna interrupción del río. Sigue circulando, aunque de manera invisible, por debajo de tierra. Esto lleva menos oportunidades, pero en modo alguno menos dolores en el sentido de la depresión, sino al contrario.

Un suicidio no constituye una salida de esta creación, como esperan los suicidas estéticos, sino que lleva a la persona afectada –hablando mitológicamente– a una tierra de nadie del estado *bardo* (tibetano) sin resolver, que en este caso guarda una gran similitud con el infierno cristiano. Intentando matarse uno, al tema de la depresión se le añade el de la agresión o el de la autoagresión, que expresa las intenciones asesinas contra uno mismo. Los pensamientos suicidas equivalen a una intensa ocupación con la muerte, y esto tiene en sí mucho más sentido. En última instancia no tenemos opción de si nos ocupamos del morir, sino de *a qué nivel* lo hacemos: conscientemente o más tarde en forma de depresiones. Incluso con la terapia apenas tenemos posibilidades de elegir. Ya sea en una etapa temprana y en vida mediante psicoterapia o después de la muerte en los círculos de las propias imágenes emprendiendo el viaje de pesadilla del alma. Elegir entre visitar los infiernos y el viaje del alma después de la muerte, tampoco es una elección real ya que el viaje de las imágenes después de la muerte es obligatorio para todos, aunque lo único que se puede hacer es prepararse para él como sucede en una terapia de reencarnación.

El suicidio está prohibido en la mayoría de las religiones y culturas o aparece cubierto por un tabú, si prescindimos de los suicidios rituales, como era habitual en la India, donde la viuda tenía que morir quemada con el cadáver de su marido, aunque algunas veces también lo hacía de manera voluntaria. Está hoy prohibido, pero no obstante algunas continúan haciéndolo para convertirse en *sati* (literalmente: esposa fiel).

Sucede de manera similar en la cultura japonesa, globalmente muy determinada por el arquetipo plutónico, que conoce el *harakiri* como un método muy honorable para irse de la vida de manera consciente. Durante la Guerra los pilotos kamikaze japoneses atacaron a la flota estadounidense, dirigiendo voluntariamente sus máquinas contra los buques de guerra americanos. Estos pilotos tenían detrás de ellos las celebraciones a los muertos dentro del círculo familiar y se habían despedido con todos los honores antes de lanzarse a la muerte por su emperador dios.

En lo que respecta a los terroristas suicidas islamistas, el Corán no lo ve así sino al contrario pues juzga muy severamente el asesinato de cualquier persona, pero bajo la influencia de determinados *mullahs* que les azuzan vendiéndoselo como un honor, sobre como una oportunidad para llegar de golpe al cielo.

El suicidio es tabú, aunque sea sólo por la idea de que el ser humano pueda hacer algo que sólo le corresponde a Dios. Por eso se le considera como la forma grave de la rebelión contra los dioses y su voluntad. En cualquier caso, con el propio cuerpo se destruye algo que Dios mismo ha creado y que ha soplado su propio aliento divino. Cuando una persona desaparece antes de tiempo sólo por decisión propia, se opone a los planes divinos en opinión de la mayoría de las religiones. Entre los antiguos griegos y los germanos, pero también en Oriente, estaban las tres diosas del destino que tejían los hilos de la vida.

Los suicidas se arrogan algo que no pueden valorar. Su acción se basa en el supuesto totalmente erróneo de que después les irá mejor. Lo único que hacen es quitarse posibilidades. Quieren acortar su vida pero el camino de su desarrollo se vuelve todavía más largo por ese acto, pues la encarnación así finalizada se convierte en un rodeo. Psicológicamente, el suicida se refleja la falta de ánimo para enfrentarse a las tareas de la vida. Es un acto de negación, el mayor de los imaginables: se niega en todos los puntos, y con ello al destino. Reprimiendo se llega a una terrible falta de perspectivas y desesperación.

Los suicidas dependen mucho del campo de la conciencia colectiva y tienen un fuerte efecto contagioso. Se pueden producirse así auténticas olas de suicidios cuando una persona carismática se mata. En un cantón suizo se decidió que todos los habitantes, e igualmente la prensa y la televisión, no dijeran ni una palabra de suicidios durante un año, y el número se éstos se redujo a un diez por ciento de la cifra del año anterior. Cuando al año siguiente se continuó informando normalmente, esa tasa volvió a los valores habituales.

Si suponemos que el asesinato es agresivo, entonces el suicidio es autoagresivo y cae por lo tanto bajo otro arquetipo. La agresión dirigida al exterior se asigna al principio de la agresión o de Marte, arquetípicamente masculino. La agresión dirigida contra uno mismo es la forma arquetípicamente femenina y está sometida al principio de Plutón. Cuando Bruto dirigió su daga contra César era una agresión masculina. Cuando Cleopatra, amante de César, se llevó la serpiente venenosa a la cama para dejarse morder por ella en algún momento de la noche, la agresión mostró su rostro plutónico femenino.

En la depresión se encuentra esta forma femenina de la agresión. Como ya se dijo, la depresión es en general un tema hundido en las sombras del polo femenino. El viaje de pesadilla del alma tiene mucho más que ver con los símbolos y temas femeninos que con los masculinos. Le pertenecen figuras míticas como Hécate , la oscura diosa de la Luna, o Perséfone, la señora del averno. Incluso Plutón, el planeta que es la patria de Plutón/Hades, el dios del reino de los muertos, es femenino, lo mismo que el signo del zodíaco Escorpio.

Lo plutónico se resuelve mediante metamorfosis, la transformación completa. En una depresión grave con intenciones de suicidio se necesita este paso radical. Si se produce una metamorfosis en un sentido profundo, o una metanoia, y conduce a un cambio de dirección de todo el buque de la vida, se puede ascender de nuevo a la luz después del viaje por las sombras.

Temores

Tener miedo es algo primigénicamente humano y no se experimenta sólo en el marco de las depresiones, incluso muchas veces más fuera de ese campo. Esto puede deberse a que nadie esta totalmente libre de temores, salvo quizás el iluminado, que ha encontrado la liberación definitiva. Una persona aparentemente sin ningún miedo podría tener una fortaleza impresionante o podría padecer falta de fantasía.

George Brown, un investigador americano, afirma que el miedo y la depresión serían algo así como gemelos, basándose la segunda en pérdidas pasadas y el miedo en las que están por venir. En la depresión la mayoría de los pacientes aparecen llenos de temores y los pacientes angustiados se presentan deprimidos, de modo que al cabo de un tiempo no se les pueden diferenciar. En los llamados trastornos de angustia existen los mismos conflictos que en las depresiones. Manfred Fichter, un psiquiatra alemán especializado en la angustia, cree que un tercio de sus pacientes tiene en el fondo masivos conflictos de separación.

A ningún niño hay que explicarle lo que significa el miedo, pues lo sabe perfectamente desde el principio. No obstante tiene dos caras, y por tanto también una positiva. Sin miedo, o al menos un gran respeto frente a los coches, ninguna persona podría sobrevivir en una gran ciudad. Lo mismo que sucede con los coches, el miedo al fuego sirve para conservar la vida. Pero no trataremos aquí de este miedo o temor racional, al que también llamamos respeto y que infundimos lo antes posibles a nuestros hijos.

Existe otra cara del miedo que fascina a muchos seres humanos. Hacc que muchos se cuelguen del televisor al llegar la noche, lo mismo que se hacía antes de los labios de los narradores, para entretenerse con películas de acción y de terror. Detrás de este miedo se oculta la necesidad antiquísima, sobre todo de los jóvenes, de aprenderlo, como sucede en los cuentos. En una sociedad en la que poco a poco hay una mayoría que no crece, que se alimenta de comida infantil en esos «comederos rápidos» que se llaman restaurantes de comida rápida, en la que los directivos se ejercitan en rituales que sustituyen a la pubertad y en la que a la menor oportunidad se puede atraer a los jóvenes «hombres» a los juegos de guerra, este miedo expresa un déficit de la fase adulta y de los correspondientes rituales de pubertad, como se comenta en el libro *Las etapas críticas de la vida*, por lo que no entraremos en más detalles.

En el ámbito de la psicología médica con la palabra miedo quiere decirse el miedo neurótico, que en una situación concreta actual deja de ser conveniente. De hecho procede de vivencias y situaciones anteriores. Por así decirlo, se ha extraviado en el tiempo.

En mi opinión, esa base es la angustia del propio nacimiento. Es posible que un niño haya tenido también experiencias traumáticas anteriores, por ejemplo en los intentos de aborto. Pero en el nacimiento intervienen en cualquier caso el miedo, o angustia, y la estrechez. El niño debe abandonar la situación idílica del embarazo, en la que no tenía que preocuparse de nada. Todo lo que necesitaba lo recibía a través del cordón umbilical, pero al acercarse el parto deja de flotar libremente y se ve sometido a contracciones extremas. Al final debe adaptarse al mundo polar de las contradicciones. Su cabeza pierde la libertad de movimiento y se ve apretada en la pequeña pelvis de la madre. Stanislav Grof describe esta fase del nacimiento como extremadamente traumatizante, y en la terapia de reencarnación lo revivimos. Mientras que las contracciones no le dan al niño más espacio sino que sólo sirven para abrir la salida del útero, el niño permanece en una situación que subjetivamente percibe como carente de perspectivas. En el sentido más primitivo y verdadero de la palabra, no hay luz al final del túnel y esto provoca miedo. A eso se añade la sensación extrema de estrechez, ya que la cabeza se ve apretada por todos lados y contra un obstáculo. La estrechez va ligada a la angustia primigenia de los seres humanos, como indica la misma palabra, pues «estrecho» en latín es *angustus*.

Es importante tener en cuenta que nadie es culpable de este primer miedo. Es parte de la vida el superarlo. También las restantes transiciones que se experimente requerirán de ánimos y fuerza para vencer el miedo ante lo nuevo y todavía totalmente desconocido, para dar el salto hacia delante lo mismo que el niño se lanza de cabeza a la vida.

El mayor de los temores del ser humano, y probablemente también de los animales, es el miedo a la muerte, lo mismo que el impulso de supervivencia es el más fuerte. En cierta medida también forma parte de ello la angustia del nacimiento. No sólo entra en juego la estrechez del canal del parto pues desde la perspectiva del mundo del más allá, nacer es precisamente un proceso de muerte.

En sentido figurado también lo es la pubertad. Por ese motivo, las personas de culturas arcaicas, a las que erróneamente llamamos primitivas, lo reflejan conscientemente en sus rituales. Se provoca el miedo y el horror a los jóvenes. Sólo cuando han superado este *páni-co*, es decir, cuando cumplen con el dios de la naturaleza, Pan, pueden pasar dentro del marco del proceso ritual al otro lado del foso, a la nueva vida de la siguiente etapa de su desarrollo. Así, de un modo que nos resulta chocante, se convierten en verdaderos adultos, mientras que nuestros jóvenes se ahorran éstos y a ser posible otros muchos miedos, por lo que no maduran y tampoco son capaces de manejar el miedo. Si no puede elaborarse la situación angustiosa del nacimiento, por lo general porque fue demasiado horrible e inso-portable, constantemente estaremos en peligro de vernos enfrentados a nuevas sensaciones de angustia. Podría verse en ello una cierta maldad del destino, que nos envía las tareas que no hemos hecho. Pero ahí podemos ver también la sabiduría del poder del destino, puesto que también en la escuela los niños se ven enfrentados a tareas que todavía no han cumpli-do, para que así se ejerciten. Podemos imaginar similar la escuela de la vida con un gran maestro o maestra que vigila que todos tengan su oportunidad, repitiendo y ejercitando lo que el plan de enseñanza tiene previsto. Pero en la escuela de la vida los planes de enseñan-za están configurados de modo tan individual que a menudo perdemos de vista la materia y caemos en el valorar y rechazar las tareas pendientes. El resultado son enfermedades y crisis. Por desgracia, existe hoy un gran número de personas que no han superado el trauma de su nacimiento. Afortunadamente ese número disminuirá en el futuro porque los naci-mientos modernos siguen los métodos de Frédéric Leboyer y de Michel Odent.

El miedo es siempre una especie de indicador del camino: donde aparece es que se está preguntando por el siguiente paso. En sus escenificaciones el destino no está volcado sólo al plano físico sino que también provoca estrecheces psíquicas y sociales. Quien arras-tra por la vida la angustia no elaborada del nacimiento, no sólo puede tener una terapia en túneles de carretera o del metro, en un aacensor y en las aglomeraciones de los grandes almacenes. Quien ha aprendido a aguantar y superar la primera estrechez del canal del parto, también se mantendrá tranquilo en estas situaciones y será de los vencedores. Cuando el jefe de un departamento comunica a los empleados que en el curso del año se despedirá a la mitad, algunos tendrán la certeza interior de que no serán ellos, mientras que otros se verán aprisionados por la angustia. En contra de lo esperado, esto no guarda nin-guna relación con la formación o la capacidad de actuar sino con la confianza primigenia que se tiene en la vida.

El tema de la confianza original o autoconfianza se refleja en la seguridad en uno mismo. Quien tiene una buena confianza primigenia será menos receptivo a las angustias y al miedo que aquellos que no pueden recurrir a ella, o apenas. Esta confianza nace antes que el miedo. Cuando el que aún no ha nacido flota libremente en el claustro materno es cuando comienza a formarse, siempre que no reciba perturbaciones del exterior. Estas últimas pueden ser a veces tan gravosas como los intentos de aborto o sólo aparentemente inofensivas como el deseo de los padres de que el niño tenga un determinado sexo. Si ambos desean tener un continuador de su estirpe y durante nueve meses la pequeña niña sabe que al nacer provocará un gran desengaño, no podrá desarrollar una gran autoconfianza y se sentirá más bien en un lugar equivocado.

Mientras que el miedo original puede elaborarse bastante bien reviviendo el nacimiento, al menos en las terapias que dedican espacio a este tema, conseguir después la autoconfianza no resulta tan sencillo. Durante los primeros meses de su vida el niño se siente todavía una unidad con su madre y sobre esta base consigue experiencias de unicidad. En la terapia de reencarnación, nuestros pacientes experimentan a menudo sensaciones de éxtasis. Aunque más tarde esto sigue siendo posible, por desgracia no es fácil con nuestra forma de vida. Todas las experiencias en la cumbre van en esa dirección y pueden contribuir algo a la confianza primigenia. También pueden hacerlo esas experiencias de unicidad que se logran en el marco de meditaciones o ejercicios, en los deportes o con la música.

En las personas que no están dotadas de esa confianza primigenia ni han elaborado conscientemente el trauma de su nacimiento, y que por lo tanto son víctimas propiciatorias del miedo, éste puede verse alimentado al mismo tiempo a partir de las reservas de energía de la estrechez original que puede extender la sensación de angustia a diversas situaciones. La psiquiatría habla entonces de unos trastornos generalizados del miedo, y la terapia resulta tanto más difícil cuanto más se halla extendido este último. Que siempre hay estrechez en juego se puede constatar porque cambia la respiración, cada vez es más difícil obtener el aire, precisamente porque las vías respiratorias se estrechan. El miedo es una situación de retraimiento, que se manifiesta con especial claridad en el caso del asma bronquial y que casi podríamos definir como un trastorno respiratorio. Con el miedo se nos corta la respiración y de manera más o menos consciente hay que respirar profundamente para superar algo. Por el contrario, donde se puede respirar libremente no hay miedo. Esta es quizás una de las razones por lo que el aprendizaje de la respiración es tan importante en la tradición india.

Un nivel de experiencia que goza hoy de gran aprecio en Occidente es la terapia respiratoria, refiriéndonos a una respiración enlazada. Enfoques similares se ocultan detrás de nombres como *Rebirthing* y respiración holotrópica o psienergética. Esta forma de tratamiento es la otra cara de la moneda de un cuadro clínico relacionado con el miedo, la tetania de hiperventilación. Con esta sintomatología, en una situación que le provoca temor una persona comienza a respirar más de lo que le conviene. Debido al cambio en la situación metabólica, al cabo de poco tiempo comienza a padecer espasmos. Visto desde fuera puede observarse a menudo el miedo en sus ojos y adopta una postura que recuerda a la del embrión poco antes del parto. El cuerpo adulto toma esta postura en un intento de revivir ahora con éxito la estrechez del parto.

Mientras estudiaba, mucho antes de ocuparme con la medicina interpretativa, viví una vez en un avión una situación similar. No había a bordo los medicamentos convencionales y los intentos de recuperar la respiración con la bolsa de plástico acabaron por quitarle las últimas fuerzas al pasajero que estaba totalmente aterrorizado. Lo único que podía hacerse era tranquilizarle y actuar sobre su respiración. Mi «paciente», un hombre grande y voluminoso, se había encogido entretanto en una postura embrionaria y respiraba al máximo mientras le sacudían los espasmos. Después de que mis esfuerzos no consiguieran nada durante mucho tiempo, en cuestión de segundos desparecieron los espasmos y pasó de un estado angustioso a otro de impresionante relajación. Su rostro reflejaba una gran felicidad. Sin entenderlo todavía, fui testigo de una liberación respiratoria. El pasajero se había tratado a sí mismo y al respirar debido la sensación de estrechamiento, consiguió un gran avance en la resolución del trauma de su nacimiento. Si yo le hubiera «liberado» entonces mediante una inyección de calcio o de *Valium*, su cuerpo se habría calmado pero le pasaría lo mismo en cuanto que hubiera una situación propicia.

Si el pasajero hubiera manifestado su angustia por la estrechez del avión antes del despegue, por ejemplo a una azafata, probablemente se habría ahorrado la situación. Pero intentó disimularlo pidiendo una bebida y poniéndose a trabajar en sus papeles. El destino se activó y dejó espacio al miedo reprimido. Con los espasmos, el miedo consiguió reconocimiento y el proceso creció hasta el punto que se pidiera un médico por los altavoces.

La mayoría de los dentistas conocen esta situación, que es rutinaria para ellos. Mientras que los psicoterapeutas tienen a menudo problemas para enfrentar a sus pacientes a estas condiciones, ellos lo consiguen sin esfuerzo. Sin embargo, no dejan que los pacientes lleguen a una tetania sino que les hacen hablar del miedo y dan así a la persona afectada la posibilidad de expresar esa angustia y de este modo alejarla del plano corporal. Estos ejemplos muestran muy bien cómo el cuerpo puede convertirse en el escenario de los temas no aceptados en la conciencia.

Los síntomas de angustia son una demostración clásica de la fuerza simbólica de los síntomas. Quien en Alemania siente miedo de las arañas no está bien informado, pues no vive aquí ninguna especie peligrosa. Es más bien la esencia de la araña lo que provoca el temor, que en el modo de tender la trampa, malo desde su punto de vista humano, le recuerda la propia esencia de araña reprimida y, siempre que no se sea consciente, le causa miedo. La enfermedad se experimenta aquí directamente por su símbolo y la solución está en el sentido de la medicina interpretativa. Si abro mi propia esencia de araña o cualquier otro tema reprimido, puedo desprenderme del temor correspondiente. En cuanto que

supero el problema de fondo de la estrechez, el nacimiento, le puedo eliminar su base a
ese miedo.

En lo que respecta al trato terapéutico con los miedos, casi todas las fracciones de la
medicina están de acuerdo en que no se trata de evitar las situaciones que los provocan. Al
contrario, hay que enfrentarse a ellas. «Donde está el miedo, está el camino» decía el terapeuta existencial Rollo May.

La divisa del profesor Manfred Fichtner es «Sólo no evitar nada» y aconseja abordar esas situaciones acercándose paso a paso y no evitar tampoco las de miedo irracional. Hace que sus pacientes se pongan a pequeños pasos en situaciones desagradables
concretas. Esas aproximaciones son también posibles en el curso de las meditaciones
guiadas. Los miedos en la depresión se refieren a temas muy diversos cuya irracionalidad suele percibirse enseguida, como en el caso de las serpientes o las arañas. Además
de la ya mencionada estrechez del nacimiento, su fuente también está en la que provoca
la propia depresión.

Desilusión

La propia palabra lo dice, la desilusión o des-engaño es el final del engaño. El problema
radica en una estimación negativa. No queremos desilusionarnos. Pero si pudiéramos evitarlo, al final de nuestros días estaríamos en un completo engaño, algo que para los orientales resulta una visión terrorífica.

Necesitamos las desilusiones para corregir nuestros errores de estimación, falsas
expectativas e ilusiones infantiles. Por fortuna es muy poco probable que pasemos por la
vida sin ninguna desilusión, pues entonces tendríamos que valorar todo correctamente y no
deberíamos tener ninguna falsa expectativa. En realidad cometemos errores con lo que nos
desengañamos y por este camino podemos integrar en nuestra vida lo que nos falta, con lo
que resultará más completa. Por lo tanto, las equivocaciones y las desilusiones son lo que
abonan nuestro camino cuya meta –en cualquier caso desde la perspectiva de casi todas las
tradiciones espirituales– es ver el mundo como una desilusión. Es la Maja india, formada
por los dos engañadores, el espacio y el tiempo. Según los antiguos egipcios procedería del
velo de Isis.

Contemplándolo de esta manera, las desilusiones son lo mejor que nos puede pasar.
Sólo tenemos que aprender a vivir con ellas. Las podemos tomar a mal, como les sucede a
los depresivos, o bien alegrarnos de su presencia como una buena oportunidad de crecimiento en el camino de nuestro desarrollo. Se las puede ver y valorar bajo una luz positiva como un signo del valor y de la vida vivida.

Sólo nos podemos desengañar si previamente nos hemos engañado. En este sentido
es una corrección necesaria. En las personas depresivas, con sus desilusiones a menudo

fundamentales, queda claro en este aspecto que están muy alejadas de esta postura constructiva y lo largo que es también su camino desde el reino de las sombras.

Falta de apetito

No tener apetito significa simbólicamente no querer integrar ni digerir la vida. Los orientales hablan directamente de practicar el *bhoga* (comer el mundo, el disfrute de los objetos de los sentidos) y lo entienden durante toda su vida como una tarea. Incluso los placeres en sí prohibidos les están permitidos si sirven para el crecimiento espiritual. Pero esto es exactamente lo que rechazan las personas depresivas. No les gusta (ya) la vida. De este modo, la ausencia de apetito es otra manifestación de la negativa de la que ya hemos hablado.

A quien le oprime la vida no siente naturalmente apetito por ella. No quiere tomar nada más y, en consecuencia, tampoco deja salir nada más. Dicho en pocas palabras, no quiere participar en el intercambio, en el equilibrio fluyente que se llama vida. Es eso lo que les sucede a los depresivos, como lo muestran también en sus intentos de huida en forma de intentos de suicidio.

Una pregunta justificada sería si detrás de la negativa se esconde arrogancia. ¿Se sienten las personas depresivas demasiado buenas para esta vida, o la vida es demasiado mala para ellas? ¿O están ofendidos porque la vida no discurre según sus reglas? Las personas depresivas se han retirado de la vida tanto como es posible sin ocultarse de ella. Los argumentos que esgrimen son sus miedos, su falta de ganas y su ausencia de apetito.

La falta de apetito va mucho más allá. Es una verdadera pérdida de la apetencia, es decir, que pierden el gusto por el erotismo y la sensualidad. Inconscientemente escenifican una situación en la que, estando en vida, se comportan como si estuvieran muertos. Descubrimos aquí la caricatura del mundo burgués en el que tantas personas siguen existiendo aunque ya han muerto en su interior. Pocos son los que están vivos cuando mueren. Dicho de otra manera, muchas de las personas adaptadas mueren cuando todavía son jóvenes, aunque se les entierra mucho más tarde. En ese intervalo hay algo a lo que resulta difícil dar un nombre, pues está poco vivo. Se observa un paralelismo con la pubertad, que cada vez comienza antes, madurando también las personas afectadas cada vez más tarde. En ambas situaciones contemplamos un enorme intervalo, en el que el alma cuelga sin orientación en una tierra de nadie, con lo que esa persona se deja también colgar.

Los depresivos con sus síntomas ponen ante el espejo un ser humano sin vida; lo caricaturizan. Por este motivo se les rechaza y teme en el mundo burgués, pues les exageran la verdad y la muestran con toda su crudeza.

Hay por lo tanto una escalada desde las personas vivas y animosas, que siempre están hambrientas de vida, que quieren tener experiencias y que asumen los desengaños, y que mientras aprenden de éstos acumulan nuevas experiencias y buscan más retos, hasta esas otras personas temerosas que quieren conservar el estado alcanzado y desean evitar a cualquier precio las desilusiones. Aunque por desgracia no hay encuestas al respecto, esa situación se da también en mucha gente en lo que se refiere a sus relaciones, que tan sólo las mantienen frente al exterior y para guardar las formas.

Un escalón más es el de los depresivos cuando no quieren admitir ninguna responsabilidad por su propia vida, por no decir de la de los demás. Son los resignados en estado puro, que se salen por completo del círculo de la vida. Estos síntomas ponen en claro otra vez la razón por la que nuestra moderna sociedad provoca tantas personas depresivas y porque éstas se adaptan también, y al mismo tiempo son tan rechazadas. Ya que a nadie le gusta verse frente a un espejo que muestre sus propias sombras con toda franqueza, prefieren no mirar el tema. Lo mejor sería tomarnos conscientemente una parte en el pastel de la vida, el que nos corresponda y después, comerlo y digerirlo con apetito.

La solución para la falta de apetito radica en un no-comer relajado y liberado, de lo que nos da un primer atisbo el ayuno consciente. La forma definitiva de poder alimentarse como los ascetas sólo a partir de la luz o de la fuerza vital, o *prana*, encuentra hoy sus seguidores, por ejemplo en la forma del químico Michael Werner o de la australiana Jasmuheen. Es evidente que puede prescindirse de la alimentación macrófaga, como lo demuestran históricamente algunos casos, pero los depresivos están muy lejos de ello, aunque exteriormente hacen a menudo algo similar.

Insomnio

Los trastornos del sueño son uno de los grandes temas de esta sociedad. Lo mismo que los miedos, sobrepasan el ámbito de las depresiones. Por otro lado, apenas hay depresiones que no vayan acompañadas de perturbaciones del sueño. No sólo nos dan claves sobre nuestro tema, sino también acerca de la sociedad en la que todo esto sucede.

Detrás de los diversos trastornos del sueño está el problema de no estar preparado para el día. La persona depresiva no sólo no está preparada para el día sino tampoco para la vida en su totalidad. Sus problemas para dormir pueden ser igualmente graves. El problema con el sueño puede ser de conciliarlo, puesto que quien se ha despertado entonces ya no puede volver a dormirse.

El carácter de exigencia del síntoma es claro. Despertarse es el mensaje para despertar a la realidad. Ésta es precisamente la tarea de las personas depresivas, aunque no sólo suya. El tema nos afecta al fin y al cabo a todos nosotros. De este modo cualquiera puede aprender con la depresión a mirar de manera más sincera sus propios problemas.

La exigencia de despertar también la hizo a sus seguidores el Gautama Buda histórico, al que entre otras cosas se le llama «El despierto». La depresión muestra aquí otra cara de sombras de la iluminación. De hecho, apenas hay nadie que esté más lejos de la luz interior que el depresivo. La meta es mantenerse despiertos, tal como pretenden el sueño indio del yoga y el yoga tibetano del sueño. Se trata de estados de iluminación. Para una persona depresiva que se atormenta con su insomnio y se siente cansado, están a una gran lejanía. La persona depresiva es exactamente el prototipo de quien no ha despertado, en sentido más estricto del ser humano poco despierto que no sólo hace dormir su vida, sino que también la reprueba.

La depresión se convierte así en el oscuro indicador de camino para aquellos que pueden leer los signos. Expresa la verdadera tarea. Consiste en despertar a esta noche y sus lados de sombra o mantenerse despierto para prepararse a este día y esta vida. Ya sea la necesidad de orinar que despierta a los hombres, o el corazón sobrecargado que durante el día yo no puede más con el trabajo y por la noche se recupera, con lo que obliga a ir al servicio, o sea el día para el que la persona no está preparada o toda la vida –la exigencia siempre es clara–, despertar y convertirse en alguien despierto en el sentido budista.

La solución práctica consiste en vivir cada día como toda la vida y utilizarlo como un campo ideal de entrenamiento, y en pasos mínimos despertar al menos durante unos breves momentos y poder vislumbrar la realidad a través del velo grisáceo. Edgard Podvoll, budista y psiquiatra, no habla sin motivo de la isla de claridad que hay en toda psicosis.

Para las personas depresivas –y en realidad para todo aquel que busca la liberación– es necesario cultivar y dejar crecer esos momentos de tal manera que lleven a las grandes islas que poco a poco acaban por formar un continente, convirtiéndose así al final en esas áreas en las que es posible la vida. Con eso la depresión es una imagen de la situación vital de todos nosotros, sólo que la insatisfacción de sus circunstancias se ponen de manifiesto con particular intensidad. Según el sentido espiritual, todas las personas viven en un mar de engaños y sólo se hacen ilusiones. No obstante, están esos momentos en los que tocamos la realidad y percibimos la unidad, o al menos la suponemos. Ampliar estos pequeños instantes es la tarea que significa la vida.

En cuanto que las personas depresivas llegan a este camino amplio y heroico y salen de la gran ciénaga o mar de nieblas de la depresión, muchas veces les caracteriza un mayor estado de vigilia y afirman no querer por nada del mundo volver a esta experiencia del viaje de pesadilla. A menudo continúan este proceso de despertar hacia el grande y último despertar a la realidad, que se encuentra detrás del mundo aparente.

Intranquilidad

Lo que indica es que algo no va bien, que hay algo que no funciona. Busca la actividad que restablezca el orden, de modo que pueda volver la tranquilidad. Sin embargo, en muchas personas depresivas la intranquilidad carece de un objetivo, lo mismo que en el resto de su vida. Con razón están intranquilos, pues aporta algo de orden, sólo que les falta el impulso, el sentimiento del sentido y la conciencia de la meta. Lo peculiar de su intranquilidad es que no conduce a ninguna actividad y que si llega a producirse no es más que un desambular sin metas. Esto es simbólicamente también una expresión del no-avanzar que es tan característico en la vida de muchas de las personas depresivas.

Tampoco puede pasarse por alto en este símbolo el carácter de exigencia. La persona afectada tiene que ponerse en movimiento, y en concreto en su interior. Para lo externo le falta el impulso. Al depresivo se le pide que se mueva interiormente y que comience con su vida. Cuanto más intensa es la intranquilidad, tanto mayor es la exigencia.

Otros síntomas

La mala memoria de muchas personas depresivas indica que no quieren tomar posesión de nada inmaterial y que de modo global rechazan el mundo, cerrándose frente a él. Resulta aquí un puente hacia la psicosomática y una explicación para la frecuente aparición de trastornos en el área del tomar y hacer propio, por un lado –en el área de la garganta, la tráquea y el estómago– pero por otro de las necesidades no expresadas.

Lo mismo que la mala memoria indica que no están interesados en conservar algo, las dificultades de aprendizaje señalan que no quieren tomar nada. Lo mismo que no quieren exteriorizar nada, tampoco quieren aceptar ya que deberían dejar que entrara en ellos. Se niegan a todo intercambio con el mundo exterior.

La falta de participación subraya ambas formas de negación: ningún intercambio. La depresión constituye un enclave de la muerte en medio de la corriente de la vida.

La impotencia y la frigidez indican que tampoco a nivel erótico las personas desean un intercambio. Lo único que queda es el trato consigo mismas y con los propios temas. En último término no es más que una renuncia general a toda apetencia: «No tener ganas de nada» es su divisa. Se produce un boicot a la vida en toda regla.

Pero igualmente aquí trasluce de nuevo el nivel resuelto, pues también los seres humanos realizados pierden a menudo el placer por el intercambio sexual o por la participación en las múltiples actividades del mundo. Viven con frecuencia tanto en el momento que tampoco perciben impulsos para aprender para un futuro o recordar un pasado, que ya les ha dejado de interesar. No obstante, a diferencia de los depresivos, su sensación de vida está marcada por la tranquilidad y la felicidad profunda. En el zen se habla de la «paz rugiente» para indicar lo poco racional que es el acceso a estas experiencias para las personas aferradas todavía a la polaridad.

Las personas depresivas muestran a su manera que aunque todavía están en este mundo, no son de él. Esto suena a uno de los aspectos de la misión cristiana en esta vida.

Los cristianos han de vivir en este mundo e incluso dar al César lo que es del César, pero deben orientar su vida hacia la vida eterna, la que comienza más allá de este mundo. Tal como dijo el Maestro, su reino no es de este mundo.

Este «en el mundo, pero no de este mundo» lo encontramos en otras religiones, por ejemplo cuando los budistas hablan del *Phala varja*, la renuncia al fruto, que significa que aunque recogen los frutos de su trabajos, no quieren tener nada que ver con ellos.

El cansancio indica que las personas afectadas están cansadas de la vida. Nada les importa, es decir, no se interesan por nada. A menudo han creado una especie de filtro entre ellos y el mundo para atenuar los estímulos demasiado intensos puesto que cuanto más fuerte es un estímulo mayor es el peligro de querer algo definitivamente. Por consiguiente, bloquearlo de principio es un modo refinado de resignación. No hay entonces una vida verdadera sino una estrecha vereda filtrada que el depresivo sigue, pero esto es aburrido y acaba por cansar. La exigencia es darse reposo, pero en el sentido de la «paz rugiente» de los maestros del zen.

Hay una contradicción aparente entre la exigencia de guardar reposo y la de moverse, transmitida a través de la intranquilidad. La solución está en hacer cada cosa a su tiempo. Lo primero es ponerse en marcha para arreglárselas con las tareas pendientes de la vida. Esto sucede sólo para encontrar realmente la paz, lo cual no quiere decir la paz última de la muerte sino la gran paz de una vida realmente liberada.

Descripción gráfica de los estados

Las personas depresivas hablan del *vacío*, de la *nada* en la que caen, de la absoluta *falta de sensaciones*, y después de nuevo del *sentimiento de de estar muerto en vida*. Les da miedo no ver ningún futuro e incluso no poder contemplar lo bello que hubo en el pasado. Se ven empujados a un vivir el momento. No obstante, ese aquí y ahora provocado por la depresión es sólo una variante sin resolver del instante atemporal del que habla la filosofía espiritual, lo mismo que el vacío y la nada en que caen no es más que la caricatura de esos mismos términos en el concepto budista. Con la interpretación podría aparecer aquí ya una solución (salvación) a la depresión, que a través de la oscuridad debe conducirnos hacia la luz.

El *agujero oscuro* y la *nube oscura* son imágenes que los afectados utilizan a menudo para describir su estado. La alemana Mechthild Scheffer, experta en las flores de Bach, caracteriza el estado *mustard* negativo (*mustar*, mostaza silvestre, que en la terapia de las flores de Bach es el principal remedio contra al depresión) como una nube oscura. En los nubarrones oscuros hay reunido algo de negativo, como nos parece durante las vacaciones, pero que no es más que una bendición. En el caso ideal, en la depresión puede producirse violentos chaparrones desde las nubes oscuras, que limpian la atmósfera y fertilizan la tierra. Después de una tormenta de verano se percibe relajación y revitalización. Hablando en sentido figurado la lluvia lleva a la tierra el agua, y con ello simbólicamente el elemento del alma femenino, que puede resultar fructífera. También en los agujeros negros en los que el depresivo se ve, muchas veces resulta a partir de la propia imagen una buena solución de este tipo. Pensemos que desde el concepto que tienen de ellos muchos astrofísicos, los agujeros negros constituyen una especie de anulación de la creación. Esta otra cara cósmica brinda fascinantes perspectivas. Según los físicos, en estos agujeros se hunde toda la energía para emerger por otro lado como una nueva creación generadora de energía. Lo que en un lado de la depresión es una peligrosa garganta que todo lo engulle, es por el otro lado un quasar, una gigantesca fuente de energía para una nueva creación.

De manera similar podría imaginarse el viaje a través del agujero negro de la depresión. Tras ser absorbido por un lado puede renacerse por el otro y volverse uno totalmente nuevo. Sería como una gigantesca estación de lavado de las galaxias. Ser aspirado por la oscuridad parece una negación de la vida actual y equivale a una regresión. Emerger de nuevo por el otro lado después de haber atravesado la garganta del infierno, puede constituir la cara positiva, también en la depresión. Se corresponde al modelo arquetípico de todos los grandes viajes mitológicos de la vida, como el de Ulises o el de los argonautas. Los héroes pasan por innumerables y peligrosas aventuras hasta que salen, enriquecidos en experiencia, y vuelven a su antigua vida, aunque ahora a un nivel de desarrollo más alto. Aquí radica precisamente la oportunidad de la depresión, salir del agujero negro y por el otro lado alegrarse a un nivel superior de la conciencia de la vida.

Enmascaramiento de los síntomas

En una depresión psíquicamente larvada todo el mundo intenta conservar el aspecto bello y continuar con el enmascaramiento y el retocado tan típicos de la sociedad moderna. En la depresión, por el contrario, se va hacia la sinceridad aunque rebasada y totalmente en el polo de las sombras. Inmerso en ellas todo aparece negativo y se tiene una visión pesimista del mundo. En vista del entorno amenazante en este planeta, la locura cotidiana de la prensa y la televisión está tan alejada de la realidad como el pesimismo de las personas que se torturan en graves depresiones y todo lo ven gris.

Huyendo a los síntomas físicos, se intenta no darse cuenta uno de que hay algo en el alma que no funciona y que la propia vida ha perdido el rumbo. Si un barco se queda sin timón y los marineros fingieran que no es así, se irán alejando cada vez más de su ruta. Es lo que les sucede sobre todo a los pacientes masculinos con depresiones larvadas. Hace tiempo que han perdido el rumbo, pero no lo admiten. En lugar de dedicar la energía que les queda a recuperarlo, la destinan sin ningún sentido a intentar disimular ante sí y ante el mundo que todo funciona perfectamente. Intentar tratar los símbolos tal como lo hacen la mayoría de los médicos de cabecera no arregla nada en el verdadero problema que hay en lo profundo, en la depresión. Interpretar los síntomas físicos no da mucho de sí. Pero las interpretaciones tienen la ventaja de que nos llevan hacia la pista correcta después de haber interpretado todos los rodeos.

Si un paciente enmascara su depresión con un dolor de estómago, por ejemplo, está queriendo decir que no puede digerir su vida. Si son los dolores de espalda lo que le atormentan, significa que la carga de la vida es demasiado pesada o que la vida que lleva no le sirve ya de nada. Cualquiera que sean los síntomas que pueda producir inconscientemente, si los contemplamos con el suficiente detenimiento se llega al verdadero problema. Lo peligroso es cuando se comienza con un tratamiento a nivel corporal, que es por desgracia lo más habitual. En el cincuenta por ciento de los casos no conduce a un diagnóstico de la depresión. Cuando esos tratamientos no dan ningún resultado –como era de esperar– se recurren al enorme arsenal de la medicina convencional. Se generan entonces gastos sin sentido que podrían, y deberían, evitarse. Lo prioritario para estos pacientes es un diagnóstico correcto.

Posibilidades de tratamiento

Soluciones en el pantano de la vida

En los casos leves de depresión puede parecer posible tirar uno del propio moño para salir del pantano, como le sucedió al barón de Münchhausen. Pero también en las depresiones leves es ventajoso recurrir a una ayuda terapéutica, aunque lo mejor es enfrentarse profilácticamente a la temática, tal como recomiendo y he podido observar en las psicoterapias.

Desde el punto de vista homeopático también debe de haber soluciones en el pantano que resulta ser la depresión. ¿Por qué si no los ecólogos quieren recuperar las áreas pantanosas, los humedales, de nuestro mundo desecado? Los pantanos son paisajes muy fructíferos y de ellos puede surgir mucha más vida que de los desiertos.

Esta analogía puede transferirse a la vida moderna. De los desiertos desecados de la manía hacedora masculina hace tiempo que no puede surgir ya más vida. Se hunde en las burocracias y el ánimo para algo nuevo no llega ni a crecer. Los formularios son a las nuevas ideas lo mismo que los desiertos a los fructíferos pantanos o humedales. Desde esta perspectiva, las depresiones son para alcanzar una vida, para nuestra salvación, mucho más fructíferas que los bloques de oficinas y la burocracia de los mundos hacedores modernos. Cualquiera que haya dejado tras de sí el viaje de pesadilla del alma, lo sabe. Todos los grandes héroes del mito, que recorrieron el camino hacia el averno y después salieron, lo hicieron reforzados y renacidos. No obstante, resulta difícil hacerlo en un mundo tan orientado hacia el aquí, que necesita de las depresiones para nutrirse del reino de las sombras y de sus tesoros.

Lo mismo que en el pantano, en las profundidades del reino de las sombras puede formarse nueva vida. Igual que los metales más valiosos y las piedras preciosas más bellas sólo con grandes esfuerzos pueden extraerse de las profundidades de la Tierra, en sentido figurado esto se cumple también para los reinos interiores del alma.

Una depresión es al mismo tiempo fructífera y temible. A menudo, un cielo claro da lugar a un estancamiento que no fue identificado como tal, y hunde a la víctima en una ciénaga del miedo. El pantano tiene siempre algo de engullidor, que provoca angustia. Quien ha recorrido las profundidades del submundo de la depresión, por lo general no puede regresar con facilidad al mundo de secos desiertos del funcionamiento, que con sus estructuras patriarcales goza de una sorprendente buena fama a pesar de no ser vital ni inspirador, sino que sólo permite una escapada ordenada. Las depresiones pueden liberarse de uno de estos callejones sin salida, hostiles para la evolución, si se tiene el ánimo y las fuerzas para hacer frente a esos temores y aceptar la sabiduría, la ayuda que brinda.

Los peores síntomas del viaje de pesadilla como son el vacío y la falta de sentido, la ausencia de toda sensación y percepción, se convierten así en ilustración y metáfora de la propia ausencia de la vida. Sin embargo, muestran ya el plano para la resolución. De lo que se trata es de hacer realidad el vacío en el sentido budista y en convertirse en un testigo tranquilo e inmóvil de la vida, que ya no reacciona, sino que desde las profundidades del océano de su espíritu percibe las olas que se producen en la superficie pero no se identifica con ellas. Hay corrientes, pero no se deja arrastrar.

No obstante, incluso desde el punto de vista de una psicoterapia espiritual, como la terapia de la reencarnación, se constata también que a menudo hay que tratar igualmente al cuerpo, precisamente porque cuerpo y alma son parte de una misma unidad. Ni un tratamiento con dosis altas de hipérico ni uno con Prozac impiden una psicoterapia. Al contrario, a menudo hacen que ésta sea posible. Los psicofármacos hacen que seguir viviendo resulte imaginable para aquellos que están atrapados en el pantano, lo cual constituye ya un alivio increíble. Y por eso, estos remedios y la medicina que hay detrás merecen toda consideración.

Prospecciones en el reino de las sombras

Quien reconozca en sí la personalidad de estructura depresiva debería sentirse aludido, inspeccionar a tiempo y de manera voluntaria el pantano y de esta manera reconciliarse hasta poder alejar el peligro. En cualquier caso, se ha demostrado como una ventaja inestimable haber recorrido esos mundos por propio impulso, aunque más tarde volviera uno a ser arrojado a ellos violentamente, aunque esto es bastante improbable.

Lo mismo sucede con todos los restantes viajes. Si alguien explora en buenas condiciones una tierra y pone pie en ella, y acaba hablando el idioma del lugar, tiene una mejor orientación y con ello muchas más posibilidades de sobrevivir si acaecieran después unas circunstancias desfavorables. Alexander von Humboldt dijo en cierta ocasión que las visiones del mundo más peligrosas son las de aquellas personas que nunca han mirado el mundo.

De todas formas, como le sucede a la mayoría, si alguien se ve arrojado de pronto al reino de las sombras, al reino de los muertos, a veces reaccionará diciendo que no es posible enfrentarse a la situación. Es entonces una bendición que la medicina académica disponga de remedios que en muchos casos hacen desaparecer la angustia hasta el punto de que sea posible seguir viviendo, e incluso que a los afectados les parezca que merece la pena. Después podrá trabajase al nivel del alma, aunque a la mayoría de los pacientes les falta el ánimo suficiente para echar una mirada a sus propios abismos.

Hércules, el gran héroe de la antigüedad y símbolo de la fuerza, vence al perro guardián de los infiernos, Cerbero. Consigue salir por sus propios medios de ese mundo y saltar sobre su propia sombra. Vencer al propio perro guardián es necesario si se quieren encontrar salidas, utilizando la fuerza de voluntad, del estado apático de la depresión.

Orfeo, el cantante divino que también es ser humano, tiene una experiencia distinta. Cuando su esposa Eurídice fue mordida por una serpiente (principio de Plutón) muere a causa de su veneno y debe ir a los infiernos, Orfeo queda desconsolado. Con su amor y su dolor, pero sobre todo con su música, consigue ablandar incluso el corazón de Plutón/Hades, el soberano de ese inframundo, que le permite sacar de allí a Eurídice pero con la condición de que no se vuelva ni una sola vez para verla. Por lo tanto, se está poniendo a prueba la confianza de Orfeo. Debe demostrar que está libre de su pasado y que no depende de él. Cuando Eurídice casi ha salido del reino de los muertos, se da la vuelta para verla y entonces la pierde para siempre. Su confianza no es lo suficientemente grande; con su parte femenina depende todavía del mundo de las sombras y no puede salvarla. La confianza es por tanto otro factor para poder superar el estado de la depresión.

Ulises (Odiseo) debe y quiere preguntar a Tiresias, el profeta ciego, por su viaje de regreso hacia Penélope, su mujer y Ánima. También se le pide una víctima, y la hay en la forma de un carnero, cuya sangre abre el acceso al mundo de las sombras. Sacrifica así su Ego en forma de la sangre, que significa energía, vitalidad y fuerza de voluntad. La sangre es un «jugo muy especial». Representa la vida y la individualidad. Para estar en contacto con lo que es vivo se necesita jugo vital. Ulises tiene que estar dispuesto a poner en juego su vida y todo lo que ello representa, con objeto de encontrar a su Ánima. En su largo viaje se ha ganado el nombre de *Nadie*. En la cueva del cíclope Polifemo, decir este nombre incluso le salva, Con su sacrificio de sangre, el héroe señala es que un servidor de la vida y la sal del destino.

Eneas, que la cultura griega llevó de Troya a Italia, quiere hablar con su padre muerto, es decir, que quiere entrar en contacto con su pasado y su historia. Deja que le conduzca una adivina, Sibilia de Cumas, y lleva una rama de oro, que representa la luz salvadora de la conciencia. Así equipado encuentra el camino de ida y el de vuelta. Tiene el ánimo de llevar luz a las zonas más oscuras de su historia. La mujer sabia, como representante de las profundidades, le acompaña. Lo mismo que lo femenino en general, tiene acceso al abismo y al colectivo y deja que el héroe, del que constituye el Ánima, participe.

Si se confundiera el mito como historia, el argumento de que salvo Eurídice y Sibilia de Cuma ninguna mujer se habría atrevido a ir al inframundo sería convincente. Ambas sólo eran acompañantes. Pero debe y puede suponerse que en el mito de la antigüedad se trata en primer lugar de un suceso patriarcal y en segundo lugar que es del interior del alma, con lo que este argumento pierde importancia. Todo ser humano debe emprender entero su viaje vital, que puede discurrir en forma de una odisea. Para ello debe integrar sus sombras y conocer el reino oscuro de su alma, algo que a menudo vive como el viaje por los infiernos. El que al final *él* encuentre su Ánima o *ella* su Animus es indiferente en el verdadero sentido de la palabra.

En el sentido del viaje heroico descrito al principio, todos estamos llamados a emprender voluntariamente este viaje oscuro, o el destino nos obligará a ello por uno de sus múltiples caminos. Por el contrario, aquellos que dejan que el destino les interne en el reino de las sombras, por lo general difícilmente, o incluso nunca, consiguen regresar. Esto se corresponde con la experiencia de que ese viaje de pesadilla sólo se consigue vencer realmente con las propias fuerzas y de manera voluntaria, pero no exclusivamente con trucos, por ejemplo en forma de los medicamentos represores de la medicina convencional. No obstante, está permitido usarlos como una ayuda, lo mismo que hizo Eneas con Sibilia. La ayuda terapéutica tiene sentido y a menudo es imprescindible, haciendo necesario a veces el apoyo con medicamentos, aunque esto último no debe ser nunca la única medida.

Existe un paralelismo con respecto a la psiquiatría. También aquí el ingreso voluntario en una unidad de tratamiento abierta da muchas más oportunidades que un ingreso obligado en un departamento cerrado (por ejemplo a causa de un riesgo agudo de suicidio), para volver a salir de esta unidad (el camino). Quien quiere resolver realmente su problema en su sentido más profundo, debe entrar por propia voluntad en la terapia de las sombras. Necesita para ello un acompañante personal apropiado y debe aportar su sacrificio en la forma de un ciclo lunar de su tiempo.

Ya que la depresión es el pantano y significa la renuncia a fluir, una buena profilaxis es todo aquello que vuelva a poner en movimiento el flujo de la vida. Esto se corresponde con la experiencia de que casi nadie en un estado de profundo amor, cuando su vida fluye, cae en una depresión. Igualmente tampoco le sucederá al escalador que en una pared tensa hasta la última fibra de su cuerpo y siente pulsar la vida en todas sus células. No tiene tiempo ni espacio interior para ello. En las expediciones, por muy grandes que sean las penalidades, si prevalece el reto los participantes están a salvo de depresiones. Quien es fuego y llama por algo y arde interiormente por la misión, puede considerarse relativamente a salvo. En el fuego de la fascinación el síndrome de las aguas estancadas tiene escasas oportunidades.

Incluso cuando el río de la vida va por cauces tranquilos, la depresión no constituye por lo general ninguna amenaza. Al contrario, en las culturas orientales suele llevarse a las personas depresivas a un monasterio zen para ayudarles a poner de nuevo en marcha su flujo vital, en un tranquilo apartado y en un mundo que está atento a los mínimos pasos del hacer cotidiano. La concentración sobre acciones mínimas es una maravillosa estrategia de supervivencia en las crisis agudas, cuando la vida amenaza detenerse. Esta táctica de los pasos mínimos puede ayudar a reconstruir la vida pieza a pieza como en un mosaico. La depresión queda igualmente muy lejos si el mundo del espíritu y el vuelo liviano de los pensamientos nos empujan o, al menos, nos mantienen en movimiento.

Donde están vivos los tres elementos del agua que fluye, el fuego que arde y el aire que sopla, no se percibe nada de depresión. De estos planos se abren otras puertas, que a menudo llevan también a ámbitos peligrosos, pero allí donde domina el movimiento que afecta al alma, no aparece la depresión. Lo ideal sería enraizar también en el elemento tierra para evitar el riesgo de elevarnos por los mundos psicóticos, con los que amenazan los dos elementos masculinos (el fuego y el aire).

Con todo lo mencionado, de lo que se trata en última instancia es de métodos alopáticos y de caminos, que evitan sobre todo tocar la oscuridad de las profundidades. Tal como dijimos al principio, la mejor profilaxis contra la depresión es adentrarse voluntariamente en el inframundo, el infierno, inspeccionarlo y conocerlo realmente. Proporciona una seguridad incalculable para poder encontrar la salida siempre que se necesite. Para ello está, en el ámbito voluntario, la terapia de las sombras.

Enfoques psicoterapéuticos

Resulta interesante a este respecto que en el año 2005 la revista *Stern* en un estudio sobre la salud y la enfermedad de la depresión llegara a la conclusión de que los medicamentos, por sí solos, no pueden ayudar a largo plazo a salir de la depresión. Sólo quien modifica su modelo de comportamiento y de sentimientos puede liberarse esta grave afección pero para ello necesita una psicoterapia especial. El investigador suizo Klaus Grawe señala además: «Tratar la depresión sólo por vía medicamentosa es, en sentido estricto, irresponsable».

De todas formas, este tipo de manifestaciones por parte de la medicina académica por lo general se refiere sólo a terapias conductuales, que no pretenden arrojar luz sobre el reino de las sombras y que no están en condiciones de acompañar en los viajes de ese tipo. Además de la terapia de las sombras o de la reencarnación, son útiles también el análisis de Jung y algunos métodos del ámbito de la terapia humanista.

La terapia de las sombras o de la reencarnación

Quien se atreve a entrar voluntariamente en la propia oscuridad, debe contar con que descubrirá muchas nuevas caras de sí mismo. Para muchos resulta sorprendente que precisamente en el reino de las sombras se encuentren nuestras mayores energías. C. G. Jung decía sobre el Sí-mismo, nuestro estado del alma más desarrollado, que consta de la integración del Yo (todo con lo que nos identificamos) y de la sombra (todo lo que rechazamos lejos de nosotros). Esta parte de nosotros será el tema de la terapia de las sombras o de la reencarnación.

Para la depresión, esta forma de terapia tiene la gran ventaja de que se ocupa de manera intensa del morir, ya que se recorre la muerte al final de la vida recordada y se experimenta como una parada intermedia. Si en vista de la cadena de la vida la muerte se presenta como algo lógico, pierde su horror y más tarde apenas puede provocar miedo. Cuando en las distintas encarnaciones se vive uno alternativamente como víctima y autor, se relativizan las valoraciones frente a los demás y a uno mismo. Las partes de la propia alma oscuras hasta ese momento, se transforman gracias a la concienciación. Si a primera vista pueden parecer terribles, de una manera consciente resulta más fácil arrastrarlas a lo largo de la vida.

Sobre todo, la intensa experiencia con el pasado le permite a uno desprenderse de él, liberándose así automáticamente. Esto es una maravillosa posibilidad para crecer y volver a estabilizarse también en los momentos de amenaza, como en una viaje de pesadilla del alma. Además, esta terapia, como ninguna otra, hace que allí donde caiga la luz (de la conciencia) desaparezca cualquier oscuridad. Por muy pequeña que sea la luz de la vela, en cualquier caso podrá vencer a la más profunda de las oscuridades.

A esto se añaden –al menos en nuestra forma de la terapia de la reencarnación– las experiencias respiratorias que además del énfasis y el anclaje en el momento, transmiten las experiencias del fluir de manera tan intensiva que lo que esté estancado vuelve a ponerse en movimiento. También el descubrimiento de las llamadas sombras doradas en el sentido de la vitalidad, la creatividad y la profundidad de sentimientos, puede convertirse en un contrapeso importante a los elementos depresivos de la propia vida. De hecho, todo lo que se expulsa de la vida se vuelve sombra. Por lo general se trata de elementos oscuros. Pero especialmente en el mundo burgués, también pueden expulsarse aspectos tan maravillosos como el placer de vivir, el ánimo en la vida y la alegría vital o éxtasis.

Con respecto a la depresión es además un gran alivio poder ordenar la melancolía y la tristeza y entenderlas en el contexto de la vida. La pena no vivida a menudo se recupera. Quien se da cuenta de que detrás de su inexplicable abatimiento hay una tarea concreta no superada en el pasado, también puede tratar mucho mejor con un sentimiento muy deprimente. Esta relación con la propia vida se puede percibir y entender incluso en caso de depresiones graves.

Particularmente útil y necesario también en la depresión es realizar la terapia diariamente a lo largo de todo un ciclo lunar, de tal manera que se convierte realmente en un viaje (heroico). Tampoco los héroes de la antigüedad interrumpieron constantemente sus viajes y en modo alguno los hacían sólo un par de veces por semana. Es muy importante para que la terapia tenga éxito que los pacientes abandonen su hogar y salgan de su entorno habitual. Un ayuno acompañante crea además el marco ideal para facilitarle el camino al alma, y al mismo tiempo al cuerpo. Ocuparse intensamente de los *mandalas* estimula la discusión con el modelo y el camino vitales y da también ánimos para andar.

Incluso para quien tenga intenciones de suicidarse la terapia de la reencarnación es una forma de tratamiento muy eficaz. Si embargo, como en la mayoría de las terapias, será más eficaz con antelación que después de haberse iniciado la depresión. En la terapia de la reencarnación no sólo se ejercita el morir, ya que ha de experimentarse al final de cualquier vida, sino que pueden seguirse anteriores suicidios hasta sus consecuencias. El resultado es siempre el mismo. Después de la muerte, el alma reconoce su error de no haber aliviado sus penas sino que sólo ha abandonado el cuerpo y con ello ha perdido la oportunidad de modificar algo de su desventura. La situación después del suicidio es por lo general mucho más carente de esperanzas que antes, con un cuerpo funcional. Una única experiencia de este tipo en el marco de la terapia de la reencarnación suele ser suficiente para ahorrarse esta equivocación.

Seguramente que también hay excepciones como por ejemplo la del recientemente canonizado Maximilian Kolbe, que se ofreció a sustituir a un padre de familia y murió de inanición en su lugar en un campo nazi. Un paso de conciencia tan sacrificado también modifica la experiencia del suicidio, aunque estos mártires constituyen la excepción. Quien desecha su vida, se arrepiente muy rápido y de forma muy amarga. Aquí vale más bien la postura budista que afirma que es una oportunidad especial haber obtenido un cuerpo humano. Un regalo de esta naturaleza debe guardarse y mantenerse con respeto. Esto lo ve claro quien después del suicidio debe sufrir en la falta de esperanza de la desorientación, todavía peor, del reino intermedio que sigue a esa muerte. El que se decide a dar ese paso, prácticamente nunca tiene el concepto de la vida del alma después de la muerte. Allí donde falta esta idea, el desamparo y la desorientación están asegurados.

La vivencia terapéutica de la muerte –también de la elegida por uno mismo– es en cualquier caso una terapia ideal de las depresiones. En especial, la confrontación a la muerte natural en la terapia de la reencarnación puede ayudar a reconciliarse con la propia mortalidad y adoptar una postura distinta, más abierta, con respecto a la propia muerte.

Procedimientos reconocidos por la medicina académica

En el marco de la *terapia cognitivo-conductual* los pacientes aprenden a protegerse en la vida cotidiana de la aparición de su sombra depresiva. Aprendiendo a entender los mecanismos que siempre desembocan en el mismo círculo de pensamientos, pueden ver con antelación en el futuro su aparición y de este modo impedirlo con éxito. Un ejemplo de propuesta terapéutica en esta dirección es: se exhorta al paciente a escribir todas las frases que durante la depresión hacen de su vida un infierno y darles después la vuelta. En lugar de «seguro que mañana me hundo», decir «seguro que sobreviviré al mal día de mañana». En cuanto que comienzan a dar vuelta los pensamientos perturbadores, los pacientes deben recitar la frase antídoto. En las clínicas psiquiatras se aprenden estas técnicas y se complementan con terapias ocupacionales, de trabajo y ergoterapia.

Naturalmente, este método no conduce a integrar las sombras en el crecimiento interior de un modo comparable a como lo hace un tratamiento descubridor. En el fondo conduce más a una coexistencia del Yo consciente y las sombras. Es un método alopático y que se adapta bien a la medicina académica. Ésta sólo reconoce además al psicoanálisis.

El *psicoanálisis* es una terapia reconocida hoy oficialmente, pero es un procedimiento demasiado individual como para que la medicina convencional pueda fijar criterios sobre su eficacia.

Aunque la terapia conductual constituye hoy el grueso de las psicoterapias y es la preferida por la mayoría de los médicos convencionales por su imagen mecanicista del mundo, el análisis sigue siendo la gran dama. Fue el primer en llegar y a pesar de todas las visicitudes ha mantenido su preponderancia y defiende ese lugar vehemente a través de distintas escuelas, la mayoría conservadoras. Andrew Solomon afirma de manera acertada sobre la psicoterapia que puede explicar las cosas mejor que modificarlas. Este es su principal problema y a ello se debe quizás que su técnica esté anticuada sin esperanza y que ignore las nuevas investigaciones sobre el funcionamiento de nuestro cerebro. De todas formas hoy se le utiliza menos en forma pura y van entrando en los consultorios procedimientos más eficaces. A pesar de ello, el psicoanálisis debe preguntarse en qué medida les ha quitado a sus pacientes oportunidades al cerrarse ante los métodos modernos. En la terapia de la reencarnación se les utiliza desde hace décadas y hoy son indispensables. Por ejemplo, la medición de la resistencia cutánea permite tratar sólo los temas importantes, los cargados, ahorrando así tiempo.

Tratamiento medicamentoso

Vías de la medicina académica

«Hay que ocuparse más del alma que del cuerpo, la perfección del alma atenúa las debilidades del cuerpo, pero la fuerza sin espíritu del cuerpo no hace mejor al alma» esta constatación del presocrático Demócrito es muy antigua, pero suena muy moderna. Por fortuna los representantes más relevantes de la medicina académica van abriéndose poco a poco a Demócrito: «Una depresión grave exige siempre la combinación de medicamentos y psicoterapia», opina Florian Holsboer, especialista en el tratamiento de las depresiones y director del Instituto Max Planck de Psiquiatría de Munich. No hay mucho que añadir, aunque en numerosos lugares la práctica es muy distinta: se recurre por doquier a la farmacoterapia sin ni siquiera pensar en la psicoterapia. Este juego lo siguen desde hace décadas los médicos en combinación con la industria farmacéutica y los pacientes son, como es habitual, los que cargan con el padecimiento.

En el polo opuesto, en los círculos espirituales y de medicina natural es ya casi habitual renegar de manera radical contra los remedios químicos. Sobre todo en lo que respecta a la depresión esto es una postura peligrosa e indefendible frente a pacientes sometidos a un padecimiento extremo. Lo mismo que en el caso de una infección poco antes de que amenace el final se trata con un antibiótico, otro tanto es válido con los antidepresivos para una depresión grave. «Rechazar los antidepresivos es tan ridículo como si hoy se fuera a la guerra montado en un caballo» afirma Solomon, aunque él mismo haya experimentado en propia carne sus efectos secundarios, que van desde los dolores de cabeza y el cansancio a los problemas sexuales, y en modo alguno tienda a sobrevalorar estos remedios. Ha visto que «quien se ayuda a sí mismo, los antidepresivos le ayudan; pero quien se somete a una presión excesiva no hace más que empeorarlo, por lo que siempre será necesaria una cierta presión para volver a liberarse. La medicación y la terapia pueden ser necesarias en igual medida y no hay que echarse uno la culpa ni tampoco darse pena». Deja claro que la alternativa medicamentos *o* psicoterapia es simplemente ridícula.

Aunque el tratamiento medicamento parece imprescindible como primer paso en las depresiones graves, todos los expertos están de acuerdo en que sólo tiene sentido si se usa junto con la psicoterapia, aunque por desgracia en muchos lugares no se traduce así en la práctica. Por ejemplo, probablemente sería inviable y no podría costearse que los ocho millones de depresivos que debe haber ahora de Alemania fueran a un psicoterapeuta.

El problema inverso, el de optar por la psicoterapia y prescindir de fármacos necesarios en las depresiones graves, es más raro si bien no debe pasarse por alto. Abstenerse de las oportunidades que estos remedios brindan a los pacientes sería tan erróneo como ignorar las posibilidades de la psicoterapia. Por lo general, aunque al menos en las depresiones graves, no es posible renunciar a los medicamentos porque de lo contrario es imposible establecer el contacto imprescindible entre paciente y terapeuta.

El modo en que los medicamentos actúan sobre el estado de ánimo es desconocido en la práctica totalidad de sus distintos tipos. De todas formas sabemos algo sobre el efecto de las sustancias mensajeras en el cerebro, sobre todo la serotonina y la noradrenalina. Ignoramos si algunos de los remedios refuerzan la formación de nuevas células nerviosas, inhibida en las personas depresivas.

Está por ver en qué medida los modernos antidepresivos son preferibles a los antiguos. En la medicina académica existe una amplia tendencia a favor de las nuevas sustancias de la clase de los inhibidores de la reabsorción de serotonina porque tienen al parecer menos efectos secundarios, tales como rigidez muscular y tics faciales. No obstante, hay estudios que describen unas tasas de suicidio más elevadas en la primera fase del tratamiento. No se sabe si esto es un efecto directo del medicamento o si –lo que es más probable– se produce a causa del aumento de los impulsos, aunque para la persona afectada da igual ya que resulta igualmente peligroso.

Con todos estos medicamentos sucede siempre lo mismo: los efectos secundarios aparecen siempre después y a menudo demasiado tarde; baste con recordar el caso de la talidomina y otros escándalos de este tipo. De todas formas, en las depresiones graves es difícil renunciar a la administración de estos remedios.

A partir del hecho de que los medicamentos, aunque por desgracia no siempre pero al menos sí en una gran mayoría de los afectados, dan buenos resultados, se ha asentado –en la medicina académica– la opinión de que en las depresiones graves, antes llamadas endógenas, de lo que se trata es de enfermedades metabólicas del cerebro. Los pacientes se sienten así aliviados psíquicamente, auque por lo general les cuesta convencerse de ello. El diagnóstico de problemas metabólicos del cerebro se basa, incluso desde la perspectiva de la medicina académica, en afirmaciones y sospechas no demostradas.

Junto a todo esto, la medicina académica conoce también la depresión reactiva cuando no pueden asimilarse sucesos y experiencias. En las depresiones neuróticas el problema está en la propia historia, y en las llamadas depresiones por agotamiento en el exceso de exigencias psíquicas y sociales.

Los distintos psicofármacos

Los nuevos remedios inhiben la reabsorción de los mensajeros serotonia (SSRI) o noradrenalina (NARI), o ambos a la vez (SNRI). Los más extendidos son los medicamentos del grupo SSRI al que pertenece también el Prozac (fluctina), así como Cipramil, Seroxat, Gladem o Zoloft. Su eficacia es similar a la de los antiguos remedios tricíclicos, en cualquier caso en las depresiones leves o medianas. Sin embargo, no tienen sus efectos secudarios, aunque vuelven agresivos a los pacientes y les privan del sueño, del apetito y también del placer sexual. Sin embargo, Seroxat se ve sometido en los países anglosajones a la fundada sospecha de haber empujado a jóvenes hacia el suicidio. Este riesgo existe en general en las sustancias del grupo SSRI porque tienden a elevar con rapidez los impulsos. Éste es precisamente el camino para empujar al suicidio a la persona depresiva que quiere matarse pero que no tiene el impulso suficiente para hacerlo. Por otra parte es muy bueno el efecto anulador de la angustia que se consigue con los remedios de esta clase, pero el riesgo entonces es que hagan en ciertas circunstancias desaparecer el miedo ante el suicidio.

Medicamentos del grupo de SNRI (como Trevilor) son conocidos por elevar el ánimo y aumentar los impulsos. En los del grupo NARI (como Vivalan, Edronax) llama la atención que fomentan la actividad social, lo cual puede ser muy útil al dar una dirección lógica al centro de gravedad de la vida.

Los antidepresivos tricíclicos (como Imipramina) deben el nombre a su estructura química de triple anillo. Están anticuados a causa de los efectos secundarios que provocan, pues suelen cansar mucho a los pacientes y reducen su actividad mental y física, pero mejoran la intranquilidad y los estados de pánico.

El inhibidor de la monoaminooxidasa (inhibidor MAO, remedios como Jatrosom) incrementa mucho los estímulos. Debido a sus muchos efectos secundarios, sólo se utiliza cuando fallan las restantes soluciones.

Los antagonistas Alfa-2 o antidepresivos selectivos de la noradrenalina-serotonina (NaSSA, remedios como Remergil), que interesan en las depresiones con grave intranquilidad e insomnio, se utilizan con mucha reserva debido a sus considerables efectos secundarios, como la modificación del cuadro hemático. Además, provocan a menudo hambre y cansancio.

Por mucho que se acepten, no puede pasarse por alto que en la depresión entre el quince y el veinte por ciento de los afectados no experimentan ninguna mejoría con estas sustancias. Hay casi un tercio que no tienen ninguna respuesta en absoluto a antidepresivos como el Prozac.

Otros recetados con frecuencia, como Tavor y Talcit, se utilizan sobre todo para cubrir el tiempo en que comienza el efecto de otros medicamentos, pues a menudo pasan semanas hasta que se produce. Esta fase es cada vez más larga a medida que aumenta la edad del paciente.

La vieja disputa entre alopatía y homeopatía persiste en la psiquiatría, preguntándose si la represión hace ir al polo opuesto o si hay que asumir un primer empeoramiento a favor del desarrollo y la curación. En un cuadro clínico de la severidad de la depresión, llamada antes endógena, los caminos alopáticos de médicos y pacientes están muy próximos.

La profesora Isabella Heuser, representante de la medicina académica, sueña para el futuro con una píldora contra el estrés, que reprima hormonas del estrés como la cortisona y que imposibilite así de principio la depresión. Esta científica, que dirige la clínica de psiquiatría y psicoterapia de la Charité berlinesa, supone que la depresión se desencadena a causa de un desequilibrio transitorio entre las hormonas serotonina, noradrenalina, adrenalina y dopamina en el cerebro. La situación hormonal es similar a la de las mujeres durante la menopausia. No se trata aquí de enfrentarse o reducir el estrés sino de que la persona se adapte farmacológicamente a los modernos niveles de estrés. Esta píldora llegará en pocos años a los mercados. En un futuro algo más lejano se contempla una vacuna contra la depresión, algo muy curioso por cuanto que hasta la fecha no se ha encontrado ningún agente causante.

Lo que no nos cansaremos de repetir

Es muy importante tener bien claro que cualquier intervención de tipo farmacológico lleva consigo riesgos difíciles de calcular cuando influye sobre el refinado pero delicado sistema de equilibrio del alma. Aquí podrían tener su causa los suicidios bajo la influencia de los inhibidores de reabsorción de la serotonina de los que se informa. Debido a estos medicamentos, la persona afectada adquiere una fuerza de impulsos, por así decir artificiales, que hacen posible el suicidio. Esta situación peligrosa se da en general cuando todo va mejor y parece haberse superado lo más difícil. También los *inuit* de Alaska cometen la mayoría de los suicidios en el mes de mayo, cuando desaparece la rigidez del invierno polar. Cuando los humores ascienden y regresan las fuerzas, es suficiente ya para el suicidio; en las profundidades de la depresión y en el frío de la noche polar falta esa energía.

Esas intervenciones, fatales en el verdadero sentido de la palabra, sucedían a menudo cuando personas no autorizadas interrumpían la administración de los antiguos antidepresivos. Si desaparece el efecto de los remedios que aclaran la mente mientras que todavía se mantiene la potencia generadora de impulsos de los otros remedios, no es raro que se llegue al suicidio, que corre a la cuenta del incompetente que recetó el tratamiento. Por desgracia los antidepresivos más comunes hoy del grupo del Prozac nos plantean de nuevo este mismo problema durante su primera fase de actuación.

Al contemplar los efectos secundarios de los antidepresivos, hay que calibrar siempre también lo graves que son los efectos de la depresión. Se nos pide constantemente que veamos los efectos secundarios de nuestros tratamientos en relación a los efectos causados por la enfermedad. En el caso de la depresión no debemos prescindir a la ligera de los fármacos y hemos de tener muy en cuenta los efectos secundarios.

Sobre la práctica de la terapia medicamentosa-farmacológica

Casi todos los remedios necesitan tiempo –por lo general entre dos y cuatro semanas– antes de desplegar sus efectos. Lo único que se puede fomentar con rapidez son los estímulos, lo cual no deja de ser peligroso como ya hemos indicado varias veces, ya que aumenta las ideas de suicidio de las personas depresivas.

Un problema con todos los antidepresivos es la dosificación puesto que su efecto depende exclusivamente del nivel en sangre conseguido y éste obedece unas reglas individuales para cada ser humano, por todo lo cual se recomienda determinarlo antes de prescindir de un medicamento y cambiar a otro. Sin embargo, todo esto no es más que una bonita teoría ya que, salvo en los grandes hospitales psiquiátricos, este control apenas se efectúa en las consultas.

Lo poco que afectan esos medicamentos a las raíces del problema lo demuestra el hecho de que una vez retirado, cerca del ochenta por ciento de las personas afectadas experimentan una recaída en la depresión dentro del plazo de dos años, tal como lo demuestran diversos estudios realizados. Incluso entre aquellos pacientes que continúan tomándolos, dos tercios sufren esa misma recaída. La esperanza de la medicina académica es que así al menos se ahorran fuertes accesos de la enfermedad, algo que por desgracia no se ha demostrado hasta la fecha.

Los datos sobre la duración del tratamiento con medicamentos muestran grandes oscilaciones, pero a causa de los elevados índices de recaída citados se recomiendan períodos muy largos. Una vez que se alcanza una mejoría en los síntomas, para todos los casos se aconseja un tratamiento de mantenimiento de entre cuatro y doce meses para el llamado afianzamiento del éxito de la terapia. Sin embargo, si existen antecedentes de dos o más fases depresivas o hubo intenciones de suicidio, se parte de como mínimo cinco años de una denominada profilaxis de la recidiva, es decir, de una continuación del tratamiento. Muchos psiquiatras recomiendan a sus pacientes seguir tomando de por vida los medicamentos, siempre que los toleren. Esto deja bien claro que no se trata en modo alguno de una solución sino de tranquilizar los síntomas y de garantizarlo para el futuro. Pero si se combina con una psicoterapia eficaz, en todos los casos se conseguirán tiempos de administración mucho más cortos.

Remedios de la naturaleza

El modo en que una sal natural como la del *litio* alivia la depresión o ayuda a impedir su reactivación es algo para lo que no hay todavía explicación. Sabemos únicamente que en los estados de angustia y en las depresiones se ha podido detectar a menudo una carencia de litio. En las personas sanas la administración de esta sal no produce ningún efecto pero en los depresivos, sobre todo en aquellas personas que padecen trastornos bipolares (pacientes maníaco-depresivos), la utilización del litio es hoy indiscutible, sobre todo para evitar las recaídas. Pero el litio ha tenido dificultades para establecerse como un remedio, probablemente porque procede de la farmacia de la naturaleza y sólo por este motivo carece de un fuerte grupo de presión. Como efecto secundario hay que citar sobre todo un aumento de peso, que afecta a un veinte por ciento de los pacientes.

Aunque procede de una fuente natural, el litio resulta difícil de ajustar y con facilidad puede dosificarse en exceso, provocando intoxicaciones. La diferencia entre las dosis beneficiosas y las perjudiciales es muy estrecha, por lo que pequeñas variaciones, como puede ser a consecuencia del consumo de café puede causar graves daños, ya que la cafeína (lo mismo que el té negro, Red Bull y otras de las llamadas bebidas energizantes) altera la secreción de litio. Los efectos secundarios son temblores de las manos y trastornos digestivos, aunque por lo general desaparecen al poco tiempo. El aumento de peso que a menudo se produce, por el contrario, puede ser muy persistente, aunque la responsabilidad cae conjuntamente sobre la desaparición de la hiperactividad maníaca.

Las depresiones se tratan también con éxito mediante *hipérico*, un antiguo remedio de la homeopatía y de la medicina natural. Nuestros psiquiatras lo han rechazado durante mucho tiempo, simplemente por su origen de la farmacia de la naturaleza o como máximo lo aceptaban para las depresiones leves. Mientras tanto, un estudio realizado en el centro berlinés de Charité ha demostrado que también en las depresiones medianas o graves tiene efectos similares a los de los fármacos del grupo SSRI (Prozac/Fluctin). Que sea la hipericina, como se ha supuesto durante mucho tiempo, o la hiperforina, como se cree hoy, es algo que sólo tiene un interés médico. Probablemente lo mejor sea utilizar la genial mezcla de principios activos que nos da la naturaleza, el hipérico.

El hipérico es un ejemplo típico de que también las hierbas medicinales pueden tener efectos secundarios, sobre todo cuando se toman en dosis altas, algo que en este caso es necesario para conseguir el efecto antidepresivo. Una dosis de 500 a 1000 mg ha dado buenos resultados, pero también puede provocar dolores de cabeza.

Otro efecto secundario del hipérico es el aumento de la fotosensibilidad de los pacientes, algo que ya sabe la medicina natural. Una explicación podría estar en el mecanismo de acción. El hipérico influye evidentemente en la recepción de la luz que a los depresivos les falta a todos los niveles, por lo que incluso una iluminación mínima con luz de gran intensidad puede ser útil. Allí donde el hipérico contribuya a que entre más luz solar (cn la vida) puede tener un mayor efecto, por lo que en última instancia se trataría de una falta de luz interior. Por otro lado, todo el mundo conoce el efecto que tiene la luz solar natural de primavera sobre las propias fuerzas vitales. Es suficiente con un par de rayos para revivir, porque evidentemente el Sol exterior hace que el interior vuelva a irradiar.

Otros efectos secundarios del hipérico se refieren a las interacciones con los medicamentos de la medicina convencional, a los que pueden afectar y alterar, entre otros a la tan extendida píldora anticonceptiva, aunque también a fármacos como la digoxina, un remedio cardiaco muy utilizado, y algunos antibióticos. Este podría ser uno de los motivos por los que la medicina convencional muestran sus reservas frente a este remedio natural, que por lo demás tiene muy pocos efectos secundarios y por lo tanto se tolera muy bien.

Homeopatía

Según la ley de «*Similia similibus curentur*» (lo parecido puede curar lo parecido), con ayuda del tratamiento homeopático el organismo se vuelve capaz de movilizar sus propias fuerzas curativas. La homeopatía clásica ha de contemplarse siempre en el tratamiento de las depresiones y –aplicada siguiendo las instrucciones de Hahnemann– según mi experiencia no produce ningún daño como medida acompañante.

Los homeópatas administran los medicamentos sobre todo al nivel informativo, o sea, en unos rangos inmateriales. Los remedios desencadenan síntomas que se parecen a los del cuadro clínico con lo que se activa otro nivel de la capacidad de reacción corporal y el organismo así estimulado queda en condiciones de resolver mejor el problema.

En teoría la homeopatía está en condiciones de tratar también los estados depresivos agudos. Sólo queda la cuestión de si se encuentra a alguien que se atreva a ello y domine tan bien su profesión como lo describen algunos de los grandes de la homeopatía, por ejemplo el francés Jean Pierre Gallavardin. En cualquier caso, la homeopatía puede influir favorablemente sobre la constitución de la persona, en el sentido de que ésta se acerca a su propio modo de ser y a su propio camino. Le puede dar las fuerzas para encontrar nuevas capacidades y posibilidades de autorrealización. De todas formas para la homeopatía clásica, como para la terapia de la reencarnación, es válido el que sea en la antesala de la enfermedad donde mayores son las oportunidades. Quiere decirse con esto que impiden sobre todo la aparición de las depresiones porque se trabaja mucho a otros niveles y se integran ya los temas de las sombras. La homeopatía clásica puede ser una valiosa contribución y nosotros la recomendamos como acompañantes para nuestra psicoterapia.

Flores de Bach

Las flores de Bach, lo mismo que los remedios homeopáticos, deben seleccionarse por principio de una manera individual y por lo general se administran en una mezcla de tres a cinco flores. El remedio más cercano para el caso de la depresión es *mustard* (mostaza). Se administra cuando la persona afectada tiene la sensación de que se le cae encima una nube oscura. Aunque esta imagen concuerda con la general de la enfermedad, Mustard no es una receta de patente para el tratamiento. Se le exigiría demasiado hacer por sí solo todo el trabajo terapéutico.

Mustard es apropiada cuando se utiliza como apoyo. Está muy indicada en el ámbito de la prevención. Pero en mi experiencia, las flores de Bach no satisfacen la violenta fuerza de una depresión. Esto rige también para *willow* (sauce). Va destinado a las personas que tienden a la proyección, que se ven como víctimas de todo el mundo y que la responsabilidad y la culpa la encuentran siempre en los demás. Remedios como *gorse* (aulaga) y *wild rose* (rosa silvestre) se utilizan a menudo como apoyo, lo mismo que en conjunto el resto puesto que con la terapia de las flores de Bach, lo mismo que con la homeopatía, lo que se busca es tratar a la persona de un modo global.

Lo ideal sería actuar con la ayudas de este tipo regulando las fases especialmente difíciles del tratamiento. Un buen apoyo, como el que brindan las flores de Bach, es en todo caso una ayuda nada despreciable dentro del marco de otra terapia. Pero el momento más conveniente para las flores de Bach sería el período entre las etapas de empuje de la enfermedad, para dar así a los pacientes acceso a su potencial resuelto del alma y transmitirles las posibilidades de resolución que hay en sus predisposiciones naturales. Esto fue lo que siempre pretendió Edgard Bach, el fundador de esta terapia.

Otros tratamientos de la medicina académica

Electroshock

Debido a la insoportable desesperación de los pacientes y al insoportable desvalimiento de los médicos, hoy se vuelven a plantear métodos «terapéuticos» tan brutales y que recuerdan a los exorcismos medievales, como el electroshock. A finales del siglo XX experimentó un extraordinario renacimiento, aunque los estudios científicos no le otorgan ninguna legitimación salvo algunas mejorías anecdóticas. Esto último significa que, efectivamente, en algunos casos se han observado mejorías, pero que no han podido confirmarse mediante criterios científicos. Lo único que se produce de un modo demostrable es el daño masivo del cerebro. Debido a su modo de realización, aunque hoy se efectúa bajo anestesia, este procedimiento ha quedado anticuado y debe sustituirse sin excepciones por procedimientos, equivalentes pero inofensivos, como la estimulación magnética.

Estimulación magnética transcraneal

A diferencia del electroshock, la estimulación magnética transcraneal (EMT) es un procedimiento totalmente indoloro para activar la mitad izquierda del cerebro o áreas determinadas del mismo. Con una dosis diaria de mil impulsos se puede conseguir en muchos pacientes una mejoría perceptible, cuya reacción se debe entre el veinte y el treinta por ciento de los casos al efecto placebo, según el neurofisiólogo Walter Paulus, de la Universidad de Gotinga. Es un resultado muy bueno, pues incluso con fármacos habituales como el Prozac, la diferencia con el efecto placebo es mucho menor. Se debe sobre todo a que el efecto placebo resulta impresionantemente elevado en las depresiones. La fe siempre puede mover montañas y las endorfinas, las hormonas de la felicidad del propio cuerpo, ponen el proceso en marcha.

La estimulación indolora mediante campos magnéticos intensos despierta evidentemente de su hibernación a las neuronas aletargadas de la región frontal izquierda dejándolas de nuevo activas, con lo cual el estado de ánimo de la persona afectada se aclara con relativa rapidez. No obstante, también esta euforia inicial sobre los éxitos del método se empequeñece ante una cruda realidad más modesta, y así se la emplea sobre todo como complemento de otras posibilidades, en particular porque resulta difícil de dosificar. Por eso, algunos de los primeros pacientes pasaron al polo opuesto y con ello a la manía, algo que podría considerarse como una «mejoría para peor». Aunque la mayoría de ellos la prefieren, constituye en su conjunto un problema de iguales dimensiones que la depresión.

Es de esperar que el procedimiento, que es originario de la medicina académica y que por lo tanto no puede despertar en ella prejuicios, pronto se imponga, aunque sea sólo porque con él se evita retroceder a la Edad Media médica en forma del tratamiento mediante *electroshock*. Éste no sólo es inútil para los pacientes sino que es simple y llanamente espantoso y continúa dañando la ya quebrantada fama de la medicina.

Estimulación eléctrica de los nervios

La profesora Isabella Heuser, del hospital Charité de Berlín, que considera la depresión una enfermedad crónica incurable, recomienda en los casos más resistentes a la terapia la estimulación directa de los nervios o del nervio vago. Para ello, este último es expuesto por vía quirúrgica en la garganta y rodeado de un alambre, que se estimula mediante una batería implantada debajo del músculo pectoral, de manera muy parecida a como se hace con un marcapasos. De esta manera el freno del vago, cuyo paulatino declive es según Servan-Schreiber una de las principales causas de los modernos problemas del estrés, resulta estimulado eléctricamente en lugar de serlo por vía medicamentosa. Sin embargo, el procedimiento está todavía en pañales, y hasta la fecha sólo se ha empleado en una veintena de pacientes.

Más agresivo aún es un procedimiento, apenas probado todavía en Europa, en el que se desliza un electrodo a través del cráneo hasta una zona del cerebro y se estimula allí la formación de sustancias mensajeras.

Enfoques alternativos, nuevas vías de curación acreditadas de antiguo

El procedimiento EMDR

Las investigaciones modernas sugieren que todo trauma deja cicatrices en el cerebro emocional. Lo que los psicoterapeutas ya sabían de siempre para el alma, ahora incluso puede visualizarse a nivel cerebral. Las cicatrices se conservan incluso si la persona afectada se ha enfrentado de manera sosegada y abierta al trauma mediante frecuentes exposiciones al mismo en el curso de un tratamiento de terapia conductual con fines de desensibilización. Esto explica por qué al reducir el control del cerebro, por ejemplo mediante el alcohol u otras drogas, o también por un exceso de estrés o un cansancio extremo, se producen caídas emocionales que pueden llegar a ser muy graves. Las viejas huellas no elaboradas, por ejemplo del miedo, retornan a la superficie.

Pero también un reactivación de estas viejas experiencias de miedo o de trauma debida a situaciones, imágenes, olores o cualquier otra percepción similares puede provocar una recaída o desencadenar una reacción de miedo equivalente, ya que ese modelo ha sido guardado profundamente en el cerebro emocional.

Según el profesor Klaus Grawe, las bases neuronales que han hecho posible que una persona se vuelva depresiva, deben cambiarse para modificar las causas de las depresiones. Éste podría ser el camino, por ejemplo mediante una terapia del trance, sobre todo para actuar a mayor profundidad que en las terapias analíticas y conductuales. Sabemos que en las fases REM del sueño se trabajan los problemas psíquicos. El rápido movimiento de los ojos (Rapad Eye Movements) que da nombre a estas fases se consideraba hasta ahora un mero acompañante de este procesamiento al nivel del cerebro. Pero se ha averiguado que en ciertas circunstancias, su papel en ese procesamiento es de una enorme importancia.

El EMDR (Eye Movement Desensitization and Reprocessing) es un procedimiento extremadamente sencillo para superar los traumas mediante movimientos oculares que desarrolló a finales de los años ochenta la psicoterapeuta americana Francine Shapiro. Se deja que los pacientes vuelvan a pensar en la experiencia que desencadenó el trauma y se les anima a que, al mismo tiempo, realicen con sus ojos constantes movimientos hacia los lados –de izquierda a derecha y después de derecha a izquierda–, y así sucesivamente. En análisis posteriores, pero lo que es más importante, en la observación de las personas afectadas, se demostró que con este sencillo método se podían borrar las huellas traumatizantes. El tantas veces citado psiquiatra Servan-Schreiber, que igualmente recomienda el método, cree que el EMDR consigue su objetivo activando el sistema nervioso parasimpático (el freno del vago), es decir, estimulando el polo femenino a este nivel. Especialmente para situaciones traumáticas que le han *conmocionado a uno hasta la médula*, de las que no podemos desprendernos y que muchos años después nos siguen *helando la sangre*, pueden conseguirse aquí soluciones rápidas y a pesar de ello que calan hondo.

Una experiencia similar la tuvimos ya desde el principio en nuestras psicoterapias. Siempre hemos constatado lo importante que es para un procesamiento definitivo de vivencias anteriores que se produzca en un trance lo suficientemente profundo. Limitarse a hablar de ello no tiene los mismos efectos. Esta es, probablemente, una de las desventajas esenciales del psicoanálisis convencional, que prescindiendo del estado de trance se queda en las charlas o los relatos. Para alcanzar un trance suficientemente profundo, el paciente, de manera similar a como sucede en la fase de conciliar el sueño, debe abandonar el nivel de las ondas Beta (por encima de los 13 Hz) en dirección Alfa (12 a 8 Hz), por ejemplo mediante relajación. El terapeuta debe acompañarle a través de esta fase hasta llegar a la fase Theta (7 a 4 Hz). A partir de aquí se puede ascender de nuevo y mediante preguntas llevar al paciente de nuevo al estado Alfa y finalmente al Beta, que es también la zona de las fases REM.

Otra idea es pedir directamente a los pacientes dentro del estado de relajación, de modo similar a como en el EMDR, que muevan los ojos de un lado para otro manteniendo cerrados los párpados y repetirlo en las fases más difíciles e importantes de la psicoterapia. De este modo parece posible desprogramar definitivamente las células cerebrales. La obtención de nuevas experiencias, positivas, puede ser una ayuda adicional.

Meditaciones guiadas y viajes de chamánicos

Visto con detenimiento, los pacientes con riesgo de suicidio que tienen planificado quitarse la vida únicamente pueden elegir desde qué punto quieren iniciar el viaje por las imágenes del alma. La variante mala es a través de los estados de *bardo* después de lograr el suicidio. Una posibilidad incomparablemente mejor es un viaje interior dentro del marco de una meditación guiada o de un viaje chamánico. Para la mayoría de las personas que no están preparadas –al menos en el sentido tibetano– para la muerte, cualquier viaje interior tiene la ventaja de realizarse de modo consciente y, por lo tanto, controlable. Quien es conducido con seguridad y llevado hasta la situación esperada, ha ganado ya mucho en comparación con quienes desplazan erráticos sin meta ni orientación. Después de un suicidio, la situación para el alma es por lo general muy difícil y extremadamente desagradable. De todas las maneras, la crisis en una depresión con fuertes intenciones suicidas no es la entrada ideal al mundo de los viajes interiores. Mucho mejor es haber creado primero una base para ello.

Aún así, el psicoterapeuta suizo Carlo Zumstein defiende el viaje chamánico precisamente para esta situación de opresión. Pero señala expresamente que su método sólo tiene sentido en unión de una psicoterapia acompañante. Mediante un tambor rítmico lleva al paciente a un estado de conciencia muy similar al del trance con la intención de encontrar al final del túnel de la depresión la luz de un nuevo comienzo.

Este enfoque tiene algo de homeopático pues se pone uno voluntariamente y con antelación en el punto al que más tarde nos llevaría la depresión. Hay así muy buenas oportunidades de prevenirlas después, pues antes de caer en sus oscuras fauces se puede hacer el viaje y aunque no nos ahorremos nada, se soporta mucho mejor. Los viajes chamánicos por el alma se asemejan a nuestras medicaciones guiadas, aunque en aquellos el paciente va acompañado siempre del chamán, que actúa como señalizador de caminos y guía por el oscuro mundo de las imágenes del alma. En las depresiones graves es imprescindible que en cualquiera de estas formas el acompañante sea un ayudante en el sentido de la psicoterapia.

Meditación zen

Cuando el psicoterapeuta Philip Martin padeció él mismo una profunda depresión, intentó resolver el problema mediante meditación zen. Observó que el método era totalmente inapropiado para este fin, pero que ayuda a admitir la depresión. Aprendió a utilizar la meditación para explorar en las profundidades de la depresión. Comenzó a entenderla como una oferta para aceptar otro ángulo de visión. Philip Martin ha experimentado que él personalmente pudo «resolver» los miedos paralizantes y los ataques de pánico meditando con regularidad, y recomienda este método a otros, aunque con la limitación de no exagerarlo hasta el fanatismo.

Si contemplamos las experiencias en los monasterios zen, no está solo con su optimismo. A las personas con problemas similares se les reserva tradicionalmente en estos monasterios una celda, por lo general diminuta, dándoles como tarea estar todo el día sentados y observando su respiración. Con ello se les enfrenta al instante y a todas sus consecuencias, desde el aburrimiento hasta las vivencias de iluminación. Puede parecer despiadado a primera vista, pero no lo es para los que allí acuden voluntariamente. En el silencio y la tranquilidad de la meditación es mucho más agradable que en la mayoría de los otros lugares del mundo exterior. La meditación zen, como polo opuesto a la meditación guiada, tiene para muchas personas la ventaja de que no necesitan ocuparse del material de imágenes sacadas a la luz. De lo que se trata es de reconocer lo que se presenta pero no observar nada más, sino simplemente dedicarse a observar la respiración o al trabajo Koan. Así se avanza con rapidez a través del verdadero laberinto de los mundos de imágenes del alma y aquí, sobre todo, por el reino de las sombras. Tradicionalmente este método ha dado mejores resultados que otras vías.

Mis propias experiencias a lo largo de décadas van en una dirección parecida. Desde que me acompaña la meditación zen he tenido pacientes que por este camino han encontrado relajación y alivio. Recuerdo exactamente una paciente que asistía a todos nuestros cursos de ayuno-zen para abordar su depresión. Al principio fue una época muy difícil para ella y más de una vez estuvo a punto de derrumbarse. Sin embargo no veía ninguna alternativa y eso le hizo resistir. Finalmente venció la depresión. Al cabo de unos años contaba que fuera de las meditaciones no mantenía ya ninguna otra relación con ella. Más tarde siguió practicando la meditación, pero ya libre de los pensamientos depresivos. Por último, con una edad cercana a los ochenta, quiso también poder morir en uno de nuestros seminarios zen. Le aconsejé que por favor no participara, y dos días después del seminario falleció de muerte natural después de un enfrentamiento con los temas de la depresión y el suicidio a lo largo de toda una vida, en el verdadero sentido de la palabra.

Refuerzo de los chacras de base

Los chacras son los centros de energía a lo largo de la columna vertebral, conocidos ya en muchas antiguas tradiciones como la india, la tibetana y la nepalí, pero también en la teosófica. Los santones pueden percibirlos como ruedas de luz de colores que giran. Se alimentan entre otras cosas de esa luz que tomamos a través de los alimentos vegetales, pues a través de la fotosíntesis todas las plantas almacenan luz.

Cuando se perturba un chacra, eso se manifiesta por la falta de luz en ese lugar. Desde el inferior, conocido como Muladhara, situado en la base de la espalda, hasta el superior, llamado Sahasrara, situado ligeramente por encima de la coronilla, hay siete chacras. Según las creencias orientales, la energía asciende en el curso de la vida desde abajo hasta arriba. Los hindúes creen que la energía, en forma de la serpiente Kundalini, que normalmente está enrollada en tres vueltas y media en el chacra inferior, va pasando de un centro a otro a lo largo de la columna vertebral. En las personas realizadas la fuerza de la serpiente llega hasta arriba, lo cual suele reproducirse en las representaciones de Buda mediante una serpiente que se eleva detrás suyo y pasa por encima de su cabeza.

En el primer chacra se trata de la base de las personas con el tema más importante de todos, el de la supervivencia. Puesto que en la depresión se trata de la vida y la muerte, existe una estrecha relación con ese chacra. En muchos pacientes depresivos parece como si la base vital se hubiera hundido en el momento de su historia en que aparece la depresión. Síntomas como la falta de perspectivas, el cansancio, el no querer seguir y no poder, señalan una separación de la energía básica. Donde hay mucha energía se puede con todo; sin ella, por el contrario, pronto se desvanece. El depresivo padece falta de energía porque ya no fluye en él, o mejor dicho, no deja que entre. La energía vital animal debe proceder de abajo, pero no puede salir de ahí. La energía divina procede de arriba pero también necesita una base intacta pues –sin suelo– resultaría peligroso.

Aunque el problema tenga su origen en los pisos superiores del chacra, por ejemplo por haber perdido la energía de visión del mundo, el problema en la depresión es que la energía cae hacia abajo, es decir, que se desprende de todo en el sentido no resuelto. También un bloqueo que parte de arriba se continuaría hacia abajo. La tarea de la terapia es reconocer ese modelo y, naturalmente, procurar y una toma de tierra concreta.

Un paciente tenía la imagen interna de un cruzado que después de interminables luchas se dio cuenta de que una vida iniciada de modo idealista estaba destinada al fracaso y que todo por lo que había luchado, no sólo lo había perdido sino que desde el comienzo había sido inútil. Apoyado en su espada percibe flaquear sus rodillas para acabar derrumbado. Esta imagen corresponde al chacra inferior, también en su contenido, puesto que para este guerrero en un momento se rompe todo lo que había sido la base de su vida. De ahí se deduce una perturbación del chacra de la base.

Para tratar este problema interesan todos los ejercicios de la tradición zen que en un sentido más amplio buscan un enraizamiento. El simple hecho de estar de pie conscientemente sirve ya para dar nueva estabilidad y resistencia a la vida. Aunque también la meditación Zazen, en la que quienes hacen los ejercicios miran delante de sí y observan la respiración en los movimientos del vientre o en el interior de la nariz, da buen resultado. Andar consciente en meditación, el Kinhin, es asimismo útil. En resumen, todos los ejercicios del zen destinados a poner la atención sobre las cosas cotidianas, desde lavar la vajilla cuidadosamente o colocar flores de manera meditativa (Kado o Ikebana) hasta la ceremonia del té (Chado) o el tiro con arco (Kyudo). Otro tanto sirve para los ejercicios ya mencionados del Qi Gong y Tai Chi.

Entrenamiento permanente

Tiene el efecto favorable demostrable de interrumpir el flujo constante de pensamientos, lleno de ideas sombrías en el caso de los depresivos. Hay estudios que demuestran que el entrenamiento permanente genera efectos antidepresivos similares a los de los fármacos antidepresivos habituales. Conduce en el equilibrio del oxígeno a la liberación de endorfinas, que contrarrestan el proceso depresivo. Lo mejor es iniciar este entrenamiento en una fase sin depresión pues si lo hace en medio de ésta, suele ser difícil aportar la motivación necesaria. Pero una vez creado el campo de un programa de entrenamiento estable se puede confiar en ello en los tiempos difíciles y se tiene una buena respuesta al reto de los pensamientos repetitivos. El desarrollo uniforme de los movimientos hace que la persona afectada llegue rápidamente a otro campo de la conciencia que podrá utilizar.

Vienen al caso todos los desarrollos de movimientos que se repiten de manera monótona y que no son lo suficientemente agotadores como para no poder respirar por la nariz. En cualquier caso hay que procurar que no obliguen a jadear pues suponen un déficit de oxígeno y convertirían el proyecto en un sobreesfuerzo, y con ello en algo insano. Por eso, ejercicios adecuados son el jogging, la marcha nórdica, el senderismo, el remo, la natación y la danza. Esto último especialmente en forma del baile de parejas ya que la relación con otra persona añade alegría vital. Sin embargo, este estado favorable de la danza supone una entrada difícil para el depresivo, que sólo con gran esfuerzo consigue las fuerzas necesarias.

No convienen los juegos y competiciones, es decir, lo que divierte en especial a los hombres, como fútbol, balonmano, voleibol, tenis, squash y golf.

Compensación de las mitades del cerebro

Partiendo del predominio del hemisferio derecho y en especial de los lóbulos frontales en las personas depresivas, son recomendables todas las terapias que buscan la compensación en el sentido de sincronizar las ondas cerebrales. Hay multitud de ejercicios que sirven para este fin, pero sobre todo aquellos que se apoyan en el cuerpo y se dirigen al cerebro.

Con los brazos extendidos y las manos como en oración, haciendo ejercicios sencillos en forma de un ocho que se siguen con los ojos, es una manera de influir favorablemente sobre la sincronización de los hemisferios cerebrales. El resultado es todavía mejor si el ocho trazado en el aire se forma con una diagonal ascendente en el centro. En multitud de libros se describen otros ejercicios similares. Pero también andar con bastones de un modo consciente (marcha nórdica), el crol al nadar y otros movimientos sincrónicos favorecen la sincronización en el cerebro, lo que se manifiesta en una mejor capacidad de concentración, más rendimiento y mayor conciencia. Lo que hay que procurar es realizar correctamente estos ejercicios, como por ejemplo que en la marcha el apoyo del bastón se haga por detrás del cuerpo estimulando los músculos de la espalda.

Junto con un método llamado la técnica de la parada, técnica del Stop, estos sencillos ejercicios dan unos resultados excelentes. La técnica del Stop es una posibilidad para salirse del remolino del comienzo de la depresión. En cuanto que comienzan los pensamientos repetitivos hay que empezar con un pequeño programa de ejercicios. Dado que pueden realizarse en cualquier momento y que no hay peligro de «sobredosis», constituyen una oportunidad ideal que por su sencillez ya ha ayudado a muchas personas. Se pueden recomendar para todas las situaciones que no sean la auténtica causa de la depresión pero que desencadenen un estado de ánimo depresivo, como puede ser una película de catástrofes, o en caso de surgir el miedo de no ser ya querido, con los sentimientos de culpa, etc. La técnica Stop junto con un ejercicio que se inicie de inmediato saca del callejón sin salida de la depresión lo mismo que una vivencia de iluminación. Cuando se aprende el jogging se obtienen efectos igualmente estimulantes, pero más intensos, sobre los hemisferios cerebrales, que llegan hasta un aumento medible de la inteligencia. No obstante, este efecto sólo perdura en la fase de aprendizaje y en tanto que se esté totalmente concentrado. En cuanto se domina la técnica, no produce más efectos sobre la sincronización de los hemisferios cerebrales. Es decir, sólo mientras nos encontramos en las nuevas tierras del movimiento que nos retan espiritualmente, obtenemos un empuje. La analogía valdría para toda la vida. En la práctica no hay ninguna dificultad pues existen suficientes variantes del jogging donde elegir. Al cabo de un tiempo es un placer probar nuevas variantes y además de la diversión, vuelven a aumentar la flexibilidad, la inteligencia, la coordinación y la capacidad de concentración.

La gimnasia consciente va en una dirección parecida, aunque refuerza todavía más esos efectos. Se induce al cuerpo a que haga ejercicios sencillos pero que en contra de lo esperado no puede dominar del modo prefijado. Por ejemplo: un hombre intenta trazar en el aire al mismo tiempo con la mano izquierda un ocho tumbado y con la derecha uno erguido. Aunque ambos brazos están separados y lo consiguen sin problemas uno después del otro, al principio al menos parece imposible hacerlo al mismo tiempo. Mientras se va aprendiendo el ejercicio aparecen todas las ventajas antes descritas, de una manera espontánea. Uno mismo puede inventarse ejercicios de este tipo una vez entendida la idea que hay detrás. Además, se pueden transferir a otras áreas y sorprendentemente se consiguen resultados análogos. La medicina deportiva hoy puede medir y confirmar los que hasta ahora sólo mostraba la experiencia: sobre el ergómetro de bicicleta, sudando, se percibe la inteligencia y en cierta medida aumenta siempre que si durante el ejercicio se haga algo más, que ocupe y sea un reto para el espíritu, por ejemplo leer un texto difícil.

Movimientos fluidos

La curación sólo es posible donde fluye la vivacidad. En la depresión, con su estancamiento en toda regla, la persona afectada está muy lejos de ello. Por consiguiente cabría pensar en ejercicios como el Qi Gong, sobre todo como apoyo a los procesos curativos inducidos mediante una psicoterapia que va hasta las raíces. También son apropiados el Shiatsu y todas las artes marciales orientales, desde el Tai Chi al Aikido, siempre que sean ritualizados y muestren unos modelos de movimientos, pues sirven como ejercicio en su repetición. Viene bien todo aquello que con unos movimientos conscientes vuelva a poner en marcha la energía de la vida. El simple hecho de imaginar el movimiento fluido o de contemplarlo ya les resuelve algo a los seres humanos depresivos.

La imagen interior de un río y de su corriente tiene ese mismo efecto y hay algunas terapias no convencionales, nacidas de la idea de las analogías, que sirven a este respecto. La vida contemplativa en un río, tal como lo describe Hermann Hesse en su novela *Siddhartha*, podría tener un carácter terapéutico. Siddhartha, lo mismo que el barquero Vasudeva aprende con los años del flujo de todo por la vida y reconoce en el río la vida y a sí mismo. Es posible que Hesse se haya apoyado aquí en algo más que en elementos literarios para su vida, pues pudo mantenerla fluyendo a pesar de la depresión.

La observación contemplativa del agua que pasa por delante es una buena meditación para las personas de estructura depresiva. También un viaje muy consciente por el río con una profundización intensiva en el fluir del líquido elemento podría ir en esa dirección, si uno mismo se conciencia de ser este río y que la vida pasa por delante, igual que las tierras de la orilla. De este manera puede conseguirse en el río fluir de nuevo y alcanzar la vida.

En la India a la persona que se pone en camino se la llama un Samnyasin, el-que-entra-en-el-río. También las personas que emprenden conscientemente el camino de la vida –y no en el sentido burgués de quedarse en algunos de sus brazos, como por ejemplo dedicarse a la bolsa y al juego del dinero toda la vida– están bastante a salvo de depresiones.

Todo lo que nos mantiene en movimiento –desde el deporte consciente a la meditación– se convierte en una terapia de la depresión y, al mismo tiempo, en su mejor profilaxis. Montar a caballo o navegar a vela de un modo consciente o hacer cerámica en un torno pueden ayudar a que a través del movimiento exterior consciente la vida interior vuelva a fluir. Puesto que los distintos tipos de movimiento estimulan cualidades diferentes habría que elegir cuál de ellos es el que mejor se adapta individualmente a la propia situación psíquica. En la alfarería de lo que se trata con el plato que gira es de convertir la masa de arcilla en una vasija, en centrar. Quien puede hacer un jarrón desde el centro debe haber encontrado el propio centro o haberse acercado bastante a él.

Al montar a caballo se aborda el sentimiento del equilibrio de toda la persona. Quien trepa a un caballo se eleva sobre el mundo. Cuando toma firmemente las riendas, los efectos serán sobre el modo en que él lleva su vida y pueden surgir motivación y autoconciencia. Además, los caballos pueden aportar alegría de vivir; la responsabilidad sobre el animal se convierte así en una ayuda terapéutica esencial. Esta terapia (hipoterapia) actúa como un anti-depresivo y estabiliza la psique no sólo en las depresiones, sino también con la angustia. Si la hípica se contempla menos en su aspecto deportivo y más en cuanto a la regularidad de alimentar y dar ejercicio físico al caballo, establece un vínculo profundo con la naturaleza.

Terapias de resonancia o de oscilación

Una de las medidas más sencillas y agradables es hacerse con muebles basculantes, y sobre todo la cama. Después de conseguirse unos resultados espectaculares con niños se desarro-lló un sistema llamado *Sleepy*, con cuya ayuda se consigue sin esfuerzo hacer que cual-quier cama se convierta en una «cama celestial» que oscila al ritmo de la respiración y el corazón propios. Es suficiente con insertar debajo de las cuatro patas unos elementos cons-truidos para este fin, para que dormir se convierta en un viaje suavemente oscilante. Puesto que nuestra vida comienza oscilando en el ritmo respiratorio de la madre, hacerlo al dor-mir desencadena una especie de regresión de los sentimientos. Por la mañana está uno mucho más equilibrado. La cama oscilante es un placer para cualquiera, pero a la persona depresiva le podría resultar una revelación y, posiblemente, sin ningún esfuerzo terapéuti-co, le devolvería la sensación del ritmo.

Hay muchos otros medios auxiliares en el camino hacia la resonancia, incluso las vie-jas mecedoras. También en los jardines disponemos de muchos muebles de este tipo. En Internet se encuentran muchas direcciones sobre balancines y otros muebles similares.

Una oportunidad muy especial para los depresivos podrían el las cunas *Kundalini* o las máquinas *Chi*, que de un modo impresionante hacen oscilar el sistema y que al lograr-lo desencadenan fenómenos energéticos a lo largo de la columna vertebral, poniendo de nuevo en movimiento muchas de las cosas que se habían estancado con la depresión. A tra-vés de vivencias de este tipo se podría reavivar el chacra inferior.

Para las personas que permanecen mucho tiempo sentadas, una mecedora puede supo-ner un enriquecimiento. Es curioso que muchos grandes espíritus han pasado mucho tiem-po de su vida en una mecedora y en todos los asientos que se mueven han surgido multi-tud de buenas ideas.

Ya sea que quiere prevenirse la depresión o que se está preso de ella, ponerse a osci-lar o quedarse oscilando es bueno en cualquier caso. Quien oscila armónicamente en sí mismo está incluso mejor que quien reposa en sí mismo, pues en última instancia todo en el universo, y también el ser humano, es oscilación. Esto nos lo confirma hoy incluso la física moderna. Ram Dass, el antiguo psicólogo de Harvard, cree que toda la vida es danza. Rudolf Steiner lo expresó con las bellas palabras de que «Toda la vida es ritmo».

Terapias rítmicas

Si la depresión significa muerte y el ritmo vida, las experiencias rítmicas podrían ser un buen contrapeso para este cuadro clínico. La vida depresiva es, como se ha dicho, un estado cercano a la muerte, marcado por la paralización, que en cualquier caso se siente uno como muerto y donde la principal ocupación de los afectados se refiere a la muerte. En esta situación estancada el objetivo de la terapia ha de ser volver a traer vida y a través del ritmo y de la resonancia se tienen múltiples posibilidades.

Podría considerarse el objetivo de una terapia antidepresiva que las personas afectadas se vuelvan a enamorar de la vida, y esto significaría entrar en resonancia con todo. Aunque el propio Hermann Hesse no vivió esta experiencia, o al menos de modo duradero, lo describió maravillosamente en los dos casos señalados al comienzo del libro, uno acerca de morir por propio impulso en el relato de *Klein y Wagner* y el otro sobre la muerte del Ego en una vivencia de iluminación de *Siddhartha*.

Una característica de la depresión es que la persona afectada carece de resonancia, de poder oscilar conjuntamente con otros. No obstante, se consigue siempre que se ocupen realmente de otros, que escuchen o comuniquen en el sentido de participar sobre lo que afecta a los demás. Si se consigue, la resonancia es al menos probable.

Uno de los grandes misterios de la resonancia es el ritmo. En cuanto que las personas oscilan al mismo ritmo, se produce una resonancia. Por eso muchos lo buscan intuitivamente. Al bailar se tiene una buena sensación si se oscila al mismo ritmo. También los equipos deportivos intentan conseguir un ritmo común. E incluso el deportista individual debería tener su ritmo, es decir, entrar en resonancia consigo mismo, para tener éxito.

Hay diversas vías para entrar en resonancia con uno mismo. La mayoría se caracterizan porque son agradables y, además, porque divierten, en especial cuando se piensa en la producida por el cuerpo como al bailar, balancearse, montar a caballo, etc. También la psicoterapia es, al fin y al cabo, un fenómeno de resonancia. Donde no se establece la resonancia entre el paciente y el terapeuta no puede salir mucho que estimule el desarrollo.

No obstante, para la persona depresiva adulta normal, la falta de impulsos hace que las ganas de, por ejemplo bailar, sean por lo general escasas. Hay que encontrar métodos más sutiles de establecimiento de la resonancia, empezando por ejemplo por las camas oscilantes. De un modo general, para nuestro tema lo que interesa es el amplio campo de las terapias del ritmo. Lo que buscan a través de la vivencia en grupo es poner al individuo en resonancia consigo mismo, puesto que la experiencia dice que bajo determinadas condiciones y con ayuda de ejercicios en un grupo se encuentra rápidamente la resonancia, que con facilidad pasa después a incorporarse al propio sistema. Muchos conocen la experiencia de lo difícil que es aprender uno solo en un libro Qi Gong o Tai Chi. Por el contrario, de este modo es casi imposible vivir rápidamente en uno el fluir de la energía vital Chi

(Qi). Pero si estos ejercicios se hacen con otras personas, resulta mucho más sencillo y también la vivencia del fluir se presenta mucho antes.

Para la terapia de las depresiones hay infinidad de posibilidades de llevar a un paciente de nuevo a su ritmo, y con ello ponerle en resonancia con las tareas de su vida. Por eso es tan esencial encontrar un sentido o al menos un contenido para la vida, o mejor aún una visión para ella, con los que desde el corazón se consiga entrar en resonancia y también mantenerse en este estado. Las personas con visiones que llenan su vida no sólo se encuentran por lo general mucho mejor, sino que apenas se vuelven depresivas.

La resonancia ahorra energía como ninguna otra. Este es el secreto del éxito del Imperio Romano. Sus legionarios fueron los primeros soldados en marchar marcando el paso, y con ello en resonancia, con lo que podían ahorrar fuerzas a diferencia de sus adversarios, y de este modo recorrer distancias mucho mayores. A la inversa se cumple que: quien no está en resonancia consume demasiada energía sin sentido y no es raro que entonces coseche agotamiento y depresión. Así por ejemplo, en Alemania el setenta por ciento de los empleados en cargos directivos se encuentran a menudo agotados; el cincuenta por ciento se declaran permanentemente agotados. A eso se añade otro cuarenta y dos por ciento que ya han renunciado interiormente, o sea, que no están ya en resonancia con su trabajo sino que constantemente pierden energía, perjudicando el ámbito de trabajo. Estas cifras ponen de relieve que hay que solucionar el problema de la falta de resonancia si se quiere contrarrestar el peligro de la depresión.

Todo lo que lleva ritmo puede ayudar con la depresión, por ejemplo el trabajo bajo el ritmo de instrumentos arcaicos, principalmente tambores. Para las personas depresivas es también una gran ayuda un desarrollo regulado pero rítmico de los días y de la vida; tiene un efecto estabilizador y también vivificante. En una época de creciente ajetreo y enormes exigencias de flexibilidad, infravaloramos la fuerza curativa de los procesos rítmicos, no sólo en la vida de nuestros hijos sino también en nosotros mismos.

Que los ejercicios regulares de ritmo tienen algo que une y estabiliza puede vivirse en casi todos los pueblos arcaicos. La antropóloga estadounidense Jean Houston describe una tribu de África cuyos miembros en caso de tener que tomar decisiones cruciales, se ponen a cantar hasta que se consigue el consenso. Este procedimiento puede durar horas, pero funciona bien y conduce siempre a un resultado claro.

Quien alguna vez haya cantado mantras en unión de otras personas conoce el efecto de unión y proximidad que produce la resonancia y que surge de un modo automático. El canto compartido de mantras podría ser un buen ejercicio para que las personas depresivas puedan oscilar en un campo con otros seres humanos. El nivel en el que se produzca la resonancia es algo accesorio comparado con el hecho de que se establece.

Los hombres primitivos eran casi en un cien por cien músicos y casi todos tocaban el tambor. En la sociedad arcaica no había espectáculos de danza sino que se danzaba conjuntamente según el tema del momento. Si el motivo era la pena, estaba la danza comunitaria de la muerte. En las fiestas de alegría se danzaba y a menudo se entraba en éxtasis; si de lo que se trataba era de la guerra, comenzaban las danzas guerreras. Era menos cuestión de saber que de oscilar conjuntamente, y las danzas eran por lo general tan sencillas y se aprendían desde la infancia, que a los miembros de la tribu les resultaba poco menos que imposible mantenerse alejados.

La relación que tenemos hoy con la danza puede revelarnos nuestra situación actual. Los bailarines son cada vez menos; especialmente entre los hombres hay muchos que reconocen no saber hacerlo, aunque a menudo necesitan de esa resonancia. Cuando al obispo de color Desmond Tutu le pidió un creyente negro consejo sobre cómo podía reaccionar ante un blanco que constantemente lo vejaba, su respuesta fue: «Debes compadecerte de él». «Pero ¿cómo puedo sentir compasión por los blancos?», respondió el hombre. «Simplemente mira cómo bailan», fue el consejo final del obispo.

Para el ciudadano medio que no está depresivo el baile sería también una excelente posibilidad para encontrar su propio ritmo y dar un buen paso hacia sí mismo. Numerosos terapeutas organizan hoy ejercicios rítmicos en sus seminarios de grupo porque la experiencia indica que tienen grandes ventajas para muchos de los contenidos relacionados con el tema de la resonancia. Así, en mis propios seminarios de la serie de «medicina arquetípica» ha dado desde hace tiempos excelentes resultados introducir ejercicios del ritmo entre los bloques de teoría.

Incluso caminar con bastones en la marcha nórdica es un sencillo ejercicio rítmico de gran eficacia. Hace años tuve en varios seminarios de ayuno una participante que no estaba en condiciones de seguir un ritmo de marcha extremadamente sencillo, por no hablar ya de movimientos de baile. Aunque había subido mucho en el escalafón dentro de su trabajo, era incapaz de dar dos pasos coordinados de forma armónica. Mediante el banal ejercicio de practicar el senderismo con regularidad con los sencillos palos de esquí de aquella época, mejoró de manera sorprendente.

Una manera más sencilla todavía y mucho más comodona de ponerse a oscilar consiste en utilizar por la mañana uno de los aparatos vibradores que se describen en la sección siguiente, para tratar todo el cuerpo.

Medidas de refuerzo

Síntomas como los trastornos circulatorios y la osteoporosis que con la edad se unen a menudo a la depresión, pueden tratarse por vías realmente banales que no tienen nada que ver con las depresiones. Pienso aquí en un antiguo remedio tibetano para favorecer el riego sanguíneo, que se denomina actualmente *Padma Basic*. Según mi experiencia, es el único remedio para los problemas circulatorios que realmente funciona. También los baños as-

cendentes de pies practicados con regularidad no sólo sirven para «tratar» las zonas refle-
jas de los pies, sino que son así mismo un excelente ejercicio vascular. La tercera posibilidad es un regalo y producto residual de la investigación espacial. Ya que durante los largos períodos de ingravidez en el espacio los astronautas americanos adquirían una fuerte
osteoporsis, se les hacía pedalear en una bicicleta-ergómetro. Los rusos, algo más cómodos, desarrollaron para sus cosmonautas un aparato vibrador que agita todo el cuerpo,
desde los pies, y que no sólo ayuda a prevenir eficazmente la osteoporosis sino que incluso estimula la formación de hueso y músculo y, mediante las intensas vibraciones, también
el riesgo sanguíneo. El profesor israelí David ha podido demostrar con su método de vibra-
ción cómo con este principio se puede estimular mucho después la circulación sanguínea
y prevenir los síntomas del envejecimiento.

Desde que hace poco puede adquirirse un aparato con una escala de seis etapas, también
las personas mayores lo pueden utilizar. Quien se va acostumbrando de este modo a vibraciones cada vez más intensas, se pone en forma, no sólo en el plano de los huesos sino también en el de los vasos y los tejidos. La sustancia ósea puede volver a formarse y regresar la
vivacidad a los vasos. Toda la vida se pone de este modo en un movimiento oscilante.

Quien deja las vibraciones al cabo de cinco minutos, experimenta un picor como signo
de los vasos de que la terapia actúa. Quien por las mañanas se somete en el baño a vibraciones no sólo no está perdiendo el tiempo, sino que al limpiarse los dientes experimenta
un maravilloso empuje de salud para todo el organismo. He visto que con la combinación
de estas tres sencillas posibilidades incluso amputaciones prescritas se han pospuesto y al
final se ha renunciado a ellas. Mejor todavía, entrenando el cerebro y los restantes sistemas al envejecer no decaen, para lo cual sirven por ejemplo ejercicios como los de la gimnasia consciente. No hay que olvidar aquí el entrenamiento de los mundos interiores de
imágenes y fantasías mediante meditaciones guiadas.

Terapias creativas

El escritor estadounidenses Graham Greene dijo en cierta ocasión: «Escribir es una especie de terapia; muchas veces me pregunto cómo aquellos que no escriben, componer o pin-
tan puede evitar la locura, la melancolía y el pánico inherentes a la esencia de todos los
seres humanos». Puede ser, como dijimos al comienzo, que parte del arte surja del intento
de vencer a la propia oscuridad y los males del alma. En cualquier caso, Graham Greene
debe de haber sabido lo que es la depresión y es evidente que logró vencerla escribiendo,
lo mismo que Hermann Hesse y otros muchos escritores.

En su novela *Los años,* Virginia Woolf escribe: «Toma notas y el dolor desaparece».
Nacida en una familia en la que tanto el padre como la madre tenían una vida condiciona-
da por la depresión y la enfermedad mental y creciendo en una condiciones intelectuales

elevadas, Virginia Wolf se convirtió en una de las escritoras más celebradas. A lo largo de toda su vida se estabilizó tematizando en sus novelas y relatos el constante fluir del tiempo y la corriente de la conciencia humana. Su amor era el instante en que en sus monólogos interiores intentaba esbozar sus figuras.

El intenso epistolario de la poetisa Ingeborg Bachmann y el compositor Hans Werner Henze nos da una muestra muy verídica de las depresiones de ambos. Henze pudo compensar todos sus derrumbes y crisis depresivas mediante la creación, mientras que Ingeborg Bachmann parece que lo hizo en una medida mucho menor. En cualquier caso, Henze intentó mostrarle por carta su experiencia de que el infierno (de la depresión) puede superarse, e incluso vencerse, mediante el trabajo.

Los magníficos ejemplos de la literatura y de la música muestran que puede conseguirse transformar la depresión y el abatimiento en autoexpresión, que detrás se oculta una energía que puede aprovecharse de modo productivo y que entonces, el propio talento, a veces especial, puede incluso cambiar el mundo.

La multitud de terapias creativas o artísticas son muy apropiadas para convivir con la depresión. Por supuesto que existe una gigantesca diferencia si la creación artística sale de uno mismo y sólo necesitan buscar canales o si se ve uno enfrentado a la terapia artística como persona depresiva. Pero incluso en esta última variante la expresión artística puede ayudar a recuperar la vida y estabilizarse. Como terapeuta he vivido muchas evoluciones positivas con la pintura de los mandalas, también con los problemas psiquiátricos como las depresiones.

Aunque no es suficiente como terapia única, escribir, pintar o componer aporta un gran alivio. Expresarse en el modo silencioso de la escritura o la pintura es un método apropiado para la depresión y puede ayudar, lo mismo que cualquier otra expresión de uno mismo. A esto se añade que se deshace uno de lo llevado al papel, lo cual es ideal en el caso de la depresión. El objetivo es escribir algo del alma. Conduce automáticamente a tratar de nuevo la propia tragedia, lo cual constituye un paso terapéutico muy beneficioso. Sófocles, el gran autor de tragedias de la Antigüedad, dicho a este respecto: «La tragedia limpia a las personas».

El fluir de los pensamientos es igualmente un empuje que sirve para volver a fluir. También el de los colores es un apoyo, particularmente manifiesto en el modo de pintura antroposófica sobre un grueso papel humedecido, sobre el que los colores desarrollan su propia vida e incluso se mueven fluyendo con el apoyo de la estructura del papel.

Durante una crisis grave de depresión no tiene sentido enfrentar al paciente a exigencias artificiales. En estas fases ni el más grande de los artistas puede dar de sí algo especial. La motivación es demasiado baja. Pero en la fase de salida, esta terapia o incluso la de escribir, puede ser muy útil. Escribir las cosas del alma, pintar o bailar, hacer alfarería, en fin, volver a expresarse, puede ser un buen empuje para la profilaxis.

En lo que respecta a la psicoterapia se ha demostrado que sacar circunstancias reconocidas durante la sesión no es suficiente para anclar la experiencia. Es como un sueño y de hecho ambos se desarrollan en el mismo plano de imágenes, siempre que la terapia tenga lugar realmente en trance. Si al despertar no se le cuenta inmediatamente a alguien el sueño, al mediodía se ha olvidado por completo. Parece que el hemisferio izquierdo arquetípicamente masculino no almacena las vivencias en el hemisferio arquetípicamente femenino. Dando el rodeo de la escritura, los contenidos pueden pasar de uno a otro y así conservarse. Sería ventajoso para la depresión poner sobre el papel sus vivencias y experiencias. Puede ser útil la idea de que lo así retenido realmente se conserva y no tiene que volver a vivirse.

Ya que en toda persona también vive un artista, una depresión podría ser la ocasión para sacar a la luz del mundo el propio artista mientras que se vuelve a encontrar lentamente la luz en la vida.

Terapias de luz

Existe una relación directa entre la luz y la depresión. La ausencia prolongada de luz solar en los otoños nebulosos o los inviernos tristes de latitudes elevadas, por no hablar ya del invierno polar del extremo norte. La depresión va siempre asociada a la oscuridad. Expresiones como la *oscura noche del alma* lo dicen claro. La época posterior al equinoccio de otoño, cuando comienza a dominar la oscuridad, es el tiempo natural de la depresión y en cuanto que empiezan a percibirse los días cada vez más cortos, un tercio de las personas de las regiones septentrionales pierden su energía y sus impulsos. En el diez por ciento de los europeos adopta la forma de una depresión. Sin embargo, la medicina académica no habla de una depresión estacional hasta que no se presenta en tres inviernos sucesivos. Esto tiene tan poco sentido como decir que la fiebre del heno no lo es hasta que no se observa la tercera primavera. Lo cuestionable de estas definiciones es que aunque las dos primeras depresiones invernales no se consideran como tales, se perciben exactamente igual.

Es evidente que tenemos que aprender a estar en resonancia con las estaciones, es decir, descubrir el otoño para nosotros y en nosotros y dejar la resistencia interna contra el invierno. La tarea es valorar por igual en sus cualidades especiales cada una de las estaciones y cada una de las fases de nuestra vida. Pero por supuesto resulta difícil en una sociedad como la nuestra, con su demencial culto a la juventud y un rechazo sin igual al envejecimiento. La época de la mitad de la vida equivale *naturalmente* al otoño y al invierno de la vida. Al tener este tipo de dificultades sería en general útil reconciliarse con las fases arquetípicas de la vida, como se indica en el libro *Las etapas críticas de la vida*.

Con cualquier melancolía falta la luz interior y si en una grave depresión desaparece por completo, no queda más que el negro oscuro, el color del abismo que existe en el submundo propio de cada persona. El reino de las sombras se vuelve entonces vivo a su manera y condiciona el estado de ánimo vital. Si arrojamos –alopáticamente– luz sobre la oscuridad, podemos alejar un poco la tristeza que hay en nosotros o incluso vencerla. Muchos lo hacen externamente viajando a países del sur, donde hay una eterna primavera o un clima suave. Aquí la luz sobra.

En los días oscuros del otoño y el invierno es probable que el metabolismo de la melatonina esté perturbado. Se ha ido desvelando mucho en las últimas décadas el secreto de esta hormona, considerada ahora la principal de todas. Sabemos así que es responsable de dormir bien y que sólo se produce en cantidad en las noches bien oscuras. Los endocrinólogos creen que las pequeñas luces y el electrosmog de los dormitorios impiden la secreción de melatonina. Pero en las oscuras noches del invierno se produce a veces en tal cantidad que incluso de día la noche impera sobre nosotros y desencadena así la experiencia de la oscura noche del alma.

Antaño, en latitudes altas las personas tenían la tendencia natural a guardar un reposo invernal, pero al vivir hoy de un modo totalmente opuesto al de nuestros ancestros, siempre surgen consecuencias perjudiciales para la salud. Hoy vivimos sin ritmo y sin atender a las estaciones y como estrategia hemos adoptado a utilizar fuentes de luz que simulan el espectro solar.

Con la terapia de luz, o fototerapia, en forma de luz artificial se han logrado buenos resultados en Suecia y Finlandia en lo que respecta a la depresión invernal, allí muy extendida. También en latitudes más bajas empleamos bombillas que imitan la luz solar y que deberán elevar el estado de ánimo, y que a muchos realmente se lo hace.

La fototerapia empleada en medicina consiste en sesiones diarias de media hora de irradiación con una exposición a diez mil lux. Aunque cegadora y desagradable, resulta ser eficaz. Según un estudio realizado en la universidad japonesa de Kobe, la claridad libera determinadas hormonas, como por ejemplo de la corteza suprarrenal glucocorticoides, como la cortisona, que regulan las reacciones del sistema inmunitario y controlan el ritmo diario. Influyen sobre la estructura del hipocampo, nuestro reloj interno. La luz matinal lo ajusta diariamente a través de estas reacciones hormonales.

Hay también una utilización «más natural» de la luz artificial que imita el amanecer. Se han conseguido sorprendentes resultados en la prevención y la mejora de las depresiones. Media hora antes de la hora prevista para despertarse, un dispositivo enciende las lámparas que van iluminándose poco a poco mediante un regulador de potencia. Técnicamente es muy económico y desde el punto de vista médico es una solución muy eficaz.

A nivel psicológico el invierno, lo mismo que la puesta de Sol, equivale simbólicamente al final de la vida, algo en lo que evitamos pensar a cualquier precio. Pero los pensamientos ligados al otoño y el invierno deberían recordarnos que en la vida hay cuatro estaciones, por tanto también un invierno. La reconciliación con el otoño y el invierno, y con el propio mundo de las sombras, es una profilaxis contra la depresión.

Quien puede disfrutar de un día de noviembre con niebla en Venecia, y percibir ese ambiente de despedida, está por el buen camino para reconciliarse con su propio infierno. Un sentimiento de melancolía parecido se tiene al pasear por un cementerio cubierto por la niebla, y si se vive conscientemente puede ayudar a prevenir la depresión. Las raíces más profundas de ésta se encuentran probablemente en haber perdido de vista la luz interior. Quien no sigue su camino verá oscurecerse sus perspectivas vitales porque la luz de la iluminación se aleja. Las dos cuestiones esenciales de la vida: «¿De dónde vengo?» y «¿A dónde voy?» pueden responderse con «Luz», pues el alma procede de la luz de la unidad y allí vuelve, como van revelando las modernas investigaciones sobre la muerte y desde hace mucho más tiempo sabe ya el *Libro de los muertos* tibetano.

Terapias alimentarias

La alimentación es en general un tema importante en la medicina. El hecho de que no sea por los alimentos que nos dan en nuestras clínicas sino a pesar de ellos que estemos sanos es realmente un escándalo, aunque no vamos a discutirlo aquí. Hemos retrocedido mucho por detrás de Hipócrates, que hace más de dos mil años reclamaba: «Vuestra alimentación es vuestra medicina, vuestra medicina es vuestra alimentación».

Auque es cierto que cada uno debería alimentarse conforme a su tipo, cambiando la nutrición no podemos esperar milagros con la depresión. La simple falta de apetito, como uno de sus síntomas, podría indicar que en esencia se trata de otra cosa. No obstante hay algunos puntos de la alimentación que convendría señalar y que por no suponer ningún riesgo vale la pena probar.

Ácidos grasos Omega 3

El nutricionista americano Joseph Hibbeln cree que, en el verdadero sentido de la palabra, con la relación invertida entre los ácidos grasos Omega 3 y Omega 6 en la alimentación estamos «comiendo» una depresión colectiva. Lo apoyan los estudios del psiquiatra Boris Nemets, cuyos resultados se han publicado en el *American Journal of Psychiatry*, y que corroboran que el aporte controlado de los ácidos grasos Omega 3 mejora la depresión, e incluso en ocasiones hace que desparezca. El exceso de consumo de carne invierte esa relación a favor de los Omega 6. Los ácidos grasos Omega 3 podrían denominarse, por analogía, el aceite del motor del cerebro. Está demostrado científicamente que los depresivos tienen pocas reservas de ellos y que personas con un nivel elevado en esos ácidos grasos tienen menos tendencia a sufrir una depresión. Esto explicaría por qué se dan menos en países con un alto consumo de pescado, como Japón y China, aunque también, por supuesto, existan unas condiciones culturales diferentes.

Son sobre todo los pescados de agua fría como la caballa, el arenque, el salmón, el atún, el fletán y la sardina, así como el aceite de linaza, los que nos proporcionan ácidos grasos Omega 3, que se cuentan entre los esenciales para nosotros porque no los podemos fabricar en nuestro organismo, sino que hemos de obtenerlos de otras fuentes. En el metabolismo cerebral parecen actuar como antidepresivos, probablemente estabilizando la membrana exterior de las células nerviosas, formada por mielina. Existen otras hipótesis acerca de su gran eficacia sobre el sistema nervioso, pues un nivel bajo de estos ácidos grasos conduce a una carencia de serotonina, un factor identificado en la aparición de depresiones. Además, son antiinflamatorios, lo que también podría ser decisivo en su efecto antidepresivo. Por otra parte, estimulan el riego sanguíneo pues en los peces de aguas heladas hacen que la sangre no se vuelva densa. En sentido figurado esto significa que mantienen la energía fluyendo. El hecho de que los trastornos circulatorios a edades avanzadas participen también en la depresión sería otra explicación de sus excelentes efectos.

Un estudio realizado en Finlandia entre tres mil doscientos participantes demostró que comer pescado estabiliza el alma. Los que lo consumían menos de una vez a la semana tenían un riesgo de sufrir depresión un treinta y uno por ciento superior al de las personas que comían pescado con mayor frecuencia.

Por lo tanto hay sólidas razones para que los depresivos incluyan ácidos Omega 3 en su alimentación. De momento sólo conocemos las ventajas de su consumo, algo bastante raro en un remedio, sobre todo cuando previamente era escaso, pero también alguien con carencia de vitamina C sólo obtiene ventajas cuando la ingiere. En cualquier caso los ácidos grasos han de considerarse un complemento a la terapia. Como efecto secundario, protegen también contra el infarto de miocardio, que presenta doble frecuencia entre las personas depresivas.

Los ácidos grasos Omega 3 no sólo se obtienen en los aceites de pescado mencionados, sino también en las semillas de lino y en las nueces. Por lo tanto hay alternativas para los vegetarianos estrictos. Es posible que los excelentes resultados de la dieta Budwig, basada esencialmente en aceite de lino, se deba al elevado porcentaje de ácidos grasos que contiene. Por supuesto, hoy los hay también en cápsulas, que incluyen además el valioso ácido graso EPA. Habría que añadir entonces algo de vitamina E para estabilizar el EPA, muy sensible a la oxidación. Para el cerebro –sobre todo para el de los depresivos– resulta probablemente más apropiado el DHA (ácido docosahexaénico).

A pesar de todas esas ventajas, en nuestros días de obesidad colectiva hay personas que buscan conscientemente las grasas. Por razones que se desconoce, los ácidos grasos Omega 3 no hacen engordar y aunque se mantenga la ingesta de calorías incluso favorecen el adelgazamiento, como saben los consumidores habituales de pescado.

Consejos de la medicina ortomolecular

Es asimismo sensato intentar el consumo de *vitaminas del complejo B*, las «vitaminas de los nervios», pues con frecuencia la gente sufre hoy de carencia de ellas. Igualmente convendría una dosis adicional de *cinc*, del que suelen carecer las personas depresivas, si bien a menudo provoca náuseas.

Reseñemos igualmente las dosis de *magnesio*, el mineral antiestrés. Si las personas con depresión adquieren con esta opción una mayor resistencia frente al estrés resultaría de gran utilidad para ellos, sobre todo porque la cuestionable «píldora anti-estrés» se hará todavía esperar. Por otra parte, la toma de un mineral como el magnesio no tiene con toda seguridad efectos secundarios, algo que ciertamente no sucederá con la píldora que reprima las hormonas del estrés. El organismo siempre tendrá alguna razón para producirlas.

Por último, mencionemos los *aminoácidos*, como el triptófano, que constituyen una etapa previa a la formación de la serotonina, aunque también la SAM (S-adenosilmetionina), la fenilalanina y la tirosina.

Chocolate y otros dulces

Los viejos enemigos de la salud, los dulces y en especial el chocolate, se nos presentan hoy bajo una nueva luz en lo que se refiere a la depresión. Sabemos que los dulces pueden reducir radicalmente el nivel de estrés y que en nuestro caso el chocolate actúa de un modo especialmente favorable pues hace entrar en juego (el de la vida) cantidades relativamente altas de serotonina. No es bueno para los dientes y los huesos, pero en la depresión hay evidentemente otras prioridades. Además, el chocolate con un porcentaje alto de cacao produce menos problemas para la salud, y se convierte entonces en un mejor afrodisíaco y «antidepresivo». El disfrute general de la vida unido al consumo de chocolate es el polo opuesto al proceso depresivo y cuanta más alegría vital se integre en la vida, tanto menores son las oportunidades para que aparezca al depresión. Por lo tanto sería una buena medida preventiva. Sin embargo, una vez que llega, el consumo masivo de chocolate no conduce a nada. En este caso es mejor optar por el Prozac, pues permite un aumento más fiable de los niveles de serotonina.

Cabría pensar, a nivel teórico, si no sería útil para producir el cambio inicial de estado de ánimo el consumo de MDMA (éxtasis), esa sustancia prohibida. Saturaría el cerebro de serotonina y provocaría una apertura al mundo que procede del corazón. Después, un inhibidor mantendría esos niveles altos. Valdría la pena hacer algunos ensayos científicos, aunque los prejuicios lo impiden.

Apoyo del hígado

En la interpretación de los cuadros clínicos podría deducirse en sentido homeopático que la depresión sería buena para fortalecer el hígado. Este es el órgano más ligado a nuestro estado de ánimo. De todas las maneras, las curas de ayuno, al estimular la función hepática, provocan estados de ánimo melancólicos. La melancolía hace referencia a la bilis, sustancia verosa producida por este órgano y que juega un papel en el humor de la persona. Es probable que los médicos antiguos tuvieran en este punto más razón de la que hoy queremos admitir.

El hígado puede reforzarse por distintos caminos, uno de ellos el de las envolturas, o vendajes, que da resultados sorprendentes si se practica con regularidad. Por otra parte se puede señalar también el ayuno. No hay nada que ayude más y mejor a este órgano que una cura de ayuno, sobre todo cuando no sólo se agrandan pantalones y faldas sino la conciencia.

A ello hay que añadir remedios tan acreditados como la quelidonia y el cardo mariano, que en la potencia D12 pueden tomarse diariamente a lo largo de varias semanas, auque esto no coincida con el pensamiento de la homeopatía clásica. El cardo mariano puede tomarse también como sustancia formando partes de distintos preparados.

Entrenamiento de coherencia para el corazón

«Sólo con el corazón podemos ver correctamente. Lo esencial es invisible para nuestros ojos», escribía poéticamente Antoine de Saint-Exupéry. Expresado de otra manera quiere decir que hay un camino directo que va del corazón al cerebro, por el que puede influirse sobre el estado de ánimo. Si recordamos el sistema de control del corazón frenando y apretando el acelerador, que se regula a través del parasimpático y el simpático, podemos comenzar con este modo de abordarlo. En las situaciones de estrés el caos se apodera del corazón, el cambio entre frenar y acelerar es caótico y aparece un modelo en zigzag. En situaciones de bienestar, por el contrario, se observan curvas rítmicas que hablan de una resonancia. Se obtiene así una especie de instrumento de medida del estado de flujo de un ser humano. Sensaciones como el agradecimiento, la alegría y el amor aumentan el flujo armónico en la zona cardiaca, mientras que el miedo, el estrés y la ira lo conducen al caos, transmitiéndose ambas cosas directamente al cerebro –lo mismo que éste actúa directamente sobre el corazón.

Si sabiendo esto se consigue aumentar la coherencia en el corazón se pueden inducir de manera controlada los estados de resonancia de ese tipo. Simplemente respirando con tranquilidad y en profundidad se pasa a una notable armonización. Quien se entrena en mantener la respiración dentro de cauces tranquilos incluso en las situaciones difíciles de la vida, se mantendrá en una zona de flujo y con ello llevará al cerebro a un estado equilibrado. Así los largos suspiros tienen mucho que ver subjetivamente con desprenderse de algo y son una especie de terapia. De lo que se trata es de ser en todo momento –particularmente en situaciones de reto– consciente de la propia respiración.

Un corazón que late en tranquilidad y resonancia influye en la misma dirección sobre el cerebro y nos permite mantenernos en un estado de flujo, que subjetivamente se percibe como algo agradable y que objetivamente equilibra las funciones polares del cerebro. Esto actúa contra los estados depresivos que, como hemos visto, se caracterizan por la unilateralidad de la actividad cerebral. Todo lo que lleva armonía al cerebro va en contra de la depresión y aquí el corazón, son sus sentimientos y emociones, desempeña un papel director.

No es casual, por tanto, que en su libro *El principito*, Antoine de Saint-Exupéry aconseje mirar con el corazón. En todas estas situaciones es evidente que el cerebro está al servicio de la totalidad y que refleja el estado de fluencia percibido en el corazón. Inducirlo y mantenerlo por mucho tiempo es, pues, una terapia y una profilaxis de la depresión. Es también una maravillosa prevención, por consiguiente, la vida en el fluir y en el amor. Las experiencias que nos hacen fluir son apropiadas para conducir la vida por cauces de felicidad y ahí las depresiones no tienen participación.

David Servan-Schreiber propone un ejercicio de coherencia para el corazón y el cerebro que me ha impresionado mucho pues es un sencillo resumen de las ideas que desde hace muchos años utilizo con gran éxito en las meditaciones que guío. Es probable que tengamos aquí un instrumento que tendrá mucho más éxito del que suponemos. Adelantemos algunas ideas sobre la correspondiente motivación y sobre la repetición. La frecuencia de nuestro corazón oscila constantemente y esto es bueno pues unos latidos completamente regulares son un síntoma de que algo amenaza a la vida. Inmediatamente después del nacimiento esa amplitud de oscilación es máxima, mientras que se hace mínima poco antes de morir. Cada año la variabilidad disminuye en un tres por ciento ya que olvidamos los frenos parasimpáticos y nos fijamos unilateralmente en el acelerador simpático. Un sistema en desuso mucho tiempo se atrofia, como sabemos de los músculos. La disminución de la flexibilidad o capacidad de reacción es un signo de envejecimiento y va acompañado de hipertensión, infarto de miocardio, insuficiencia cardiaca, diabetes tipo dos e incluso cáncer. Diversos artículos científicos en la prestigiosa revista médica *Lancet* demuestran que un corazón que ya no reacciona a los sentimientos ha acabado con su variabilidad.

El constante cambio entre frenar y acelerar puede oscilar mucho o volverse regular. En el primer caso se tiene un modelo caótico, en el segundo uno armónico para el que ha tomado carta de naturaleza el término de coherencia. Las investigaciones realizadas demuestran que la rabia, la ira, el miedo y la profunda tristeza, así como las graves preocupaciones, desencadenan oscilaciones de tipo caótico, mientras que los sentimientos de agradecimiento, alegría y sobre todo de percepción del amor producen coherencia. Pueden armonizar el modelo en cuestión de segundos e influir así sobre otros ritmos fisiológicos, como por ejemplo la respiración y la presión sanguínea. Los tres ritmos se parecen y se armonizan entre sí. De este modo el cuerpo ahorra mucha energía y claramente es el fenómeno que hemos conocido ya como resonancia.

Servan-Schreiber concluye a partir de sus investigaciones y estudios que sería mucho más lógico poner en orden la vida interior que esperar constantemente a que se produzcan unas situaciones exteriores favorables. Conseguir la coherencia en cualquier situación que sea posible –desde esperar en un atasco o en una parada hasta la meditación guiada– es el camino perfecto para ello.

El Institute of HertMath (IHM) de California recomienda un ejercicio de entrenamiento especial. Pero como en cualquier otro método de relajación, ya sea el yoga o la meditación, de lo que se trata fundamentalmente es de centrar nuestra atención hacia el interior y dejar a un lado los problemas externos. Se consigue con una respiración lenta y consciente, con pausas de algunos segundos entre cada aspiración. Según mi experiencia los resultados son mucho mejores si al expulsar el aire también se piensa en el desprendimiento y el dejar pasar las cosas, para así vaciar lentamente la conciencia.

En un segundo paso se dirige la atención hacia el corazón para imaginarse uno respirar a través de él. Se puede hacer pensando en la energía que pasa por este órgano. En el tercer paso se imagina uno el calor y la lejanía, que llenan el pecho y lo abren. Esto lleva la ventaja de ligarlo a sentimientos como el del agradecimiento o de recordar sensaciones de felicidad. También la risa que resulta difícil no dejar escapar en estos ejercicios, se puede profundizar conscientemente para fortalecer esos sentimientos positivos. Ya hemos visto que reír es un signo de armonía interna o coherencia, pero también la risa puede fomentar la coherencia. De este modo se llega a una especie de espiral, el corazón indica al cerebro emocional su estado armónico y éste refuerza a su vez la coherencia de aquél. No tarda en producirse una retroalimentación positiva de los estados coherentes que pueden mantenerse durante media hora o más.

El problema con estos ejercicios y otros similares y con la meditación es que la atención se desvíe, con lo que se produce enseguida un estado caótico. Si los pensamientos de preocupación y duda consiguen romper la meditación, rápidamente hacen regresar el corazón al caos.

No resulta sorprendente la afirmación de Servan-Schreiber de que el yoga y la meditación ejercitados con regularidad hacen que la persona encuentre con facilidad estados coherentes, si bien se trata de una descripción científica de antiquísimas experiencias de distintas tradiciones. Aunque la meditación y el yoga orientales no se hayan estudiado muy bien científicamente, desde hace milenios funcionan perfectamente.

La terapia ideal combinada

Para la depresión grave

En primer lugar hay que establecer con exactitud la gravedad de la depresión, lo cual es posible con la ayuda de expertos, aunque el factor decisivo es en última instancia la percepción y la vivencia personales de la persona afectada. En caso de una depresión grave que haya apresado por completo a la persona, de lo que se trata de manera primordial es de encontrar la terapia apropiada en forma del psicofármaco más conveniente para que el paciente pueda emerger y así sea posible la comunicación.

Pero antes habría que intentar el cambio con el tratamiento, prácticamente libre de efectos secundarios, de la estimulación magnética transcraneal (EMT). Entre los medicamentos, la primera elección serían los fármacos del grupo de los inhibidores de la reabsorción de serotonina tales como Prozac (Fluctin), tolerables y con pocos efectos secundarios, si prescindimos de los suicidios juveniles no aclarados. En las depresiones llamadas antes endógenas, se consiguen así las mejores oportunidades para lograr el cambio para llevar al paciente a un estado en que pueda pensarse ya en la psicoterapia.

Hasta que los pacientes no tienen más impulsos y un mejor estado de ánimo no se puede abordar la psicoterapia en el sentido de una terapia de las sombras. En mi opinión lo que conviene es un tratamiento de cuatro semanas que, como ya se ha señalado, se dirija a las sombras. La medicina académica tendería más hacia una terapia conductual –que desde luego es mejor que nada–. Mientras que la terapia de las sombras confía en el viaje de pesadilla del alma, la conductual da salidas prácticas a las trampas mentales de la depresión.

Todas las otras posibilidades, desde la nutrición con ácidos grasos Omega 3 hasta la terapia artística, pueden aplicarse como complemento siempre que se dé la necesaria motivación, pues aligeran la psicoterapia y mejoran los resultados. La depresión grave requiere el empleo de todo el arsenal de posibilidades. En el caso de las de mediana gravedad se aconseja el mismo proceder, aunque en este caso podría prescindirse de los psicofármacos a favor de una terapia de las sombras. Sin embargo, si el paciente abandona al terapia y todas las actividades adicionales corre el riesgo de escalar en su depresión y en la siguiente etapa no tendrá tanto donde elegir.

Para las depresiones reactivas

En las depresiones leves y que se resuelven de modo espontáneo, la psicoterapia es el remedio de primera elección –junto con las medidas acompañantes citadas–. En segundo lugar parece razonable preocuparse paralelamente del ritmo vital. Esto se refiere tanto al ritmo diario como a las correspondientes actividades que van desde bailar hasta tocar el tambor.

También pueden aprovecharse los modelos de movimiento fluido –desde jogging a Tai Chi–. En tercer lugar cabe pensar en actividades tales como la gimnasia consciente para equilibrar armónicamente el cerebro, así como el deporte de larga duración, siempre que los pacientes estén motivados. Según la gravedad de la depresión, hay que tener paciencia en la introducción de este tipo de actividades y esperar a que los pacientes colaboren por sí mismos.

Naturalmente, desde el principio y con todas las formas de depresión hay que procurar que la alimentación sea la mejor posible, sobre todo en lo que respecta al aporte de ácidos grasos Omega 3 y vitaminas. Hay que prestar igualmente atención para que el principio de Venus fluya en la vida, en caso de emergencia en forma de chocolate, y mejor que sea negro (con un porcentaje de cacao superior al setenta por ciento), que no es tan malo como su fama, sino fabulosamente amargo-dulce.

En las depresiones de tipo medio, en las que la psicoterapia es desde el principio el punto central de actuación, las medidas acompañantes han de orientarse y adaptarse a ella. Desde el momento en que comienzan habría no sólo que escribir los resultados sino también elaborarlos creativamente con imágenes pintadas, lo cual más tarde –después de las cuatro semanas del tratamiento– daría las propias oportunidades de asimilación artística.

La medidas indicadas de acompañamiento y apoyo, que en modo alguno interfieren entre sí sino que se completan en sinergias, han de ayudar a que las personas afectadas se abran de nuevo a las tareas y oportunidades de la vida. Esto significa que hay que poner de nuevo en resonancia la propia vida y aprender a valorar eso que los budistas consideran un regalo. Esto resulta más sencillo si ya se ha realizado el viaje heroico por los infiernos y se está en paz como Ulises y Orfeo, Eneas y Hércules, o como el loco del tarot.

Prevención

Los dos desiguales hermanos titanes, Prometeo, el activo, y Epimeteo, su contrapunto «depresivo», pueden materializar las posibilidades fundamentales del ser humano. Mientras que Prometeo avanza y se orienta hacia la vida y el futuro, y tiene la valentía de sublevarse contra los dioses, Epimeteo se retrae; depende del pasado y de lo viejo. Prometeo entonces acarrea todas las consecuencia de su sublevación cuando les roba a los dioses el fuego y deja así que los seres humanos se independicen de los dioses. Como castigo se le envía encadenado al Cáucaso hasta que Hércules lo salva y Quirón, el gran sanador, lo cura.

Su oscuro hermano Epimeteo, por el contrario, es respetuoso, depende del pasado y queda colgado de él. Algo similar sucede con la mujer de Lot, que tampoco puede desprenderse de su pasado y que al volverse se convierte en una estatua de sal. Lo que ya ha pasado está muerto, no tiene fuego, ni libido.

El pasado de los seres humanos es como el líquido amniótico, una situación en la que se es alimentado y transportado sin tener que hacer nada a cambio. Es la sopa primigenia; es la familia. Aquí impera la precoz y necesaria adaptación infantil. La nostalgia de muchos depresivos se orienta hacia esa situación, como por ejemplo le sucedía a la emperatriz Sisi, que soñaba con su virginidad y pureza. Como se ha dicho, la depresión tiene siempre algo de regresión, un arrastrarse hacia uno mismo. No se quiere hacer nada más por propio impulso, sino dejar que todo suceda.

Con respecto a la pregunta planteada con vistas a la prevención sobre lo que mantiene sana el alma de una persona, los expertos de la OMS llegaron a una respuesta sencilla: una vivencia propia positiva, una estabilidad emocional amplia y relaciones que funcionan y cuya base es el diálogo.

La realidad es deprimentemente distinta. Por ejemplo, en Alemania, en más de la mitad de las relaciones al menos una de las dos personas se siente sexualmente insatisfecha y lo peor es que no se habla de ello. Fuera de ahí, hablamos acerca de todo y sobre todo el mundo. Pero deberíamos hablar más *con* las personas que *sobre* las personas.

En respuesta a la pregunta de qué podría garantizar la estabilidad emocional, que es el segundo punto más importante, se citó en primer lugar la familia y en segundo la fe. Pero en la sociedad moderna ambas desempeñan cada vez un papel menos importante. En tercer lugar están las amistades.

En los casos graves, como muestran los estudios sobre las consecuencias de las catástrofes, las personas confían sobre todo en sus allegados. Mucho menos en los amigos. Así, una familia lo más intacta posible transmite seguridad y recogimiento. La fe es tan importante que más del noventa por ciento de las personas pertenecen oficialmente a alguna de ellas, aunque esto sucede cada vez menos entre las personas de la postmodernidad de las naciones industrializadas occidentales. Incluso las amistades se apoyan en cimientos frágiles en esta época de presión por el rendimiento dentro del marco de la globalización.

Para fijar los conceptos más eficaces de la prevención con respecto a la depresión tan sólo deberíamos invertir los ya citados puntos que tanto la fomentan. En detalle son:

- dejarse conmover (de nuevo), en concreto por otras personas, pero también por la naturaleza y la vida en general
- (re)descubrir lo que vive en todo
- preferir la calidad a la cantidad
- alimentarse de una manera sana y moverse (con respecto al cuerpo, el corazón y el cerebro)
- ver la infinitud de toda la materia
- ejercitar el freno parasimpático y el polo femenino
- aprovechar el momento en su sentido positivo, trabajar y amar en él

- procesar los antiguos traumas de la propia vida, verlos y desprenderse de ellos
- lamentar lo que hay que lamentar y celebrar lo que deba celebrarse
- ocuparse y reconciliarse de manera voluntaria con la propia mortalidad
- atreverse a hacer el viaje heroico por el propio infierno
- dar expresión a uno mismo y a la propia vitalidad
- preguntarse qué es lo que realmente lo llama a uno en el sentido de la vocación
- llevar a todo su contenido
- armonizar los lados masculino y femenino de uno mismo
- vivir la propia creatividad
- encontrar el propio ritmo en la vida
- estar en resonancia con el amor
- elegir el camino de la individuación y rechazar el de la masificación
- encontrar una visión para la propia vida
- crear el mayor número posible de sinergias, es decir, la actuación conjunta y coordinada de distintas fuerzas, y de coherencia, la oscilación conjunta del corazón y el cerebro
- encontrar y seguir el propio camino primigenio

Sobre el amor, forma máxima de resonancia, el polo opuesto a la depresión y el mejor de los remedios

Si ya los dulces reducen el nivel de estrés, su hermana mayor Venus será naturalmente mucho más eficaz. Vale la pena resumir aquí lo que se sabe sobre el amor al nivel de la resonancia, pero también de los neurotransmisores.

Sobre la aparición del amor existen infinidad de relatos poéticos, pero hay ya también estudios científicos al respecto. Indiscutiblemente es el ejemplo más impresionante y potente de resonancia y, por consiguiente, lo más alejado de la depresión. Como ninguna otra cosa nos une al estar aquí y ahora, con el ser completo del otro y con la vida.

Instalado en el amor la depresión no le puede afectar a uno, pues nos hace oscilar y sentir conjuntamente como ninguna otra cosa. Los enamorados están ocupados el uno con el otro en un grado asombroso, unidos y plenos. Sus sueños son de altos vuelos. La depresión, por el contrario, es el estado del vacío, del desapego, del abatimiento y de la ausencia de sueños y, sobre todo, del ya-no-oscilar-conjuntamente y del ya-no-sentir-conjuntamente. No existe mayor abismo de separación que el que hay entre la depresión y el amor –en un caso la persona está fuera de toda resonancia, en el otro está atrapado por ella–. En consecuencia, podría suponerse también que los factores bioquímicos de ambos estados se encuentran muy alejados entre sí.

Hay diversas indicaciones al respecto, partiendo del nivel de serotonia, que evidentemente estimula el estado de resonancia y el amor. Los celosos, los maniacos, los esquizofrénicos, los pacientes de angustia y los alcohólicos, aunque también los amados, adolecen de una carencia de serotonina, lo mismo que muchas personas de estructura depresiva. Que el enamoramiento sea el polo opuesto del amor tranquilo puede sorprender, pero a nivel bioquímico resulta bastante lógico. Independientemente que alguien preocupado lo esté por miedo o por enamoramiento, siempre está fuera de sí, descentrado y se encuentra en una forma, aunque muy distinta, del estrés.

La intensidad de la percepción amorosa podría depender del nivel de la correspondiente hormona y con seguridad está bajo la influencia de la situación psíquica y social de los amantes. De manera similar a como en la lámpara del arco de carbono las chispas son tanto más intensas cuanto más separados están los electrodos, igual sucede con las chispas del amor. Por el contrario, si discurre con tranquilidad, tanto menos efectos luminosos emitirá hacia el exterior. Cuanto más separados estuvieron originalmente debido por ejemplo a su situación social, como Romeo y Julieta, mayor es el abismo que debe superar el amor. Tanto más diferente del nivel de partida será el estado alcanzado conjuntamente y más perceptible será la fuerza del nuevo amor, la resonancia producida.

Mitológicamente, Afrodita (Venus) es hija del mar y del cielo. Cuando Cronos (Saturno) castró a su padre, el dios del cielo Urano, su miembro cayó al mar, que en ese lugar produjo espuma. Así, el cielo fecundó por última vez al mar y Afrodita, nacida de la espuma, se elevó sobre las olas. No sólo une el amor celeste con los mundos de los sentimientos del agua, sino también en la espuma ambos elementos, el aire y el agua. En su ligereza se ve el polo opuesto a la depresión, con su pesadez y resilencia crónica. Los intentos de conservar el amor celestial fallan sin ninguna excepción, porque en principio lo contradicen. La espuma no puede cogerse, sólo puede dejarse que aparezca de nuevo. Éste es el misterio esencial del amor, que se cierra tenazmente al mundo cotidiano, aunque en realidad es esa vida cotidiana la que bloquea el amor con sus promesas, acuerdos, juramentos y retracciones. A veces el amor sobrevive a un contrato matrimonial, pero nunca el amor puede profundizarse o conservarse mediante un contrato del código civil. Cuando se va la espuma no hay contrato que valga, aunque se diga mil veces que es indisoluble. Una de las razones del número creciente de depresiones son las ilusiones rotas y el mantenimiento automático del matrimonio y el amor.

El amor aparece cuando se produce resonancia entre dos personas, que comienzan a vibrar. La estrecha unión de los elementos aire y agua da una espuma embrujadora que tanto nos fascina y amamos, pero sin poder aprehender o retener. El aire hace que el agua sea más ligera. El resultado es la espuma o el amor. En el estado del amor, que equivale al discurrir o fluir, el corazón se eleva. Lo sabemos por experiencia e innumerables poetas han descrito esta situación con abundancia de palabras e imágenes. Cuando el nivel de serotonina es alto se siente la sinceridad y el corazón ocupa un punto central. Existe hoy la sospecha de que cada vez sustituimos más el amor por el Prozac y el éxtasis, por lo que al menos coincide el nivel de serotonina, que tanto sabe a amor, y bajo su protección la resonancia se produce con mayor facilidad.

En el erotismo se añade el fuego y proporciona al mundo de la espuma un componente ardiente puesto que Eros (Amor), el hijo de Afrodita (Venus), está dotado del fuego de su padre, el dios de la guerra Ares (Marte). Sólo el elemento tierra, que da a la melancolía la base pesada, ocupa una posición algo marginal en el amor. En este sentido, la depresión es algo profundamente terreno mientras que en el caso ideal el amor lleva adherido algo elevado del fuego y algo celestial del elemento aire. Por otro lado, Cronos (Saturno) participa en la creación de Afrodita, aunque sea de una manera brutal.

Por lo demás, después de su nacimiento Afrodita va a tierra y nos trae a todos el amor. Así llega a nuestro mudo algo ligero, celestial y fluido, que nos resulta muy difícil pero que quizá por eso a todos nos fascina. Su comienzo ya lo es. Cada pisada de Afrodita hace nacer flores a sus pies y de esta manera, paso a paso, hace que el mundo y nuestra vida sean más hermosos y nos permite olvidar muchas penas. Sin embargo, la vida terrenal también modificó a Afrodita, que desarrolló una sombra y junto a Eros y Armonía, también dio vida a los hijos Fobos y Daimos, que representan el miedo y el horror.

Quien viva con su corazón y lo abra al amor, podría estar bastante protegido frente a las crisis depresivas del mundo de las sombras. El que ama está en máxima resonancia consigo mismo y con la vida. El depresivo, por el contrario, no lo está con la vida y ni siquiera con su propia existencia.

Pero por desgracia, enamorarse y el amor no se pueden prescribir mediante receta, aunque serían muy eficaces. Sin embargo, podemos fomentar los estados de resonancia para restarle su peligrosidad a las depresiones. Todo lo que pone de nuevo a las personas en resonancia con la vida es útil. Lo mejor, por supuesto, es que los afectados puedan volver a enamorarse de la vida.

El amor romántico tiene siempre en su punto de mira un objeto del deseo y hace que se dependa de él, mientras que el auténtico amor, o amor celestial, está libre de esta carga. No obstante, también el amor romántico proporciona un goce anticipado del verdadero amor. Equivale a Afrodita, que fracasa en tierra, donde incluso la diosa del amor sucumbe a la polaridad. Sin embargo, el amor verdadero equivale a la Afrodita del cielo y del mar.

La forma más segura de la prevención en lo que se refiere a las depresiones es una vida en amor, pues quien ama está siempre en resonancia y por lo tanto unido y abierto a la vida. En el fondo comienza con el amor materno. Quien lo obtiene en gran abundancia está demostrado que recibe una confianza original mucho más intensa y duradera, quedando así protegido frente a la depresión. Si hay un déficit que se va arrastrando, debe recurrirse a los ejercicios que le transmitan esa confianza.

No obstante, cualquier forma de amor cura y previene la depresión. Si no puede ser el gran amor de la vida, quizá lo sea hacia un animal. A tenor de las estadísticas, los dueños de perros y gatos padecen menos depresiones. El psicofisiólogo estadounidense James Lynch ha demostrado, además, lo saludablemente que actúan los animales en lo relativo a muchos cuadros clínicos psicosomáticos, como por ejemplo la hipertensión.

Pero no necesariamente es el amor hacia un ser vivo, la solución podría estar también en aceptar y amar la vida incluyendo la muerte y el mundo de las sombras, ir por el mundo con el corazón abierto y dejarse tocar y tocar la vida, mirar en lugar de ver, sentir en lugar de percibir y –sin oponer resistencia alguna– dejarse arrastrar con los sentidos abiertos por el flujo de la vida. Fue Paracelso quien dijo: «El mejor medicamento para los seres humanos son los seres humanos. El medicamento más perfecto es el amor».

Compendio del viaje por las sombras en la luz

La depresión es un viaje del alma a través de la tierra de nadie entre la vida y la muerte. Podría decirse que es el infierno moderno, puesto que desde que la Iglesia ha dejado de amenazar con los tormentos del infierno y desde que en nuestra parte del mundo ya no escenificamos ninguna guerra externa, las personas lo viven de manera totalmente privada. No es sorprendente, pues, que las depresiones nos enfrenten a imágenes y temas infernales.

La depresión es la vida en el reino de los muertos, el caminar por los infiernos, y los depresivos son los modernos vagabundos míticos entre los mundos, que deben conocer el reino de Hécate que domina sobre lo femenino oscuro.

Neuroanatómica y psicológicamente la depresión es el retroceso a una etapa más profunda, tanto con respecto al cerebro como también en cuanto al desarrollo psíquico. A nivel cerebral la regresión lleva al cerebro emocional y con ello a una época en que el intelecto no estaba todavía disponible en igual medida. A nivel del desarrollo psíquico, la depresión representa la renuncia a cualquier responsabilidad. Las personas afectadas se abandonan a sí mismas y su vida en manos de los demás y en última instancia de la sociedad. Lo mismo que al principio, cuando niños, o más claramente cuando en el vientre materno no tenían que preocuparse de nada. Los depresivos no viven su propia vida sino que dejan que otros la vivan por ellos.

En situaciones desesperadas muchas veces los animales se hacen los muertos, porque perciben instintivamente que es la mejor protección frente a unas condiciones que amenazan su vida. Ésta es una imagen que posiblemente también valga para los depresivos, que en cierta manera se presentan como muertos y que dejan de participar en las actividades de la vida. El cerebro emocional (límbico) percibe a veces que la vida está amenazada y toma el mando, como sucedía hace mucho tiempo. Parece como si estuvieran muertos, por lo que ya nada les podrá conmover, derrotar o matar. La depresión podría ser una especie de reacción protectora exagerada del cerebro.

El viejo cerebro emocional encuentra tan desesperada la situación debido a un nivel insoportable de estrés o a la falta de perspectivas con respecto al propio camino de la autorrealización, que no confía ya al intelecto ninguna solución aceptable para una vida en común. Es probable que se equivoque y haga una estimación errónea, algo que la estimulación magnética intenta corregir estimulando el hemisferio izquierdo. En algunas circunstancias llega a este error porque el nivel de estrés alcanzado es tan alto que el sistema no tiene ninguna experiencia para ello lograda en el curso de su evolución. Quizás la persona podría tolerar más, pero simplemente le faltan las capacidades para ajustarse a esos niveles de estrés. Lo cierto es que durante la evolución ha aprendido a tratar con situaciones de máximo reto. Igualmente cierto es que tampoco ha habido exposiciones crónicas al estrés que hayan durado tanto, como las que hoy vivimos. Aquí radica probablemente el motivo por el que desde nuestra perspectiva actual el sistema desconecta demasiado pronto. Podría suceder que estemos preparando unos nuevos ajustes, que se heredarán a generaciones posteriores. Por consiguiente, mientras tanto nuestra central cerebral sigue desconectando precozmente por razones de seguridad. Se llega, por así decirlo, a una situación de casi-muerto con objeto de evitar el derrumbe completo y la muerte, algo así como una situación en espera, un *stand-by*. Para indicarnos lo amenazante que es la situación, va ligado a un pésimo estado de ánimo. El aviso debe entenderse como que no se puede seguir así y que hay que cambiar el rumbo.

Al nivel psicológico sucede algo muy similar, pues las regresiones sólo aparecen cuando el presente es demasiado difícil, porque la persona afectada se enfrenta a tareas al parecer irresolubles y a unas exigencias excesivas o porque resulta insoportable debido a otras razones. Se produce entonces la huida hacia atrás, al nivel donde las cosas son abordables y pueden resolverse. Sería también un suicidio una renuncia de este tipo al presente hacia el pasado, algo que nuestra cultura apenas comprende porque la mayoría de nosotros no guardamos ninguna relación con la cadena de nuestras vidas anteriores.

La de-presión podría traducirse literalmente como «eliminación de la presión» y aquí vemos la exigencia de liberarnos de todo lo que ejerce excesiva presión en la vida. Pero por otro lado, la falta de presión también puede desencadenar depresiones si recordamos el síndrome del nido vacío o el shock del pensionista, que se producen cuando desaparece una carga mucho tiempo soportada. Esto se corresponde también a la terrible experiencia de que la mayoría de los suicidios aparecen después de superar la oscuridad. Cuando no existe ya la presión, se cae en un vacío, que podría servir de enseñanza para dedicar el corazón no sólo a las cuestiones materiales, puesto que incluso nuestros propios hijos no son «más que» un reto y una tarea terrenales.

El psicoterapeuta Gerald Miesera acuñó la fórmula de que «Impresión sin expresión da depresión». Quiere decir que la presión sobre el Yo será siempre mayor si no se expresan de manera adecuada las impresiones esenciales. Lo que no sale no tiene más remedio que quedar dentro, encapsulado en el núcleo de la personalidad, y puede convertirse en una depresión.

En situaciones en las que se pone en juego la supervivencia, o sea, que hay una enorme presión, prácticamente no se producen depresiones, como por ejemplo en el frente durante una guerra. Los problemas surgen cuando los soldados regresan. Las situaciones extremas se convierten en un problema cuando cede la presión. Una imagen nos lo puede aclarar perfectamente. Si inflamos constantemente un neumático, la presión irá aumentando hasta que finalmente explote. El aire sale entonces de golpe y el vacío que queda puede percibirse como depresión. Ésta es, en efecto, un fenómeno de presión.

Por otra parte, depresión significa también baja presión y describe entonces el estado en que la energía vital está totalmente baja y el flujo vital se ha estancado. Es como el neumático desinflado. La analogía nos pone de manifiesto que la persona afectada vive muy por debajo de su nivel y que se encuentra muy por detrás de sus posibilidades.

Si contemplamos la depresión como un fenómeno de presión deberíamos entender ésta en sus diversos aspectos, como los negativos manifestados en diversas expresiones. La relación con la depresión es evidente. A quien reprime durante toda su vida sus lados oscuros, le llegará un momento en que ellos le oprimirán. Tenderá entonces a «desconectar» o desinflar esa depresión y se retirará de la vida. Mucho mejor sería dejarse impresionar y expresarse en el momento adecuado, incluso de un modo agresivo. La expresión positiva a tiempo de la vitalidad y la agresión puede ser más tarde de gran utilidad para evitar que las depresiones aparezcan.

Para el depresivo, la aparición de este cuadro clínico le obliga a introvertirse. La vida no puede seguir del modo habitual. Por este motivo seguramente tiene razón el historiador de la medicina Paul Lüth cuando ve la depresión como «la enfermedad de la época». Ni la vida del individuo puede seguir así ni la vida de todos nosotros, como nos muestra el rápido aumento del grupo de las personas depresivas que de un modo colectivo toman vías de salida y deben cambiar de rumbo. Éste sería el mensaje de nuestra época.

Con la depresión se está obligado a vivir completamente en el ahora y aquí. Desaparecen los recuerdos y no puede recurrirse a tiempos mejores, así como tampoco imaginar un futuro mejor. En su vivencia personal, la persona depresiva llega a un estado similar, mucho más que el hombre moderno que debe tratar con el pasado y el futuro en sus relaciones de pareja y su mundo profesional. Que aquí se vislumbre el aquí y ahora tan importante en el camino espiritual, apenas sirve de consuelo a ambos grupos.

El instante más mágico y cualquier momento de felicidad son perecederos, algo que muchas personas perciben como un dolor. Contemplándolo con mayor precisión, nada en la vida es permanente y fiable, como muchos quisieran. Eso permite entender también la depresión como el intento de alcanzar la inmortalidad deteniendo la corriente de la vida.

La nostalgia de la inmortalidad y del poder confiar constantemente en algo sólo se cumple con la muerte, y eso únicamente con respecto al cuerpo. Pero dentro de la cárcel de la depresión se llega al estado en que casi la totalidad del sistema se detiene, sobre todo si se tiene en cuenta que en este caso la celda se cierra desde dentro. También la desesperanza es una forma –no resuelta– de permanencia, puesto que ya no se espera nada, no hay nada que lo mueva a uno. La paz enferma así alcanzada, el estado de tranquilidad más oprimente de la depresión, está, en el verdadero sentido de la palabra, a miles de kilómetros de la paz interior que se consigue en una experiencia de unidad o en un estado estable de iluminación. Esto último es la única oportunidad para el alma de conseguir permanencia y paz verdaderas. La tranquila luz de la iluminación resplandece mucho más como solución que la oscuridad negra como la pez del alma deprimida.

El miedo a la muerte de los depresivos podría interpretarse en este sentido como miedo a la mortalidad. Nuestra constante aproximación a la muerte cada vez que respiramos es la expresión más evidente del cambio constante de la creación. Con la depresión se asume la muerte en vida. Podría decirse también que se ha practicado el morir. Pero para ello hay posibilidades resueltas en el sentido de la preparación a la muerte o del acompañamiento en la agonía.

Un mecanismo importante en las depresiones conduce a que se autojustifican. La primera crisis es comprensible, las siguientes cada vez menos y por eso se refuerzan ellas mismas. Es como si el cerebro lo aprendiera. La persona afectada se va deslizando cada vez más hacia la depresión, como sobre una calzada muy frecuentada que va perdiendo la adherencia. Por eso es tan importante entender su modelo y contenido cuando se inicia, para interrumpirla por ejemplo con programas de movimiento, ejercicios de coherencia, meditación conducida u otros medios que den resultado para cada caso individual.

Con el rápido aumento en el número de las depresiones –según la OMS afecta ya a doscientos millones de personas en todo el mundo–, las reactivas, que pueden resolverse bien psíquicamente, se encuentran en un primer plano. Hay indicios de que las que antes se llamaban endógenas se han mantenido en unas cifras similares. En el caso de las depresiones de más fácil solución, los motivos son evidentes y se alimentan de los problemas que ya hemos mencionado. Cuando una persona carece de sentido de la vida, su vida se vuelve un sinsentido y de este modo la enfermedad le retiene y le impide seguir viviendo en una dirección que no aporta nada para su desarrollo. La persona afectada obtiene así, por llamarlo de algún modo, una excedencia, se siente incluso apartada de la vida, sin vida y como muerta. En este aspecto, la depresión es la reacción de emergencia normal de un sistema sobrecargado y puede convertirse en el primer paso en el camino de la mejoría.

Final poético

HISTORIA DE LA SABIDURÍA SUFÍ

Érase una vez un hombre que había llegado al final de su vida. Recapituló sobre ella y vio que era como un desierto –arena hasta donde alcanzaba la vista–. Y en este desierto descubrió las huellas de unos pies. Miró y se preguntó en su interior qué significaría. Desde la eternidad llegó quedamente a sus oídos: «Siempre te he acompañado». Y entonces miró con atención y vio que allí donde había estado contento consigo mismo eran dos rastros los que iban por la arena, pero que en las épocas en las que estuvo solo, fue infeliz y sufrió padecimientos, en la arena sólo había un rastro. Conmocionado volvió a preguntar, qué significaba eso: «Cuando fui feliz y todo me iba bien –habló al Creador–, entonces estabas conmigo. Pero ¿dónde estabas cuando me encontraba solo, desgraciado, necesitado y sin ayuda?».

Y durante un rato no escuchó nada más, como siempre sucedía cuando no era tan fuerte interiormente. Y esperó y escuchó y oyó entonces débilmente la respuesta: «Ahí, hombre, ahí te he llevado».

El poeta argentino Jorge Luis Borges escribió dos años antes de su muerte:

> Si pudiera volver a vivir mi vida,
> en la siguiente vida intentaría cometer
> más errores.
> No querría ser tan perfecto,
> me relajaría más,
> sería un poco más loco de lo que he sido,
> me tomaría en serio muchas menos cosas,
> no viviría de manera tan sana,
> me arriesgaría más,
> viajaría más, contemplaría los ocasos,
> subiría más montañas, nadaría en más ríos.
> Fui uno de estos hombres sensatos que aprovechó
> de manera fructífera cada minuto de su vida, y aunque
> también tuve momentos de alegría, si pudiera volver a empezar
> intentaría tener sólo más buenos momentos.
> Si no lo sabes todavía, de ellos está hecha la
> vida.

Sólo de momentos; no olvides el ahora.
Si pudiera vivir otra vez, andaría descalzo desde el
comienzo de la primavera hasta el final del otoño.
Y jugaría más con niños si tuviera todavía
mi vida por delante. Pero mire… tengo ochenta y cinco años y sé
que pronto voy a morir.

Una sabiduría de la vida:

Trabaja como si no necesitaras dinero.
Ama como si nadie te hubiera lastimado.
Baila como si nadie te observara.

Canta como si nadie te escuchara.
Vive como si fuera el Paraíso en la Tierra.

Para finalizar, una cita de las Sagradas Escrituras, que puede ser esclarecedora:

Pero quedan la fe, la esperanza y el amor, estas tres; pero la mayor de ellas es el amor.

Agradecimientos

Quisiera agradecer a los colaboradores del centro de Salud Christa Maleri, Anja Schönfu, Hildegunde Kirkovics, Freda Jeske, Josef Hien y Gerald Miesera sus sugerencias y correcciones.

A Dorotea Neumayr y Robert Stargalla quisiera agradecerles sus sugerencias y aportaciones, y al señor Muntaner-Ribas, Bruce Werber y Gerti Stepan sus relatos personales.

A Christine Stecher, que como mi «lectora» se ha convertido en un «factor de orden» en mis libros que resulta ya indispensable, le doy las gracias por ello y porque me ha ahorrado el tener que involucrarme con mayor profundidad en el laberinto de la nueva ortografía alemana.

A Gerhard Riemann, el amigo de muchos años y acompañante por el mundo de los libros, le agradezco no sólo por el último impulso dado a esta obra sino también por sus decisivas sugerencias.

A Sabine y Dominique, mi gratitud por el marco externo dado a la escritura.

A Vera le agradezco la atmósfera de afectuosa atención que me permitió acercarme tanto como pude a la depresión, y la intensa y hermosa estancia en Bali, donde el libro adquirió forma.

Bibliografía

Fuentes de las poesías citadas

Emperatriz Elisabeth, *Das poetische Tagebuch,* Editora Brigitte Hamann, Österreichische Akademie der Wissenschaften, Viena, 1984.

Georg Trakl, *Obras completas*, Editorial Trotta, 1994.

Ingeborg Bachmann, *Poesía completa*, Institución Alfonso el Magnánimo, Valencia, 1995.

Mascha Kaléko, *Das lyrische Stenogrammhef, Kleines Lesebuch für Große*, Rowohlt, Reinbek, 1956.

Rainer Maria Rilke, *Poesía*, Ellago Ediciones, 2007.

Thomas Brasch, *Wer durch mein Leben will, muß durch mein Zimmer. Gedichte aus dem Nachlaß*, Editores Katharina Thalbach y Fritz J. Raddatz. Shurkamp, Frankfurt, 2002.

Libros de Ruediger Dahlke

El ayuno consciente, Ediciones Obelisco, 1996.

Mandalas: *cómo encontrar lo divino en ti,* Ediciones Robinbook, 1997.

El mensaje curativo del alma, Ediciones Robinbook, 1998.

La enfermedad como camino, Plaza & Janés Editores, 1995, 1997, 1999.

Las etapas críticas de la vida, Ediciones Robinbook, 2000.

El libro de la desintoxicación y la salud, Ediciones Robinbook, 1999.

Mandalas 2: manual para la terapia con mandalas, Ediciones Robinbook, 2001.

La enfermedad como símbolo, Ediciones Robinbook, 2002.

¿De qué enferma el mundo?, Ediciones Robinbook, 2002.

Índice onomástico

miedo a morir, 157
mitad de la vida, 72, 176, 186, 193, 248
mito, 13, 44, 47, 50, 51, 53, 54, 126, 169, 181, 218, 220
mobbing, 68, 88, 89, 109, 110
modelo infantil, 168
modestia, 154, 160
Monroe, 179
morir para ser, 104, 105, 170, 172, 175
mostaza, 215, 232
motivación, 50, 85, 86, 97, 196, 239, 242, 247, 254, 256
movimientos fluidos, 241
mudez, 124
muerte, 11, 19, 20, 21, 22, 23, 24, 25, 29, 34, 35, 36, 39, 40, 46, 47, 50, 57, 58, 63, 64, 69, 71, 73, 76, 82, 90, 99, 101, 102, 103, 104, 105, 106, 114, 127, 133, 139, 140, 147, 169, 170, 171, 172, 173, 176, 179, 180, 184, 187, 193, 194, 195, 196, 197, 198, 203, 204, 206, 207, 214, 215, 223, 224, 236, 237, 238, 243, 245, 250, 262, 263, 264, 265, 266, 267
mundo de las sombras, 29, 69, 197, 220, 250, 261, 262

nacimiento, 23, 44, 116, 127, 129, 150, 184, 185, 206, 207, 208, 209, 210, 254, 261
neocórtex, 113, 114, 117, 120, 122, 124
Neptuno, 168, 175, 176, 190
neurosis, 143, 144, 145, 146, 147, 148
neurotransmisores, 61, 62, 190, 259
noradrenalina, 61, 226, 227, 228
Nordström, 94
norepinefrina, 62
nostalgia, 18, 21, 42, 154, 258, 265

odio, 37, 162, 171
opio, 58
osteoporosis, 72, 86, 111, 245, 246
pánico, 121, 123, 125, 150, 207, 228, 237, 246
Paracelso, 143, 262
paranoia, 147
pareja, 30, 82, 90, 108, 109, 110, 119, 126, 128, 133, 134, 135, 139, 142, 151, 158, 159, 161, 163, 175, 180, 181, 182, 183, 184, 185, 187, 192, 202, 265
paro, 84, 119, 173
participación, 10, 170, 214, 254
paternidad, 184

pena, 7, 13, 15, 30, 70, 71, 85, 88, 101, 102, 103, 104, 106, 116, 122, 146, 172, 190, 197, 219, 223, 226, 245, 250, 252, 259
pérdida de control, 175
pérdida de los padres, 128
pesadilla, 7, 40, 51, 110, 120, 170, 195, 196, 199, 203, 205, 213, 218, 219, 221, 223, 256
pescado, 251
PET, 124, 125
píldora de la felicidad, 10
pintar, 247
Platón, 57
Plutón, 110, 111, 170, 171, 172, 173, 175, 176, 205, 220
pobreza, 39, 100, 108
Podvoll, 77, 213
Polster, 197
principio de la Luna, 174, 177
principio de Marte, 197
principio de Mercurio, 174
principio de Neptuno, 168, 190
principio de Plutón, 173, 175, 205, 220
principio de Saturno, 58, 106, 110, 172, 173, 188
principio de Urano, 175, 178
principio de Venus, 174, 257
principios, 58, 102, 103, 107, 144, 145, 148, 168, 172, 174, 176, 182, 202, 231, 282, 283
profesiones, 48, 130, 134, 160, 167
profilaxis de la depresión, 96, 97, 188, 199, 254
prozac, 10, 48, 59, 60, 61, 62, 68, 180, 219, 227, 228, 229, 231, 233, 252, 256, 261
psicoanálisis, 36, 47, 69, 112, 157, 164, 225, 235
psicofármacos, 58, 60, 62, 80, 112, 124, 134, 193, 219, 227, 256
psiconeuroinmunología, 110
psicosomática, 57, 214
psicoterapia, 7, 35, 36, 37, 57, 64, 73, 80, 124, 138, 139, 163, 167, 172, 185, 190, 197, 203, 219, 222, 225, 226, 228, 230, 232, 235, 236, 241, 243, 248, 256, 257
pubertad, 45, 50, 145, 165, 178, 179, 180, 182, 185, 191, 192, 206, 207, 211

Qi Gong, 239, 241, 243
quemado, 56, 65, 125, 160, 194

Rank, 44

Índice

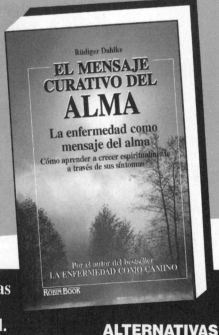